U0604519

妻[illegible]年肆拾陸歲 [illegible]

女光明年貳拾歲 中女

男明鶴年叁拾陸歲 衛州苗谷府別將 乾元二年十月日授甲頭林

言 [illegible]

男思社年貳拾貳 白丁

男明奉年貳拾伍歲 白丁

[illegible]

敦煌社會歷史文獻釋録第一編

策劃、主編：郝春文

英藏敦煌社會歷史文獻釋録

第十卷

郝春文、周尚兵、陳于柱、聶志軍、王曉燕、杜立暉　編著

助編：游自勇、韓　鋒

社會科學文獻出版社
SOCIAL SCIENCES ACADEMIC PRESS (CHINA)

本書第十卷　係

國家社會科學基金重大項目（10&ZD080）

上海市哲學社會科學規劃重大課題

國家社會科學基金一般項目（04BZS004）

敦煌社會歷史文獻釋錄

顧問：
寧可
策劃、主編：
郝春文
編委：
柴劍虹、鄧文寬、方廣錩、郝春文、李正宇、榮新江、張涌泉、趙和平、鄭炳林
海外編委：
吳芳思（Frances Wood）、魏泓（Susan Whitfield）

凡例

一　本書係大型文獻圖集《英藏敦煌文獻》的文字釋録本。其收録範圍、選擇内容均與上書相同。但增收該書漏收的部分佛教典籍以外文獻；對於該書未收的佛經題記，因其具有世俗文書性質，亦予增收；對於該書所收的部分佛經，本書則予以剔除。凡屬增收、剔除之文書，均作説明。

二　本書的編排順序係依收藏單位的館藏編號順序排列。每號文書按正背次序排列，背面以『背』（V）表示。文書正背之區分均依文書原編號。發現原來正背標錯的情況，亦不改動，但在校記中加以説明。

三　凡一號中有多件文書者，即依次以件爲單位進行録校。在每件文書標題前標明其出處和原編號碼。

四　每件文書均包括標題、釋文兩項基本内容；如有必要和可能，在釋文後加説明、校記和有關研究文獻等内容。

五　文書的擬題以向讀者提供儘量多的學術信息爲原則，凡原題和前人的擬題符合以上原則者，即行採用；不符者則重新擬題。

六　凡確知爲同一文書而斷裂爲兩件以上者，在校記中加以説明；若能直接綴合，釋文部分將逕録綴合後的釋文。

七　本書之敦煌文獻釋文一律使用通行繁體字釋録。釋文的格式採用兩種辦法，對有必要保存原格式的文書，以忠實原件、反映文書的原貌爲原則，按原件格式釋録；沒有必要保存原格式的文獻，則採用自然行釋録。原件中之逆書（自左向右書寫），亦不改動；一件文書寫於另一件文書行間者，分別釋録，但加以説明。保存原格式的文書，原文一行排不下時，移行時比文書原格式低二格，以示區別。

八　釋文的文字均以原件爲據，適當吸收前人的研究成果。如已發表的釋文有誤，則逕行改正，並酌情出校。

九　同一文書有兩種以上寫本者，釋録到哪一號，即以該號中之文書爲底本，以其他寫本爲參校本；有傳世本者，則以寫本爲底本，以傳世本爲參校本。

一〇　底本與參校本内容有出入，凡底本中之文字文義可通者，均以底本爲准，而將參校本中之異文附於校記，以備參考。若底本有誤，則保留原文，在錯誤文字下用（）注出正字；如底本有脱文，可據他本和上下文義補足，但需將所補之字置於〔〕内；改、補理由均見校記。

一一　原件殘缺，依殘缺位置用（前缺）、（中缺）、（後缺）表示。因殘缺造成缺字者，用

□表示，不能確知缺幾個字的，上缺用▯表示，中缺用▯表示，下缺用▯表示，一般佔三格，但有時爲了保持原文格式，可適當延長，視具體情況而定。

一二　凡缺字可據别本或上下文義補足時，將所補之字置於□内，並在校記中説明理由；原文殘損，但據殘筆劃和上下文可推知爲某字者，逕補；無法擬補者，從缺字例；字跡清晰，但不識者照描，在該字下注以『（？）』，以示存疑；字跡模糊，無法辨識者，亦用□表示。

一三　原書寫者未書完或未書全者，用『（以下原缺文）』表示。

一四　原件中的俗體、異體字，凡可確定者，一律改爲通行繁體字；有些因特殊情況需要保留者，用（　）將正字注於該字之下。

一五　原件中的筆誤和筆劃增減，逕行改正；出入較大的保留，用（　）在該字之下注出正字，並在校記中説明理由。

一六　原件中的同音假借字照録，但用（　）在該字之下注出本字。

一七　原件有倒字符號者，逕改；有廢字符號者，不録；有重疊符號者，直接補足重疊文字；均不出校。有塗改、修改符號者，只録修改後的文字；不能確定哪幾個字是修改後應保留的，兩存之。有塗抹符號者，能確定確爲作廢者，不録；不能確定已塗抹的文字，則照録。原寫於行外的補字，逕行補入行内；不能確定補於何處者，仍照原樣録於夾行中。

一八　原件中的衍文，均保留原狀，但在校記中注明某字或某字至某字衍，並説明理由。

一九　文書中的朱書和印跡，均在説明中注明。

二〇　本書收録與涉及的敦煌文獻，在標明其出處時，使用學界通用的略寫中文詞和縮寫英文詞，即：

「斯」：倫敦英國國家圖書館藏敦煌文獻斯坦因（Stein）編號

「北敦」（BD）：北京中國國家圖書館藏敦煌文獻編號

「Ch BM」：倫敦英國國家博物館藏敦煌絹紙畫編號

「Ch IOL」：倫敦英國印度事務部圖書館藏敦煌文獻編號

「S.P」：倫敦英國國家圖書館藏敦煌文獻木刻本斯坦因（Stein）編號

「伯」：巴黎法國國立圖書館藏敦煌文獻伯希和（Pelliot）編號

「Дх.」：聖彼得堡俄羅斯聯邦科學院東方文獻研究所藏敦煌文獻編號

「Φ.」：聖彼得堡俄羅斯聯邦科學院東方文獻研究所藏敦煌文獻弗魯格（Флуг）編號

目録

斯二〇七一　切韻箋注

釋文

（前缺）

三鍾〔一〕□ 逢 苻容反〔二〕。三〔三〕。 縫 紩〔四〕。 漨 水〔五〕。 峯 敷容反〔六〕。 □ 夆 甹夆〔七〕、掣曳〔八〕。甹字〔九〕，普經反〔一〇〕。 烽 火〔一一〕。

縱 縱橫。即容反。又子用反〔一二〕。三。 蹤 跡〔一三〕。 □ 蛩 蛩距〔一四〕。渠容反〔一五〕。六〔一六〕。 邛 臨邛，縣名〔一七〕。 舼 小舡〔一八〕。 筇 筇竹〔一九〕。 軵 軸，所以支官（棺）〔二〇〕。

茾〔二一〕。 □

四江 古雙反〔二二〕。五〔二三〕。 扛 舉鼎〔二四〕。 杠 旌旗飭（飾）〔二五〕，一曰於（牀）前横（木）〔二六〕。 茳 茳離（蘺）〔二七〕。 釭 鐙〔二八〕。又古紅反〔二九〕。 □ ⿰耳農 耳中聲〔三〇〕。女江反〔三一〕。二〔三二〕。

⿰農毛 髮多〔三三〕。 窻 楚江反。三〔三四〕。 椶（稯） 椶（稯）種〔三五〕。 摐 打鍾鼓〔三六〕。 □ 胮 胮脹〔三七〕。匹江反〔三八〕。二〔三九〕。 䧛 鼓聲〔四〇〕。 瀧 南人湍（名）名（湍）〔四一〕。吕江反。一。 雙 所江反。 □ 腔 羊腔。苦江反。五。 控 打〔四二〕。 悾 信皃。 跫 踏地聲〔四三〕。 涳〔四四〕。 □ ⿰舂見 直視〔四五〕；目不用（明）〔四六〕。 椿 橛。都江反。一〔四七〕。

五支章移反。九〔四八〕。扂□移弋支反〔四九〕。十〔五〇〕。暆東暆縣〔五一〕，在樂浪。迤透迤。⿰犭多獸名，似犬，現則有大兵〔五二〕。栘扶栘木名〔五三〕，撇〔五四〕。椸

衣架〔五五〕。爲薳支反。又於僞反〔五六〕。二。潙水名〔五七〕，出新陽〔五八〕。嬀姓〔五九〕。居爲反。一。麾許爲反。三〔六〇〕。噅口不正〔六一〕。□覣好視〔六二〕。糜糜粥。靡蔦

反。四〔六三〕。穈穄〔六四〕。縻縻爵〔六五〕。麋麋爛〔六六〕。隳〔六七〕。□鬌髮落〔六八〕。反〔六九〕。二。直垂錘八銖〔七〇〕。又馳僞反。垂是爲反。三〔七一〕。陲邊〔七二〕

倕重〔七三〕。羸□鮍魚鮍（名）〔七四〕。披散〔七五〕。⿰田皮耕。陂彼爲反〔七六〕。四〔七七〕。詖辯辭。碑□琦玉名。騎跨馬〔七八〕。又奇寄反〔七九〕。

鵸似烏，三首六尾。鬾小兒鬼。碕□疷病〔八〇〕。《詩》云：『俾戎（我）疷兮』〔八一〕。軝軔〔八二〕。犧許羈反〔八三〕。八。羲氣〔八四〕。吹□⿰飠支

不正〔八五〕。去奇反。四〔八六〕。崎崎嶇。觭角一俯一仰〔八七〕。踦脚跛。宜魚羈反〔八八〕。□郫郫氏縣，在蜀。提飛。是支反。又第泥反〔八九〕。三〔九〇〕。匙。堤堤封〔九一〕，頃畝。

兒〔九二〕。□驪馬。⿰鼠离小鼠相銜行〔九三〕。樆山梨。鸝鸝黃〔九四〕，縭婦人香纓〔九五〕。移反〔九六〕。七。即髭口上毛〔九七〕。鴜水鳥。又病（疾）移〔反〕〔九八〕。⿱此鼠鼠，似鷄〔九九〕。

觜思〔一〇〇〕。鮆〔一〇一〕。□奇不偶〔一〇二〕。又渠羈反。羇寄。卑府移反〔一〇三〕。五。椑木名，似柿。箄〔一〇四〕□埤附。絁繒，似布。式支反。三。

施。葹草名，拔心不死。斯息移反〔一〇五〕。□澌凌澌〔一〇六〕。磃館名。⿸疒虒瘦⿸疒虒，疼痛。又斯齊反。傂傂祁，地名，在平陽。差□鸍鳲（鳩）鳥〔一〇七〕。⿰扌爾⿰扌爾拘〔一〇八〕，山名。

獼獼猴。麊縣名，在交止〔一〇九〕。罙深入。婜齊人呼母〔一一〇〕。鋻〔一一一〕。□蜘作蜘蛛〔一一二〕。漪於離反。五。猗。椅木名。禕美。陭陭氏縣，在河東。馳直知反。

五〔一一三〕。池。簃連閣。篪樂器。踟踟躕〔一一四〕。□危魚爲反〔一一五〕。三。㕒厜㕒。洈洈水名〔一一六〕，在南郡。訑自多貌。香支反。一。眵目汁凝〔一一七〕。叱支反〔一一八〕。

一。釃下酒。所宜反〔一一九〕。又山爾反。二〔一二〇〕。簁下物。⿰革巂鞍⿰革巂〔一二一〕。山垂反。一。一曰垂貌〔一二二〕。痿脛病〔一二三〕，一〔日〕兩足不能相及〔一二四〕。人垂反。〔又〕於佳反〔一二五〕。一。厜厜㕒，山巔狀。姊規反。三。觜星名〔一二六〕。

纗紉繩〔一二七〕。槻木名，堪作弓。居隨反。四。嫢圓。鬹三足釜，有柄。雉鶻鳩別名〔一二八〕。劑券。觜隨反。又在細反。一。衰楚危反。一。腄瘢胝。竹垂反。一〔一二九〕。騹馬小貌〔一三〇〕。子垂反。又子累反。〔一〕〔一三一〕。

闚（闚）去隨反〔一三二〕。又作窺。一。

六脂旨夷反。三〔一三四〕。祇敬。砥石。姨以脂反。十一〔一三五〕。寅〔一三六〕。彝彝倫〔一三七〕。夷〔一三八〕。痍瘢。陝陝陝。荑荎蒉〔一三九〕。桋木名。蛦蛦蝪。胂（胰）夾脊骨〔肉〕〔一四〇〕。恞悅樂。師踈（疎）脂反〔一四一〕。二。鰤老魚。毗房脂反。十二〔一四二〕。比又必履、婢四、扶必三反。琵琵琶。棍楷（楣）〔一四三〕。又方奚反。芘蔾芘，荊藩。阰〔泚〕水名〔一四四〕，在楚。貔豹屬〔一四五〕。省作豼〔一四六〕。膍牛百葉。蚍蚍蜉。枇枇杷。仳仳倠，醜貌〔一四七〕。䠷䠷䠷。咨即脂反。八〔一四八〕。資財〔一四九〕。粢祭飯〔一五〇〕。齋（齌）喪衣〔一五一〕。諮問〔一五二〕。姿儀。盞黍稷在器〔一五三〕。澬水名，在邵陵。飢居脂反〔一五四〕。二〔一五五〕。肌肥〔一五六〕。鴲鳥〔一五七〕。處脂反〔一五八〕。三。胵膍胵。鮔魚名〔一五九〕。絺丑脂反〔一六〇〕。三。䚲笑貌〔一六一〕。又勑辰反〔一六二〕。郗〔一六三〕。郪縣名，在廣陵。取私反。三〔一六四〕。趑趑趄〔一六五〕。䆅却車邸階。茨疾脂反。七。蒺蒺蔾〔一六六〕。餈餅飯〔一六七〕。垐以土增道。積積。蠐蟦蠐〔一六八〕。瓷瓷瓦。尼女脂反〔一六九〕。三〔一七〇〕。柅木名。怩忸怩。墀直尼反。六〔一七一〕。坻小渚〔一七二〕。泜水名，陳餘死處〔一七三〕。遅又直吏反〔一七四〕。蚔蟻卵。岻山名。私息脂反〔一七五〕。二〔一七六〕。鋖平木器。尸式脂反〔一七七〕。四。鳲鳲鳩，獲（穫）穀〔一七八〕。屍〔一七九〕。蓍草〔一八〇〕。鬐馬項上鬐。渠脂反〔一八一〕。六。耆老〔一八二〕。鍺衛軸鐵〔一八三〕。鰭魚脊上骨。鮨鮓〔一八四〕。祁盛貌。又縣名，在太原。又市支反。伊於脂反〔一八五〕。三。蛜蛜蝛。咿喔咿〔一八六〕。梨力脂反〔一八七〕。七〔一八八〕。剓直破〔一八九〕。穲禾一把，長沙云〔一九〇〕。秜稻死來年更生。蜊蛤蜊〔一九一〕。蔾蒺蔾。黎（犂）牛駁〔一九二〕。葵渠隹反〔一九三〕。四。郟郟丘，地名，在陳留。又地名，在河東，漢祭后土處〔一九四〕。楑柊楑。鯸名（魚）名〔一九五〕。追陟隹反〔一九六〕。二〔一九七〕。靁雷，出《韓詩》。龜居追反。二。跰（踦）脚曲〔一九八〕。蕤儒隹反〔一九九〕。三〔二〇〇〕。緌纓〔二〇一〕。桵白桵，木名。衰微〔二〇二〕。所追反〔二〇三〕。三。榱屋橑〔二〇四〕。痿病。惟以隹反。八。䆳（旞）旌〔二〇五〕。壝埒。維〔二〇六〕。琟石，似玉。遺失〔二〇七〕。潍水名，在瑯耶〔二〇八〕。唯獨〔二〇九〕。潔水名。力追反。七。纍索〔二一〇〕。又作縲。虆蔓。嫘嫘祖〔二一一〕，黃帝妻也〔二一二〕。欙山行乘欙〔二一三〕。犪求子牛〔二一四〕。𡼥㟪𡼥。又力罪反。綏安。息遺反。六〔二一五〕。葰（荽）胡葰（荽）〔二一六〕。雖辭〔二一七〕。浽微〔二一八〕，小雨。眭水名，在梁〔二一九〕。又許葵反。⿰禾妥禾四把，長沙云。逵渠追反。五。虁虁龍，俗作蘷〔二二〇〕。騤馬行貌。馗神名〔二二一〕。戣兵名〔二二二〕。睂又作眉〔二二三〕。武悲反。九〔二二四〕。湄水名〔二二五〕。瑂

石〔二二六〕，似玉〔二二七〕。矀伺視。⿱竹微竹名。又無非反。黴黴黧〔二二八〕，垢腐貌。又莫背反〔二二九〕。麋鹿屬〔二三〇〕。蘪蘪蕪〔二三一〕。悲府眉反。一。錐職追反〔二三二〕。六。隹〔二三三〕。⿸鹿隹鹿一歲。

鵻鳥〔二三四〕。萑木名，似桂〔二三五〕。騅馬倉白雜〔二三六〕。誰視隹反。二。脽坐[處]〔二三七〕。帷洧悲反。一。邳下邳縣〔二三八〕。苻悲反〔二三九〕。三〔二四〇〕。岯山。魾大鱗〔二四一〕。丕敷悲

反〔二四二〕。五〔二四三〕。伾有力。秠黑黍。⿰丕頁大面〔二四四〕。駓馬桃花色〔二四五〕。倠仳倠。許維反。一。[鎚]直追反〔二四六〕。三〔二四七〕。搥〔二四八〕。頧頭亞。推尺隹反〔二四九〕。一。胝皮厚。丁私反〔二五〇〕。

二。秖穀始熟。紕繒欲壞。疋夷反。一。嗺高貌。醉綏反。二。檇以木有所擣。《春秋》：越〔敗〕吳於檇[李]〔二五一〕。[巋]小山而衆〔二五二〕。丘追反。又丘誄反。一。狋犬怒貌〔二五三〕。牛飢反。又巨員反。〔一〕〔二五四〕。

七之止而反。二。芝瑞草〔二五五〕。飴與之反。十二〔二五六〕。怡悦〔二五七〕。圯圯橋名〔二五八〕。貽貺遺。頤年〔二五九〕。詒詒言。[⿰王𦣞]玉名〔二六〇〕。宧室東北隅〔二六一〕。洍水名。

⿰月𦣞豕息肉〔二六二〕。⿰魚𦣞魚名。姬王妻別名〔二六三〕。時市之反。三。塒鑿垣西（棲）〔鷄〕〔二六四〕。鼭鼠。疑語基反。二〔二六五〕。嶷九嶷〔二六六〕。思息[茲反]〔二六七〕。[九]〔二六八〕。[司]〔二六九〕。

罳罘罳。絲〔二七〇〕。伺候。緦緦麻。楒相楒木。⿱竹思竹有毒，傷人即死。禗不安意欲去〔二七一〕。輜楚治反。又側治反。二。颸風。其渠之反。十八〔二七二〕。期至〔二七三〕。旗旌〔二七四〕。

萁菜〔二七五〕。騏馬青黎（驪）色〔二七六〕。蜞蟛蜞〔二七七〕，似蟹。琪玉〔二七八〕。綦履飾〔二七九〕。麒獸〔二八〇〕。淇水〔二八一〕。鶀鳥名。綦紫綦，似蕨〔二八二〕。錤[鎡錤]〔二八三〕。

棊卒（弈）〔二八四〕。璂弁飾。鯕編（鯿）魚〔二八五〕。祺福祥。綨白倉色。詩所之反〔二八六〕。二〔二八七〕。邿地名〔二八八〕。而如之反。十二〔二八九〕。栭木名，子似栗而細。一曰梁上柱〔二九〇〕。檽木耳〔二九一〕。

陑地名〔二九二〕，又[峻]坂〔二九三〕。胹煑熟〔二九四〕。輀車〔二九五〕。洏漣流（洏）〔二九六〕，涕流貌。鮞魚子〔二九七〕。耏多毛〔二九八〕。咡吻。⿰女而丸之塾（熟）〔二九九〕。誀誘。欺詐。去

其反。五。娸姓。一曰醜。魌[頭大]〔三〇〇〕。⿰其頁〔又〕作魌〔三〇一〕。僛〔三〇二〕。姬居之反。七〔三〇三〕。朞〔三〇四〕。基〔三〇五〕。箕〔三〇六〕。萁菜，似蕨。

筐可以取蟣。諆謀〔三〇七〕，《詩》云：『周爰諮謀（諆）。』〔三〇八〕詞似茲反。四〔三〇九〕。祠祭〔三一〇〕。柌鐮〔柄〕〔三一一〕。辭又作辤〔三一二〕。釐理。一曰福。理之反〔三一三〕。七〔三一四〕。貍似貓〔三一五〕。氂十毫。⿱𠩺力剺〔三一六〕。嫠寡〔三一七〕。梩徒（徙）土（圡）與（畚）〔三一八〕，字出《六韜》。又都皆反〔三一九〕。犛牛。又莫交反。甾側持反。八〔三二〇〕。淄水名。輜車。又楚治反。錙錙銖。

緇黑繒。鶅〔三二一〕。鯔魚名〔三二二〕。僖樂。許其反。十二。歖卒喜。熙和〔三二三〕。嬉美。一曰遊。禧福。譆痛聲。熹盛〔三二四〕。𤇯坼。瞦目精。⿰火矣火盛〔三二五〕。

嘻噫嘻。欸（⿰虫欠）喜笑〔三二六〕。醫於其反〔三二七〕。二。噫恨聲。癡丑之反〔三二八〕。三。齝牛吐食。笞打〔三二九〕。治直之反。二。持執〔三三〇〕。蚩蟲名〔三三一〕。赤之反。二〔三三二〕。嗤笑。慈疾之反。三〔三三三〕。磁石。鷀鸕鷀，鳥名〔三三四〕。茲子之反。九〔三三五〕。孳息。嵫（嵫）崦嵫（嵫）〔三三六〕。孜篤愛。滋多〔三三七〕。嗞嗞嗟〔三三八〕，憂聲。黳染黑。鎡鋤之別名。鼒小鼎〔三三九〕。茌（茬）茌（茬）平〔三四〇〕，縣名。土（士）之反〔三四一〕。一。漦延（涎）沫〔三四二〕。俟淄反。一。

八微

八微無非反〔三四三〕。四〔三四四〕。溦溦微，小雨。薇菜。⿱竹微竹名。又武悲反。煇許歸反〔三四五〕。七〔三四六〕。暉日色。揮張〔三四七〕。徽美。翬飛貌。禕（褘）后祭服〔三四八〕。鰴魚有力。幃香囊。王非反〔三四九〕。七〔三五〇〕。闈門內〔三五一〕。圍繞〔三五二〕。韋姓〔三五三〕。韡束。違遲〔三五四〕。湋水名。霏芳非反〔三五五〕。六〔三五六〕。妃美女〔三五七〕。菲又芳尾、苻未二反〔三五八〕。𣯁細毛貌。斐斐，往來貌。一曰醜。騑驂馬。斐斐豹〔三五九〕，見《左傳》。匪肥反。八。飛〔三六〇〕。扉戶扉。緋絳〔三六一〕。非不〔三六二〕。⿰牛飛以（似）牛〔三六三〕。一日（目）白頭〔三六四〕。⿰魚飛魚〔三六五〕。騛騛兔〔三六六〕，馬而兔（逸）足〔三六七〕。

肥苻非反〔三六八〕。五〔三六九〕。腓腳腨腸〔三七〇〕。⿱竹肥竹。淝水〔三七一〕。⿸疒肥風病〔三七二〕。或作疿（痱）〔三七三〕。威於非反〔三七四〕。五〔三七五〕。葳葳蕤。嵔嵔壘。又於鬼、於罪〔二〕反〔三七六〕。隇隇蝛（陝）〔三七七〕，艱危。

蝛蛜蝛〔三七八〕，蟲。祈求。渠希反。九〔三七九〕。頎長好。旂旛槊〔三八〇〕。⿺鬼幾鬼俗。畿王畿〔三八一〕。崎山傍曲岸〔三八二〕。又作圻〔三八三〕。刉以血塗門（刀）〔三八四〕。⿰山幾危。又公哀反。⿰月幾頰肉〔三八五〕。機居希反〔三八六〕。十一〔三八七〕。譏誹。蘄縣名，在譙郡〔三八八〕。嘰小食。璣珠〔三八九〕。幾數〔三九〇〕。蘎蕭（萑）蘎〔三九一〕，草。磯大石激（水）〔三九二〕。鞿繫馬。饑穀不孰〔三九三〕。禨祥〔三九四〕。

希虛機反〔三九五〕。六〔三九六〕。晞日氣乾。莃兔葵〔三九七〕。鵗北方名雉〔三九八〕。稀稀概。睎視。依於機反〔三九九〕。五〔四〇〇〕。衣〔四〇一〕。譩痛聲〔四〇二〕。⿰阝衣天⿰阝衣縣〔四〇三〕，在酒泉。

⿱依心念痛。沂水名。魚機反。一。巍語韋反〔四〇四〕。一。蘬馬蓼，似蓼而大。丘韋反。〔一〕〔四〇五〕。歸俱韋反〔四〇六〕。〔一〕〔四〇七〕。

九魚語居反〔四〇八〕。六。漁水名〔四〇九〕，在漁陽〔四一〇〕。𢻌捕魚〔四一一〕。齬齒不相值〔四一二〕。又舉（魚）魚（舉）反〔四一三〕。鋙鉏脚（鉀）〔四一四〕。䁩馬目白〔四一五〕。初楚魚反。〔一〕〔四一六〕。書傷魚反。六。

鴒（鴒）鳥名〔四一七〕，似凫。璖玉。舒開〔四一八〕。紓緩〔四一九〕。鄃地名〔四二〇〕，在盧江。居舉魚反。六〔四二一〕。据手病，《詩》云：『〔予〕手拮（拮）据』〔四二二〕。裾衣衿〔四二三〕。琚玉。

䁈貯（貯）〔四二四〕。鶋鶢鶋〔四二五〕，鳥。渠強魚反。十三〔四二六〕。𨏥鞲（鞴）〔四二七〕。𦆯履緣（緣）〔四二八〕。璩玉〔四二九〕。磲硨磲〔四三〇〕，次玉。蕖芙蕖。籧籧篨。醵合錢飲酒。簴牛

匡。涺涺絮（挐）之涺〔四三一〕。腒鳥腊。鸆鶏，鳥〔四三二〕。𧓋獸。余與魚反。十九〔四三三〕。蜍鼁䵶〔四三四〕。餘殘〔四三五〕。輿又與庶反〔四三六〕。旟旌旛〔四三七〕。鵌同穴鳥。璵璵璠〔四三八〕，魯寶玉。

艅艅艎。畬田二歲。𤁗水名。譽又以據反〔四三九〕。嬩女子（字）〔四四〇〕。舁對舉〔四四一〕。妤婕妤〔四四二〕。𪋻山驢。予又餘佇反〔四四三〕。𤞞〔四四四〕。𩦧馬行貌。

歟〔四四五〕。胥息魚反。七〔四四六〕。䱬魚名。𥫱竹器〔四四七〕。湑沉。稰落。楈木名。蝑蜙蝑，蟲。疽癰〔四四八〕。七余反。十一。岨石山戴土。趄趑趄。苴履中藉（草）〔四四九〕。沮水名，在北

地。又慈與反〔四五〇〕。狙猨〔四五一〕。胆蟲在肉中。蒩苞蒩。䢸鄉名，在鄠縣。雎雎鳩。蛆蟲〔四五二〕。鋤助魚反。一〔四五三〕。攄舒。勑居反。二〔四五四〕。樗惡木。又作樗〔四五五〕。踈（疎）色魚反。四。

綀綀葛〔四五六〕。蔬菜〔四五七〕。梳櫛。虛許魚反。五。驉駏驉〔四五八〕。歔歔欷。嘘〔四五九〕。魖耗（耗）鬼〔四六〇〕。徐似魚反。三。𨛬地名〔四六一〕。𦍩野羊〔四六二〕。

於夾（央）魚反〔四六三〕。五〔四六四〕。箊箊箊，竹名。淤淤泥。又於據反〔四六五〕。菸菸邑，茹熟貌。唹笑貌。猪陟魚反〔四六六〕。又作賭〔四六七〕。三。瀦水所停作賭三〔四六八〕。櫫揭櫫〔四六九〕，有所表識。臚皮臚。又鴻臚。力魚反。十。䰕

毛〔四七〇〕。閭門〔四七一〕。蘆漏蘆，藥名。廬小屋〔四七二〕。櫚栟櫚。驢〔四七三〕。蘆（蘆）蘆（蘆）蕠〔四七四〕。䕡菴䕡。爈火燒山界（冢）〔四七五〕。諸章魚反。五〔四七六〕。

櫧木名。潴水名，在北嶽〔四七七〕。藷藷蔗，甘蔗。礑礛礑，青礪。除直魚反。七〔四七八〕。躇躊躇。儲〔四七九〕。涂水名，（在）堂邑〔四八〇〕。又直胡反。亦水名，在建寧。篨籧篨。藸薵藸〔四八一〕，蒠名〔四八二〕。宁門屏間。

又直呂反〔四八三〕。如汝魚反。四。蕠藘蕠〔四八四〕。洳水名，在南郡〔四八五〕。又人慮反。在晉。鴽鴾（鴾）〔四八六〕。且子魚反〔四八七〕。三〔四八八〕。砠山〔四八九〕。蛆蝍蛆，食蛇蟲。蝍字，子結反。墟去魚反。五。笶飯器。

祛（祛）袖〔四九〇〕。阹依山谷爲牛馬圈。椐木名。葅側魚反。三〔二〕〔四九一〕。狙姓〔四九二〕。蜍署魚反〔四九三〕。二。稌署預，藥名〔四九四〕。袽《易》曰：『衣有袽』。女余反。三〔四九五〕。帤幡巾。挐犬多

毛〔四九六〕。

十虞語俱反。十二。愚癡。娛樂。湡齊藪名。又水名，在襄國。堣堣夷，日所入（出）〔四九七〕。鶪鳥，現[則]大旱〔四九八〕。嵎山名，在吳。禺番禺縣，在南海。髃骨名。隅角。鸆鳥，似鶉鷟。鰅魚名，有文，出樂浪。芻測隅反。一。無有（無）〔四九九〕。武夫反。十一。毋止。瞴瞴瞜。膴無骨腊。又荒烏又（反）〔五〇〇〕。蕪草。誣誣。莁莁荑。璑三采玉。潕地名，在弘農。篻黑皮竹。巫在女曰巫。亐明（羽）俱反〔五〇一〕。七。迃曲〔五〇二〕。又憶俱反。盓縣名〔五〇三〕。邘地名〔五〇四〕，在河內。雩祭名。又況於反。竽笙〔五〇五〕。玗玉名〔五〇六〕。訏大〔五〇七〕。況於反。七。吁歎〔五〇八〕。肟肟胎〔五〇九〕，郡名。欨炎欨，貪者見食貌。疞病〔五一〇〕。旴舉目〔五一一〕。衹（衹）大袑（祒）衣〔五一二〕。劬其俱反。十六。衢巷衢。軥車軛。氍氍毹。胊脯。一曰屈。又地名，在東海。朐地名，在河東。癯少肉。屩履頭飾。鴝鴝鵒。灈水名，在汝南。躣行貌。䮦馬右足白。鼩鼱鼩，小鼠。鑺兵器。《書》云：『執鑺於西垂。』蘧蘧麥。又巨居反。斪鋤屬。儒日朱反〔五一三〕。七。濡水名〔五一四〕。獳朱獳〔五一五〕，獸名。襦襖〔五一六〕。懦弱〔五一七〕。又力（乃）亂反〔五一八〕。嚅囁嚅〔五一九〕，多言。鱬朱鱬〔五二〇〕，魚名，魚身人面。鬚古作須。相俞反。八。䇓待。須。繻繻傳〔五二一〕。𢄐頭𢄐。嬃女嬃，屈原姊。需疑。䴢鹿子。株陟輸伐反〔五二二〕。四（五）〔五二三〕。誅責。伐。邾地名。鼄鼅鼄。跦行貌。貙獸名。勑俱反。一。銖（十）〔分〕〔五二四〕。市朱反。六。殊別。洙水名，在魯。茱茱萸。瓶小罌。殳《詩》云：『伯也執殳。』逾越。羊朱反。廿五。窬門邊小竇。臾。楰木名〔五二五〕。腴肥腴。隃隃麋，縣名，在扶風。覦窺覦。俞然。又恥呪反，人姓。諛諂諛。愉悅。踰。歈巴歈，歌。揄擨揄，舉手相弄。或作邪揄。褕衣。瑜玉。崳崳次山，在鴈門。㥚喜。羭黑羝。蝓螔蝓，蠃。又神朱反。萸茱萸。堬冢。榆木。牏築垣短板。鄃地名，在涿郡。渝變。區氣俱反。六。嶇崎嶇。鰸魚名，出遼東。軀身。驅馳。摳褰裳。又苦侯反。朱止俱反。六。珠玉。侏侏儒。袾（袾）詛〔五二六〕。咮噣咮，多言貌。鴸似鴟，人首。趨疾行。七朱反。一。慺敬。力朱反。九。蔞蔞蒿。毭毛布。瞜瞴瞜。嶁山頂。𩸂魚名〔五二七〕。鷜鵱鷜，野鵱。摟曳。貗豬求子。扶持。附夫反。十。芙芙蓉。颫風。符牒。鳧野鴨。榑海外大桑，日所出。䓽䓽茈。苻鬼目，草名。蚨青蚨，青色小蟲，子母不相離。夫若夫。𥢶[稧穲]〔五二八〕。士於反。二。雛鶵雛。敷撫夫反。十六。麩麥皮。孚信。郛郭。𣝔木名。鄜縣名，在馮翊，俗誤作敷州。鋪又普胡反。筟織緯者。俘囚。痡病。殍餓死曰殍。怤思。𦑱翮下羽。藪[花]〔五二九〕。孵卵化。紨鹿（麁）細（紬）〔五三〇〕。諏謀。子於反。又子侯反。四。㖩嚵取（㖩）〔五三一〕，不廉。㟂㟂隅。娵娵訾，星。跗甫於反。十。膚體。邞縣名，在瑯邪。鈇鈇鉞。衭袍襦之類前衿。玞珷玞，美石，次玉。

鵂鵂鶹〔五三二〕，魚（鳥）名〔五三三〕，三首六足，六目三翼。藘地藘，藥名。簠簠簋，祭器。又方羽反。夫夫人。紆縈〔五三四〕。憶俱反。四。陓陽陓澤，在冀州。靬般革。迃〔五三五〕。輸式朱反。一。樞昌朱反〔五三六〕。二。姝。廚直誅反。二。蹰踟蹰。拘舉隅反。九。駒馬二歲。岣岣嶁，衡山別名。眗在（左）又（右）視〔五三七〕。郰挹。株（捄）盛詩（土）〔五三八〕。士（《詩》）云〔五三九〕：『株（捄）之隭隭。』〔五四〇〕跔手足寒。鮈鯸（鯸）鮈〔五四一〕，魚名。俱皆俱。毹氍毹。山虞反。三。㡏裂繒。榀（橾）車轂內孔〔五四二〕。

十一模法。莫胡反。七。摸以手摸。又毛博反，摸搽。嫫嫫母，黄帝妻。醔醔酳，榆子猶（醬）〔五四三〕。酳字，大胡反。𢂂車衡上衣。墲規（度）莫（墓）地曰墲〔五四四〕。謨謀。匍匍匐。薄胡反。匐字，傍北反。七。荹荹攄，收亂草。酺大飲酒。樸樸剽縣，在武威。剽字，戶關反。菩。蒱膊魚。蒲水草。胡戶吳反。十四。壺酒器。狐狐狸。瓳甈瓳。餬寄食。瑚瑚璉。湖江湖。頶牛項下垂。鶘鵜鶘，鳥名。猢獑猢，獸名，似猨。獑字，士咸反。醐醍醐。𪏮黏。或作黏䴴（黏）〔五四五〕。弧弓。乎何。孤古胡反。十五。苽雕胡。姑。辜罪。呱啼聲。罛蚣（舩）上網〔五四六〕。泒水名，在鴈門。酤又苦暮反。觚酒器。蛄螻蛄。箛竹。鴣鷓鴣，鳥名。橭橭木名〔五四七〕。𦨖《漢書》：『越巫𦨖祠，在雲陽。』沽水名，在高密。徒度都反。十七。屠煞。瘏病。塗泥。途道。峹酒峹山〔五四八〕。駼騊駼，獸名。酴酒。𤘈黃牛。鵌鳥名，與鼠同穴。涂水名，在益州。梌木名。荼苦菜。又宅加反。酴（酳）茜（醬）酴（酳）〔五四九〕。啚思度。圖畫。廜廜蘇，草庵。奴乃胡反。六。砮礪。帑戮（藏）〔五五〇〕。駑馬。孥子。笯籠（鳥）鳥（籠）〔五五一〕。呼荒烏反。五。幠大。葫蒜。膴無骨腊。又武夫反。侉怯。吾五胡反。十。鼯似鼠。浯水名。䓊草名。𤞞玃屬。珸琨珸，美石，似玉。吳。蜈蜈蚣。郚鄉名，在東莞。梧桐。租則吾反。二。葅茅葅，封諸（侯）葅以白茅〔五五二〕。盧落胡反。十六。鑪。壚黑土。籚竹。蘆葦。顱頭顱。鱸魚名。攎斂取。爐火爐。轤轆轤，圓轉木。櫨黑柱〔五五三〕。黸黑甚。獹韓獹。鸕鷀（鸕）鸕（鷀）〔五五四〕。艫舟後。纑希（布）縷〔五五五〕。蘇思吾反。三。穌更生。𪎭廜𪎭。徂往。昨姑反。二。殂死。烏哀都反。九。嗚嗚呼。杇泥漫。漫字，莫寒反。洿水不流。鴮鴮鳺（鯆）〔五五六〕。釫鏝。歍口相就。鎢鎢錥，温器。弙滿弓有所向。逋博孤反。四。餔食。晡日晚。庯屋上平。枯苦胡反。三。刳剖破。郀地名。麁米不精。倉胡反。二。麤行路遠。瑹美玉。他胡反。二。稌稻。又他古反。都丁胡反。三。䈙竹名。闍又時遮反。䄻豆䄻。普胡反。五。鋪設。鯆魚名。𨁂馬蹀。痡病。

十二齊俱（徂）稽反〔五五七〕。五。臍臍臍。麡麡狼，獸名，似麇。蠐蠐（螬）蠐（螬）〔五五八〕。𪗋好貌。黎落稽反。十一。犂犂牛，雜毛不純。驪馬深黑色。廲廲廔，廔綺窗〔五五九〕。藜落葉草。莉莉茳，域（織）荆〔五六〇〕。
黧黑而黃。𦆽絳𦆽，惡絮。盔（𥁕）似（以）瓢爲飲器〔五六一〕。遾徐行。鼀亭名，在上黨。妻七稽反。五。萋草盛。淒雲貌。凄寒。《詩》云：『凄其以風。』悽慟。低低即（昂）〔五六二〕。當稽反。七。氐氐羌。
秖（衹）短衣〔五六三〕。磾《漢書》：『金日磾。』鞮革屨。腣腣胵，胅腹。胵羝羊。啼度稽反。廿二。蹄足。篪竹名。提舉。詆訶。又丁禮反。禔玉。桋木名。媞美好。
題視。隄封〔五六四〕。綈厚繒，色綠而深。罤兔網。漽研米槌。締結。又徒帝反。稊稊子，草。或作苐〔五六五〕。銻鍗銻，糜〔五六六〕。齎堤防。醍酒。又天禮反。亦醍醐。騠駃騠，馬名〔五六七〕。又子（丁）奚反〔五六八〕。
禔（褆）衣服好〔五六九〕。鶙鶙鷉，鳥名。荑秀。豍豍豆。方（奚）反〔五七〇〕。十。𢄙車簾。螕牛蝨。椑榹，小（樹）〔五七一〕。又樹栽。蓖蓖麻。紕繆。又芳脂反。篦眉篦〔五七二〕。狴狴牢〔五七三〕。
梐門外行馬。又訪啓反。𥏝𥏝𥎨，短貌。奚胡雞反。十二。嵇。兮何。鼷小鼠。豯豕生三月〔五七四〕。傒有所望〔五七五〕。又胡禮反。㜎女好。蹊徑蹊〔五七六〕。螇螇螰〔五七七〕，似檀（蟬）〔五七八〕。騱馬前足白。又驒騱，野馬。
榽榽（榼）〔五七九〕，木名，似檀。胜腣胜。雞吉稽反。五。稽。枅承衡木。笄（簪）〔五八〇〕。蛢螢火〔五八一〕。妍反〔五八二〕。又口鷖鳧鷖〔五八三〕。烏稽反。五。翳。譩相然應辭。黳黑色〔五八四〕。
嫛嫛婗。倪五稽反〔五八五〕。九。蜺虹。郳郳城，在東海。霓雌虹。又五結、五擊二反。齯老人齒更生。婗嫛婗，婗（小）兒〔五八六〕。輗車轅端持衡者。鯢雌鯨。猊狻猊。醯俗作醓。呼雞反。三。𢇍痛聲。𩚬
黃病色。西索稽反。九。棲或（作）栖〔五八七〕。甈瓦破聲。犀牛。嘶馬鳴。撕提撕。𤸅瘦𤸅；病。榹椑榹，小樹。屖瓠屖。梯湯稽反。五。睇視貌。又特計反。鷈鷿鷈，似鳧。虒（𠥯）遍（匾）虒
（𠥯）〔五八八〕，薄。遍（匾）字〔五八九〕，方顯反。𧇜臥。鼙薄迷反。三。椑圓蓋（榼）〔五九〇〕。膍膍臍。臡醢有骨。人兮（反）〔五九一〕，又奴兮反。一。批擊。普雞反。二。鈚鈚箭。齎持。即稽反。五。齏擣薑蒜。
又作韲。躋登。又祖細〔反〕〔五九二〕。櫅櫅榆，木，堪作車轂。𥎨𥏝𥎨。迷莫奚反。四。㜷齊人呼母。麛鹿兒。䣼醭䣼，醬酢上白。醭字，怖僕反。泥奴低反。一。谿苦稽反。一。圭十圭爲一合〔五九三〕。古攜反〔五九四〕。五。珪刺（剡）上玉〔五九五〕。
邽下邽縣，在馮翊。上邽，在隴西。俗誤爲下封縣。閨內門。袿（袿）婦人上衣〔五九六〕。睽異。苦圭反。又苦（古）攜反〔五九七〕。五。奎星名。溪泉，出通川。又古比反。刲割刺。茥缺瓮草〔五九八〕。攜戶圭反。九。蠵
大龜。鑴大錐。蜀人姓。䰎甑下孔。畦菜畦。巂似馬而一角。酅地名，在東平。𢥞離心。栘榶棣，木名。成栖反。又今（余）氏〔五九九〕、以支二反。一。

十三佳古膎反。二。街道。膎脯。戶佳反。三。鞵屩。懈懈（䁲）懈〔六〇〇〕，心不平。牌牓。薄佳反。四。䲒魚名。簰大桴曰簰。郫縣[名]〔六〇一〕，在蜀。又符羈反。媧女媧氏。姑柴反。三。緺青緺綬。諣闌墮。

哇（蛙）蝦蟇屬〔六〇二〕。烏緺反。一。咼口戾〔二〕〔六〇三〕。苦哇反。絓惡絲。柴薪。士佳反。四。祡祭天。齜齜䶑（䶑）〔六〇四〕，齒不正。茈茈胡，藥名。又茈草，茲余（爾）反〔六〇五〕。釵楚佳反。二。靫鞴（韛）靫〔六〇六〕。鞧（鞴）字〔六〇七〕，薄布反。竵物不正。火咼反。一。羓羓羺〔六〇八〕，胡羊。媧佳反。一。崖岸。五佳反。四。啀犬鬬。涯水際。䶑齜䶑。娃美女貌。於佳反。三。洼水名。又烏加反。哇淫聲。崽呼彼之稱。山佳反。又山皆反。一。𠹕笑。火佳反。二。

吹欬（欸）吹〔六〇九〕，氣逆。扠以拳加人，亦作扻（摭）〔六一〇〕。扻（摭）字〔六一一〕，廿（丑）佳反〔六一二〕。一。䁲（䁲）視貌〔六一三〕。莫佳反。一。[諰]〔六一四〕。

十四皆古諧反。十。偕俱。稭麻稈。喈鳥聲。階級。膌瘦。薢薢茩（茩）〔六一五〕，藥名，决明子是。荄蘠（根）〔六一六〕。瘥（痎）瘧〔六一七〕。堦砌。諧戶皆反。五。

湝風[雨]不止〔六一八〕。骸骨。䃈黑石。騞馬性和。排推。步皆反。四。輫車箱。俳俳憂（優）〔六一九〕。牌牓。乖古懷反。一。懷戶乖反。七。褱褱夾。櫰木。[䶈]戎狄鹽〔六二〇〕。褢歲（歲）褢〔六二一〕。𤜧似牛，四角。淮水。匯澤名。苦淮反。一。豺狼屬。士諧反。二。儕等。差簡。楚皆反。一。虺虺隤，馬疹（病）〔六二二〕。呼懷反。一。埋[莫皆]反〔六二三〕。三。霾風而雨（土）〔六二四〕。𤟤慧。

齋齋潔。側皆反。一。崴崴褢，不平狀。乙乖反。一。齂䶨。卓皆反。一。揩揩擦，摩拭。客皆反。一。擨諸皆反。一。

十五灰呼恢反。三。豗豕掘地。瘣馬病。恢大。苦回反。五。詼詼調。悝病。一曰悲。魁師（帥）〔六二五〕。一曰北斗星。篏（篏）箭竹〔六二六〕。隈水曲。烏回反。三。煨煻煨，火。緭[五]色絲飾〔六二七〕。

回戶恢反。七〔六二八〕。洄逆流。徊徘徊。迴還。槐〔守〕宮槐〔六二九〕，木名。瑰玫瑰，火齊珠。蛕人腹中長蟲。枚莫杯反。十一。媒許。玫玫瑰。梅木。煤炱煤，火（灰）集屋上〔六三〇〕。脢衣上白醭（醭）〔六三一〕。脥背肉。又亡代反。腜孕始兆。禖求子祭。罞雉網。鋂犬（大）環〔六三二〕。瓌公回反。二。傀大貌。雷路迴反。四。罍酒器。儡儡同。勖勉。穨暴風。社（杜）回反〔六三三〕。六。㿉陰病。墤下墜。魋似羆而小。又人名。膭膗膭，屋破狀。頹秃。崔此回反。三。催。縗喪衣。磓落。都迴反。三。䭔餅。堆聚土。摧折。昨恢反。三。崔崔嵬，與人姓崔字同音別。慛傷。膗膗膭。素迴反。二。挼塹。裴薄恢反。五。

徘徘徊。培益。陪厠。𨛫鄉名，在河東聞喜。杯布回反。一。肧懷胎一月。芳杯反。四。坏瓦未燒。痦病。醅酒漉（未）未（漉）〔六三四〕。鮠魚，似鮎。五回反。三。桅舟上幢。嵬崔嵬。輫車盛貌。他回反。二。蓷草名。𢥞古之善塗者。乃回反。二。捼摩。

十六咍笑。呼來反。二。⿰阝殳欸⿰阝殳，笑聲。哀烏開反。三。埃塵。唉慢譍。又於其反。臺徒來反。六。擡舉。菭魚衣。涇（濕）曰濡菭〔六三五〕。炱炱煤。嬯鈍劣。薹蕓薹。該古哀反。（九）〔六三六〕。七豥豕四蹄白。垓八極。又垓下，堤名，在沛郡，項羽敗處。荄[草]根〔六三七〕。又古諧反。郂鄉名，在陳留。㱯羊胎。剴木（大）鐮〔六三八〕。一曰磨。又五哀反。陔殿堦之次序。姟數，十冓（經）曰姟〔六三九〕。裁昨來反。六。纔僅。或作裁。財資。才學。材調。𪌭麴。來落哀反。六。萊藜。又東萊郡，在青州。郲郲地名〔六四〇〕，在蜀。騋馬高七尺。崍崍嵦。斄鄉名，在扶風。又力之反。災祖才反。三。栽種。哉痛。猜疑。倉才反。二。偲才。胎湯來反。四。鮐魚名。台三台，星名。邰地名，在始平，或作斄。孩小兒。胡來反。二。咳小兒笑。鰓魚頰。蘇才反。四。揌擡揌。粞碎米。䚡角中骨。皚霜雪白。五來反。三。嵦崍嵦，山。敳有所治。能（能）獸名〔六四一〕。年來（反）〔六四二〕。又奴代、奴登二反。一。開康來反。一。

十七真職鄰反。俗作真。四。甄姓。又居然反。振又之刃反。禛以貢（眞）受福〔六四三〕。春昌脣反。一。漘水際。食倫反。三。脣。⿱艹脣牛脣，草名，似蘭，青黑色。勻遍。羊倫反。一。淪沒。力屯反。十。倫等。論又盧昆反。𦨖舡。輪。崘山名。鯩魚名。蜦神蛇，能興雲雨。棆木名。綸絲綸。屯陟倫反。二。窀窀穸，下棺。純常倫反。八。蓴蒲秀。蒓水葵菜。醇醲酒。鶉鶕鶉。鶕字，烏合（含）反〔六四四〕。恂憂。錞所以和鼓。淳清。犉牛（黑）脣〔六四五〕。如均反。二。瞤目動。或作旬。因於鄰反〔六四六〕。十一。茵褥。禋祭六宗。闉闉闍，城上重門。駰馬。又於巾反。烟烟熅，天地氣。湮沉。氤氤氳。垔寒（塞）〔六四七〕。諲敬。婣婚〔六四八〕。珍陟鄰反。三。塡壓。又徒賢反。鎮戍。又陟刃反。新息[鄰]反〔六四九〕。三。[辛]苦〔六五〇〕。薪柴。辰慎鄰反。六。晨旦。宸屋宇，天子所居。鷐鷐風，鸇。麎牝麎。臣君臣。仁如鄰反。二。人。申書鄰反。六。伸展。娠娠孕。又指刃反。紳大帶。呻呻吟。身。神食鄰反。二。晨晨平旦〔六五一〕。獜犬走草狀。丑珍反。二。縝縝紛。鄰力珍反〔六五二〕。九。轔車聲。嶙嶙峋，深崖狀。粼（粼）木（水）在石間〔六五三〕。駗馬色。疄田壟。驎騏驎。麟麟鳳。鱗魚皮。獜予（矛）柄〔六五四〕。賈誼曰：『鋤耰棘矜。』作矜，臣（巨）巾反〔六五五〕。二。菫黏土。陳直珍反。三。辣獸名，似羊，目在耳後。塵埃。津將鄰反。三。璡美石，似玉。濜氣之液。瞋怒。昌鄰反。二。䐜肉脹起。秦匠鄰反。三。螓蜻蟲。⿰牛秦牛。親七鄰反。一。⿰石賓鞕（鞭）〔六五六〕。下珍反。又下憐反。一。夤敬。余眞反。四。寅又以之（脂）反〔六五七〕。臏腈臏。黃兔爪草。銀語巾反。八。犷火（犬）聲〔六五八〕。虤（䖁）兩虎爭〔六五九〕。檭木名，色白。鄞縣名，在會稽。又魚斤反。圁圁陽縣，在西河。誾和。嚚過（愚）〔六六〇〕。又言不忠信曰嚚。紉單繩。女人反。一。巾居鄰反。一。民彌鄰反。三。閔低目視。泯没。又武忍反。賓必鄰反。三。濱水際。或作瀕。檳檳榔。荀相倫反。十。郇地名，在河東解縣。詢諮詢。眗眩。珣玉。峋嶙峋。槆木名。栒栒邑縣，在扶風。洵水名。又詳遵反。恂言（信）心〔六六一〕。遵將倫反。二。跧蹙。又阻圓反。逡逡巡。七旬反。五。竣止。一曰改。皴皮細起。㕙東郭皴（㕙）〔六六二〕，古之㕙（狡）兔〔六六三〕。墫舞貌。旬詳遵反。七。巡巡行。馴擾習。揗手相安慰。犉牛行遲。循善。紃圜綵條。（又）食倫反〔六六四〕。頻符鄰反。九。蘋大萍。嬪九嬪。一曰妻死曰嬪。櫇木名。玭珠。獱獺別名。蠙朱（珠）母〔六六五〕。嚬。顰戚（蹙）眉〔六六六〕。繽繽紛，飛。敷賓反。一。均居春反。二。鈞卅斤。鶞西方名雉。昨荀反。一。椿木名。勑屯反。二。輴載柩車。醇純美。丈倫反。一。諄至之純反。一。䵈鼓聲。於巾反。二。駰又□□反〔六六七〕。贇美好。於倫反。二。奫水貌。囷廩。去倫反。三。箟箘竹。箘桂。又渠隕反。斌文質。府巾反〔六六八〕。□邠〔六六九〕。

□虨虎文。又方閑反。珉美石，次玉。武巾反。十一。岷山名，江水所出。閩閩越。又武分反〔六七〇〕。罠彘網〔六七一〕。緡〔六七二〕。□

十八臻〔六七三〕

□詵衆人言。榛木叢。士臻反。一。

十九文

武分反。十一。聞聽。蚊蟲。彣青與赤雜〔六七四〕。紋綾。馼馬赤鬣（鬛）縞身〔六七五〕，目如黃金。文王以獻於紂者。鳼鳥。閺閺鄉，縣名〔六七六〕，在弘農〔六七七〕。汶黏唾。鼤斑鼠。闅闅越。又武巾（反）〔六七八〕。雲戶分反。十一。芸。蕓蕓薹。耘耨。鄖國名。妘女字。紜紛紜。溳水名，在美陽。澐江水大波。篔篔簹，竹名。云言。熅煙氣。於云反。六。氳氛氳。緼亂麻。又於粉反。馧香。輼轒輼，兵車。又於粉反。蘊蘊積。束草。又於粉反。汾水名，在太原。符分反。十六。墳墳籍。氳氳氳。鼖鼖大鼓〔六七九〕。轒轒轀。濆水際。水名。又焚燒。羒羊。豶豶豕。頒魚大頭。布還反。又羵土中怪羊。䳗似鴿，白身，赤

尾，六足。棼木名。蕡草木多實。黂麻實。棼屋棟。分府文反。三。坋掃棄。饙一蒸飯。群渠云〔反〕〔六八〇〕。〔二〕〔六八一〕。裠衣。薰許云反。九。曛日入。纁 三 染絳〔六八二〕。

勳力（功）〔六八三〕。焄火氣。獯獯鬻，北方胡名。勛放勛。醺著酒。葷臭菜。君舉云反。四。軍 戎伍〔六八四〕。皸足坼〔六八五〕。又居運反〔六八六〕。桾桾櫏，木名。

芬無（撫）云反〔六八八〕。六。雰霧。紛紛紜。帉巾。毰毛落。翁繽翁，飛。或作紛。

〔廿〕殷於斤反〔六八九〕。三。慇慇懃〔六九〇〕。濦水名〔六九一〕，在潁川。懃勞。巨斤反。三。芹菜名，生水中。勤。斤舉欣反。三。筋筋骨。筋竹名。欣許斤反。二。又昕日欲出。虒

虎聲〔六九二〕。语斤反。四。犾犬相咋。齗齒根肉。圻或作垠。又語斤（巾）反〔六九三〕。

廿一元愚袁反。十三。原根原。源水。杬木名。日藏卵。一嫄姜嫄。沅水名，在牂牁。騵赤馬，白腹。羱羱羊。黿似鼈。五丸反。又蚖蠑蚖，蜥蜴別名。又五丸反。蝱晚蝱。芫芫花，藥名。邧地名。袁韋元

反。九。爰於。垣垣牆。園圃。援引。榬絡絲籰。轅車轅。猨猨猴。鶢鶢居（鶋）〔六九四〕，鳥。貆乎袁反。六。旛旗。番番數。又匹袢反。幡帑。潘大波。又疋袢反。瀿汏米汁。喧或作諼。況袁反。八。

喧喧譁，大語。或作諠。萱忘憂草。暖許（大）〔目〕〔六九五〕。諼詐。塤塤篪。䳄䳄鴒，鳥名。吅 喚聲〔六九六〕。又 私 全反〔六九七〕。煩附袁反。廿（廿一）〔六九八〕。繁多。蕃似莎而大。攑攑捼。樊籠樊。繙繙帑，亂取。

帑字，於元反。燔炙。膰〔祭〕〔餘〕〔肉〕〔六九九〕。〔羳〕羊黄腹〔七〇〇〕。瀿水。蹯熊掌。蠜 百合蒜〔七〇一〕。蘩皤蒿。鷭鷭鶓，鳥，似鶓而斑頸。蟠蠜（蟠）蝜〔七〇二〕。又扶干反。蠜皀螽。鄱鄱名，在京

兆杜陵。鼢鼢鼠。鐇廣刃斧。璠璵璠，魯之寶玉。礬 礬石〔七〇三〕，藥名〔七〇四〕。鴛於袁反。八。冤屈。又冤句，縣名，在濟陰。句字，具俱反。帑繙帑。鵷鵷鶵。溈水名。惌惌枉。鋺鋤頭。宛屈草自覆。又宛縣，在南陽。

言語軒反。三。琂石，似玉。甗無底甑。又語戰反。擧舉。丘言反。一〔七〇五〕。軒虚言反。五。掀高舉。騫飛舉貌。䡣（輪）車前輕〔七〇六〕。蓒蓒芋，草。攑搏蒲〔七〇七〕，采名。居言反。六。靬乾革。又下旦反。

驪軒縣〔七〇八〕，在張掖。鞬馬上盛失（矢）器〔七〇九〕。騝騮馬黄脊。腱筋肉。一曰筋頭。一。劇以刀去牛勢。蔫蔫菸〔七一〇〕。一。謁言反蕃屏。甫煩反。三。藩籬。轓車箱。

廿二魂戶昆反。九。棞大木未剖。驒驒駷（騍）〔七一一〕，野馬。猑似犬，人面。餛餛飩。麲不破。鼲鼠名，出丁零。楎三爪犂。一曰犂上曲木。渾濁。又胡本反。昆古渾反。八。菎香草。褌衣。崐

崐崘，山名。琨琨珸，玉名。鵾鵾鷄。鶤（鯤）北溟大魚〔七一二〕。蜫蜫蟲。温於渾反。四。輼輼輬，車。蒕蒕藻，節中生細葉。䮘䮘驪，駿馬。門莫奔反。五。捫以手撫持。樠。虋赤梁粟。璊玉赤色。

孫思渾反。三。蓀香草。飱飱飯。尊《字書》作『𢍜』。即昆反。二。罇又樽，酒器。存徂尊反。二。蹲坐存〔七一三〕。敦都昆反。二。惇厚。暾日出貌。他昆反。五。焞火色。涒涒灘，歲在申名。灘字，他丹反。黗

黄黑色。䵚孺子䵚之喪。屯聚。徒渾反。八。豚豕子。窀火見空中。臀坐處。軘兵車。飩餛飩。𥳭榜。忳忳悶。村此尊反。一。𠊪女字。牛昆反。又戶昆反。一。盆蒲奔反。三。葐覆葐子，草。湓水名，在尋（潯）

陽〔七一四〕。一曰水涌出。奔博昆反。二。賁勇人。又姓。又方寄、扶非二反。論説。盧昆反。又力旬、盧鈍二反。二。崘崐崘，山名。坤苦昆反。三。髡去髪。頓（顛）頓（顛）顛〔七一五〕，秃髪貌。昬呼昆反。五。

惽不明。婚嫁。棔木名，朝舒暮卷。閽守門人。

廿三痕戶恩反。四。拫急引。鞎車革前。㮋所以平量。根古痕反。二。跟足後。恩烏痕反。一。吞咽。吐根反。又吐蓮反。一。垠垠堮。五根反。或作圻堮。〔又〕語巾、語斤二反〔七一六〕。一。

廿四寒胡安反〔七一七〕。五〔七一八〕。韓井垣。一曰國名。䓍䓍蔣，草。翰又胡旦反。邯邯鄲，縣名。桓胡官反。十五。完令（全）〔七一九〕。麆鹿一歲。䳪䳪鳿，鳥。丸。瓛圭名。紈

紈素〔七二〇〕。雚雚葦（葦）〔七二一〕。萑木兔。洹水名，在鄴。汍汍瀾，泣貌。絙緩。芄芄蘭，草。獂豕屬。又獂道縣，在天水。梡木名，出蒼梧，子可食。刓一丸反〔七二二〕。三〔七二三〕。眢井無水。一曰目

無精。豌豆。鑾落官反。八。鸞鳥。巒山小而鋭。欒木名。又姓。䜌南䜌，縣名，在鉅鹿。俗作欒〔七二四〕。⿰䜌欠迷或不解理〔七二五〕。一曰欠貌。羉毚網〔七二六〕。虊鳧葵〔七二七〕。一曰茆。《詩》云：『言採其茆。』茆字，
力欠（久）反〔七二八〕。岏巑岏。五丸反。二。刓圓削。欑（欑）木聚（叢）〔七二九〕。在丸反。二。巑巑岏，小山。寬苦官反。二。髖兩髂間〔七三〇〕。歡呼官反。七。驩馬名。貆貆貉。鸛鸛鶤，爪（似）
鶻〔七三一〕，短尾。射之，銜矢射人。鵙鳥名，人面鳥喙（喙）〔七三二〕。酇邑名，在魯郡。貛野獸。湍急瀨。他端反。四。貒貒豚，似豕，貒豚似豕而肥〔七三三〕。又吐亂反。煓漢太上皇名。黹耑黃色。酸醋。素官反。四。狻狻猊，師子，西域猛獸。痠
痠疼，痛。䨘小雨。端多官反。四。褍衣長。又衣正幅〔七三四〕。剬齊。䚟魚（角）䚟〔七三五〕，獸名。鑽鑽刺。借官反。又借玩反。一。官古丸反。七。莞草名，可爲薦。棺棺槨。觀視。又古玩反。貫又古玩反。冠首飾。又古
玩反〔七三六〕。涫樂涫，縣名，在酒泉。團度官反。七。蓴（篿）圓竹器〔七三七〕。剸截。摶摶風。慱《詩》云：『勞心慱慱。』漙《詩》云：『零露漙兮。』鄟邾鄟之邑。單都寒反。又常演反。又市連反。六。
襌（襌）襌（襌）衣〔七三八〕。鄲邯鄲，縣名，在趙郡。丹赤色。殫盡。簞小筐。安烏寒反。四。盫盫盞，大盂。鞌馬鞌。⿰安阝地名，在富（當）陽〔七三九〕。干古寒反。八。乾燥。古作漧。竿竹挺。肝
肝心。奸以淫犯。鳱鳱鵠，鳥名，知來事。鵠或作鵲。吉沃反。玕美石，次玉。邗越別名。又胡干反，江名。壇對（封）土社處〔七四〇〕。徒干反。八。檀木名。鷤鷤鶘。癉風在手足。又都彈反。撣觸。《大（太）玄經》云〔七四一〕：『撣其
名。』彈又徒旦反。貚貚屬。驒連錢驄。一曰青驪白文。又丁年反。驒騱（騱）〔七四二〕，匈奴畜，似馬而小。盤盂，又作柈、盤（槃）〔七四三〕。薄官反。十。瘢胡瘡處。磐大石。幋大巾。磻磻磎。⿱髟般⿱髟般頭，屈髮爲之。又防
滿反。臥髮曰（⿱髟般）〔七四四〕。般樂。蹣蹣跚。⿱般耳。搫搫㩾，婉轉。看苦寒反。三。靬弓衣。刊削。瞞目不明。武安反。九。顢顢頇。謾（讉）謾〔七四五〕，欺慢言。蹣蹣墻。⿰米曼⿰米曼頞（頭）〔七四六〕，餅。
慲忘。鏝所以泥壁。蔄無穿孔狀。鞔覆。湌食（倉）干反〔七四七〕。一。蘭草。落干反。七。瀾大波。闌階際木句闌。一曰闌（腕）晚（闌）〔七四八〕。讕逸言。又力誕反。誣讕。䦨妄入宮門。籣盛弩矢，人所負。
欄木名。殘昨干反。四。⿰月戔獸食餘。戔《易》曰：『東（束）帛戔戔。』〔七四九〕盞盫盞。嘽馬喘。他單反。六。嘆。攤攤蒲（蒱）〔七五〇〕。灘水灘。一曰歲在申曰涒灘。譠譠謾，欺慢言。痑力極。又馬病。〔又〕
託何反〔七五一〕。潘普官反。二。⿰番瓦⿰番瓦胡（瓳）〔七五二〕，大甂。難乃干反。一。⿰月冊肪脂。蘇干反。三。跚蹣跚，行貌。珊珊瑚。又先曷反。頇顢頇，大面貌。許安反。一。⿰黑去部黨。北潘反。一。

廿五刪除。所姧反。二。訕謗。關古還反。二。瘝病。彎烏關反。二。灣水曲。還胡關反。九。環玉名。⿰睘刂樸⿰睘刂縣，在武威。樸字，薄姑反。鬟髻。寰王者封畿內縣。又玄見反。闤闤闠，市門。糫膏糫，粔女

（粋）〔七五三〕。鍰六兩曰鍰。鐶指鐶。班巾（布）還反〔七五四〕。六。頒巾（布）〔七五五〕。又符文反。鳻鳻大鳩〔七五六〕。肦分瑞。盤盤蝥〔七五七〕，有毒，蟲。斑駁文。又方關反。蠻莫還反。三。鸞似梟，一目（目）一足一翼〔七五八〕，相得乃飛。

獌狼屬。又武顧反。姦古顏反。二。菅草名。又姓。或作蕑。顏五姦反。一。攀引。普班反。二。眅目多（白）貌〔七五九〕。姏訟。女還反。一。⿸疒帛⿸疒帛瘓。五還反。一。斕斒斕。力蠻反。又力閑反。一。

廿六山所間反。三。疝疝痂，腹病。潸潸然出淚。鰥鰥寡，又魚名。古頑反。一。間古閑反。二。艱難。閑胡山反。八。嫻雅。癇小兒癲病。騆馬〔一〕目貌（白）〔七六〇〕。蛝蟲名。瞯人目多貌（白）〔七六一〕。鷳白鷳，鳥。蕢莖餘。又侯辦反〔七六二〕。慳悋。苦間反。二。覵人名，出《孟子》。虥虎淺文貌。昨閑反〔一〕〔七六三〕。羴羊臭。許閑反，又失然反。一。訮争。五閑反。二。㺍犬鬬聲。頑愚。吳鰥反。一。黰染黑。烏閑反。二。羥黑羊。斒斒斕，色不純。方閑反。又方蠻反。二。虨虎文。又甫巾反。斕斒斕。力閑反。一。嘫語聲。女閑反。二〔七六四〕。⿸屖⿱隹莫暍⿸屖⿱隹莫，煖狀〔七六五〕。

切韻卷第二　平聲下廿八韻

一先蘇前　二仙相然　三蕭蘇彫　四宵相焦　五肴胡茅　六豪胡刀　七歌古俄　八麻莫霞　九覃徒含　十談徒甘　十一陽與章

十二唐徒郎　十三庚古行　十四耕古莖　十五清七精　十六青倉經　十七尤雨求　十八侯胡溝　十九幽於虯　廿侵七林

廿一鹽余廉　廿二添他兼　廿三蒸諸膺　廿四登都滕　廿五咸胡讒〔七六六〕　廿六銜戶監　廿七嚴語𩑈　廿八凡符芝

一先蘇前反。又蘇見反。二。躚蹁躚，旋行。前昨先反。一。千倉先反。五。阡阡陌。汘水名。仟千人長。芊草盛貌。牋牋表。則前反。或作箋。四。瀳水名。又才薦反〔七六七〕。帴小兒藉。韉鞌韉。天他前反。二。

誕誕譂，語不正。堅固。古賢反。十。鋻剛。⿰木弦縣名，在東萊。又下堅反。⿰巾弦布名。幵羌列（別）種〔七六八〕。肩。鳽鳥名。又五革反。豣大豕。一曰豕三歲。菺蜀葵。麉鹿有力。賢胡千反。六。弦弓弦。

胘肝（肚）胘〔七六九〕。舷舡邊。絃琴瑟絃。蚿馬蚿，蟲。煙烏前反。四。燕又於見反。咽咽喉。橪橪支，香草。蓮路賢反。五。憐愛，俗作怜。嗹嗹嘍，煩挐貌。縺縺縷，寒貌。⿺麥粦⿺麥粦⿺麥婁，餅。⿺麥婁字，勒走反。田徒賢反。

九。佃作田。畋取禽獸。又徒見反。畋畋，平貌。畇地名〔七七〇〕，在降（絳）〔七七一〕。塡塞。又陟陳反。厭。闐轟闐。蹎蹋地聲。磾䃅磾。鈿金花。年奴賢反。二。郉鄉名，在馮翊。顚傾。都賢反。七。齻牙。瘨病。又癲。槇木上。驞馬項（頂）白〔七七二〕。滇滇池，在建寧。趚走。牽牽引。苦賢反。四。縴縴繾，惡絮。繾字，落嵇反。邢地名，在河內。又音刑。汧水名，在安定。又苦見反。妍妍淨。五賢反。三。鳽䴖（鳽）鶄〔七七三〕。研磨。眠莫賢反。一。蹁躚（蹁）蹁（躚）〔七七四〕。蒲田反。七。蠙蠙珠。骿併肋。軿四面屛蔽婦人車。又防丁反。駢駕三（二）馬〔七七五〕。㼐黃爪（瓜）〔七七六〕。胼胼胝。淵深水。烏玄反。五。肩骨節疼。弲弓勢。剈曲剪。鼘鼓聲。涓水流。古玄反。六。睊視貌。蠲除。菺草名。䅌麥莖。鵑杜鵑。鋗銅銚。火玄反。二。駽青驪馬。邊布玄反。八。籩竹器。甂小瓫。蝙蝙蝠，仙鼠。編次。又甫連、方顯〔二〕反〔七七七〕。猵獺屬。稨籬上豆。又比顯反。萹萹竹，菜。又方顯反。玄胡涓反。五。懸。眩眩亂。駭馬一歲。玹漢有『趙玹』。

二仙胡（相）然反〔七七八〕。六。篺竹名。苮草名，似莞。躚舞貌。秈秔稻。鮮生魚。按《文》爲鱻。錢昨仙反。一。遷七然反。二。櫏椢櫏，木名。煎洗熟煑〔七七九〕。子仙反。二。湔洗。一曰水名，在蜀玉壘山。又子先反。然如延反。四。燃燒。𤡬猓𤡬，獸名，質黑文。𡟊姓。延以然反。七。埏墓道。筵席。郔地名，在鄭。綖冠上覆。蜒蚰蜒。䄲帑䄲，牛項上衣。䬸粥。諸延反。饘同。六〔七八〇〕。旃之。旜旜旃。又禮。栴栴木（檀）〔七八一〕，檀（香）香（木）〔七八二〕。鸇晨風，鳥。甄察。一曰克（免）〔七八三〕。居延反。又職鄰反。一。邅迍邅。張連反。又直連、治戰二反。三。鱣黃魚。驙馬戴（載）重行難〔七八四〕。又徒安反。白馬黑脊。潺潺湲，水流貌。士連反。一。羶羊臭。式連反。三。埏打瓦。挻柔挻。脠魚醢。丑延反。三。梴木長。鏈鉛樸。又力延反。鋋小矛。市連反。又以然反。六。單單于。蟬。嬋嬋媛，牽。僤熊（態）〔七八五〕。禪靜。纏繞〔七八六〕。直連反。四。躔日月行〔七八七〕。瀍水名〔七八八〕，在河南。壥與廛同〔七八九〕，一畝半。〔一〕曰城市內空地〔七九〇〕。嘕笑。許延反。四。嫣長好貌。又於建、於遠二反。翾飛。仚輕舉貌。連乃（及）〔七九一〕。力延反。五。聯聯緜不絕。漣漣漪，風動水。翴翴翻，飛[相]及貌〔七九二〕。鰱魚，似鱮。篇芳連反。五。偏不正。翩飛。媥身輕便貌。㾫身枯。便房連反。二。緶縫。綿武連反。五。棉屋聯棉。謾欺，出《漢書》。矊瞳子黑。蝒馬蜩。全聚緣反。三。泉。牷牲全色。宣須緣反。三。揎手撥衣〔七九三〕。愃快，吳人云。鐫鑽斵。子泉反。一。翾（翾）小飛〔七九四〕。許緣反。三。儇知。弲角弓。壖江河邊地〔七九五〕。又廟垣。而緣反。又而充（兗）〔七九六〕、奴玩二反。〔一〕〔七九七〕。穿昌緣反。三。川。灥二（三）泉〔七九八〕。沿從流而下。俗沿。與專反。七。鉛錫。或作鈆。櫞枸櫞，可作粽。鳶鴟。蝝蝗子。一曰蟻子。緣。捐棄。旋還。似宣反。五。檈圓案。璿玉名。淀回淵。又辭選反。琁美石，似玉。娟一曰好貌。於緣反。三。嬛身輕便。悁悁邑，憂。船食川反。一。鞭卑連反。四。鯾魚名。編次。又布千、方顯〔二〕反〔七九九〕。箯竹與（輿）〔八〇〇〕。涎口液。敘連反。一。詮平。此緣反。二〔八〇二〕。

痊痊瘳。佺偓佺，仙人。悛改。銓銓衡。駩白馬黑脣。苓（荃）香草〔八〇二〕。筌取魚竹。絟細布。譔善言。謜言語和悦。專職緣反。四。甎亦作塼。顓顓項。篿《楚辭》：『索藑芧（茅）以匡（筳）篿兮。』〔八〇三〕遄市延反。四。圌倉。或作篅。輲無輪（輻）車〔八〇四〕。椯木名。員玉（王）權反〔八〇五〕。三。圓。湲潺湲。跧曲卷。莊緣反。一。栓木釘。山員反。一。鐉所以鉤門樞者。丑專反。二。剶去枝。乹古作乾。渠焉反。六。虔[敬]〔八〇六〕。揵（犍）揵（犍）爲郡〔八〇七〕，在益州。鰬魚名。䖍阝聚名，在河東聞喜縣。騝騮馬，黄脊。愆罪。去乾反。五。褰褰衣。騫虧少。一曰馬腹縶。又許言反。䙭齊魯言袴。又己偃反。𧾞蹇足根。權反常合道〔八〇八〕。巨員反。十二。拳屈手。觠曲角。狋狋氏縣，在代郡。氏字，即盈反。顴頰骨。婘〔美〕〔貌〕〔八〇九〕。〔踡〕踡跼〔八一〇〕，不行。𤸁手屈病。𨇨曲脊行。犈牛黑耳。又居萬反。蠸食爪（瓜）葉蟲〔八一一〕。齤齒曲。椽屋椽。直緣反。二。傳又持戀、直戀〔二〕反〔八一二〕。孿孿，綴狗（拘）〔八一三〕。吕員反。三。䜌南䜌縣，在鉅鹿。又力丸反。癵癵病。勬強健。居員反。一。卷小幘。弮縣名，在榮（滎）陽〔八一四〕。去員反。四。棬器，似升，屈木爲。鬈鬈（髮）好〔八一五〕。新加。焉於乾反。一。𨑨緩步。丑連反。一。嬽娥眉貌。於權反。一。袻襦衣絾（縫）〔八一六〕。又（人）全反〔八一七〕。一。

三蕭草名。又縣名，在沛郡。蘇彫反。〔七〕〔八一八〕。簫簫管。彇弓弭。瀟水名。颾涼風。蠨蠨蛸，蟲。櫹櫹槮，樹長貌。祧遠祖廟。吐彫反。五。佻輕佻。挑挑撥。朓月見西方。恌輕薄。貂貂似鼠〔八一九〕。都聊反。十。𩬆小兒髮。彫刻。或作雕。刁姓。琱治琢。凋落。鯛魚名。䂏短尾狗。鵰鷳鳥別名。蛁蛁蟟，茅中小蟲。迢迢遰。徒聊反。十一。條。髫小兒髮。跳躍。鋚紖頭銅飾。鯈似蛇，魚翼，現則大旱。蜩大蟬。佻獨行。《詩》云：『佻佻公子。』苕菜。芀葦花。調。驍驍武貌。古堯反。八。梟鳥名。県到（倒）懸首〔八二〇〕。澆沃。儌儌幸。又作徼（儌）〔八二一〕。邀遮。釗弩機。又周康玉（王）名〔八二二〕。〔又〕指遥反〔八二三〕。蟂似蛇，四足，食人。聊落蕭反。廿四。𦗻耳中聲。膋腸間脂。飉風。撩取物。遼遠。又水名。憀無憀賴。寥空。竂穿。料料理。橑蓋骨。又力道反。摷擊。𡏅周垣。廖《左氏》辛伯廖。力（又）姓〔八二四〕。力救反。廖湛、廖立是。僚周（同）官爲僚〔八二五〕。字或作寮。鐐有孔爐。䜍空谷。嶚嶚巢，山貌。簝宗廟盛肉方竹器。𥳇竹名。璙玉名。嫽相戲。又力弔反。嫽戾，性自是。漻水清。鷯鷦鷯，鳥。堯五聊反。四。嶢山。僥雌（僬）僥〔八二六〕，短人。垚土高貌。膮豕美（羹）〔八二七〕。許幺反。二。嘵聲。幺小。於堯反。一。鄡鄡陽，縣名，在都（鄱）陽〔八二八〕。苦聊反。二。郻縣名，在鉅鹿。

四宵夜。相焦反。十。消滅。霄近天赤色。捎摇捎，動。逍逍遥。痟痟渴，病。綃生絲絹。又蘇彫反。銷鑠。硝矿硝，藥名。蛸蟏蛸，蟲。超勑宵反。二。怊怊悵。朝知遥反。一。晁人姓。直遥反。〔二〕〔八二九〕。

潮潮水。又水名。嚻喧。許[喬]反〔八三〇〕。七。枵玄枵，星名。歊氣。囂大聲。獢猲獢，短喙〔八三一〕。獡犬黃白色。虈白芷別名。蕉柴。昨焦反。八。劁刈草。僬僬僥，南方短人。嘈耳中聲。憔憔悴。或作顦顇。

譙國名。嶕嶕嶢，山。嶣嶪嶣，高貌。驕山馬高六尺。舉喬反。六。嬌女字。憍矜。穚禾秀。簥大管。鷮似雉而小。焦火[焦]〔八三二〕。即遥反。九。蕉芭蕉。毦兜鍪上毛飾。膲人之三膲。鷦鷦鷯，鳥。椒又子

蕭反。鷦鷦鵬，似鳳，南方神鳥。噍啁噍，鳥聲。鐎溫氣（器）〔八三三〕，三足有柄。饒如招反。六。襓劍衣。橈檝。又女校反。犪牛馴伏。又女紹反。蟯人腹中蟲。蕘蒭蕘。燒火燃。式招反。一。遥餘招反。十八（九）〔八三四〕。

媱美好。傜傜役。繇由。飖飄飖。歈[氣]出貌〔八三五〕。窰燒瓦竈。䔄蒲葉，草名。銚銚芅，萇楚。珧玉珧，蜃甲。鰩魚名，鳥翼，能飛。銚燒器。又徒弔反。姚姚娧，美好貌。摇動。瑶美石，次玉。

[謠]歌謠〔八三六〕。軺軺車名〔八三七〕。又似焦反。愮憂。陶。韶舜樂。一曰美。市招反。二。佋廟佋穆。或作昭。又市沼反。昭心（止）遥反〔八三八〕。五。鵃鶻鵃，鳥名，（似）斑鳩〔八三九〕。招呼。鉊淮南人呼鐮。釗

又古堯反。飈風。甫遥反。七。摽舉。或作摽。猋群犬走。杓北斗柄星。又撫招反。瘭瘭疽，病名。幖頭上幟〔八四〇〕。熛飛火。鑣馬銜。甫喬反。四。儦行貌。瀌雪貌。穮除田穢。飄風〔八四一〕。瓢瓠。符霄反。二。

飄風〔八四二〕。蜱蟲名。無遥反。四。𧈪蠶初生。篻竹。薸江東人呼萍。苗武儦反。二。貓獸名，食鼠。又莫交反。腰腰脊。於霄反。七。要又約笑反。葽秀葽，草名。蝘蛇名。䙅䙅襻。喓蟲聲。邀遮。鴞

於驕反。二。鄂鄉名，在清（淯）河（陽）〔八四三〕。喬木高。巨朝反。七。橋。趫美（善）走〔八四四〕。又去遥反。懸足。嶠山銳而高。又其廟反。僑寄。鐈似鼎，長足。鷮雉。鍫臿。七遥反。三。幓斂髮謂之幓頭〔八四五〕。䳅生麻。妖

於喬反。三。訞言。祅亦作妖，災。蹻舉足高。佉蹻反。又其略反。二。繑（轎）禹所乘〔八四六〕。怊奢〔八四七〕。尺招又怊反〔八四八〕。又敕朝反。二。弨彤（彤）弓弨兮〔八四九〕。漂浮。撫昭反。十。杓北斗柄。

飄（飄）飄（飄）飄〔八五〇〕，風吹貌。嫖身輕便。旚旌旗動。犥牛色。鏢刀劍鞘下飾。僄輕。翲鳥飛。飃飃颻。翹（翹）鳥尾〔八五一〕，渠遥〔反〕〔八五二〕。二。荍草名，荊蔡（葵）〔八五三〕。燎庭火。力昭

反。又力照反。一。

〔五〕肴〔八五四〕與餚通。胡茅（茅）反〔八五五〕。十。崤山名，在弘農。又下高反。䕭茅根。殽溷雜。洨水名。又縣名，在沛（郡）〔八五六〕。筊竹索。姣姣婬。猇虎聲。又縣名，在濟南。又吾加反。又直支反。㮁㮁桃，梔。

爻《易》卦。交古肴反。八。蛟蛟龍。茭乾草。鮫魚名，皮有文，可飾刀劍。鵁鵁鶄。膠。郊邑外。咬鳥聲。巢鳥巢。又居〔巢〕縣〔八五七〕，在廬江。鋤肴反。三。轈兵車，若巢，以望敵。勦輕捷。又子小反。鐃鐃鼓。女交

反。五。呶喧。譊争。怓心亂。鵃鵃鵃，鳥名。鵃字，知交反。梢船上梢木。所交反。十一。捎蒲捎，良馬名。又作荽〔八五八〕。髾髮尾。輎兵車。旓旌旗旒。弰弓上。箾飯帚。筲斗筲。鞘鞭鞘。蛸蠨蛸，蟲名，喜子。鮹魚名。茅莫交反。四。蝥盤（盤）蝥〔八五九〕，蟲。貓又武儦反。犛牛名〔八六〇〕。又力之〔反〕〔八六一〕。虓虎聲。許交反。七。髇髇箭。藃藃（禾）傷肥〔八六二〕。窙高氣。嗃嗃譽，恚。飍飍風。哮哮闞。

包包裹。布交反。［一］〔八六三〕。胞胞胎。疋交反。又伯茅反。六。𨚔邑名。脬腹中水府。𦉼網。抛抛擲。泡水上浮漚。又扶交反。水名，在陽平。敲擊頭。口交反。五。跤脛骨，近足細處。又作骹。膠面不平，或作醪。㤓㤓伢，伏態貌。磽石地。聱不聽。五交反。又五勞反。二。謷不肖。又五勞〔反〕〔八六四〕。𦗬耳中聲。側交反。三。罺抄網。抓搯（掐）〔八六五〕。嘲張交反。三。趙趙趙，躍。趙字，竹盲反。鵃鵃鵃，黃鳥。𧬤代人說。楚交反。三。抄略。又初教反。或作鈔。藻藻耳（取）〔八六六〕。庖食廚。薄交反。七。咆熊虎聲。匏瓠。炮合毛炙肉。一曰裹物燒。瓟以（似）瓠〔八六七〕，爲飲器。麃似鹿。掊手掊。𩑔頭凹。於交反。二。吆吆咋，多聲。𢾅五交反。又苦調反。一。

六豪豪狹（俠）〔八六八〕。胡刀反。五。號哭。又作唬。毫毛。嘷熊虎聲。又作噑。濠城濠。高古勞反。十二（三）〔八六九〕。膏脂。羔羊。皐九皐。𨦊（餻）𨦊（餻）麋〔八七〇〕。𡼗𡼗岞，古亭。櫜弢。一曰車上大櫜（櫜）〔八七一〕。咎咎繇。鼛役事鼓。一曰大鼓，長丈二尺。鷎鵃鷎，鳥名。槹桔（桔）槹〔八七二〕。篙棹竿。麔新加。勞盧刀反。七。澇水名，在京兆。牢養牛馬。簩竹名，一枝百葉，有毒。䝁野豆。醪酒。撈取。蒿蓬蒿。呼高反。四。撓擾。薧死人里。薅耘。毛莫袍反。四（六）〔八七三〕。髦髮。又髦儁。芼菜。㴘水名。旄旄鉞。氂氂牛。又莫交反。饕貪。吐高反。十三。洮水名，在安定。韜藏。謟疑。滔水流貌。叨濫。弢弓衣。䮎馬行貌。𤛓牛羊無子。又昌來、充牢二反。遨（遨）牛行〔八七四〕。搯搯掐〔八七五〕。《周書》云：『師子乃搯掐。』〔八七六〕掐字，烏活反。慆悦樂。絛編繩。刀都勞反。五。魛魚名。忉憂心貌。裯襌被。又逐抽反。舠小船。騷蘇遭反。八。搔爬刮。縿繅繭取絲。又七聊反。染色紺。又所銜反。旗垂貌。臊腥臊。鰠魚名子〔八七七〕。慅愁恐狀。溞析（淅）米〔八七八〕。艘船數。袍薄襃反。一。褒博毛反。一。陶徒刀反。十三。詾多言。咷號咷。桃。綯似帳。又草繩。燾覆燾。逃。鼗鼓。掏掐出。濤大波。檮檮杌。騊騊駼，似馬。萄蒲萄。或作陶。糟作曹反。四。遭須。𤎩火餘木。槽果華實相半。敖俗作遨，非。然行之已久，亦可通。五勞反。十三。翱翱翔。聱不聽。又五交反。謷不省語。又五交反。驁駿馬。獒犬。熬煎。嶅山多小石。滶水名。鷔鳥，白身赤口。鼇海中大鱉也。螯蟹屬。蔜蘩繼（縷）〔八七九〕，蔓生細草。爊埋灰火令熟〔八八〇〕。於刀反。二。鑣（鏕）同（銅）瓮〔八八一〕。曹昨勞反。七。槽。螬蠐螬。嘈喧（喧）〔八八二〕。鐰鐵罰折。𥛚祭，豕生（先）〔八八三〕。艚舡艚。猱猴。奴刀反。三。獿多毛犬。巎山名。尻臋。苦勞反。〔一〕〔八八四〕。操持。七刀反。又千到反。二。幧所以理髮〔八八五〕。又七搖反。

七歌或單作，並樂。古娥反。七。柯枝。袈女師。㤎法。菏澤名，在山陽。戕所以繫舟。牂戕，郡名。或作舸。渮多汁。和胡過反。四。𥝌棺頭。禾。龢諧合。或作和。過古和反。五。渦水名，在淮陽。

戈勾（句）子（孑）戟〔八八六〕。鍋溫器。輠車盛膏器。鸁魚身，鳥翼。落過反。十。摞理。騾騾馬。或作蠃（蠃）〔八八七〕。螺水蟲。或作蠃。欏木名，堪作爲箭笴〔八八八〕。蘿草名，生水中。䆉穀積。或作稞。鑹鏗鑹（鑹）〔八八九〕，小釜。或作鬲。覶覶縷，委曲。腡手裏文。莎草名。蘇禾反。七。魦魚名。挲挼挲。𢘓𢘓題，縣名，在涿郡。趖趖病。蓑可以爲雨衣，與莎別。梭織梭。痤痤癤。昨和反。三。矬短。銼小釜。訛謬。五和反。三。鈋鈋角。囮網鳥者媒〔八九〇〕。科科段。苦和反。七。窠窠窟。薖草名。稞青稞〔八九一〕。麥 萪萪藤〔八九二〕，生海邊，葉肋（朋）〔八九三〕，可爲篋。蝌蝌斗，蟲。牠牛無角。倭東海中女王國。烏和反。二。濄水迴。蹉跌。七何反。四。瑳玉名（色）〔八九四〕。搓搓碎。磋治象牙。多得何反。一。娑逶（婆）娑〔八九五〕。素何反。三。挱摩挱。傞舞不止。婆薄波反。三。鄱鄱陽，郡名。䪨日（白）頭白（貌）〔八九六〕。或作皤。摩研。莫波反。石（五）〔八九七〕。麼尼。魔鬼。𦢊偏（偏）病〔八九八〕。磨磨挼，此是研。從手者是手摩，多脫錯。駞駱駞。徒何反。八。鼉黿類。又徒寒反。䡐䡐負。紽絲縷（數）〔八九九〕。又式支反〔九〇〇〕。鮀魚名。陀。沲㳊（滂）沲〔九〇一〕。䍫似羊，四耳九足（尾）〔九〇二〕。醝白酒。作（昨）何反〔九〇三〕。八。𥈩殘薉田。瘥病。鄼縣名，在沛郡。𣨛小疫病。鹺鹹別名。嵯嵯峨。蒫薺實。莪草名，似蒿。五哥反。八。哦美吟〔九〇四〕。娥美好。峨嵯峨。鵞鵞鴨。蛾蠶蛾。俄俄頃。䫄齊。他託何反。三。拖曳。痑馬病。又力極、他單〔二〕反〔九〇五〕。羅盧何反。三。蘿蘿葛。籮籮篩。那何。又朝那縣〔九〇六〕，在安定。諾何反。五。鸈獸名。挪搓挪。㸶似牛，白尾。儺逐疫。何胡歌反。四。河。荷。苛煩政。訶責。虎何又（反）〔九〇七〕。或作呵。二。䫲傾頭。波愽河反。四。皤老人色白貌。又薄何反。紴錦類。又絛屬。嶓嶓冢，山名，在隴西。頗滂河反。二。坡坂。珂苦何反。二。軻又苦賀反。阿烏何反。三。娿媕娿，不決。媕字，烏含反。痾病。詑欺。吐何反。二。涶水名，在西河。挼挼莎。奴和反。一。牠牛無角。徒和反。一。韡韡鞋。無反語。一。陊小堆。丁弋（戈）反〔九〇八〕。一。伽無反語，噱之平聲。一。

八麻莫霞反。三。犘犘牛。蟇蝦蟇。車昌遮反。二。硨硨磲，寶石。奢奢侈。式車反。二。賒不交。邪琅邪，郡名。以遮反。六。釾鏌釾。斜衺〔斜〕〔九〇九〕，〔漢〕中谷名〔九一〇〕。又似嗟反。梛木名，在交州。𥯄竹名，生臨海。撖撖歈，舉手相弄。歈字，以朱反。遮斷。止奢反。二。奓吳人呼父。嗟子二（邪）邪（反）〔九一一〕。反（二）〔九一二〕。罝網。虵毒蟲。食遮反。案《文》作蛇。一。蕐戶化（花）反〔九一三〕。五〔九一四〕。驊驊騮，周穆王馬。鷨
鳥名，似雉。鏵鏵鍫。又作鈠（鋘）〔九一五〕。爪（瓜）古華反〔九一六〕。四〔九一七〕。騧馬名。蝸蝸牛，小螺。花呼爪（瓜）反〔九一八〕。〔二〕〔九一九〕。譁諠。誇大言。苦爪（瓜）反〔九二〇〕。二。舿舿䑽，以體予（柔）人〔九二一〕。拏牽。女
加反。三。詉譇詉，語不正。譇字，張家反。拏絲絮相牽。又女余反。嘉古牙反。十五。家。加。葭葭蘆。笳笳簫，卷蘆葉吹。麚鹿。豭土（牡）豕〔九二二〕。痂瘡痂。駕鴐鵞。枷枷鎖。又連枷，打穀[具]〔九二三〕。袈袈裟。
𧊅米中黑蟲。茄荷莖。迦釋迦。珈婦人首飾。遐遠。胡加反。九。蝦水中蟲。又蝦蟇。鍜錏鍜。霞赤氣。瑕玉病。騢馬色。鰕大鯢。𨂝脚下。𩒛傾𩒛，言語不節。葩草花白。普巴反。一。鴉鳥別名。烏加反。三。
錏錏鍜。𡧐𡧐奈，作姿態。奈字，宅加反。巴伯加反。五。鈀兵車。笆有刺竹。豝豕。芭芭蕉。叉交。初牙反。一。砂砂石。所加反〔九二四〕。六。鯊魚名。裟袈裟。桬木名，在崑崙。紗紗綃。一曰盧（纑）〔九二五〕。
沙沙大（汏）〔九二六〕。牙五加反。四。衙縣名，在馮翊。一曰衙府。芽萌芽。齖齖齵，齒不止（正）〔九二七〕。樝似梨而醋。側加反。四。蒩芹，楚葵，生水中。戲（皻）戲（皻）鼻〔九二八〕。戲以指按。奈𡧐奈。宅加反。五。
躇躇跱，行難貌。荼苦菜。又度麻反〔九二九〕。𨜒亭名，在部陽。𣘻春藏草葉，可爲飲，西南人曰葭荼（𣘻）〔九三〇〕。宲（衺）不正〔九三一〕。或作斜。似嗟反。二。𦹷𦹷蒿。闍闉闍，城上重門。視奢反。又德胡反。一。窊（瓜）凹。烏爪
反〔九三二〕。二。洼深。又於佳反。髽婦人喪冠。莊華反。[一]〔九三三〕。撾打。陟爪（瓜）反〔九三四〕。一。爬搔。或作把。蒲巴反。三。琶樂器。杷枇杷。楂水中木。或作槎。鋤加反。二。齇齇牙。侘侘傺，失志貌。勑加反。一。奓張。陟
加反。三。譇譇詉，語不止（正）〔九三五〕。三。觰角廣。煆火氣猛。許加反。又呼嫁反。二。呀啥呀。啥字，呼含反。齣齣齺。客加反〔九三六〕。一。
九覃徒含反。十三（二）〔九三七〕。䣝䣝城，在潭（濟）南〔九三八〕。潭深水。曇雲布。藫水衣。或作蕁。橝木名，可染。蟫衣中貌（白）魚〔九三九〕。譚大。𧽍趻𧽍，走貌。燂火熱〔九四〇〕。壜甀屬。糰
糰粽（糝）〔九四一〕。參倉含反。四。驂驂駕。趻趻𧽍。傪傪好貌〔九四二〕。南那含反。三。男。枏水（木）枏〔九四三〕。諳記憶。烏含反。六。鵪鵪鶉。馣香。媕。媕媕娿，不決。庵小草舍。
腤煑魚肉〔九四四〕。含胡男反。六。涵涵泳。䈄竹名。梒梒桃，櫻桃。𦛞〔九四五〕。肣（𥑮）排囊柄〔九四六〕。䤴鐙別名。婪貪。或作惏。盧含反。四。燣烏色。嵐地名。葻草得風貌。
貪貪婪。他含反。二。探取。簪作含反。又側岑反。三。篸所以篸衣。又作憾反。䐶䐶（腤）䐶〔九四七〕。蠶昨含反。二。撏取。躭丁含反。五。眈視近而志遠。妉妉樂。耽耽耳。酖酖酒。龕塔。一曰龍貌。口含反。五。
𢧢殺。顄醜貌。堪任。戡戡剪。㟏大谷。火含反。三。𩈣面紅。馠小香。毿毛長。蘇含反。一。弇古南反〔九四八〕。又那含反。三〔九四九〕。後漢有耿弇。䶲鼠。淦水入船。又古暗反。或省作汵。

十談徒甘反。六。郯國名，在東海。惔憂。錟長鉾。淡水貌。又徒濫反〔九五〇〕。痰胷上水病。甘古三反。五。笘笘竹。柑橘。苷苷草，藥名。泔米瀋。擔擔負。都甘反。三。儋人名。《漢書》：『田儋。』
聸聸耳，國名〔九五一〕。三蘇[甘]反〔九五二〕。二。衫衣破。藍染草。盧甘反。六。鬛鬛髮踈（疎）貌。襤襤縷。擥持。籃籠屬。濫爪（瓜）菹〔九五三〕。坩坩瓶（甒）〔九五四〕。苦〔甘〕反〔九五五〕。瓶（甒）字〔九五六〕，無甫反。一〔九五七〕。
舑吐舌〔九五八〕。他酣反。三〔九五九〕。聃耳漫無輪〔九六〇〕。老子名。坍水衝岸壞〔九六一〕。慙昨甘反。二。鏨鏨。酣酣飲。胡甘反〔九六二〕。三。甝白虎。⿱甚䖵桑上（葉）葉（上）蟲〔九六三〕。姏老女稱。武酣反。一〔九六四〕。
蚶蚌屬，出會稽。大（火）談反〔九六五〕。三（二）〔九六六〕。憨癡。⿱斬頁長面。作三反。一。

十一陽與章反。十三〔九六七〕。暘日出暘谷〔九六八〕。按《文》作崵〔九六九〕。煬釋金。鍚兵名。揚舉。楊木〔九七〇〕。禓道上祭。一曰道神。又舒羊反。昜飛也。曲昜縣，在交阯。羊。瘍頭瘡。蛘蟲名。徉
⿰彳襄（儴）徉〔九七一〕，徙倚。⿰革昜馬頭（額）曰⿰革昜〔九七二〕。詳審。似羊反〔九七三〕。又詳狂、以章〔二〕反〔九七四〕。五。翔。洋水流貌。祥。庠養老宮。良呂張反。十。梁。涼。粱粱米。蜋蜣蜋，螳蜋（蜋）〔九七五〕。
⿵風良北風。又力向反。量。粮人（食）粮〔九七六〕。踉跳踉。輬輼輬，車。香許良反。三。薌穀氣。鄉。商書羊反。九。⿱商貝⿱商貝賈。殤死。傷。蔏蔏陸。觴酒器。禓道上祭。⿰商鳥⿰商鳥庚，鳥。塲
耕塲。房前苻方反〔九七七〕。三。防。魴魚。章諸良[反]〔九七八〕。[九]〔九七九〕。漳水名，在鄴。樟豫樟。璋半珪〔九八〇〕。彰彰明。墇。麞。鄣[邑名]〔九八一〕，在紀。慞懼。昌處良反。五。
裮衣（披）被（衣）不帶〔九八二〕。倡優。猖猖狂。閶閶闔，門。羌發語端。去良反。三。蜣蜣蜋。獇西戎。薑菜名。居良反。十。[犟]牛長脊〔九八三〕。一曰白脊牛。韁馬組。壃壃界。殭死不枯（朽）〔九八四〕。礓礓石。橿
〔一〕名檍〔九八五〕，萬年木。一曰鋤橿。姜。⿰虫畺蠶白死。僵僵仆。又巨羊反。長直良反。五。萇[萇楚]〔九八六〕，似桃，蔓生。按《文》：羊桃。⿰足長⿰足長跪。腸腹腸。場祭神處。又治穀處。張陟良反。三。餦餦餭，餳。粻食米。穰禾莖。汝陽
反。九。穰（攘）以于（手）禦〔九八七〕。又而亮反。⿰襄阝[縣]名〔九八八〕，在南陽。躟疾行。瀼露濃白（貌）〔九八九〕。蘘蘘荷。禳除殃祭。勷劻勷，迫貌。獽戎屬。方府良反。八。坊。肪肪脂。蚄
蚄（虸）虸（蚄）〔九九〇〕。邡十（什）仿（邡）[縣]〔九九一〕，在廣漢。鴋鸉鴋，鳥。枋木名。又屬（蜀）以木偃魚爲枋〔九九二〕。鈁鑊屬。襄息良反。九。相。廂廂廊。湘水名，在零陵。箱竹器。緗淺黃。儴儴徉。纕馬[腹]

帶〔九九三〕。《圓（國）器（語）》〔九九四〕：『懷挾纓纕。』驤馬騰（騰）躍〔九九五〕。將即良反。五。漿。鱂鱸鱂，魚名。蔣菰蔣。螿寒螿。瘡痍。楚良反。一。亡武方反。十。望看。又武訪反。朢弦朢。忘又武放反。

莣草〔名〕〔九九六〕。〔芒〕〔草〕端〔九九七〕。鋩刃端。硭硭硝。宋屋梁。邙縣名，在沛郡。一曰洛北邙山。孃女良反。二。瓤爪（瓜）少（內）實〔九九八〕。又如羊反。床簀，古作牀。士莊反。一。莊按《文》作莊。側羊反。三。糚糚粉。裝治。又側亮反。常時羊反。六。裳。甞。尚又時亮反。鋿車輪繞鐵。鱨魚名。霜所良反。四。孀寡婦。驦馬。鷞鳥。牆垣牆。疾良反。五。嬙婦官。檣舡上柱。

薔薔薇。戕他國臣來殺君。鏘鏗鏘。七將反。七。瑲玉聲。搶拒。蹌和鳴蹌蹌。又病（疾）羊反〔九九九〕。蹡行貌。斨斧斨。鶬鳥名（鳴）〔一〇〇〇〕。匡去王反。八。筐籠。⿰虫匡海中大蝦。邼邑名。框棺。《禮記》曰：『土（士）不虞框〔一〇〇一〕。』洭水名，在始興。恇佉（怯）〔一〇〇二〕。劻劻勷，迫貌。王雨方反。一。央於良反。六。鴦鴛鴦〔一〇〇三〕。又烏郎反。殃。鉠鈴聲。秧秧稻。又於丈反。泱水流貌。強巨良反。四。僵横身。又⿰魚畺鯨魚別名。彊弓有力。⿱艹昜草名。褚羊反。三。倀失道貌〔一〇〇四〕，出《禮記》。鼞鼓聲。芳敷方反。二。妨害。狂病。渠王反。〔二〕〔一〇〇五〕。軖紡絲車。

十二唐徒郎反。十五。煻煻煨火。煨字，烏回反。糖飴。又杪糖。堂。⿰鼠唐⿰鼠唐鼠，一日三易腸。棠。搪搪揬，觸。蓎蓎蒙，女蘿。瑭玉。餹餹餅，黍膏。餅字，杜嵇反。篖筕篖，竹。犆犆牛。螳螳蜋。塘陂。

螗蜩。郎魯當反。廿。稂似莠。桹桃榔（桹）〔一〇〇六〕、句（枸）並（桹）、桹（並）木名〔一〇〇七〕。廊步廊。榔檳榔。鋃鋃鐺，鎖頭。一曰鍾聲〔一〇〇八〕。硠硠礚。⿰良鳥⿰良鳥鶆，鳥。浪滄浪。又盧宕反。⿰骨良骯⿰骨良，股肉。骯字，苦光反。

蜋螳蜋。鰁魚脂。琅琅玕，石，似玉。㝗㝩㝗〔一〇〇九〕，空貌。狼狼虎。欴欴欶，貪貌。蒗蒗毒，藥名。踉踉蹡。莨童粱。崀峻崀，山，冬日所入。當都郎反。六。鐺鋃鐺。簹竹名。襠襴襠。璫珠。檔車檔。倉七崗反。四。蒼。鶬鳥名。滄。剛強。古郎反。九。崗。掆舉。笐樂器，以竹爲之，有弦。鋼鋼鐵。綱綱紀。亢星名。一曰亢父，縣名。犅。堈甕。桑息郎反。二。喪亡。

康苦崗反。四。糠米皮。⿰康欠穀不升謂之⿰康欠。㝩㝩㝗。荒呼光反。四。肓心上鬲。衁血。⿰禾荒菓蓏不熟。黄胡光反。廿一。皇。璜璧。遑急。惶悚。潢積水。堭堂。煌火狀。餭餦餭，餳。

蝗蟲。又胡盲、戶孟二反。騜馬色。艎艅艎，吳舡。簧笙簧。隍城隍。癀病。⿰黃阝古國名。徨徬徨。湟水名，在安定。鱑。篁竹叢〔一〇一〇〕。葟草木盛。洸（光）古皇反〔一〇一一〕。七。

洸水名。又烏光反。垙陌。桄桄榔，木。胱膀胱。輄車下横木。横長安門名。湯吐郎反。三。鏜鼓聲。簜水名，在鄴。滂沲〔一〇一二〕。普郎反〔一〇一三〕。三。鎊削。霶霶霈。汪烏光反。三。⿱汪鳥雉鳴。尫弱。

鴦鴛鴦。烏郎反。二。 㿮體不申。 炕貴胘〔一〇一四〕。呼郎反。二。 𣢭欱欿。 航舡。胡郎反。九。 笐笐篖，竹。 桁械。 行位（伍）〔一〇一五〕。 迒獸跡。 頏頡（頡）頏〔一〇一六〕。 魧魚名。又古郎反。 胻脛。 邟餘邟，縣名，
在吳興。 茫滄茫。莫郎反。二（六）〔一〇一七〕。 䀮目不明。 汒谷名。 恾怖〔一〇一八〕。 萌遽。 吂不知。 臧則郎反。三。 牂牂牁。 贓贓貨。 囊袋。奴當反。一。 傍步光反。五。 彷彷徨。 膀膀胱。 䠙
踉䠙，急行。 趽脚脛曲。 卬高。五崗反〔一〇一九〕。 䭴千里馬。 枊係馬柱，劉倫縛督郵者。又五浪反。 昂舉。 茚昌蒲草。 藏昨郎反。一。 骯骯骨（髒）〔一〇二〇〕。苦光反。一。

十三庚古行反。六。 鶊鶬鶊。 更又古孟反。 逕兄（兔）徑〔一〇二一〕。 秔稻。或作粳。 羹。 坑坎。或作硎。客行反。一。 盲武庚反。六。 蝱蟲。 鄳縣名，在江夏。 䁅䁅盯，直視。 莔貝母。 鄍縣名，在義昌。

橫胡盲反。十。 黌學。 蝗蟲。又尸（戶）光反〔一〇二二〕。 鐄大鏞。 瑝玉聲。 喤泣聲。 䫛䫛䫛，風貌。 潢方舟。一曰荆州人呼渡津舫爲潢。 鍠鐘聲。 𥛉祊𥛉，祭名。 閍宮中門。一曰巷門。甫盲反。二。 祊廟門傍祭。 諻語聲。虎橫反。一。

觵兕角爲酒器〔一〇二三〕。古橫反。一。 彭薄庚反。九。 澎地名。 膨〔膨〕〔脝〕〔一〇二四〕。 〔蟚〕蟚蜞〔一〇二五〕，似蟹而小。 鬇鬇鬡，髮亂。鬡字，乃庚反。 棚棚閣。又步崩反。 搒笞打。又甫孟反。引舡。 祊祊𥛉，祭。 榜輔。

脝膨脝。許庚反。二。 亨通。 瞠直視。丑庚反。二。 撐撐撥。 鎗鎗鼎。楚庚反。二。 槍欃槍〔一〇二六〕，妖星。 傖傖林（楚）〔一〇二七〕。助庚反。三。 衡角長貌。 鬡（鬇）鬡鬤〔一〇二八〕，髮亂貌。 霙雨雪雜。於驚反。六。

鍈鈴聲。 韺六韺，高陽氏樂名。 渶水名，出青丘山。 英英俊。又於香反。 瑛玉名。 磅小石落聲。蕪（撫）庚反〔一〇二九〕。四。 怦滿。 亨煑〔一〇三〇〕。又許兩反。 軯（抨）使〔一〇三一〕。 平符兵反。四。

評評量。 苹蕿。一曰蒲白。 枰棊局。 驚九卿反。四。 京。 荆。 麖獸名。 明武兵反。又作明。四。 盟約。 䳟鶴（鶴）䳟〔一〇三二〕，似風（鳳）〔一〇三三〕。 鳴。 棖門傍木。直庚反。四。 振觸。 盯䁅盯。

澄水清。 趟趟趟，跳躍。竹盲反。趟字，聚交反。一。 榮〔永〕〔兵〕〔反〕〔一〇三四〕。四。 〔禜〕祭名〔一〇三五〕。 蠑蠑蚖，蜥（蜥）蜴別名〔一〇三六〕。 瑩玉色。《詩》云：『琉耳秀（琇）瑩。』〔一〇三七〕又烏定反。 兵甫榮反。一。 卿
去京反。一。 兄許榮反。一。 生所京反。六。 笙。 牲。 猩猩猩，獸名。 鉎鐵鉎。 甥。 擎舉。渠京反〔一〇三八〕。八〔一〇三九〕。 勍強力。 鯨魚名。 黥墨刑。 檠所以正弓。 鏡鑿柄〔一〇四〇〕。

葝山薤。 顈頸。 迎語京反。一。 行戶庚反。又戶孟反。六。 衡。 笐笐篖，竹筐。 珩佩上玉〔一〇四一〕。 蘅杜蘅。 𦟪熟肉。 鬤乃庚反。二。 𣯍犬多毛。

十四耕黎（犂）〔一〇四二〕。古莖反。一。鏗鏗鏘。口莖反。五。聲車鞭（鞕）〔一〇四三〕。鵢鶊渠，鳥。誙《莊子》曰：「誙誙如。」牼牛骨。宋有「司空牼」。甍屋棟。莫耕反。五。篔竹。萌萌牙。氓民。嫇嫈嫇。宏大。戶氓反。八。紘冠卷。紭綱紭。閎巷門。嶸峥嶸。峪谷中響。一曰谷名。聄耳語。翃蟲飛。莖草木幹。戶耕反〔一〇四四〕。二。誙樂名。朾伐木聲。中莖反。二。玎玎玲，玉〔聲〕〔一〇四五〕。罌瓦器，或作罃〔一〇四六〕。又甖。烏莖反。七。嚶鳥聲。鶯鳥羽文。櫻含桃。嫈嫈嫇，新婦貌。又乙諍反。裥羣（帬）〔一〇四七〕。心嫈。鸚鸚鵡。譻小聲。崢崢嶸，山峻。士耕反。三。䓷䓷䔁〔一〇四八〕，草亂。鬇鬇鬡，髮亂。琤玉聲。楚莖反。二。錚金聲。儜困。女耕反。四。薴䔭薴。𧭹譻𧭹，小聲。鬡鬇鬡。怦心急。普耕反。六。姘齊與女交，罰金四兩曰姘。閛門扉聲。𤘩牛色駁如星。抨揮。砰砰磕〔一〇四九〕，如雷。轟車聲。呼宏反。五。𦑣群鳥弄翅。揈擊聲。訇言響。渹水名（石）聲〔一〇五〇〕。繃束兒衣。《墨子》曰：「葛以繃之。」甫萌反。二。絣振繩墨。橙柚屬。直耕反。三。揨撞〔一〇五一〕。湞水，出南海。泓水深。烏宏反。三。謍謍諍。宖室響。輣兵車。扶萌反。二。棚棚棧。又薄崩反。娙身長貌。漢武帝夫人名「娙娥」。五莖反。〔一〕〔一〇五二〕。争側莖反。四。箏。綪縈綪。猙獸名，似豹。

十五清七精反。二。圊厠。情疾盈反。三。晴。請又在性、七井二反。精子情反。九。氏狋氏，縣名。菁蕪菁。旌旌旗。鶄鵁鶄，鳥。蜻蜻蛚，蟲。晶光。鼱鼱鼩，小鼠。婧竦立。又慈性反。盈以成反。八。嬴姓。嬴美好貌。瀛大海。籯籯籠。贏財長。楹柱。㹸似猿，黃色。營余傾反。三。鎣采鐵。塋墓域。嬰嬰兒。於盈反。三。瓔瓔珞〔一〇五三〕。纓冠纓〔一〇五四〕。貞陟盈反〔一〇五五〕。四〔一〇五六〕。楨女楨陵〔一〇五七〕，冬樹〔一〇五八〕。禎祥〔一〇五九〕。鄭地名〔一〇六〇〕。又直真反〔一〇六一〕。檉〔一〇六二〕□并府盈反〔一〇六三〕。三。栟栟櫚〔一〇六四〕，木名。箳箳篂（篂）〔一〇六五〕，車輜。傾去營反〔一〇六六〕。焭獨〔一〇六七〕。一曰迴飛。睘驚視。惸無兄弟。擏搏焭子。一曰投。嬛好。藑藑茅〔一〇六八〕，草名〔一〇六九〕。騂馬赤色〔一〇七〇〕。息營反〔一〇七一〕。三〔一〇七二〕。垶赤土〔一〇七三〕。觲角弓〔一〇七四〕。頸項。臣（巨）成反〔一〇七五〕。又居郢反。三。鮏魚名。葝鼠尾草。

十六青倉經反。一。經古靈反。二。涇水名。形戶經反。八。刑法。邢地名，在鄭。桯牀前長机。鉶祭器。型鑄鐵。陘連山中絕。侀成。庭特丁反。十一。停。鼮似鼠，豹文。莛莖。

葶歷（藶）[一〇七六]。筳竹筳。亭。聤目（耳）出汁[一〇七七]。霆雷霆。挺縣名，在膠東。楟木名。丁當經反。二。釘。馨呼刑反。二。䞭語爾聲。星桑經反。八。腥豕息肉。又克（先）定反[一〇七八]。胜犬膏臭。鯹魚鯹。程稀。醒醒酒。又息定反。鉎鐵鉎，又所庚反。箵箳箵，別駕車。竮竛竮，行不止（正）[一〇七九]。甹甹夆，製（掣）曳[一〇八〇]。靈神靈。郎丁反。廿八。柃柃欞，階際闌。

舲舟有窻。齡齡年。囹囹圄。零零落。麢麢羊。鴒鶺鴒，鳥名。笭竹名。蛉螟蛉，小青蟲。又作蠕。鈴似鍾而小[一〇八一]。醽渌酒。苓茯苓。櫺窻櫺。伶樂人。泠清泠，水。瓴瓴甋。一曰似罃，有耳。玲玉聲。酃地名，在湘東。又力鼎反。𨰻似瓴（瓶）有耳[一〇八二]。𩕳瘦。聆以耳[取]聲[一〇八三]。竛竛竮，行不止（正）[一〇八四]。䶅鼩（鼩）䶅[一〇八五]，鼠。蘦菜名，似葵，可茹。笭笭箵，小籠。軨。

䴇䴇鳥。寧奴丁反。二。寍按《文》安。新加。汀水際平。[他]丁反[一〇八六]。[七][一〇八七]。[評][一〇八八]。[桯][碓桯][一〇八九]。綎絲綬帶綎。亦作緹。聽。廳屋。町田處。又徒頂反。

鯖魚青色，頭有枕骨。於刑反。一。冥暗。莫經反。九。榠榠樝（櫨）[一〇九〇]。銘。鄍晉邑。溟[溟濛][一〇九一]，[小雨][一〇九二]。顭眉目間。螟螟蛉。猽小豞。蓂蓂英（莢）[一〇九三]，瑞草。瓶汲水器。

薄經反。十一。蛢以翼鳴蟲。䶄鼠子。屏屏風。又[必]郢反[一〇九四]。萍（蓱）萍（蓱）翳[一〇九五]，雨師名。箳[竹][一〇九六]。[軿]輜軿[一〇九七]，車。萍水上浮萍。或作蓱。竮竮（竛）竮[一〇九八]。蓱

（苹）馬帚草[一〇九九]，似蓍。郱郱城，在東莞。熒光。胡丁反。四。褮衣開孔。螢蟲。滎小水。扃戶外閉關[一一〇〇]。古螢反。六[一一〇一]。駉俊（駿）馬[一一〇二]。驍馬肥。坰郊外、林外。熲光。又古鼎反。

鼩鼩鼢，鼠。

十七尤雨求反。七。朹木名，按《說文》：九無點。腄縣名，在東萊。疣疣結，病。沈水名，在高密。郵境上舍。訧過。憂於求反。十。優優倡。麀麀鹿。優優遊。櫌打塊椎[一一〇三]。

瀀瀀渥。鄾邑名，在鄧。丝微小。怮含怒不言。嚘敺（歐）嚘[一一〇四]，歎。劉力求又（反）[一一〇五]。十八。留。蒥蒥荑，藥名。勠并力。《左傳》：『勠力同心。』又力逐反。樛[一一〇六]。

摎縛殺。秦有摎毒（毐）[一一〇七]。毒（毐）字[一一〇八]，哀亥反。鶹鶹離，鳥。少美長醜。騮馬白腹。驑驊驑，周穆王馬。疁田不耕而火種。䊵粰䊵，饊。流。旒旒旗。飀高風。瘤肉起病。榴。㙀（瑬）

美金〔一一〇九〕。瑠瑠璃。鼦食竹根鼠。又力欠（久）反〔一一一〇〕。一〔一一一一〕。秋七遊反。六。鞧車鞧。鶖鶬鶖。鰍魚名。萩蕭，似蒿。楸木名。猷以周反。廿。悠遠。油。由。猶。
攸所。蕕水中細草。浟水流貌。遊。逌古字，與攸同。廠擻廠，手相弄。冘冘豫〔一一一二〕，不〔定〕〔一一一三〕。⿺辶繇行。輶輕車。又易受、易授二反。蘨草盛。秞禾盛。蚰蚰蜒。蝣蜉蝣。櫾木名，出崑崙山。
⿱艹猷董（薰）⿱艹猷〔一一一四〕。牛語求反。一。遒盡。即由反。又字秋反。四。鰌鳥化爲魚，項上有細骨如鳥毛。⿰耳秋耳鳴。蝤蝤蛑，似蟹而大，生海邊。酋長。字秋反。二。⿰忄酋傲。脩補（脯）〔一一一五〕。息流反。四。羞。修治。餐餐饙。饙字，
甫文反。抽敕鳩反。三。惆惆悵。瘳病差。犨白色牛。赤周反。一。周職鳩反。六。州。洲洲渚。賙賙贍。喌[呼]雞聲〔一一一六〕。舟。讎疋。市流反。四。酬酬酢。或作醻。詶以言荅。又之又反。
雔雙鳥。柔耳由反。七。⿰田柔良田。鍒柔鐵。騥馬青驪。葇香柔（葇）〔一一一七〕。鞣柔皮。蹂踐穀。收式周反。一。丘去求反。三。蓲烏蓲，草名。又央富反。蚯蚯蚓，蟲。飆風吹貌。疋九反。二。秠
一穀二米。又芳鄙反。啾子由反。一。鳩居求反。三。艽秦艽，藥。或作樛。〔又〕居由反〔一一一八〕。物（叻）大力〔一一一九〕。不甫鳩反。又甫救、甫反（九）二反〔一一二〇〕。一。捜索，俗作搜。所鳩反。十。餿飯壞。颼
颼飀，風貌。溲小便。鎪鎪馬貌。廋《論語》：「人（仁）焉廋哉？」〔一一二一〕。蒐春畋。鱐乾魚。鄒北方國。螋蛷螋，蟲。搊手搊。楚九反。二。篘篘酒。或作醔。鄒地名。側鳩反。三（五）〔一一二二〕。騶廄御。一曰騶虞。齱齱齵，齒偏。
陬鄉名。一曰隅。緅青赤色。愁士求反。一。休許九反。三。⿰犭休⿰犭毘⿰犭休。鵂鵂鶹，鳥。惆戾。去愁反。一。囚似由反。二。泅孚（浮）〔一一二三〕。儔直由[反]〔一一二四〕。[十三]〔一一二五〕。[躊]躊[躇]〔一一二六〕。
幬帳。裯單被。疇田疇。紬紬綾。綢綢繆。稠概。薵薵藸，菍。檮木名。籌筭。鯈魚子。𠷎[咨]〔一一二七〕。[輈][車轅]〔一一二八〕。[張留反]〔一一二九〕。[四]〔一一三〇〕。[盩]盩厔縣〔一一三一〕，在扶風。
啁啁噍，鳥聲。譸譸張。裘按《文》：求，無點。巨鳩反。十二。求。銶鑿屬。仇。厹地名，在臨淮。頄頯。蛷蛷螋。逑逑疋。球玉磬。賕賕財。艽地名。《詩》云：「至於艽野。」鼽《月令》曰：
「民多鼽嚏。」按《文》：病寒鼻塞。浮薄謀反。十七。呼吹氣。又拂謀反。桴齊人云屋棟〔一一三二〕。枹鼓槌〔一一三三〕。筟竹有文。罦車上網〔一一三四〕。琈玉名。涪水名，在巴而（西）〔一一三五〕。粰粰梳。⿰孚鳥
⿰孚鳥鳩。罘罝。⿰魚孚魚名。烰火氣。裒。鉜鉜鏂。芣芣苢（苜）〔一一三六〕。蜉蚍。謀莫侯反。十二。雺天氣降，地氣不應。又莫貢反。眸目瞳子。牟牛聲。侔等。矛戈。鍪兜鍪。麰麰麥。
⿰魚每魚名。堥堆堥，小壠。蝥食穀蟲。蛑蝤蛑，似蟹。

十八侯胡溝反。十二。猴猨。⿰侯鳥鳥羽。喉咽喉。篌箜篌。帿射張布。⿰侯頁⿰侯頁顱（顒）〔一一三七〕，言大。鍭大箭。鯸鯸鮐，魚名。餱乾食。糇粮。銗鏂銗，所以鉗頭（頸）〔一一三八〕。謳烏侯反。八。⿰衤區小兒延（涎）衣〔一一三九〕。鏂鉗鏂，丁。又鏂銗。甌器。膒久脂。鷗水鳥。藲刺榆。歐歐陽，姓。羺胡羊〔一一四〇〕，女溝反。三。⿰需兔兔子〔一一四一〕。獳犬怒〔一一四二〕。樓落侯反。十五。婁星名。耬種具。

髏髑髏。摟探取。膢祭名。又力于反。𤬏𤬪𤬏，壷盧別名。廔麗廔，綺窻。剅小穿。嘍嘍嗹，鳥聲。瞜視貌。⿰羊婁土⿰羊婁，似羊。螻螻蛄。簍籠。慺慺心。涑浣。速侯反。一。彄弓福（彄）〔一一四三〕。烙（恪）侯反〔一一四四〕。六。

⿰衤區（摳）⿰衤區（摳）衣〔一一四五〕。劅斲裏。又乙侯反。韝射韝。怐指怐。滱水名，在北地。又口侯反。齁齁鮯，鼻息。呼侯反。一。⿰麻取麻幹。子侯反。一。偷託侯反。四。鍮鍮石。媮女巧黠。又苟且。緰紫。頭度侯反。三。⿰俞刂剾剅足筋。投擲。齵齱齵。五侯反。一。鉤古侯反。十四。𠛎鐮。句句龍。溝。褠單衣。鞲 臂捍〔一一四六〕。緱緱氏，縣。又刀劍頭纏絲。篝籠。笱桃枝竹。⿰句黽⿰句黽鼇，似黿。⿰口冓唱⿰口冓。

𤬪𤬪甊。冓數名，十稀（秭）曰冓〔一一四七〕。⿰舟句⿰舟句艛，舡名。兜兜鍪。當侯反。五。侸佔侸，垂下貌。唗輕出言。篼食馬籠。脰（⿰目豆）脰（⿰目豆）眵〔一一四八〕，目汁凝。⿰取刂細斲。徂鉤反。一。

十九幽於虯反。三。泑澤名，在崑崙山下。呦鹿鳴。虯虯龍。渠幽反。又居幽反。四。觩觩（匕）名（曲）〔一一四九〕。璆玉名。觓角爵貌。彪虎文。甫休反。三。髟髮垂。又所銜（銜）反〔一一五〇〕。驫馬走。樛木下垂。居虯反。一。鏐紫磨金。力幽反。一。滮水流。扶彪反。一。犙牛三歲。山幽反。一。聱聱耴，魚鳥狀。語虯反。一。飍風。香幽反。又風幽反。一。休許彪反〔一一五一〕。一。繆綢繆。武彪反。又靡幼反。一。稵禾生名。子幽反。一。

廿侵漸進。七林反。二。駸馬行。尋徐林反。七。鐔劍鼻〔一一五二〕。又餘針、徒南二反。潯傍深。鱏魚名。又餘針反。橝木名。鄩古姓。⿰阝尋小堆阜。林力尋反。八。琳玉名。淋以水流（沃）〔一一五三〕。痳病。

臨。箖竹名。瀶〔一一五四〕。□ 棽 木 枝長〔一一五五〕。所 金反〔一一五六〕。又彤舡行。綝善。郴縣名，在桂陽。賝賝責（賮）〔一一五七〕。斟斟酌。職深反。八。

針案《文》作鍼。□ 箴規誡。葴酸將（漿）草〔一一五八〕，沉除深反〔一一五九〕。四。⿰牛冘水牛〔一一六〇〕。⿱艹冘草名〔一一六一〕。霃久陰〔一一六二〕。碪擣衣石。知 林反〔一一六三〕。一。諶。□ 鵀 鳥名〔一一六四〕。恁信。壬。深式針反。二。⿱艹深蒲蒻。淫久雨。餘針反。七。婬 婬姧〔一一六五〕。□ 心 息林反〔一一六六〕。二。杺車鉤心（杺）〔一一六七〕。愔靖。於淫反。一。祲日傍氣。姊心反〔一一六八〕。又子禁反。三。□梣木名〔一一六九〕。誑誑譀〔一一七〇〕，喉聲〔一一七一〕。女心反

〔一一七二〕。一〔一一七三〕。□

（中缺）

廿一鹽〔一一七四〕。□簷屋前〔一一七五〕。廉力簾反〔一一七六〕。十。簾箔簾〔一一七七〕。鐮刀鐮。𩆍久雨。幨幨幨。薕薕薑。蘞白蘞，藥。奩盛香器。礛礛。獫犬長喙。又虛檢反。獫狁。砭以石刺病。府廉反。〔一〕〔一一七八〕。鑯（鑯）七廉反〔一一七九〕。六。臉臉臛。鹼水和鹽。槧削板。又才敗（敢）反〔一一八〇〕。憸憸詖。僉咸。詹有（省）〔一一八一〕。職廉反。四。占視兆。瞻視。蟾蟾蠩，蝦蟆。銛銛利。息廉反。八。暹人名。枮木名。綅白經黑緯。虃似韭而細，出五原。襳小襦〔一一八二〕。纖細。思疾利口。《尚書》曰：『相時思民。』新加。棎菓，似柰而酸。視詹反。一。苫草覆。失廉反。二。痁病。又都念反。譫屏。處詹反。六。姑姑婆，輕薄貌。幨帷。襜襜褕，蔽膝。裧衣動貌。痟皮剥。髯頷毛。汝鹽反。五。呥噍貌。蚺蛇名。枏梅。詀多言。黏黏麴。女廉反。一。炎炎熱。於廉反。又餘念反。一。霑霑濕。張廉反。二。沾沾預（預）字〔一一八三〕。覘闚視。丑廉反。一。淹英廉反。三。菴菴蕳。崦崦嵫。惐惐倚，意不女（安）〔一一八四〕。丘廉反。一。𪘂齒差。語廉反。一。尖子廉反。六。燂火滅。殲盡。瀸泉水出。鑯鑯㖩，不廉。㖩字，子俱反。𢅧幟。潛作（昨）鹽反〔一一八五〕。五。朁縣名，出吳興。鬵甑。笘漂絮簀（簀）〔一一八六〕。灊縣名，在盧江。箝鎖頭。或作鉗。巨淹反。五。岒絹岒。鉆持鑯。黚淺黑。又黚陽縣，在武陽（陵）〔一一八七〕。拑持。懕安。於鹽反。三。猒飽。厭和靜。燂徐廉反。湯瀹肉。或〔一一八八〕作燂。一（二）薟山菜。

廿二添益。他兼反〔一一八九〕。一〔一一九〇〕。髻髻髮。丁廉（兼）反〔一一九一〕。四。聑耳小垂。眡目垂。又丁念反。敁稱量。甜甘。徒廉（兼）反。四。恬靖。湉水靖。菾菜名。鬑鬑髮疎（疎）。勒簾（兼）反〔一一九二〕。二。濂薄。兼古恬反〔一一九三〕。六。縑絹。鶼比翼鳥。稴青稻白米。蒹荻未秀。䍾網〔一一九四〕。嫌心不平。戶兼反。二。稴稻不黏。鮎魚名。奴兼反。二。拈指取物。馦香氣。許兼反。一。謙

苦兼反。一。

廿三蒸衆。語(諸)膺反〔一一九五〕。二。烝冬祭。又熱氣上。氶次。一曰奉。署陵反。二。丞佐。澄清。直陵反。三。憕平。又竹萌反。懲戒。陵力膺反。七。淩歷。又水名。凌冰。蔆芰。倰憐。鯪魚名。綾綾綿(錦)〔一一九六〕。膺胷。於陵反。三。應當。鷹鳥名。憑憑託。扶冰反。二。凭依几。冰冰凍。筆凌反。二。棚盛箭器。又薄登反。又棧閣〔一一九七〕。繩索。食凌反。七。譝稱。鱦魚名。乘駕。澠水名，在齊。漇波前後相淩(淩)〔一一九八〕。塍畦。蠅蟲。余陵反。一。升十合。識丞反。四。陞登。勝任。又書證反。又作務。昇日上。仍如丞反。一。兢居陵反。二。矜愍。徵召。陟陵反。二。癥腹病。繒帛病〔一一九九〕。疾陵反。五。鄫(鄫)國名〔一二〇〇〕，在瑯耶。驓馬名。橧豕所寢。竲高貌。凝水結。魚陵反。一。稱和(知)輕重〔一二〇一〕。處陵反。故諸程[品皆]從禾〔一二〇二〕。又作此爯、秤，同。二。偁宣揚義事。殑殑殑，欲死狀。其柃反。二。薒根可緣竹器。僜醉行貌。丑升反。一。興起。按《文》作興。虛陵反。一。

廿四登都縢反。六。璒石，似玉。燈燈火。簦長柄笠。㲪毾㲪。豋金豋，草。楞四方木。字或作棱〔一二〇三〕。盧登反。三。輘車聲。倰長貌。僧蘇曾反。一。崩北縢反。一。增作縢反。七。憎惡。曾又昨棱反〔一二〇四〕。矰戈(弋)躲矢〔一二〇五〕。罾魚網〔一二〇六〕。磳山貌。熷蜀人取生肉竹中炙。瞢目不明。武登反。一。層重屋。昨棱反〔一二〇七〕。又作縢反。一。朋步崩反。四。堋射堋。鵬大鳥。棚棚閣。又薄庚、筆陵二反。弘胡肱反。二。苰藤苰，胡麻。肱古弘反。一。薨呼弘反。一。能奴登反。(又)奴代〔一二〇八〕、又奴來二反〔一二〇九〕。一。滕國名。徒登反。七。騰躍。縢行縢。幐囊，可帶香。螣螣蛇，或食禾蟲。藤藤苰。又草名。謄移書。恒胡登反。二。峘峘山，北嶽山名。揯急。《淮南子》曰：『大絃揯則小〔絃〕絶〔一二一〇〕。』古恒反。二。緪[大]索〔一二一一〕。

廿五咸皆。胡讒反。五。鹹不淡。字或作醎。函函谷，關名。又函書。鰔鰔鱹，縣名。諴至咸(諴)神〔一二一二〕。感緘緘封。又古咸反〔一二一三〕。四。瑊美石，次玉。緘慳悋。𪋻𪋻尬，行不止(正)〔一二一四〕。攕女手貌。所咸反。三。櫼木名。縿旌旗旒。猎犬吠。乙咸反。又乙陷反。一。嵒嶃嵒，山高。又地名。五咸反。四。顩長面貌。又丘檻反。𪂄山名(羊)〔一二一五〕。黬釜底黑。㰹笑貌。許咸反。三。蝛以(似)蛤〔一二一六〕，出海中。妗喜貌。詀詀諵，語聲。

竹咸反。又尺〔涉〕反〔一二一七〕。詀 讘，耳語。一。諵 詀諵。女咸反。一。讒 士咸反。又士銜反。六。獑 獑猢〔一二一八〕。 毚 毚鑿。饞 不廉。毚 狡兔。又士銜反。鼻毚 高鼻貌。鵮 〔鳥〕鵮物〔一二一九〕。或作皾。苦咸反。一。

廿六銜 戶鹽反。一。 巉 險。六。鑱 劖銜反。 嶄 嶄嵒。 劖 刺。 艬 合木舡。 鑱 犂鑯，吳人云。又士懺反。 獑 獑猢，獸名。又七（士）咸反〔一二二〇〕。 巖 五銜反。一。 欃 欃槍〔一二二一〕，妖星。楚銜反。又初咸反。一。 衫 衫衣。所銜反。六。 縿 帛青色。又昨來反。 彡 毛長。 〔彭〕〔屋翼〕〔一二二二〕。〔髮貌〕〔一二二三〕。 〔又長〕縿 旗旒。 芟 伐草。 監 古銜反。又古懺〔反〕〔一二二四〕。三。 鑒 鑒〔諸〕〔一二二五〕，明（以）以（取）取（明）月（水）水（於）〔月〕〔一二二六〕。 礛 礛礷，青礪。

廿七嚴 毅。語驗反。二。 籢 射翳〔一二二七〕。 韽 胡被。虛嚴反。二。 杴 杴钁。古作楡。 醃 鹽漬魚。於嚴反。一。 鈙 鈙𢼂，不齊。丘嚴反。又丘凡反。一。

廿八凡 常。苻芝反。二。 帆 舡上帆。又扶汎反。 芝 草浮水上貌。疋凡反。一。

切韻卷第三　上聲五十一韻

一董 多動　二腫 之隴　三講 古項　四紙 諸氏　五旨 職雉　六止 諸市　七尾 無匪　八語 魚舉　九麌（虞）虞矩〔一二二八〕　十姥 莫補　十一薺 徂禮　十二蟹 鞋買　十三駭 諧楷〔一二二九〕　十四賄 呼猥　十五海 呼改　十六軫 之忍　十七吻 武粉　十八隱 於謹　〔十九〕阮 虞遠〔一二三〇〕　廿混 胡本　廿一佷 痕墾　廿二旱 河滿　廿三潸〔數〕〔板〕〔一二三一〕　廿四產 所簡　廿五銑 蘇顯　廿六獮 息淺　廿七篠 蘇鳥　廿八小 私兆　廿九巧 苦絞　卅皓 胡老　卅一哿 古我　卅二馬 莫下　卅三感 古禫　卅四敢 古覽　卅五養 餘兩

卅六蕩堂朗　卅七梗古杏〔一二三二〕　卅八耿古幸　卅九静疾郢　卌迥戶鼎　卌一有云久　卌二厚胡口　卌三黝於糺　卌
四寑七稔　卌五琰以冉　卌六忝他玷　卌七拯（拯）無反語〔一二三三〕，取蒸上。　卌八等多肯　卌九豏下斬　五十檻胡黤　五十一
范無反，取凡之上聲。

一董多動反。二〔一二三四〕。涑（蝀）螮蝀謂之虹〔一二三五〕。蠓蠛蠓，蟲。莫孔反。二。鸏水鳥。孔康董反。一。敵搏擊。先揔反。一。侗直。一曰長大。他孔反。三。桐（桶）木桐（桶）〔一二三六〕。曈
曨，欲曙。揔作孔反。六。蓯蘢蓯，山白（貌）〔一二三七〕。傱衆立。鬆鬆角。蓯菶蓯。緫聚束。澒水銀滓。胡孔反。一。蓊蓊鬱。阿孔反。四。滃大水貌。暡氣盛貌。郺郺䙲，多。又於容反。琫佩刀飾。方孔反。三。菶草盛。
𦃇小兒履。曨曈。力董反。五。襱袴。又直隴反。蘢蘢蓯。竉孔竉。籠竹器。又盧紅反。動徒揔反。四。酮酒壞。峒項直貌。眮瞋目。䙲奴動反。又女容反。一。
二腫病。之隴反。四。種又之用反。踵足後。徸相跡。寵寵愛。丑隴反。一。隴大坂。力奉反。二。壟丘壟。擁手擁。於隴反。二。壅壅堨。又於龍反。宂宂散。又作冗。而隴反。又以久反。四。䢇不肖。一曰傝䢇，劣。或作
搶茸。穁稻稍。氄鳥毛。重直隴反。又直龍、直用二反。三。襱又力董反。鮦魚名。又直柳反。冢大。知隴反。二。塚墓。奉扶隴反。一。捧敷隴反。一。勇餘隴反。八。甬草花欲發。涌涌泉。踊跳。溶水貌。又餘
封反。蛹老蠶。搈摇。俑柏人。恐墟隴反。一。尰足病腫。時宂反。一。拱手抱。居悚反。九。栱《疋》云〔一二三八〕：『樹（櫼）大者。』〔一二三九〕拲兩手共械。碧水邊石。鞏以皮束物。又縣名，在河南。蛬蜙蜂。珙璧。又
巨恭反。拜兩手。舉（閧）姓〔一二四〇〕。悚怖。息拱反。六。竦敬。《國語》：『竦善抑惡。』聳高。縙絆前足。㩳執（執）〔一二四一〕。洶洶溶，水激勢。許拱反。又許容反。
三講古項反。四。港水流。耩耩地。僋僋傋。㧓打〔一二四二〕。步項反。四。或作搒〔一二四三〕。玤周邑，地名。棓大杖。蚌蛤。或作蜯。慃佷戾。烏項反。一。項胡講反。二。缿受錢器。侤侤傋，不媚貌。武項
反。〔二〕〔一二四四〕。䲯䲯䳟。

四紙與帋同。諸氏反。八。只。坻隴坂。又都禮反。軹縣名，在河內。軹道，王子嬰降處。枳。咫咫尺。抵抵掌。沢水名，出拘扶山。拘字，舉隅反。是承紙反〔一二四五〕。氏。媞江淮間呼母。靡文彼反。一。

彼彼此。甫委反。二。⿰歹卑（⿵鬥卑）相分解〔一二四六〕。被被衾。皮彼反。又皮義反。二。罷遣有罪。又平陂、薄解〔二〕反〔一二四七〕。毀許委反。二。燬火。委於詭反。三。骫骨曲〔一二四八〕。⿰咼鳥鷙鳥，食吐毛。

跪拜。去委反。二。𡯁刖一足。詭詐。居委反。八。垝垝垣。攱抗〔一二四九〕。又九僞反。⿰金危戾鋸齒。觤獸角不齊貌。恑變。蛫蟹。祪毀廟之祖。髓息委反。三。嶲越嶲，郡。靃靃靡，草弱貌。累力委反。二。樏似盤，中有隔。

技藝〔一二五〇〕。渠綺反。或作伎〔一二五一〕。三。妓女樂。徛立。倚依。於綺反。三。椅椅梎。猗猗狔，從風貌。掎牽一腳。居綺反。三。剞曲刀〔一二五二〕。庋食閣。綺綾。墟彼反。四。婍貌好。碕碕礒。趌行貌。

蟻蚍蜉。魚倚反。五。錡三足鼎。一曰蘭錡，兵藏。又其宜、奇綺二反。礒碕礒，石巖貌。齮齧。檥整舟向岸。又作艤。蔿姓。爲委反。六。鄬地名。蘤花。⿸疒爲口咼。⿵門爲⿵門爲。薳。觜即委反。或作觜。一。蘂而髓反。一。

此俗作此。雌氏反。五。跐瑫（蹈）〔一二五三〕。玼色鮮。佌舞貌。泚水清。又千禮反。豸蟲豸。池爾反。四。陊山崩。褫奪衣〔一二五四〕。⿰米是黏。徙斯氏反。二。璽印。酏酏酒。移爾反。七〔一二五五〕。

迆邐迆。匜杯匜〔一二五六〕。袘中衣袖。胣引腸。《莊子》曰：「長洪胣。」崺峛崺，丘狀。邐邐迆。力氏反。二。峛峛崺。躧躧步。所綺反。六。纚韜髮者。灑灑掃。屣履不[躡]〔跟〕〔一二五七〕。⿰耳麗

（矖）視〔一二五八〕。或作覼。簁羅。俾使。卑婢反。六。鞞刀鞞。箄竹器。⿰黍卑黍屬。髀髀股。崥山足。爾爾汝〔一二五九〕。或作尒。兒氏反。二。邇近。或作迩。渳渳水。民婢反。五。弭弓末。濔水流貌。

芈羊鳴〔一二六〇〕。一曰楚姓。敉。侈奢。尺氏反。四。鉹甑。姼姑姼，輕薄貌。姑字，叱涉反。誃《疋》：「斯、誃，離也。」婢便俾反。二。庳下。或作埤。弛式氏反。二。豕豬。紫茲爾反。五。訿訿毀。或訾。呰又市而反。

茈生薑。⿰氵茈水名，[在長]沙〔一二六一〕。棰（捶）擊〔一二六二〕。之累反。二。箠策。𤢿牸肫。隨婢反。一。揣度。初委反。又丁果反。一。⿰舌也舌取物。倉（食）氏反〔一二六三〕。或作鍚（舓）〔一二六四〕。二。狏獸名，似狐，現則兵起。

輢車輢。於綺反。一。⿰歹皮被（披）析〔一二六五〕。匹靡反。一。諀諀訾。匹婢反。三。疕瘡上甲。庀具。又匹幾反。二。⿱艹伎雞頭。羊捶反。二。⿱艹陏花（草）木花初出〔一二六六〕。惢疑。[才]捶反〔一二六七〕。一。跬舉一足。去弭反。一（二）〔一二六八〕。

頍弁貌。狔猗狔，從風貌。女氏反。二。梎椅梎〔一二六九〕。硊磈硊，石。魚毀反。二。頠閑習。又五罪反。⿺走危跟⿺走危。或作跪。求累反。跟字，直良反。一。

五旨美。職雉反。五。指手。恉意。砥砥礪。底平。視承旨反。一。美無鄙反。二。⿱羊牛獸，似牛。鄙方美反。一。兕古作兕。按《文》：如野牛而青。徐姊反。四。羠犍羊。薙燒草。又直履、他計二反。芺蒿。

几几杖。居履反。四。机木。麂獸名。屼女屼，山。弱水所出。姉將幾反。二。秭萬億。匕匕匙。卑履反。六。妣又甫至反。秕穮秕。比又婢四、房之（脂）〔一二七〇〕、扶必三反。祉以滕（豚）祀司命〔一二七一〕。

泚水名，出廬江灊縣，入芀（芍）陂〔一二七二〕，今謂之渒水。軌居洧反〔一二七三〕。六。簋簠簋，方器。晷日。厬厬泉。或作氿。宄內盜。匭包匭。洧水名，在鄭。榮美反。四。鮪魚名。痏瘡。蓶黃白。美

陳〔一二七四〕。式視反。三。笶箭。屎。死息姉反。一。雉直幾反。二。滍水名，在魯陽。牝扶履反。又毗忍反。一。履力幾反。一。水式究反〔一二七五〕。一。壘塹。力究反。八。礧碨礧。猚狖。或作蜼。鸓飛生

鳥名。飛且乳。藟葛藟。虆藤。誄[或]作讄〔一二七六〕。耒田器。又虛（盧）猥反〔一二七七〕。揆蔡（葵）癸反〔一二七八〕。二。楑水（木）名〔一二七九〕。趡千水反。二。踓蹝。柅絡絲柎。女履反。《易》

曰：『金柎（柅）。』〔一二八〇〕〔一〕〔一二八一〕。癸居誄反。一。否塞。符鄙反。又方久反。五。痞腹內結病。或〔作〕痞〔一二八二〕。圮岸毀。仳離。又芳匕反。又房脂反。仳倠，醜女。殍草木枯落。嶏㠑嶏。徂累反。一。嚭大。匹鄙反。一。

蕊草木實節生。如蘂反。一。唯諾。以[水]反〔一二八三〕。四（五）〔一二八四〕。蓶似馬韭而黃，可食。鰖蟹子。壝埒（埒）〔一二八五〕。又以隹反。瀢魚盛貌。欵欵〔欸〕〔一二八六〕，驢鳴。於幾反。一。濢汁漬。遵誄反。三。嚁鳥嚁。嶉山貌。《甘

泉賦》曰：『波詭摧嶉而成觀。』巋羌軌反。又丘追反。一。蘬（黹）鍼縷所紩〔一二八七〕。《禮》有『蘬（黹）冕』〔一二八八〕。眂幾反。一。纍䵮就寬。絺履反。一。跽長跽。暨幾反。一。

六止諸市反。八。時祭地。又時止反。洔小渚。或作沚。茝香草。又昌待反。趾足。址基。阯交阯，郡。底底柱。市時止反。二。恃依。徵陟里反。宮徵。又陟陵反，召。一。喜喜欣。虛里反。一。以古作㠯。羊止反。三。

已。苡薏苡。芣苡。似詳理反。六。祀年。一曰祭祀。姒夏姓。一曰娣姒。巳辰巳。耜耒耜。汜江有汜。又水名，在河南城皋縣。一曰潁川襄城縣。一曰在滎（滎）陽中牟縣〔一二八九〕，流入河。又符嚴、敷劍〔二〕反〔一二九〇〕。紀經紀。居似反。二。

己身。史疏（疎）士反。三。使又疏（疎）事反。馶香之美者。耳而止反。三。洱水名，出罷谷山。又而志反。駬騄耳，周穆王馬。里良士反。九。裏。理。鯉魚名。李。𤸎病。娌妯娌。

俚南人，蠻屬。郢亭名，在西鄂。一曰邑名。始詩止反。一。枲麻。胥里反。五。䈅竹篋。一曰怠（䈅）〔中〕〔魚〕〔衣〕〔一二九一〕。菓胡草。葸質愨貌。諰言且思之。峙直里反。五。痔病。跱躇跱，行難進貌。庤諸（儲）置

舍〔一二九二〕。偫看所望而往。起墟里反。五。杞木名。又苟杞。屺山無草木。玘佩玉。芑白粱（粱）粟〔一二九三〕。士鋤里反。三。仕。柹木名。俟待。牀史反。二。涘水岸。子即里反。四。虸虸蚄，蟲。

秄擁（壅）苗〔一二九四〕。梓木名。或杍。矣於紀反。一。擬度。魚紀反。三。儗僭〔一二九五〕。薿草盛貌。又魚力反。齒昌里反。一。恥敕里反。二。祉福。剎割聲。初紀反。一。滓側李反。四。苐草。或作萃。

第瓶〔一二九六〕。又牀。側幾反。胇脯。《易》曰：『食乾胇。』

七尾俗作尾。無匪反。三。亹又作亹，美貌。浘水流貌。豈氣豨反。二。䓫菜。扆戶牖間。依豈反。五。㥋痛。偯哭餘聲。庡藏。僾僾豨（俙）〔一二九七〕，見不了貌。蟣蟣虱。居豨反。四。幾幾何。又既希反。機禾機。

魕鬼俗。案《淮南》傳曰：『吳人曰鬼，越人曰魕。』斐文。妃尾反。四。朏月。悱口悱悱。菲薄。匪非尾反。五。棐輔。篚竹器。餥餱。〔一〕曰相請食〔一二九八〕。榧木名，子可食。韙是。韋鬼反。九。愇恨。煒火。

暐玉暐曄〔一二九九〕。瑋玉。偉大。葦蘆。椲木名，可屈爲器。韡盛貌。鬼居偉反。一。虺蛇虺。許偉反。二。煋齊人云火。顗靖。魚豈反。一。豨楚人呼豬。希豈反。三。俙僾俙。豨豨鼻。又虛幾反。

磈磈硊，石出貌。一。䐝腝多汁。浮於鬼反。一。

八語魚舉反。八。蘌苑。圉養馬人。敔柷敔。圄令（囹）圄〔一三〇〇〕。衙行貌。《楚辭》：『導飛廉之衙衙』。又五加反。衙府。齬齟齬。禦禁。呂力舉反。九。旅師旅。〔亦〕〔羈〕〔旅〕〔一三〇一〕。掁

（祣）祭〔一三〇二〕。亦羈掁〔一三〇三〕。膂脊膂。𥳑筲器。穭自生。梠梠端木〔一三〇四〕。儢（儢）心不力〔一三〇五〕。侶伴。佇或作竚。除呂反。五。苧草。紵布。杼機杼。羜

五月生羔。與余莒反。四。歟歟。与賜。予又與諸反。煑諸與反。三。陼丘。渚沚。汝知（如）與反〔一三〇六〕。五。胠魚不鮮。茹又而恕反。飯。𤬪乾菜〔一三〇七〕。𤺺楚人呼寐。暑舒莒反。五。

鼠。黍。𧓳𧓳蝢，蟲。癙《疋》云：『病。』杵昌與反。二。處又作處。貯居。丁呂反。四。𢁔棺衣。褚裝衣。𧘂弊衣。諝智。私呂反。四。稰熟穫。醑籭酒。湑露貌。女尼與反。二。籹粔籹。

楮木。丑呂反。二。褚姓。許虛呂反。一。巨其呂反。十一。拒。秬黑黍。距雞爪。炬炬炬（火）〔一三〇八〕。簴拘簴。又作虡。粔粔籹。鉅澤名。又鉅鹿，郡名。苣藕，歷麻。藕字，書證反。駏駏驢。

藘苦藘，菜名。所踈（疎）舉反。案《文》：戶斤爲正。又所。二。糈祭神米。又先呂反。或作糈。楚初舉反。三。礎柱下石。齼齒齼。或作齭。阻側呂反。二。俎俎豆。齟齟齬。鋤呂反。二。怚憍怚。咀咀嚼。慈呂反。二。沮

止。又七余反。扵擊〔一三〇九〕。於許反。一。舉居許反。四。莒草名。一曰國名。欅木名。筥筐。敘徐呂反。七。序述。漵水浦。緒次。抒渫水。嶼海中洲。鱮魚名。去羌舉反。又丘據〔反〕〔一三一〇〕。

二。麩麥粥汁。野田。俗作埜〔一三一一〕。署與反。又與者反。一。紓緩。神與反。又式余反。二。杼《莊子》：『徂（狙）公賦杼。』〔一三一二〕䀖皺䀖，皮裂。七與反。〔二〕〔一三一三〕。苴履中草。子與反。又子余反。一。

九麌牝鹿。麌巨（矩）反〔一三一四〕。二。俁大。羽於矩反。十二。禹。雨水。宇。瑀玉。祤祋祤，縣名，在馮翊。祋字，都會反。栩栩陽，地名。鄅國名，在瑯琊。頨孔子頭反頨。楀水（木）〔一三一五〕。萬萬餘粮，藥名。寓屋。聚慈庾反。一。甫方主反。九。脯乾脯。斧斤。俯仰。府官府。黼白黑文，如斧。簠簠簋。又甫於反。蜅小蟹。莆蓮莆，堯時瑞〔草〕〔一三一六〕。蓮字，山輒反。武無主反。十一。舞歌。偊。又嫵嫵媚。侮欺。䍸窻中網〔一三一七〕。憮失意貌。字或作憮。又荒烏反。廡堂下。珷玉名。甒甖。或作珷。潕水名，在南陽。鵡鸚鵡。父扶雨反。六。輔毗。酺頰酺〔一三一八〕。腐心。釜竃。鳺鳺鳺，越鳥。撫安。字（孚）武反〔一三一九〕。七。俌輔。弣弓把中。拊拍。殕食上生白。紨紨綿。慔愛也；足〔一三二〇〕。柱直主反。一。詡詡和。況羽反。三。冔殷冠。姁漢高后，字娥姁。豎殊主反。二。裋弊布襦。庾倉。以主反。八。瘐因以飢寒死。《漢〔書〕》曰：『囚瘐死獄中。』〔一三二一〕窳器病。貐獸名，似嫗（貙）龍首〔一三二二〕，能食又（人）〔一三二三〕。瘉病。楰鼠梓，似山楸而黑。㼌本不勝末。愈若勝。主之庾反。四。麈鹿屬。枓斟衣（水）器〔一三二四〕。又作斗。宔廟宔。傴不申。於武反。一。齲齒病。驅主反。或作蝺。一。黈黈點。智主反。二。拄從傍指。乳而主反。二。醹厚酒〔一三二五〕。窶貧無禮。其縷反。一。數所矩反。一〔一三二六〕。矩或作榘。俱羽反。五。踽獨行。椇枳椇〔一三二七〕。枸木名，出蜀。蒟蒟醬，出蜀。又求於、俱付二反。取七庾反。一。縷縷絲。力主反。六。𨻳羸𨻳，縣名，在交趾。羸字，落戈（千）反〔一三二八〕。僂傴僂。褸襤褸〔一三二九〕。簍小筐。嶁岣嶁〔一三三〇〕，衡山別名。

十姥老母。莫補反。三。莽宿草。又摸朗反。𨧺鈷𨧺，燒器。又摸朗反。土地。〔他〕古反〔一三三一〕。四。吐。稌稻。又他胡反。芏似莧（莞）〔一三三二〕，生海邊。杜棠樹。徒古反。三。𡰪塞。肚腹肚。又當古反。魯郎古反。十。櫓城上守禦。滷鹹滷。虜掠。擄搖動。艣進舟。樐彭排。鑥釜屬。蓾草名。鹵鹵簿〔一三三三〕。睹見。俗作覩。當古反。〔五〕〔一三三四〕。暏詰旦欲明。肚腹。又徒古反。賭戲賭。又作[illegible]。堵垣堵。古姑戶反。十四。鼓（鼓）動〔一三三五〕。鼓鍾。瞽無目。股髀。罟網〔一三三六〕。又古胡反。蠱蠱。估市稅。盬河東鹽。鈷鈷𨧺。羖羖攊，羊。詁詁訓。牯牯牛。賈賣。蘆草死。采古反。一。五吾古反。四。午日中。旿明。伍團。簿簿籍〔一三三七〕。裴古反。一。粗徂古反。二。麆大。祖則古反。三。珇珪上起。組組綬。虎呼古反。案《文》：『山獸之君，足似人足。』故足下安人，此几是即古人字，音人。四。琥發兵符，爲琥（虎）文〔一三三八〕。戽渫舟中水。滸水岸。又作汻。塢村塢。烏古反。三。鄔縣名，在太原。瑦石，似玉。苦康杜反。二。筈竹。怒奴古反。三。弩弓。砮石，可作矢。又乃胡反。

戶胡古反。十三（二）〔一三三九〕。楛楛矢。扈跋扈。怙恃。鄠縣名，在扶風。帍巾。祜福。昈文彩狀。嶇山卑而大。岵山多草木。鳸鳥名。芐地黄。普滂古反。三。溥大。與普同。浦汊。補博戶反。三。譜。圃又博故反。

十一薺菜。徂禮反。二。鮆（鮆）魚名〔一三四〇〕。飯（飲）（而）不食〔一三四一〕。禮古作礼。盧啓反。七。[竹豊]竹名。蠡蠡吾，縣名，在涿郡。亦越有范蠡。[舟蠡]小舡。澧水名，在武陵。醴醴酒。鱧魚名。體他禮反。三。

醍醍酒。又徒嵇反。涕目汁。頮傾頭。疋米反。一。濟水名。或作沛。子禮反。又子計反。三。擠手搦酒。臍生而不長。邸邸店。都禮反。七。底下。一曰止。詆詆詞（訶）〔一三四二〕。[耳室]耳聵（聵）〔一三四三〕。坻隴坂。又支氏反。

牴角觸。抵擲。禰祖禰。又作祢。乃禮反。四。嬭楚人呼母。䦟智少力劣。苨薺苨。弟徒禮反。五。悌愷悌。娣娣似（姒）〔一三四四〕。遞更代。俗作遆。又亭細反。瓻小瓮。洗洗俗（浴）〔一三四五〕。或洒。先禮〔反〕〔一三四六〕。又蘇顯反。一。泚水流清。千禮反。又此氏反。二。緀帛文。啓康禮反。六。綮戟支。一曰戟衣。棨兵欄〔一三四七〕。䭫首至地。卟卜問。稽稽首。徯有所望。胡禮反。三〔一三四八〕。謑恥辱。蒵所以安重舡者〔一三四九〕。

米莫禮反。四。眯物入目。[糸米]繡文如聚米。洣水名，在茶陵。陛階陛。傍禮反。三。梐梐枑，行馬。髀髀服（股）〔一三五〇〕。又卑婢反。吟可。爾。一。[一]弟反〔一三五一〕。怟（怟）《疋》怟（怟）愛〔一三五二〕。徒啓反。一。

十二蟹水蟲。滲（螇）買反〔一三五三〕。五。解曉。又佳買、佳賣〔二〕反〔一三五四〕。澥渤澥。嶰山澗間。獬獬豸，獸名。豸或作豸。宅買反。一。妳乳。奴解反。一。扠擊。側解反。一。買莫解反。四。嘪莫（羊）聲〔一三五五〕。

蕒吳人呼苦苣。[氵買]水名，在豫章。艼戾〔一三五六〕。口解反。一。嫛意難。罷薄解反。又皮彼反。遣有罪。四。[長罷][長罷][長皆]，不長貌。猈大（犬）短項〔一三五七〕。一曰案下徇（狗）〔一三五八〕。[金罷]大鐵杖。擺擺撥。北買反。一。

[彳鳥][彳鳥]獬（[彳解]）〔一三五九〕。都買反。一。矮短貌。烏解反。一。

十三駭駭[驚]〔一三六〇〕。諧楷反。一。楷楷莫（模）〔一三六一〕。苦駭反。三。[長皆][長罷][長皆]。鍇鐵。騃癡。五駭反。一。挨打。於駭反。二。唉飽聲也。[彳解][彳鳥][彳解]。孤楷反。一。

十四賄呼猥反。四。脂腲（腇）脂〔一三六二〕，大腫貌〔一三六三〕。腲（腇）字〔一三六四〕，都罪反。潤（燗）爛貌〔一三六五〕。又亡罪反。嗳哀。猥犬聲。烏賄反。四。腲腲腇（脮）〔一三六六〕，肥弱病。腲腇（脮）字〔一三六七〕，吐猥反。

鍡鍡鑸，不平。媿（㛱）媿（㛱）婑〔一三六八〕，好貌。礨衆石。或作磊。落猥反。九。瘤痱瘤，皮外小起。痱字，蒲罪反。嵔嵔嵬，山狀。嵬字，五罪反。礧礧硌，大石貌。又勒潰反。硌字，盧各反。郝郝陽，縣名，在桂陽。頛頭不正貌。鑸鍡鑸。灅水名，在北平〔一三六九〕。郲𣧳郲，不平貌。𣧳字，胡罪反。鐓矛戟下。徒猥反。一。浼水流貌。武罪反。二。每。罪徂賄反。一。骽骽股。吐猥反。五。㾪重。聉聉頪，癡頭貌。頪字，五罪反。腇腲腇。儽長好貌。

瘣木病無枝。胡罪反。四。溾溾涹（浽）〔一三七〇〕，穢濁。𣧳𣧳郲。滙陸。魁大頭。口猥反〔一〕〔一三七一〕。腲（脂）腲脂〔一三七二〕。都罪反。二。竨木實垂貌。餒餓。奴罪反。五。婑媿（㛱）婑〔一三七三〕。

颹風動。鮾魚敗。或作脮。浽溾浽。頠頭。一曰閑習。五罪反。又五毀反。四。頦聉頦。隗。嵬畾（嵔）嵬〔一三七四〕。皠雪霜白狀。七罪反。四。漼水深。璀玉名。𥻂粗物。琲珠五百枝（枚）〔一三七五〕。蒲罪反。二。

痱痱瘤。侑痛而叫。羽罪反。一。

十五海呼改反。二。醢肉醬。愷樂。苦亥反。五。颽南風。塏地高。暟美也。明。凱凱樂。宰冢宰。作亥反。二。𦕒半聾。駘疲。徒亥反。六。殆危。待。迨及。怠懈。紿言不實。

乃古作廼。奴亥反。一。改古亥反。三。頦頦頦。絠張兩手解繩。亥胡改反。一。啡吐唾聲。匹愷反。一。採倉宰反。五。采文采。綵綾綵。寀寮寀。彩光彩。茝香草。昌待〔反〕〔一三七六〕。一。等齊。多改反。又多肯反〔一三七七〕。一。穤禾傷雨。莫亥反。又莫代反。一。在昨宰反。一。俖不肯。普乃反。一。欸相然辭。於改反。三。毐嫪毐。嫪字，浪報反。挨擊。倍（倍）倍（倍）多〔一三七八〕。薄亥反。二。蓓（蓓）黃蓓（蓓）〔一三七九〕，草。

十六軫此類合從「㐱」。之忍反。九。縝結。胗瘾胗，皮外小起。畛田間道。賑緜賑。又之刃〔反〕〔一三八〇〕。鬒鬒髮。槙木密。袗衣單。眕安也。《春秋》：『憾而能眕。』䐇肥。尺尹反。三。蠢蟲動。踳踳駁。亦作䮞。准古作準。之尹反。三。埻躲的。純緣。尹余准反。四。允信。狁獫狁。𩡷馬毛逆。筍思尹反。三。準（隼）鳥〔一三八一〕。簨簨簴。愍悲。眉殞反。四。閔傷。憫憫默。敏聰。牝毗忍反。又扶履反。二。臏朕（膝）骨〔一三八二〕。殞没。於閔反。二。隕墜。窘急。渠殞反。四。箘竹名。琨玉名。菌地名（菌）〔一三八三〕。紖牛紖。直引〔反〕〔一三八四〕。二。䏖腫處。囅大笑。勑忍反。又勑私反。一。引余軫反。三。蚓蚯蚓。鈏錫。忍而軫反。三。荵隱荵，草名。涊水名，在上黨。矧況。式忍反。二。哂笑。緊居忍反。二。胗脣瘡。又之忍反。盡慈引反。一。泯水貌。武盡反。又彌鄰反。五。⿰民皮細理。或作晚（脕）〔一三八五〕。僶僶俛，俗作僶。笢竹膚。黽黽池縣，在弘農。又亡善反。俗作黽字。腎時忍反。三。蜃蛤。脤祭餘肉。釿齊。宜引反。一。盾干盾。食允反。一。

十七吻口吻。武粉反。三。刎刎頭（頸）〔一三八六〕。抆拭。粉方吻反。二。黺。憤房吻反。三。㿎病悶。鼢鼠。忿怒。敷粉反。又敷問反。一。惲厚重。於粉反。三。藴藏。韞韞韥。

齳無齒。魚吻反。一。

十八隱於謹反。五。磤雷聲。⿰車㥯雷（車）聲〔一三八七〕。癮癮胗，皮外小起。⿰糸㥯縫衣相著。謹居隱反。六。⿰黍斤黏貌。⿰牛堇牛馴。菫菜菫（名）〔一三八八〕。巹瓢，酒器，婚禮用。槿木槿。

赾跛行貌。丘謹反。一。近其謹反。一。听笑。牛謹反。一。齓毀齒。初隱反。一。

十九阮魚遠反。一。遠雲晚反。一。偃偃仰。於德（幰）反〔一三八九〕。八。㫃旌旗旒。⿰貝匽物相匽當。鶠風（鳳）〔一三九〇〕。郾縣名。鼴鼠。鰋魚名。褗衣領。湕水名，在南郡。居偃反。二。揵難。

寒（蹇）女字〔一三九一〕。其偃反。一。言語偃反。一。言言言，脣急。去偃反。一。屵屵⿰石爾，大脣貌。⿰石爾字，處灼反。一。幰虛偃反。三。攇手約物。⿰虫憲寒⿰虫憲，蚓（丘）丘（蚓）〔一三九二〕。晚無遠反。三。娩婉娩。挽引。反覆。府遠反。四。返還。坂高。橎木名。⿱龹豆黄豆。求晚反。二。圈獸闌。又其卷反。婉於阮反。八。菀紫菀，藥。苑園內。踠體屈。蜿蜿蟺，蚯蚓。畹田冊（卌）畝〔一三九三〕。琬玉名。宛宛然。⿰禾卷相近貌。

去阮反。三。綣繾綣。⿰弓藿蘆筍。暅日氣。況晚反。又古鄧反。三。⿰目爰大目。咺兒啼不止，朝鮮云。飯扶遠反。二。⿱大車車莑，畚。莑字，薄紅反。

廿混混流。一曰混沌，陰陽未分。胡本反。八。渾渾元。又戶昆反。鯶魚名。緷大束。焜火光。倱倱伅，四兇。掍掍同。睴視貌。忖倉本反。二。刌細切。本布忖反。俗作夲。三。畚草器。苯苯蓴。損蘇本反。四。痒痒瘃，惡寒。瘃字，所革反。腪臏屬。膞切孰肉更煮。剸剸減。茲損反。四。噂噂喒。蓴苯蓴，草叢生。僔。穩治穀聚。烏本反。一。囤小廩。徒損反。四。盾。沌混沌。伅倱伅。鱒魚名。徂本反。一。⿰骨玄禹父。古本反。四。㯻大束。衮衮衣。緄帶。睴睴怨（悃）〔一三九四〕，行無廉隅。他本反。二。黗黑狀〔一三九五〕。閫門限。古（苦）本反〔一三九六〕。四。壼宮中道。梱（稇）成就〔一三九七〕。悃至誠。獖守犬。盆本反。三。笨竹裏。体麤名（貌）〔一三九八〕。

廿一很很戾。痕墾反。一。墾耕。康很反。三。懇懇則（惻）〔一三九九〕，誠至。齦齧。頣頰後。古很反。一。

廿二旱何滿反。二。⿰山旱山名，在南鄭。緩胡管反。二。澣濯。又作浣。短都管反。又作拉。一。算蘇管反。一。款苦管反。三。⿰金欵⿰金欵縫字。窾空。餪女嫁食。乃管反。二。暖或作㬉、煖。纂集〔一四〇〇〕。作管反。四〔一四〇一〕。纘承系〔一四〇二〕。儹聚。椀或作盌。烏管反。一。粄屑米餅。博管反。二。瓪牝瓦。又布綰反。管古纂反〔一四〇三〕。六。脘胃府。輨車轂（轂）鐵〔一四〇四〕。盥洗。琯玉琯。痯病。斷徒管反。又都亂反。一。疃畽疃，鹿跡。地（他）管反〔一四〇五〕。畽字，他典反。一。伴薄旱反。一。卵落管反。一。滿草（莫）旱反〔一四〇六〕。一。但徒旱反。六。蜑南方夷人。袒袒裼。又大莧反。誕大。⿰革延馬帶。潬水中沙出。坦坦平。他但反。一。亶多旱反。二。⿸疒亶病。嬾落旱反。一。笴箭笴。各旱反。四。皯面黑。稈禾莖。衦摩展衣。㪚蘇旱反。俗作散。三。饊餅。繖繖絲綾。今作繖扇。瓚昨旱反。一。罕呼稈反。三。蔊菜。䍐罼罕。侃俗作偘。空旱反。又空旦反。一。⿰氵懣亡伴反。又亡本反。一。

廿三潸數板反。一。綰繫。烏板反。一。板布綰反。二。版按《文》判。醡酢醡，面皺（皺）〔一四〇七〕。側板反。一。赧面赤。怒板反。二。醡酢醡。僩武貌。一曰寬大。下赧反。又姑限反。一。睆大目。戶板反。二。鯇魚名。阪扶板反。又方晚反。一。矕視貌。武板反。一。齴〔齴〕〔齗〕〔一四〇八〕，〔齒〕〔不〕〔正〕〔一四〇九〕。〔士〕〔板〕〔反〕〔一四一〇〕。〔一〕〔一四一一〕。〔㹹〕齧〔一四一二〕。初板〔反〕〔一四一三〕。一。莧莧爾〔一四一四〕，笑貌。胡板〔反〕〔一四一五〕。二。憪介然不平之意。齗五板反。一。

廿四產所簡反。四。嵼蹇嵼。汕魚浮。滻水名，在京兆。限胡簡（簡）反〔一四一六〕。四。硍石聲。瞖䀇瞖。牼牛牼（佷）〔一四一七〕，不從牽。䀇䀇瞖，無畏視貌。武限反。一。簡札。古限反。四。柬分別。一曰縣名，在新寧。睞。揀擇。刬刬削。初限反。三。鏟平木鐵。弗炙肉鐵。棧棧閣。士限反。又士免、士晏二反。四。㟞山貌。轏車名，士所棄。孱孱陵縣，在武陵郡。又鋤連反，至。眼五限反。一。醆側限反。又側輦反。與盞同。一。

廿五銑金銑。蘇顯反。五。跣跣足。毨鳥獸秋毛。姺古國。洗沽洗，律吕（名）〔一四一八〕。腆厚。他典反。六。淟淟涊〔一四一九〕，熱風。畽畽疃，鹿跡。疃字，他管反。錪釜小皃（貌）〔一四二〇〕。琠玉。呼典〔一四二一〕。覥面靦。典多顯反。二。蕇葶藶。蝘蝘蜓，守宮蟲。於殄反。二。宴安。又燕見反。殄徒顯反。二。蜓蝘蜓。繭（蠒）俗作蠒〔一四二二〕。古典反。五〔一四二三〕。皽皮起。柬小束。垷塗。筧以竹通水。峴峻嶺。胡顯反。三。哯歐亂（乳）〔一四二四〕。臔肉羼。顯呼典反。三。韅在背曰韅。蜆小蛤。撚以指按。奴典反。一。搷塗。亡殄反。一。編編絹，方顯反。又卑連反。五。匾匾㔸〔一四二五〕，薄。㔸匾字〔一四二六〕，陽稀反。緶褰常。萹萹似（竹）〔一四二七〕，草。又布玄反〔一四二八〕。稨稨豆〔一四二九〕。又布玄反。泫露光〔一四三〇〕。胡犬反。五〔一四三一〕。贙獸名，似犬，多力。一曰對爭貌〔一四三二〕。鉉鼎耳〔一四三三〕。琄玉貌。眴田〔一四三四〕。辮編髮。薄顯反。三。艑吳舡。𪉵蜀人呼（鹽）〔一四三五〕。畎田上渠。一曰引水。古泫反。四（三）〔一四三六〕。誸誘。罥掛〔一四三七〕。犬狗。苦泫反。〔一〕〔一四三八〕。

廿六獮秋獮〔一四三九〕。息淺反。四。尠少。廯廪。癬疥癬。演廣。以淺反。三〔一四四〇〕。衍達〔一四四一〕。縯長。踐疾演反。三〔一四四二〕。諓諂（諂）〔一四四三〕。餞酒食送。又疾箭反。䁪耳聞（門）〔一四四四〕。旨善反。三。剸以槌去牛勢。樿木名。展知演反。五。搌束縛。皽皮寬。輾輾轉。𢀖極巧視之。又視戰反。趁踐。尼展反〔一四四五〕。三。輚（輾）車轢物〔一四四六〕。或作碾。㞡柔弱。淺七演反。一。闡大。昌善反。二〔一四四七〕。幝（燀）燒〔一四四八〕。遣去演反。三〔一四四九〕。繾繾綣。饘乾麵餅。善常演反。五〔一四五〇〕。墠壇墠。鱓魚名。蟮蚯蚓。單人姓。又都寒反。蹇跛。居輦反。三。謇吃〔一四五一〕。搴取〔一四五二〕。又摙〔一四五三〕。翦即踐反〔一四五四〕。又剪。三〔一四五五〕。揃揃搣。戩福祥。蹨踐。人善反。三〔一四五六〕。橪橪棗〔一四五七〕，樹名〔一四五八〕。戁懼〔一四五九〕。輦力演反。四。璉瑚璉。鄻地名，在周。

僆雙生子。件其輦反。三。鑳（巏）鑳（巏）嵯[一四六〇]。鍵管鑰[一四六一]。縒綏（緩）[一四六二]。徐輦反。一。齴齒露。魚蹇反。三[一四六三]。巘山峯。瓛玉甑。辯符蹇反。一。緬遠。無兗反。六。沔

漢水別名[一四六四]。愐思。勔自強[一四六五]。湎酖酒[一四六六]。黽黽池，縣名，在弘農。又亡忍反。又作黾[一四六七]。褊衣悪（急）[一四六八]。方緬反。一[一四六九]。吮嗽。徐兗反[一四七〇]。又徂兗反[一四七一]。三[一四七二]。雋鳥肉

肥[一四七三]。古作雋。蘤蓄蘤[一四七四]。臇臛少汁。姊兗反。一[一四七五]。辡罪人相訟。方免反。一。兗以轉反。二[一四七六]。沇濟水別名。臠力兗反。二。孌美好[一四七七]。轉陟兗反。一[一四七八]。卷

古轉反[一四七九]。圈圈獸。渠篆反。又求晚反。一。輭柔。俗作軟[一四八〇]。而兗反。六[一四八一]。蠕蟲動。檽紅藍；一曰棗名。薷木名（耳）[一四八二]。瑌石[一四八三]，似玉[一四八四]。愞弱[一四八五]。又奴亂反。舛舛剝。或作踳。昌兗

反。三。喘息。荈茗草[一四八六]。膞切肉。視兗反。三[一四八七]。腨腂（腓）腸[一四八八]。鄟地名。篆篆書。治兗反。三。瑑壁（璧）上文[一四八九]。沌水名，在江夏[一四九〇]。又徒混反。剸細割。旨兗反。二。孨孤露

可怜。又[莊]卷反[一四九一]。選擇。思兗反。又思絹反。一。撰士免反[一四九二]。三。僎具。鱄魚名。蜎蜎蠉，井中蟲。狂兗反。一。蠉香兗反。一。楩木名。符善反[一四九三]。一。免黜。亡辯反。七。

俛府（俯）[一四九四]。冕冠[一四九五]。鮸魚名。娩生子免身。勉勗[一四九六]。婉宛（婉）娩[一四九七]。撍撍搌，長。基善反。一。鱃（鑡）長[一四九八]。丑善反[一四九九]。三（四）[一五〇〇]。

斺（於）旃旗柱[一五〇一]。藏（蒇）備[一五〇二]。一曰去貨。搌撍（撍）搌[一五〇三]。

廿七篠細竹。蘇鳥反。三[一五〇四]。𩵽魚名[一五〇五]。謏善談[一五〇六]。晈光。古了反。七。璬珮玉。憿行縢憿脛[一五〇七]。皎月光白。《詩》云：『月出皎兮。』鐃（鐃）鐵交

（文）[一五〇八]。㿟白。又匹白反[一五〇九]。皦珠玉白貌。鳥都了反。五[一五一〇]。帎絹布頭。㣿垂。乚懸貌。蔦樹上寄生。了盧鳥反。四。蓼菜。瞭目精朗。鬗鬗鬗，長貌。朓月見西方。吐鳥反。二。窱

窈窕[一五一一]，深遠貌[一五一二]。曉呼鳥反。一[一五一三]。杳烏皎反。六[一五一四]。窅[深]貌（目）[一五一五]。窈窈窱。又窈窕，美貌。偠偠傁，身弱好貌。騕騕褭，神馬。勠勠䮴（跡）[一五一六]，長而[不]勁[一五一七]。嬲戲相擾。

乃鳥反。四。嫋長貌。䮴（跡）髟（勠）[一五一八]。褭騕褭。皛顯[一五一九]。胡了反。二。葯鳧茈（茈）[一五二〇]，草。窕窈窕。徒了反。二[一五二一]。誂弄。俗作挑。磽山田。苦皎反。又口交反。古或作

砒。一。湫隘。子己（了）又（反）[一五二二]。反（又）子攸[一五二三]、在久二反[一五二四]。隘字[一五二五]，烏懈反[一五二六]。二[一五二七]。愀變色貌。

廿八小私兆反。一。肇始。治小反。六〔一五二八〕。兆卦〔一五二九〕。趙燕〔一五三〇〕。旐旗〔一五三一〕。狣犬有力。兆羊子。沼之少反。一。少書沼反。一。夭屈。於兆反。二。殀殁。

擾而沼反。三〔一五三二〕。繞纏〔一五三三〕。遶圍。摽落。符小反〔一五三四〕。二。鰾魚膠。趥（䴂）糗〔一五三五〕。或作趍（麨）〔一五三六〕。尺紹反〔一五三七〕。三。弨弓。楢木名。縹青黄色。〔敷〕沼反〔一五三八〕。六。醥清酒。犥（犥）牛黄白色〔一五三九〕。顠（顠）髮白〔一五四〇〕。皫（皫）鳥變色〔一五四一〕。篻竹名。眇亡沼反。四。淼水大〔一五四二〕。

杪木名（末）〔一五四三〕。秒禾芒〔一五四四〕。紹繼。市沼反。三。佋介。袑袴上。矯或作撟。居沼反。三〔一五四五〕。蟜女字。一本作嬌。𥃩目重瞼〔一五四六〕。表方小反。又方矯反。二〔一五四七〕。褾袖端。

藨（藨）草名，可爲蓆。或作苞（藨）〔一五四八〕。平表反。二。莩（殍）餓死〔一五四九〕。鷕雉聲〔一五五〇〕。以沼反。三〔一五五一〕。溔浩溔〔一五五二〕，大水。舀抒臼。或作眈〔一五五三〕。悄憂心。七小反〔一五五四〕。一。剿絶〔一五五五〕。子小反。二〔一五五六〕。勦勞〔一五五七〕。又鋤交反。驕長貌〔一五五八〕。在（巨）小反〔一五五九〕。一。繑（繚）繑（繚）遶〔一五六〇〕。力小反。或作獠（獠）反〔一五六一〕。一〔一五六二〕。

廿九巧苦絞反。又巧僞、苦教〔二〕反〔一五六三〕。一〔一五六四〕。澩動（水）聲〔一五六五〕。下巧反。一〔一五六六〕。飽博巧反〔一五六七〕。一。獿擾亂。奴（巧）反〔一五六八〕。又作撓〔一五六九〕。一曰事露。下巧反。一。夘古作丣（卯）〔一五七〇〕。莫飽反。三。

昴星。茆鳧葵。又力有反。絞絞縛。古巧反。四〔一五七一〕。狡狂狡〔一五七二〕。佼女字〔一五七三〕。攪手動〔一五七四〕。爪側絞反。三〔一五七五〕。𤓰俗作獠。𤓰獠。璅玉。拗手撥。於絞反。一。

鮑薄巧反。一〔一五七六〕。齩五巧反。一。煼熬。楚巧反。〔一〕〔一五七七〕。

卅晧光。胡老反。八〔一五七八〕。昊天〔一五七九〕。暤暤旰。浩大〔一五八〇〕。鎬京〔一五八一〕。滈水，在京兆。鰝大蝦。顥大。抱薄浩反。一。老盧浩反。六〔一五八二〕。獠𤓰獠，西南夷〔一五八三〕。俗作獠。

轑車軸。橑屋橑，櫓前〔木〕〔一五八四〕。一曰蓋骨。一曰欄。潦雨水。䕩乾梅。討他浩反。三。套長。槄山楸木。又地（他）刀反〔一五八五〕。道作此衜〔一五八六〕。徒浩反。三。稻穀〔一五八七〕。駣馬四歲。腦奴晧反。古作𡿺〔一五八八〕。又腦〔一五八九〕。四〔一五九〇〕。惱懊惱，古作惱〔一五九一〕。䠷長貌。碯碼碯〔一五九二〕，寶石。倒都浩反。五〔一五九三〕。擣舂。禱禱請。島海中山。禂馬祭。嫂俗作嫂。蘇浩反〔一五九四〕。三。燥乾。

埽灑〔一五九五〕。草七嫂反〔一五九六〕。三〔一五九七〕。懆憂心。騲化（牝）〔馬〕〔一五九八〕。早子浩反。八。澡洗。藻文。薻水菜。藻。蚤狗蚤。鱢魚名。璪玉飾。棗菓〔一五九九〕。皁昨早反。三。

草草斗〔一六〇〇〕，櫟實。造作〔一六〇一〕。暠古老反。五。杲日出。稾草。縞縞素。又古到反。槀槀簳也。槀本夜干字〔一六〇二〕。好呼浩反。又呼到反〔一六〇三〕。一。務毒草。武道反。又地名，亡毒反。一。寶古作琉。博抱反。六。保押〔一六〇四〕。堢堾。褓繦褓〔一六〇五〕。鴇鳥名。葆草盛。又羽〔葆〕〔一六〇六〕，鼓吹飾。襖襖袍。烏浩反。六。镺镺跳。一曰卑長。懊惱〔一六〇七〕。媼母〔一六〇八〕。芺苦菜。澳藏内（肉）〔一六〇九〕。又烏到反。考苦浩反。四。栲木名。槁枯。祰禱。

卅一哿嘉〔一六一〇〕。古我反。三〔一六一一〕。舸輕舟。笴箛（莖）〔一六一二〕。火呼果反。一。果古火反。六〔一六一三〕。猓猓獩，獸。輠車脂角。裹束。蜾蜾蠃，蟲。菓菓實。埵丁果反。六。𦁆冕前垂髮〔一六一四〕。鬌小兒前（剪）髮〔一六一五〕。挅稱量。朵木上垂。揣搖。又初委反。鎖鐵鎖。俗作鏁。蘇果反。五。瑣青瑣〔一六一六〕。湏水名〔一六一七〕。葰葰人縣，在上黨。又蘇寡反。篗竹名。墮落。徒果反。又倭墮髻，他果反。六。垛聚土。瓾長沙人呼甌。䅜小積。筿竹名。鞖屨跟緣。妥安。他果反。一〔一六一八〕。叵普可反。二〔一六一九〕。頗頗能字。本者（音）滂何反〔一六二〇〕。跛跛足。布火反。三。簸簸揚。又布個反。駊駊騀，馬行惡。躶赤體。郎果反。四。瘰瘰癧，筋結病〔一六二一〕。蓏菓蓏〔一六二二〕。蠃蜾蠃，蟲也〔一六二三〕。蠃（蜾）蜾（蠃）〔一六二四〕，蒲盧〔一六二五〕。蒲盧〔一六二六〕，細土蜂〔一六二七〕。天地之反性〔一六二八〕，細〔要〕無子〔一六二九〕。《詩》云〔一六三〇〕：『螟蛉有子〔一六三一〕，蜾蠃負之〔一六三二〕。』又盧過〔反〕〔一六三三〕。禍胡果反〔一六三四〕。二〔一六三五〕。夥楚〔人〕〔云〕〔多〕〔一六三六〕。祐（胡）果反夕〔一六三七〕。坐徂果反。又坐。一。爹北方人呼父。徒可反。三。柂正舟木。陊下坂貌〔一六三八〕。可枯我反。一。我五可反。二〔一六三九〕。騀駊騀。左作可反。一。麽么麽，細小。莫可反。一。吹大笑可〔一六四〇〕。或作閜（嗬）〔一六四一〕。呼可歌反〔一六四二〕。二。吱擊。婐婐妸〔一六四三〕，身弱好。與（烏）果反〔一六四四〕。一。閜〔門〕欲傾〔一六四五〕。烏可反。三。椏榀椏。榱榱欀（榱）〔一六四六〕，木茂盛。橠乃可反。一。榀榀椏，樹斜。勒可反。三〔一六四七〕。攞裂。妸好貌〔一六四八〕。五果反。一。縒鮮潔貌。蘇可反。一。瑳玉色鮮。千可反。一〔一六四九〕。䩢垂貌。丁可反。一。顆小頭。枯果反。一。

卅二馬莫下反。按《文》有四點，象四足。三。碼碼磁。罵詈。又莫霸反。者之野反〔一六五〇〕。二〔一六五一〕。赭赤土。野以者反。又古作壄〔一六五二〕。三〔一六五三〕。也。冶鑪〔一六五四〕。雅楚烏〔一六五五〕。五下反。五。疋正〔一六五六〕。庌廡。厊厏厊，不合。盄酒器。俗作雅。檟古雅反。五。嘏大。一曰福。賈商。假又加訝反。斝玉爵。啞不能言。烏雅反。一。灺燭餘。徐野反。一。丅胡雅反〔一六五七〕。二。夏又胡駕反。寫悉野反。二。瀉瀉水。嗬大笑。許下反。一（二）〔一六五八〕。且七野反。一。閜大裂〔一六五九〕。跒跁跒，行貌。苦夏反。一。跁傍下反。二。竨短人立。社市者反。一。捨書者反。一。姐羌人呼母。一曰慢。慈（茲）野反〔一六六〇〕。把博下反。一。踝足骨。胡瓦反。二。稞净穀。寡赤寡。古瓦反。二。[冎]剔肉[置]骨〔一六六一〕。瓦五寡反。一。若乾草。人者反。二。惹亂。鮓側下反。一。觰牛角横。都下反。一。槎逆斫木〔一六六二〕。士下反。又士加反。二。厏厏厊。䩥寬大。車者反。四。撦裂壞。䰻醜䰻。[哆]脣垂〔一六六三〕。縿縿絮，相著貌。竹下反。一。絮奴下反。一。髁髍骨。口瓦反。一。

卅三感

卅三感古禫反。七。䉞竹名。䲨魚名。䜺酒味。灦豆汁。䪼水名，在南康。[匴]箱類〔一六六四〕。或作篢。禫祭名。徒感反。八。糟糣糟，滓。糣字，素感反。黮黕黮，雲。又他感反。䨵䨵䨴，雲。窞（窞）坎傍人（入）〔一六六五〕。《易》曰：『入于坎窞（窞）〔一六六六〕。』髧髮垂。萏菡萏，荷花。按《文》作萏。[贉]市先入直〔一六六七〕。晻暗。烏感反。六。黤黤黮。揞（揞）或作陪字〔一六六八〕，（手）覆〔一六六九〕。唵手進食。罯魚網。潤大水。腩煑肉。奴感反。三。湳水名，在西河。䈒竹弱。襑衣夫（大）〔一六七〇〕。他感反。四。醓醓醢。肬肉汁。嗿衆聲。歜昌蒲葅。徂感反。二。𢐀弓弦𢐀。慘戚。七感反。三。憯痛。黲暝色。又倉敢反。昝人姓。子感反。三。寁逮（速）〔一六七一〕。揝手動。糂或作糝。素感反。四。糣糣糟，滓。傪領傪。粖蜜藏木爪（瓜）〔一六七二〕。坎苦感反。二。歁食未飽。頷胡感反。五。婻婻害，惡性。撼動。淊水和泥。菡菡萏。壈（壈）坎壈（壈）〔一六七三〕。盧感反。三。燣黄焦色。浨藏梨汁。或作醶。黕滓垢。都感反。二。眈虎視貌。

卅四敢

卅四敢古覽反。三。橄橄欖，木名，山（出）交趾〔一六七四〕。澉澉䜺，無味。覽視。盧敢反。三。擥手取。欖橄欖。菼荻。吐敢反。二。緂青黄色。膽肝膽。都敢反。二。紞冕垂飾。噉噉食。或作啖。徒敢反。三。澹澹淡，水貌。䆦竹名。始（媏）鄉名〔一六七五〕，在河東猗氏。謨敢反。一。䜺食無味。子敢反。一。槧削板牘。才敢反。又七廉反。一。埯坑。安敢反。一。黲日暗色。倉敢反。又七感反。一。

卅五養

卅五養餘兩反〔一六七六〕。三。痒皮痒。瀁滉瀁。像俗作像。詳兩反。四。象。蟓桑上繭。橡木實。奬勸。即兩反。三。蔣剖竹木（末）去節〔一六七七〕。又秦丈反。槳楫屬。兩良獎反。按《文》：廿四銖爲兩。六。魎魍魎。脼膎。裲松脂。勨勨勥。倆伎倆。勥其兩反。一。鞅於兩反。四。柍木名。秧秧穰。䬬飽貌。仰魚兩反。一。磢瓦石洗物。則（測）兩反〔一六七八〕。三。剩皮傷。搶頭搶地，出《史記》。想息兩反。一。掌職兩反。一。爽踈（疎）兩反。三。緌屬中絞繩。鵝八（鴹）鳩〔一六七九〕。敞昌兩反。三。惝惝怳〔一六八〇〕。氅鶖鳥〔毛〕〔一六八一〕。響聲。許兩反。五。饗食祭。蠁蟲。或蚼。享又普庚反。曏不久。繦絲有節。居兩反。三。鏹錢。襁襁褓。丈直兩反。二。杖。袒通。丑兩反。一。壤土。如兩反。四。蘘蕪菁葅。𦢊肥，蜀人云。穰豐。賞識兩反。三。饟日西食。饟周人名餉。髣髣髴。古作仿佛。芳兩反。二。紡紡績。罔無。文兩反。六。網網罟。輞車輞。菵菵草。魍魍魎。惘惝惘。昉方兩反。二。倣學。枉紆往反。二。汪汪陶，縣名，在鴈門。又烏光反。往王兩反。一。怳狂。許昉反。一。上時掌反。又時亮反。一。

卅六蕩大〔一六八二〕。堂朗反。七。像放像。惕不憂。盪滌。璗玉名。暘治水（米）精〔一六八三〕。簜大竹。廣古晃反。一。顙額。蘇朗反。三。𣗳鼓匡木。磉柱下石。榜木片。薄朗反。三。牓題。𣯴毛氈。駔會馬市人。子朗反。一。曩奴朗反〔一六八四〕。一。沆沆瀣，氣。胡朗反。一。曭日不明。他朗反。七。儻倜儻。又他朗（浪）反〔一六八五〕。傷長貌。爣爣慌，失意。矘矘䁾，目無精。𥯨木（竹）器〔一六八六〕。帑金白（帛）舍〔一六八七〕。莽草。古作茻。模朗反。又莫古反。七。䁾無䁾（二）目〔一六八八〕。㬒日無光。䒎䒎艷，無色狀。𨧫鈷𨧫。又莫補反。蟒大蛇。漭漭沆。黨德朗反。三。欓木名。讜直言。朗盧黨反。一。坱塵埃，吳人云。烏朗反。四。映映䁾，不明。泱滃泱，水貌。醠濁酒。慷慷慨。苦朗反。一。𣶒大水。烏晃反。一。晃胡廣反。六。幌帷幌。櫎兵欄。榥讀書牀（牀）〔一六八九〕。滉滉瀁。攩搥打。又黃浪反〔一六九〇〕。髈髀，吳人云。疋朗反。二。䒎䒎艷。慌爣慌。虎晃反。二。曠開朗。䤯䤯鹽澤。或作䤯。各朗反。一。奘徂朗反。秦晉間謂爲大奘。一。

卅七梗枯（梏）梗〔一六九一〕，古杏反。八〔一六九二〕。藥。挭大略〔一六九三〕。哽噎〔一六九四〕。郠邑名，在莒。鯁刺在喉。綆井索。埂堤封，吳人云。莕芋莕。丙兵永反。五。昞光。怲憂〔一六九五〕。邴邑〔一六九六〕，在泰山〔一六九七〕。秉持〔一六九八〕。警幾影反。五〔一六九九〕。景。境界。璥玉名。擏扰。影於丙反。一。省所景反。又息井反。三。眚災。㾪瘦㾪〔一七〇〇〕。永榮丙反。一。血（皿）器〔一七〇一〕。武永反。二〔一七〇二〕。𥁕𥁕戶，土穴〔一七〇三〕。憬遠。舉永反〔一七〇四〕。三。囧光。煚火。杏何梗反。三（二）〔一七〇五〕。荇荇菜。猛莫杏反。五。黽黽盯，視貌。蜢蚱蜢，蟲名。䵆鼃屬。艋舴艋，小舟。舴字，陟格反。礦金迸（璞）〔一七〇六〕。古猛反。四〔一七〇七〕。𪍿𪍿麥。獷犬。又居往反〔一七〇八〕。獷平，縣名，在漁陽。穬穀芒。一曰稻未春（舂）〔一七〇九〕。盯黽盯。張梗反。一。瑒玉名。徒杏反。一。瞢清潔。烏猛反。一。打德冷反。又都定反〔一七一〇〕。一。冷魯打反。又魯定反〔一七一一〕。一。

卌八耿古幸反。二〔一七一二〕。瞥瞥䁝，視貌。䁝武幸反。二。黽哇（蛙）〔一七一三〕。幸寵。胡耿反。二〔一七一四〕。倖儌倖。併且。或作併〔一七一五〕。蒲幸反。二。鮩蛤鮩〔一七一六〕。

卌九静疾郢反。五。睁䀐（睰）睁〔一七一七〕，不悦貌。彭飾，出《説文》。靖出《説文》〔一七一八〕。新加三〔一七一九〕。竫亭安〔一七二〇〕。整俗作整〔一七二一〕。之郢反。一〔一七二二〕。逞疾。丑郢反。二。騁馳騁。郢楚地。以整反。二。梬梬棗名。痤風強病。其郢反。一。潁水名，在汝南。餘頃反。三〔一七二三〕。穎禾末〔一七二四〕。頴峯頴。領李郢反。〔四〕〔一七二五〕。嶺。柃木名，灰可染。衿衣衿。今作領。頸項。居郢反。又巨成反。一。餅必郢反。又薄經反。屏二。頃去潁反。一。井子郢反。二〔一七二六〕。邢邢邢（郢）〔一七二七〕，地名。瘿病。於郢反。二。廮廮安。一曰廮陶，縣名，在鉅鹿〔一七二八〕。請七静反。又疾盈、疾[性]〔二〕反〔一七二九〕。一。涇初井反。《廣倉》云寒泉。一。

卌迥遠。戶鼎反。三。冋空。炯光〔一七三〇〕。洞古鼎反。三。熲火光〔一七三一〕。炅光。又古惠反。茗茗草。莫迥反。四。嫇嫇奵，自持貌。酩酩酊，酒[醉]。濙濙滓，大水。頂頂顛，頭上。丁茗反〔一七三三〕。七〔一七三四〕。奵嫇奵。酊酩酊。耵耵聹〔一七三五〕，耳垢。鼎〔一七三六〕。薡草名。鞓補履。挺挺出。徒鼎反。五。艇小舟。鋌金鋌。梃木片〔一七三七〕。娗長好貌。珽玉名。他鼎反。四（五）〔一七三八〕。坪（圢）平〔一七三九〕。脡脯胸。侹長直。頲頭狭足長〔一七四〇〕。泍徂醒反。一。濴蛘（泍）濴〔一七四一〕，小水。烏迥反。一。謦謦[欬]〔一七四二〕。去挺〔反〕〔一七四三〕。一〔一七四四〕。顭頂顭。乃挺反。二。聹耵（耵）聹〔一七四五〕。婞佷〔一七四六〕。下挺反。四〔一七四七〕。涬濙涬。又逢孔反。鮏魚名。鋞似鍾而長。醒蘇挺反。一。韠力（刀）室〔一七四八〕。補鼎反。一。褧[衣]〔一七四九〕。[口迥反]〔一七五〇〕。[三]〔一七五一〕。檾草名〔一七五二〕，[枲]屬〔一七五三〕。烓（炷）行竈〔一七五四〕。剄斷首。古挺反。一。頩斂容。疋迥反。《楚辭》曰：『玉色頩以晚（脕）顏兮。』〔一七五五〕一。笭篝笭，籠。力鼎反。篝字，〔古〕〔侯〕反〔一七五六〕。二。泠寒。

竝比。蒲迥反〔一七五七〕。二〔一七五八〕。鮩白魚〔一七五九〕。

卌一有云久反〔一七六〇〕。四。右又於救反〔一七六一〕。鵂鳥名，似雉。友朋。柳力久反〔一七六二〕。六。瀏水清〔一七六三〕。綹廿絲爲綹。輀載柩車。茆水草〔一七六四〕。《詩》云：『言採其茆。』〔一七六五〕又莫飽反〔一七六六〕。

罶魚梁〔一七六七〕。丑敕久反〔一七六八〕。二。杻杻械。紐結。女久反。四。狃相狎。鈕印鈕。杻木名。肘陟柳反。二。痴腸痛。朽爛。許久反。三。㱙病。□玖〔一七六九〕。

灸灼。韭菜〔一七七〇〕。首古作㫐〔一七七一〕。書久反。四〔一七七二〕。手。守。䭭人初産。醜處久反。一。湫泄水瀆〔一七七三〕。在久反〔一七七四〕。又子了反〔一七七五〕。湫隘〔一七七六〕。一〔一七七七〕。□負欠〔一七七八〕。萯

王萯〔一七七九〕。蝜蝂〔一七八〇〕。阜陵阜〔一七八一〕。鴀鵖別名。缶瓦器，俗作缻。方久反。三。缹烝缹〔一七八二〕。俗作炰〔一七八三〕。否又符鄙反〔一七八四〕。□糗乾餅（飯）屑〔一七八五〕。去久反。一。舅

巨久反。六。麔牡麇。咎罪〔一七八六〕。臼。鴭鳥名〔一七八七〕。齨齒齨〔一七八八〕。紂直柳反。三。箹竹易根而死〔一七八九〕。□誘訞〔一七九〇〕。卣中形樽。梄積木燎。莠草。羑

水名，在蕩（湯）陰〔一七九一〕。按《文》從久〔一七九二〕。輶輕。滫浚麵。息有反。一。受植酉反〔一七九三〕。□颵颵瀏。於柳反。二。蚴魚名。酒子酉反。一。浚浚麵〔一七九四〕。踈（疎）有反。一〔一七九五〕。

帚之久反。一。

卌二厚胡口反。四〔一七九六〕。後前後〔一七九七〕。后妃。郈鄉名〔一七九八〕，在東平〔一七九九〕。母莫厚反〔一八〇〇〕。六〔一八〇一〕。牡牝牡〔一八〇二〕。某。□峿峿嶁。犃

犃㸸，〔偏〕高〔一八〇三〕。又牛短頭。瓿瓿甊，甖。錇小缶。䴺䴺麰〔一八〇四〕，餅〔一八〇五〕。篰牘。蔀障光物。又普厚反〔一八〇六〕。□蚪蝌蚪〔一八〇七〕。麰䴺麰〔一八〇八〕。他後反。三〔一八〇九〕。

姓人名，《傳》有華姓。䵦冕垂纊。苟且〔一八一〇〕。古厚反。八〔一八一一〕。玽石〔一八一二〕，似玉〔一八一三〕。狗犬。垢惡〔一八一四〕。笱笱扁〔一八一五〕，縣名〔一八一六〕，在交阯〔一八一七〕。耈黃耈〔一八一八〕。

詬恥〔一八一九〕。又古候反〔一八二〇〕。笱取魚〔物〕〔一八二一〕。藕五口反。三〔一八二二〕。偶合。耦耕耦。捰衣上擊〔一八二三〕。方垢反〔一八二四〕。二。掊擊。殼老（乳）〔一八二五〕。乃後反。一〔一八二六〕。安老〔一八二七〕。蘇後反〔一八二八〕。□七〔一八二九〕。

謏謏訹〔一八三〇〕，誘辭〔一八三一〕。又蘇了反。訹字〔一八三二〕，辛聿反〔一八三三〕。擻斗擻，舉物。籔漉米〔器〕〔一八三四〕。藪藪澤。吼牛鳴。呼後反。一〔一八三五〕。

剖普厚反。三。婄婦人貌〔一八三六〕。毆擊〔一八三七〕。牨特牛。塿㟝嶁。盧斗反。五。嘍嗹嘍，煩貌。嗹字〔一八三八〕，路賢反〔一八三九〕。甊瓿甊〔一八四〇〕。䴞麳䴞，糧餅。䴞字〔一八四一〕，路賢反〔一八四二〕。

簍籠。走子厚反〔一八四三〕。一〔一八四四〕。□扣擊〔一八四五〕。釦金飾。叩叩頭〔一八四六〕。𧥛先相𧥛〔可〕〔一八四七〕。蕍圓草褥。徒口反。三。鋀酒器〔一八四八〕。揄引揄〔一八四九〕。

鯫魚名；一曰人姓，漢有鯫生。土（士）垢反〔一八五〇〕。又土（士）溝反〔一八五一〕。一。

卅三黝黑。於糺反〔一八五二〕。又益夷反〔一八五三〕。二。怮憂貌。愀變色。茲糺反〔一八五四〕。又在由、子了二反〔一八五五〕。一。糺居黝反。二〔一八五六〕。赳武貌〔一八五七〕。

卅四寑室。七稔反。三〔一八五八〕。寢臥〔一八五九〕。梫木名。朕古作舿〔一八六〇〕。直稔反。一。坅坎。丘甚反。一。廩倉。力稔反。四〔一八六二〕。凜寒狀〔一八六二〕。又渠金反〔一八六三〕。懍敬。菻蒿。罧積柴取魚。斯甚反。〔一八六四〕。一醦小甜〔一八六五〕。子朕反。一。踸踸踔，行無常貌。褚甚反。一。荏菜。如甚反。六〔一八六六〕。餁熟食〔一八六七〕。稔歲熟。栠木弱貌〔一八六八〕。恁信〔一八六九〕。又如林反〔一八七〇〕。衽衣衿。或作袵。

枕之稔反。二〔一八七一〕。煩頭骨。沈古作邥〔一八七二〕。式稔反。五。𣞤木名。審〔一八七三〕。瞫（瞫）視〔一八七四〕。諗告；又謀〔一八七五〕。甚損（植）枕反〔一八七六〕。一〔一八七七〕。

椹食稔反。一〔一八七八〕。瀋汁〔一八七九〕。尺甚反。一。墋土。初朕反〔一八八〇〕。二〔一八八一〕。醦酢甚〔一八八二〕。栣栣橺。尼甚反。一。噤寒。渠飲反〔一八八三〕。口噤〔一八八四〕。二。顉切齒怒。錦居飲反。一。

㯲仰頭貌。牛錦反。一。蕈菌生木上。慈錦反。一。痒寒貌〔一八八五〕。踈（疎）錦反〔一八八六〕。一〔一八八七〕。稟供穀〔一八八八〕。筆錦反。一〔一八八九〕。品於（不）錦（飲）反〔一八九〇〕。一。廞虛錦反。又虛金反。陳車服。一。飲於錦反。一〔一八九一〕。

卌五琰玉。以冄反。四〔一八九二〕。剡削；又縣名〔一八九三〕，在會稽〔一八九四〕。⿰𧾷炎疾行。棪木名〔一八九五〕。斂力冄反〔一八九六〕。一（二）〔一八九七〕。蘞貌（白）蘞〔一八九八〕，藥。又力瞻反。險險俎（阻）〔一八九九〕。虛檢反。四。玁

玁狁〔一九〇〇〕。⿰女炎⿰女炎姱，性不端良。又棄葉反。少氣〔一九〇一〕。譣〔一九〇二〕。貶方冄反。一。⿰平頁⿰平頁顩（顩）〔一九〇三〕，不平。立（丘）檢反〔一九〇四〕。二。嵰山高。儼敬。魚儉反〔一九〇五〕。六〔一九〇六〕。顩（顩）

⿰平頁顩（顩）〔一九〇七〕。广胡（因）巖爲室〔一九〇八〕。隒山形似重甑。礹磛礹。嬐嬐然，齊〔一九〇九〕。儉巨險反。二。芡鷄頭。撿撿挍。居儼反。三〔一九一〇〕。檢書檢〔一九一一〕。瞼目瞼〔一九一二〕。黶

面有黑子。於琰反。三〔一九一三〕。⿰衤獻⿰衤覃（襛）〔一九一四〕。檿山桑。冄而琰反。四。姌長好貌。又奴簟反〔一九一五〕。染染色。苒草盛。陜縣名，在弘農。失冄反。分陜於此〔一九一六〕。二。睒蹔見〔一九一七〕。謟（諂）

丑琰反。一〔一九一八〕。奄應儉反。五。⿱雨奄雲狀。⿰奄阝國。掩掩取〔一九一九〕，弇同〔一九二〇〕。閹宦官〔一九二一〕。漸自染反。二。嶃嶃巗。

卌六忝他玷反。二。⿰禾丙（⿰禾西）鄉名〔一九二二〕，在濟北蛇丘。淰水流貌。乃簟反。三。⿰女覃弱。⿰阝冄亭名〔一九二三〕，在鄭〔一九二四〕。點點畫。多忝反。四。玷玉段（瑕）〔一九二五〕。耆（⿱耂占）老人面有黑

子〔一九二六〕。⿰占刂斫。簟席。徒玷反。三〔一九二七〕。扂閉戶〔一九二八〕。或作串〔一九二九〕。驔（驪）〔馬〕黃脊〔一九三〇〕。嗛猨藏食處。苦簟反。三〔一九三一〕。歉食不飽〔一九三二〕。慊恨切〔一九三三〕。稴禾稀。盧忝

反。一。鼸鼠名。下忝反。一。

卌七⿰扌氶救⿰亻氶（休）〔一九三四〕。無反語，取蒸之上聲〔一九三五〕。一〔一九三六〕。

卌八等等齊[一九三七]。多肯反。又多改反[一九三八]。一[一九三九]。倗不肯。普等反。一。肯可也。苦等反。一。

卌九豏豆半生。下斬反。四。減耗。又苦（古）斬反[一九四〇]。濫濫泉。又盧暫反。汎濫。獵犬齧物聲。湛水貌。徒減反。又徒感反。又直心反。二。偡偡然，齊整。㡨廩。一曰小戶。苦減反。一。鹻鹹。苦（古）斬反[一九四一]。二。

減損。又下斬反。瀺瀺灂。士減反。一。斬阻減反。一。臟臉臟，羹。初減反。一。臉力減反。一。闞虎聲。火斬反。又火檻、苦暫[二]反[一九四二]。二。欿笑。摻執袂。所斬反。又沙檻反。一。

五十檻欄。胡黤反。五。艦舡。䡾力（囚）車[一九四三]。轞車聲。㺌惡。顩長面貌。丘檻反。又五（咸）[一九四四]、[苦]減[二]反[一九四五]。一。摲斬取。山檻反。二。㣻（㺂）獵㣻（㺂）[一九四六]，火（犬）聲[一九四七]。

黤青黑。於檻反。二。黬董黬，出《孝子傳》。醶酢漿。初檻反。一。獥小犬吠。荒檻反。一。

五十一范姓。無反語，取凡之上聲。四[一九四八]。範模。犯干。䖀蜂。

（中缺）

切韻卷[第]五[一九四九]　入聲卅二韻

一屋烏谷　二沃烏酷　三燭之欲　四覺古嶽　五質之日　六物無弗　七櫛阻瑟[一九五〇]　八迄許訖　九月魚厥　十沒莫勃　十一末莫割　十二黠胡八　十三鎋胡瞎　十四屑先結　十五薛私列　十六錫先擊[一九五一]　十七昔私積　十八麥莫獲　十九陌莫白　廿合胡閤　廿一盍胡臘　廿二洽侯夾　廿三狎胡甲　廿四葉與涉　廿五怗他協[一九五二]　廿六緝七入[一九五三]

廿七藥以灼　廿八鐸徒落　廿九職之翼　卅德多則　卅一業魚怯　卅二乏房法

〔一屋〕〔一九五四〕。□〔獨〕徒谷〔反〕〔一九五五〕。十六。黷垢黑。讟謗讟。髑髑髏。殰。〔讀〕讀書〔一九五六〕。櫝棺。牘簡。韣弓衣。又之蜀反。瓄珪。瀆溝瀆。韇

箭箙。匵匵。犢〔牛犢〕〔一九五七〕。□〔嬻〕媟（媟）〔一九五八〕。穀古鹿反。六。轂車轂。穀〔一九五九〕。瀔水名。谷山谷。瑴玉名。又古學反。縠羅縠。胡谷反。五。斛斛㪷。槲

木名。螜螻蛄。蔌水草名。哭空谷反。三。□秃他谷反。又他毒反。四。⿰言秃詆⿰言秃。⿰扌秃杖指。鵚鵚鶖，鳥名。速送谷反。六。蔌菜。餗鼎實。⿰虫速蝶⿰虫速，蟲。樕木名。觳觳觳。觳觳觳，動

物。丁木反。一。□觻觻得，縣名，在張掖。又盧各反。睩視貌。⿰录見笑聲。觮東方音。或作角。轆轆轤，圓轉木。⿰录瓦⿰录瓦塼。琭玉名。簏箱簏。⿰虫鹿螇⿰虫鹿，蟲名。〔碌〕〔多〕石〔貌〕〔一九六〇〕。盝去水。或作漉。

騼野馬。⿰舟鹿舟名。嗀歐聲。呼木反。二。穀獸名，似豹。又丁木反〔一九六一〕。族昨木反。二。銼銼鑛。鑛字，勒過反。鏃秂末〔一九六二〕。作木反。一。瘯□〔⿰石族〕碌⿰石族〔一九六三〕，石貌。蔟蔟蠶。又倉候反。

曝日乾。蒲木反。四。瀑瀑布，水。⿰虫菐⿰虫菐⿰虫速。⿰菐毛⿰毛菐⿰菐毛，〔毛〕不理〔一九六四〕。扑打〔一九六五〕。普木反。三。醭白醭。穙草生穊。卜博木反。六。濮水名。⿰阝菐〔彭⿰阝菐〕〔一九六六〕，〔國名〕〔一九六七〕。〔轐〕車伏兔〔一九六八〕。⿰女菐

昌意妻。樸械樸。木莫卜反。四（六）〔一九六九〕。沐洗。杒杒桑。鶩鳧。霂霢霂〔一九七〇〕。毣思貌。一曰毛溼。福方六反。九。腹腹肚。複絮衣。幅絹幅。〔輻〕〔車〕輻〔一九七一〕。復優復。

葍葍蔔，菜。蝠蝙蝠。⿱竹復竹實。伏房六反。十二。復趍。虙虙羲。服衣服。茯茯苓。馥香。又扶逼反。⿰革复箭俗。鵩鳥名。栿〔栿〕樑〔一九七二〕。韛韋囊。步靫。蕧菀（蘐）復〔一九七三〕，藥。

輹車伏兔。縮短。或茜酒，作茜字。所六反。七。⿰風肅風聲。越（趤）趣越（趤）〔一九七四〕，體不申。趣字，渠六反。樎馬櫪。謖起。⿰肅羽鳥飛。⿰扌肅擊聲。六力竹反。十一。陸。戮刑。勠併力。又力抽反。稑

種稑。鵱鵱鷜，野鵝。蓼蓼莪。⿰馬坴⿰馬坴良，逸健馬。鯥魚名。⿱艹陸蔏⿱艹陸，藥名。磟磟碡。逐直六反。七。軸。碡磟碡。妯妯娌。舳舳艫〔一九七五〕。鱁鱁鮧。⿰虫逐蚿⿰虫逐。菊舉竹反。八。鞠又渠竹反。掬取。

匊物在手。鞫窮罪。或作究。⿰犭匊獸名。⿰阝冗曲崖。鵴鳲鳩，鳥。麴駈竹反。一。熟煑。殊六反。五。孰誰。淑。塾門側堂。璹玉名。俶始。昌六反。三。柷柷梧。琡大章玉。育與逐反。又與下字同。十。毓稚。

鬻賣。㴋水名。綪青經白緯，綪陽所織。賫賈。榍車覆欄。錥鴿錥，温器。煜火光。昱日光。騊馬跳躍。渠竹反。六。趜趜越（趍）。鮈名（魚）魚（名）〔一九七六〕。鵴鳥〔名〕〔一九七七〕，鵴鳩名〔一九七八〕。鞠蹋鞠。

蜟蜟鼀，蟾蜍別名也。鼀取育反。二。蹴蹋。粥粥糜。之六反。三。㗜呼鷄聲。又職鳩反。祝巫祝。肉如竹反。三。衄鼻出血。鮰魚子。一曰魚名。叔式竹反。俗作𡥉。六。儵青黑繒。倏大（犬）走疾〔一九七九〕。

菽豆。透驚。又他豆反。䶆黑虎。蓄冬菜。字或作稸。許竹反。五。畜養。又丑救、許救、丑六三反。嬉媚。鄐晋刑（邢）侯邑〔一九八〇〕。堇羊蹄菜。竹陟六反。四。築擣。石（古）作篓（篁）〔一九八一〕。筑箏筑。竺天竺國。

踀齊。初六反。六（三）〔一九八二〕。矗直貌。齪廉謹狀。蹙迫。子六反。二。踧踧踖，行而謹敬[貌]〔一九八三〕。朒月朔見東方。女六反。三。㤚慙。忸忸怩。縬文。側六反。一。蝮蝮蛇。芳伏反。三。蓄草名。覆反。

郁文。又郁（郅）縣〔一九八四〕，在北地。於六反。十。彧文章。或作戫。燠熱。栯栯李。噢噢咿，悲貌。墺墺壤。䐿胃。薁蘡薁，草名。澳隈。䉛可漉米。肅息逐反。八。宿又息救反。蓿苜蓿。夙早。王朽玉。又人姓。

鷫鷫鸘，西方神鳥。蟰蟰蛸，蟲。驌驌驦，馬名。目莫六反。六。睦親睦。穆和。苜苜蓿。牧養。坶坶野，殷地名。囿園。於目反。又於救反。一。稸稸積。丑六反。一。

二沃

沃灌。烏酷反。三。鋈白金。鱟魚名。毒徒沃反。三。䓯篇筑，草。蝳蜘蛛。篤厚。冬毒反。三。督率。裻（襘）衣背縫〔一九八五〕。酷虐。苦沃反。四。焅熱氣。䅛禾熟。嚳帝嚳。

鵠鳥。胡沃反。三。䳽鳥名。隺高。僕蒲沃反。三。鏷鏷辜（鐣）〔一九八六〕，夭石（名）〔一九八七〕。蟔蟔蠃。洬雨聲。先篤反。二。裻新衣聲。梏手械〔一九八八〕。古沃反。五。牿牛馬牿（牢）〔一九八九〕。𨿅鴨（鳿）（鵠）〔一九九〇〕，似鵠，鳥名。

䅵地名。告又古號反。瑁瑇瑁。莫沃反。又莫佩（代）反〔一九九一〕。二。㮘門樞橫梁。熇熱。火酷反。二。臛羹。又呵各反。褥小兒愛（薦）〔一九九二〕。內沃反。一。傶邑名。一曰姓。將[毒]反〔一九九三〕。一。

三燭

燭之欲反。七。屬付。又市玉反。俗作属。矚視。𦆭綴帶。囑託。鸀鸀鳿，鳥。𧼤小兒行貌。玉語欲反。三。獄囚屋。鳿鸀鳿。旭旦。許玉反。三。頊顓頊。勗勉。輂禹所乘。居玉反。五。𢍰纕臂繩。

鋦以鐵縛物〔一九九四〕。挶持。臼斂手。局渠玉反。又作局。〔二〕〔一九九五〕。跼蹐跼。蜀市玉反。五。韣弓衣。〔又〕徒谷反〔一九九六〕。蠋蟲。㑭㑭倲，動貌。又短貌。襡長襦。觸突。尺玉反。二。

歜怒氣。辱而蜀反。六。蓐草蓐。褥氈褥。鄏郟鄏，地名，在河南。縟文綵。溽溽暑。束書蜀反。二。倲㑭倲。欲余蜀反。五。浴洗浴。鵒鴝鵒。鋊炭鋊。輍車枕前。躅躑躅。直録反。一。

録力玉反。十一。渌水名，在相（湘）東〔一九九七〕。䚄眼曲。緑色。醁美酒名。騄騄駬，馬名。娽隨從。菉菉蓐，草。逯逯，謹。又姓。鯥魚名。籙圖。曲起玉反。三。鮈魚名。筁蠶簿〔一九九八〕。

瘃寒瘡。陟玉反。二。斸斫。贖神燭反。一。足即玉反。一。幞帊。房玉反。一。促七玉反。一。續似玉反。三。俗時俗。藚澤瀉，藥名。粟相玉反。三。慄慄斯。涑水名，在河東。又速侯反。轐

落（絡）牛頭〔一九九九〕。封曲反。一。棟棟樽〔二〇〇〇〕，木。丑錄〔反〕〔二〇〇一〕。〔二〕〔二〇〇二〕。

四覺古嶽反〔二〇〇三〕。又古孝反。八。斠平斗斛。角牛角。桷椽桷。較。瑴雙玉。鸒馬腹下聲。鬻飾杖頭骨。又胡歷反。嶽或作岳。五角反。三。樂又盧各、五教二反。鸑鸑鷟，鳥。浞水溼。士角反。五。莘

（丵）叢生〔二〇〇四〕。鋜鎖足。溺溲溺。鷟鸑鷟。捉側角反。三。穛早熟穀。穱稻處種麥。朔所角反。四。欶口噏。字或作嗽。槊刃（刀）槊〔二〇〇五〕。蒴蒴藋（藋）〔二〇〇六〕，草。

斲治。俗作斵。丁角反。八。涿郡名。諑訴〔二〇〇七〕。椓擊〔二〇〇八〕。孎孎謹。卓高。琢治玉。啄鳥啄。又丁木反。剝落。北角反。五。駮六駮，獸。詨指聲。駁馬色。曝皮破。邈

遠。莫角反。二。藐柴（紫）草〔二〇〇九〕。雹雨水（冰）〔二〇一〇〕。蒲角反。十〔二〇一一〕。撲相撲。跑秦人言蹴。䮳獸名，似馬。骲骲箭。鰒魚名。爮爪（瓜）爮〔二〇一二〕。犦犎牛。又甫教反。嚗嗝（嗃）嚗〔二〇一三〕。璞璞玉。疋角

反。五。𢸣擊聲。又疋革反。𤛘牛未治。樸木素。或作朴。攴楚。殼（㱿）皮甲〔二〇一四〕。苦角反。七。愨謹。搉擊。又苦學反。皷𡕚皷，皮乾。確鞭（鞕）〔二〇一五〕。或作碻。㱿鳥卵。觳盛鯌（觵）器〔二〇一六〕。濁

直角反。六。擢拔。濯澣。鶴日（白）鶴〔二〇一七〕，鳥。嬥直好貌。藋蒴藋。渥霑濡〔二〇一八〕。於角反。八。握持。偓偓佺，仙人。箹小籥。幄大帳。喔鷄聲。鷽山鵲〔二〇一九〕。

葯白芷。搦持。女角反。二。𧣴屋角。逴遠。一曰警（驚）夜（走）〔二〇二〇〕。敕角反。三。晫明。踔跛。犖牛雜色。呂角反。一。學戶角反。四。确磽。礐山多大石。𡕚皷（𡕚）𡕚

（皷）〔二〇二一〕。吒怒聲。許角反。四。豞豕聲〔二〇二二〕。鞏急。𪇴鳥肥。娖簎（辨）〔二〇二三〕。測角反。四。䂮䂮礫。齪齒相近。娕恭謹貌。

五質之日反。七。咥大。郅郁郅縣，在北地。桎桎梏。櫍啓（砧）〔二〇二四〕，行刑用斧櫍。蛭水蟲。騭駁馬。後漢有鄧騭。日人質反。二。馹驛。實神質反。一。秩直質反。三。紩縫。帙或作衰（袠）〔二〇二五〕。悉又作

恙。息七反。二。膝按《文》作厀。一數名。憶質反。二。壹專。七親悉反。五。漆水名，在岐。鶔鳥名。𨛘地名，在齊。桼膠桼。今作漆。疋譬吉反。一。吉居質反。二。趌趌趨，走貌。暱近。尼質反。又作昵。二。衵近身衣。

逸失。夷質反。六。佚佚樂。佾佾舞。軼車過。又同結反。溢滿。鎰廿兩。詰去吉反。二。蛣蛣蜣，蟲。欯笑。許吉反。一。拮（抶）打〔二〇二六〕。丑栗反。一。栗力質反。六。慄戰慄。溧水名，在丹陽。

颲凓颲，風聲。鷅鶹鷅，流離鳥別名。𠞰細削。窒塞（塞）〔二〇二七〕。陟栗〔反〕〔二〇二八〕。又丁結反。四。挃撞。座盩座縣，在扶風。銍刈。又縣名，在譙郡。焌火燒。翠恤反。一。疾秦悉反。三。嫉妬。又秦四反。蒺
蔾。㓨割聲。或作剃。初栗反。一。失識質反。二。室房室。垐垐周，燒土葬。資悉反。四。嘁鼠聲。唧啾唧，多聲。沏潰水。蜜蜂。民必反。四。謐靜謐。𨡓飲盡。榓大（木）樒〔二〇二九〕，樹名。必卑吉反。十。畢竟。
蓽纖荆門。韠胡服蔽膝。珌刀上飾。蹕警蹕。滭滭沸，水貌。罼兔網。鷝鷝鴀，鳥名。觱觱栗，胡樂〔器〕〔二〇三〇〕。聿餘律反。七。鴥飛駛貌。燏火光。遹述。一曰遵。鷸鳥名。驈黑馬白髀。繘汲綆。卒子聿
反。又則骨反。一。卹分賑。辛聿反。四。恤憂。戌戌亥。訹謏訹，誘（誘）〔二〇三一〕。謏字，蘇後反。崒山高。聚卹反。一（二）〔二〇三二〕。踤。一。姞〔姓〕〔二〇三三〕。一曰〔女〕字〔二〇三四〕。巨乙反。二。佶正。術食聿反。四。述。秫
穀名，古作术。沭木（水）名〔二〇三五〕，在瑯耶。橘居蜜反。三。蕎草蕎。繘汲綆。又餘律反。邲地名，在鄭。毗必反。八〔二〇三六〕。比比次。或作坒。又鼻脂、必履、婢四三反。柲偶。馝香。鞑車束。佖有儀威。鮅魚名。
駜馬肥。出尺聿反。又尺季反。一。趫狂走。其聿反。三。僪無頭鬼。趉走白（貌）〔二〇三七〕。颭小風白（貌）〔二〇三八〕。許聿反。四。眓高視。狘飛貌。𤵃狂走。律呂恤反。四。寽捋取。今予（寽）禾
是〔二〇三九〕。繂繩。膟腹脂。㤕憂心貌。竹律反。二。窋在穴貌。又丁滑反。术藥名。或作茶〔二〇四〇〕。直律反。二。炪烟出。黜丑律反。三。怵怵惕〔二〇四一〕。𧻓走。颶風。於筆反〔二〇四二〕。二。
汨水流。又古没反。率領。所律反。三。帥師。蟀蟋蟀〔二〇四三〕。筆鄙蜜反。二〔二〇四四〕。潷去滓。密美筆反。三。峃山刑（形）如堂〔二〇四五〕。蔤荷本下日（白）〔二〇四六〕。弼俗作弼、弻字〔二〇四七〕。房律反〔二〇四八〕。
二〔二〇四九〕。秭秭秵，禾重生。乙於筆反〔二〇五〇〕。二。鳦鷾。耴聲（聱）耴〔二〇五一〕，魚鳥狀。魚乙反。一。

六物無弗反〔二〇五二〕。三。勿〔二〇五三〕。芴土爪（瓜）〔二〇五四〕。弗分物反〔二〇五五〕。六〔二〇五六〕。紱綬。黻〔黼〕〔黻〕〔二〇五七〕。〔綍〕〔大〕〔索〕〔二〇五八〕。〔芾〕
〔草〕〔盛〕〔貌〕〔二〇五九〕。〔韍〕蔽膝〔二〇六〇〕。欝古作欝、鬱〔二〇六一〕。迂物反。〔三〕〔二〇六二〕。灪灪滃，大水。爩烟氣。叐（孓）無左臂〔二〇六三〕。九物反〔二〇六四〕。又九月反。二。䌨翟衣。屈區物反。又居物
反。二。誳辭塞〔二〇六五〕。倔倔強。衢物反。六〔二〇六六〕。䠇足力。掘掘地。崛山短而高。䘿衣短。𡲬尾短曰𡲬〔二〇六七〕。佛符弗反。四〔二〇六八〕。怫怫欝。坲塵起。岪山曲。颰疾風。許物反。
二〔二〇六九〕。欻暴起。䫻（颵）風聲〔二〇七〇〕，玉（王）物反〔二〇七一〕。二。揋（揋）擲〔二〇七二〕。拂敷物反〔二〇七三〕。六〔二〇七四〕。帗帗韜髮〔二〇七五〕。崫崩聲。茀草色
（多）〔二〇七六〕。艴淺色。秡（袚）除〔二〇七七〕。又孚物（吹）反〔二〇七八〕。

七櫛梳。阻瑟反。三。瀄瀄汨〔二〇七九〕，水流。楖秭。瑟所櫛反。五。飋飋颵，風貌〔二〇八〇〕。蟋蟋蟀。蝨蝨蟣。璱玉鮮潔貌。

八迄至。許訖反〔二〇八一〕。四。仡壯貌。䇼乘輿馬上插〔翟〕〔尾〕〔者〕〔二〇八二〕。肹肹響。又許乙反。訖居乞反〔二〇八三〕。二。吃語難。疙癡貌。魚乞反。一。趌行貌。其迄反。一。圪高貌。於乞反。又魚迄反。一。

乞去訖反，又去𩞄反。二。芞香草。

九月魚厥反。三〔二〇八四〕。刖絶〔二〇八五〕。軏車。伐征。房越反。八。筏乘桴渡水〔二〇八六〕。罰罪。閥閥閱，自序。垡耕垡〔二〇八七〕。橃木橃〔二〇八八〕。䣋春米。𣢷（猷）盾〔二〇八九〕。新加〔二〇九〇〕。越戶伐反〔二〇九一〕。五〔二〇九二〕。粤辭。鉞斧鉞。䖃紵布〔二〇九三〕。樾樹陰。厥居月反〔二〇九四〕。八。蹶失脚。勪強力。瘚氣逆。劂刻刀。蕨菜。蟨獸名，走則顛。常爲蛩蛩取食，蛩蛩負之而走。蹷跳蹷。𪄳居（乙）劣反〔二〇九五〕。此字亦入薛部〔二〇九六〕。一。𡡾嬉𡡾，婦人貌。於月反。二。餮飴安豆。䝉以角發物。其月反。六。鷢白鷢〔二〇九七〕，鳥。橜株橜。𣝋杙橜〔二〇九八〕。蹷倒。臀尾本。闕去月反〔二〇九九〕。二。潊水名，在義陽。髮方伐反。二〔二一〇〇〕。發遣發〔二一〇一〕。韈屬韈。望發反。亦從韋〔二一〇二〕。一。颰小風。許月反。三〔二一〇三〕。狘獸走。泧水貌。謁於歇反〔二一〇四〕。四。閼歲在卯名。又於葛、於連二反。暍傷熱〔二一〇五〕。黦色壞。歇氣泄。許謁反。三。蠍蠆。猲獢〔二一〇六〕，犬。訐面斥以言〔二一〇七〕。居謁反〔二一〇八〕。〔又〕居例反〔二一〇九〕。三〔二一一〇〕。趨走貌。羯羯羊。揭擔物〔二一一一〕。其謁反。一。怖恨怒。疋伐反〔二一一二〕。一。

十沒莫勃反〔二一一三〕。三。歿死。玫玉名。骨古忽反〔二一一四〕。四〔二一一五〕。縎縎結。鶻鶻鳴（鳩）〔二一一六〕。又胡八、胡骨二反。榾狗（枸）骨（榾）〔二一一七〕，木。勃蒲沒反〔二一一八〕。六〔二一一九〕。渤渤澥，海名。騂馬，牛尾一角。又水貌。餑茗餑〔二一二〇〕。垮塵起。馞大香〔二一二一〕。咄河（訶）〔二一二二〕。當沒反。一。宊宊出。他骨反。三。柮大杖。踈踩。突觸。陁骨反。六〔二一二三〕。揬搪〔二一二四〕。腯肥腯。

鼵鼠名。鶟鳥名。堗竈堗。頞內頭水中。烏沒反。四。膃膃肭，肥。殟心悶。嗢咽。忽呼骨反〔二一二五〕。五〔二一二六〕。惚恍惚。寣睡一覺。笏。麧急⿰忄顛（攧）〔二一二七〕。⿰忄顛（攧）字，呼結反。兀高貌。五忽反。四。扤動搖〔二一二八〕。屼山貌。杌樹無枝。⿰立孛按物聲〔二一二九〕。普沒反。一〔二一三〇〕。窟穴。苦角（骨）反〔二一三一〕。五。泏溫（漚）池〔二一三二〕。⿰乞頁日（白）禿〔二一三三〕。矻用力。或作左（勖）〔二一三四〕。顝大頭貌。訥諾骨反〔二一三五〕。三。肭膃肭。抐內物水中。窣勃窣。蘇骨反。二。⿰麥肖磨麥。猝倉猝。麤沒反〔二一三六〕。一〔二一三七〕。捽手捽。昨沒反。三。椊椊杌，以柄內孔。⿰齒卒齚。麧麧糈（糏）頭〔二一三八〕。下沒反。五。齕齧。又胡結反。紇又胡結（反）〔二一三九〕。淈淈泥。又古忽反〔二一四〇〕。搰掘地。卒則沒反。又子出反。二。倅百人爲長（倅）〔二一四一〕。歆一骨反。咽中息不利〔二一四二〕。新加。一。

十一末木止（上）〔二一四三〕。莫割反。十二〔二一四四〕。秣秣馬。眛星，《易》曰〔二一四五〕：『日中見眛〔二一四六〕。』頢頢顒，健。抹抹摋，手摩。佅佅達（㒓）〔二一四七〕，肥貌〔二一四八〕。妺妺嬉，桀妻。怽忘。⿰土末壤土。沬水沬。一曰水名，在蜀。（又）武泰反〔二一四九〕。瀎塗拭〔二一五〇〕。⿰末鳥鳥名。枂去樹皮。五活反。一。撥博末反〔二一五一〕。九〔二一五二〕。癶足癶，刺。袚蠻夷蔽膝衣〔二一五三〕。茇根茇。鉢〔二一五四〕。⿰犮鳥鳥名。鱍魚掉尾貌。迖（迖）急走〔二一五五〕。髮髮鬌，多鬍貌〔二一五六〕。⿱髟贊姊末反。二。⿰扌⿱巛彡逼⿰扌⿱巛彡。括檢。古活反。六〔二一五七〕。⿰氵⿰舌舌水流〔二一五八〕。髺結髮。檜木名。聒聲擾。萿苦蔞。闊苦括反〔二一五九〕。二〔二一六〇〕。筈箭筈。活戶括反〔二一六一〕。二。祮祠。奪徒括反〔二一六二〕。三。敓強取。脫肉去骨〔二一六三〕。又土活反〔二一六四〕。豁豁達。俗作谿〔二一六五〕。呼活反〔二一六六〕。四。濊水聲。或作濊。奯大開目。泧濊泧。斡（斡）轉〔二一六七〕。烏活反。四。⿰火宛火烟出〔二一六八〕。睕目開貌。⿰舌斗⿰舌斗取物。或作搯。繓繓結。子括反〔二一六九〕。二〔二一七〇〕。攥手把。鏺兩刃〔二一七一〕，刈草木。普括反。五。撥芟〔二一七二〕。蹳蹋草聲。抪推。⿰酉市酒色。侻侻可。一曰輕。他活反。二。挩解落。或作脫。捋手捋。盧活反。二〔二一七三〕。⿰寽刂削⿰寽刂。掇拾。多活反〔二一七四〕。三。鵽鵽雀。腏挑取骨間肉。撮手取。七活反。〔一〕〔二一七五〕。跋跋足（躠）〔二一七六〕，行貌。蒲活反〔二一七七〕。十〔二一七八〕。⿰足市行貌。魃旱魃。⿸疒犮（废）舍〔二一七九〕。酦酒氣。軷將行祭名。馛香氣。炦火氣。颰風貌。癹除草〔二一八〇〕。躠跋躠。桑割反。三。薩〔二一八一〕。掇挂（抹）掇〔二一八二〕。怛悲〔二一八三〕。當割反。六〔二一八四〕。⿰旦刂驚。妲妲己，紂妃。呾相呵。炟火起。⿰黑旦莫⿰黑旦縣，在五原。闥他達反〔二一八五〕。七〔二一八六〕。㒓佅㒓。撻打。躂足跌。澾泥滑。獺水狗。⿰魚賴魚名。遏遮。烏葛反〔二一八七〕。四。齃鼻齃。堨擁堨。閼止。又於連（反）〔二一八八〕。剌僻。盧達反。六。⿱剌牛破斫。辢辛辢。⿱艹剌⿱艹剌蒿。瘌瘵瘌，不調貌。攋撥攋，手披。渴苦割反。古作瀓。一。達陀割反。一。巀巀嶭，山名，在扶風。才割反。又才結反。一。嶭五割反。又五結反。四。⿰車獻車載高。屵高山狀。枿伐木餘。葛葛藟。古達反。五。⿱竹曷⿱竹曷簸，桃枝。

竹名。獦獦狚，獸名，似狼。割分割。駒馬走疾。褐衣褐。胡葛反。六。鶡鳥名。毼毛布。曷何。蝎蟲。餲餅名。顕頼顕。許葛反。四。猲恐。暍白色。喝訶。捺手按。奴曷反。一。攃足動草聲。七曷反。一。

十二黠胡八反。二。齸齧聲。札側八反。三。殲癘疾。蚻小蟬。拔蒲八反。又蒲撥反。二。茇茇劼（菰）〔二一八九〕，根可作飯（飲）〔二一九〇〕。𧦧格八反。六。劼用力。鬝秃鬝。刋巧刋。刮剥刮。硈石狀。滑戶八反。五。猾狡猾。𩶱魚名。鶻鶻鳩。又吉（古）没反〔二一九一〕。螖蟛螖，似蟹而小。八博拔反。二。𩡧馬八歲。窡（窋）口滿〔二一九二〕。丁滑〔反〕〔二一九三〕。二。娺婠娺，好貌。豽獸名，似貍。女滑反。《說文》作『貀』。〔一〕〔二一九四〕。嗗飲聲。馬（烏）八反〔二一九五〕。二。婠婠娺。齸齒利。切（初）八反〔二一九六〕。四。蔡草蔡。察鑒。檫木名。劀去惡內（肉）〔二一九七〕。古骨（滑）反〔二一九八〕。二。鱊魚名。戛楷。古黠反。七。扴指扴（扴）物〔二一九九〕。圿垢圿。稭祭天席。鴶鴶鵴（鶹）〔二二〇〇〕，鳥名。楔櫻桃。又先結反。鞂草鞂。軋車輾。烏黠反。五。圠山曲。揠拔草心。嫼嫉怒。猰猰貐，獸。殺殺命。所八反。二。鎩鳥羽病。傄傄偺，健貌。莫八反。二。䀛惡視。偺呼八反。一。痆瘡痛。女黠反。一。𩨷屈。女（五）滑反〔二二〇一〕。一。䯞力作。口滑反。一。

十三鎋車軸頭鐵。古作舝。胡瞎反。四。齸齧聲。鶷鶷鶡，鳥名。砎礣砎，鞕。礣字，慕鎋反。鶡乙鎋反。三。閼門扉聲。圔駱駝鳴。齾器缺。五鎋反。二。鬝秃鬝。刹柱。初鎋反。一。瞎瞎眼。許鎋反。一。鶷木虎，樂器。枯鎋反。二。磍剥磍。獺獸名。他鎋反。又他達反。一。瘵痛。女鎋反。〔一〕〔二二〇二〕。刮削。古頒反。三。鴰鶬鴰，鳥名。祮襛祠名。䫄䫄頢，鬠（強）可白（貌）〔二二〇三〕。丑刮反。一。頢短面。下刮反。五。䯏繒細。敁盡貌。舌塞口。姡面净。鵽鳥名，似雉。丁刮反。又多活反。二。窡穴中出。刖去足。五刮反。又魚越反。二。𣦼獸食草殘。妠婠妠，小肥。女刮反。婠字，烏八反。〔一〕〔二二〇四〕。纂黑。初刮反。一。礣小（礣）砎〔二二〇五〕。慕鎋反。二。帓帓帶。捌捌杷。百鎋反。一。鶷鶷鶥，鳥。古鎋反。二。擖刮聲。

十四屑先結反。六。楔木名。揳攕揳，不方正。躠蹩躠，旋行。糏米麥破。僁動草聲。切千結反。四。嚓小語。齥齥齒。竊盜竊。結古屑反。八。絜麻一耑。潔清。鍥鎌別名。桔桔梗。楔楔槔，汲水。

趨走貌。鷞鷞鸋，鳥名。節子結反。七。弓瑞信。癤瘡癤。瀸小灑。蝍蝍蛆，蟲。又子力反。㶾燭餘。楶屋梁上木。血呼玦反。五。䀎眰䀎，惡貌。窬穿貌。泬泬寥，空貌。疦瘡裹空。闋古（苦）穴反〔二二〇六〕。一。
玦佩。古穴反。十一。潏泉出貌。又水名，在京兆。映目患。譎譎諫。訣別。觼環有舌。駃駃騠，良馬。芵芵明，藥名。鴂鷤鴂，鳥名，春分鳴。決。趹馬疾行。穴胡玦反。一。抉抉出。於決反。三。窔穿貌。
瞲目深貌。姪日（姪）娣〔二二〇七〕。徒昊（結）反〔二二〇八〕。十六。昳日昊。眣目出。胅骨胅。亞（凸）高起〔二二〇九〕。垤蟻封。耋老。迭遞。跌跌踼。絰縗絰。驖馬黑。嵽嵽嵲，高貌。
軼車相過。又以賢（質）反〔二二一〇〕。閭閭閱，鄭城門。駃馬行。瓞爪（瓜）瓞〔二二一一〕。鐵古作鐵〔二二一二〕。俗作鐵。他結反。三。僣僣悅。餮貪食。纈錦纈。胡結反。九。閭閭閱。擷捋取。又虎結反。絜縛。
頡頡頏。頁頸（頭）〔二二一三〕。齕齧。紇。襭以衣衽盛物。涅水中黑土。奴結反。三。捏捺。苴菜，似蒜。截作（昨）結反〔二二一四〕。案《文》作此截。三。巀傍出道（前）〔二二一五〕。岊（岊）
山峯〔二二一六〕。又子切反。齧噬。五結反。五。霓虹霓。蜺寒蜩。嵲嵽嵲。案《文》作嵲。槷危槷。蔑無。莫結反。九。懱輕。𥢔禾穊。䁾目赤。𢷎𢷎揳，不方正。蠛蠛蠓。篾竹皮。幭帊襆（襆）〔二二一七〕。
鸔工雀。彆弓戾。方結反。二（三）〔二二一八〕。䋠鞔。又普蔑反。閉閟。又博計〔反〕〔二二一九〕。噎食塞。烏結反。四。𥹔糓𥹔。窫靜。蠮蠮螉。猰猰犺，不仁。苦結反。犺字，苦浪反。六。䫔顈顊，短貌。挈
鉼提〔二二二〇〕。又苦計〔反〕〔二二二一〕。𤭈𤭈鉼，受一斗。奊奊莫，多節目。奊字，練結反。契契闊。又苦計〔反〕〔二二二二〕。奯肥壯〔二二二三〕。虎結反。二。䩉。撇小擊。普蔑反。二。鐅江南人呼鐅刃。蹩蹩躠，旋行。蒲結反。五。撆反手擊。䫕
䫕顈。癟戾癟，不正。馝香。窒塞。丁結反。又陟栗反。三。咥咥咄。眰眰䀎。奊奊莫，多節目。練結反。案《文》：從圭（夨）作此莫（奊）〔二二二四〕。一。綟盧結反。麻綟。一。

十五薛私列反。九。緤繫。又紲同。媟狎。疶利（痢）病〔二二二五〕。褻裏衣。埶田器。泄漏。渫治井。卨殷祖。或作偰。列呂薛反。十二。迾遏。蛚蜻蛚，蟋蟀。鮤魚名。烈光。洌
清〔二二二六〕。冽寒。裂破。茢桃茢，除不詳（祥）〔二二二七〕。颲風雨暴至。鴷啄木鳥。䮋次弟馳。新加。蜇（悊）陟列反〔二二二八〕。從心。又作嚞。二。蜇蟲螫。或作蛆。傑渠列反。六。桀。竭《說文》
作渴。碣碣石，山。楬有所表識。榤鷄栖杙上。熱如列反。一。晢光。旨熱反。又旨例反。四。浙江名，在東陽。一曰浙江（米）〔二二二九〕。折又常列反。靼柔皮。舌食烈反。二。揲數。又尸列反。按《文》：思頰反，閱持。
孽庶。魚列反。案《文》孽（孼）〔二二三〇〕。八。櫱櫱餘。糵麴糵。讞正獄。孼妖孼。蠥蟲禽妖怪。闑門中礙。嶭山高危。又藝哲反。朅朅來。去竭反。又去謁反。一（二）〔二二三一〕。揭高舉。滅亡別反。二。搣手拔。
鷩雉屬。《禮》有「鷩冕」。并列反。三。鼈魚名。虌蕨菜。絕情雪反。一。蕝束茅表位。子悅反。又子芮反。〔一〕〔二二三二〕。雪相絕反。一。𤿭皮破。丑劣反。一。悅翼雪反。五。閱簡閱。蛻蟬去皮。又他臥反。䕙草名，似芹。

娧姚娧，美好。又他會反。缺少。傾雪反。一。爇放火。如雪反。二。蜹蚊蜹。説失爇反。又翼雪、失鋭〔二〕反〔二二三三〕。一。拙職雪反。三。梲梁上短柱。蝃鼅鼄。歠大飲。昌雪反。一。輟止。陟劣反。四。畷田間道。惙疲。

㓞按《文》刊。新加。劣力惙又（反）〔二二三四〕。四。埒馬埒。脟脇肉。𨁈𨁈蹶，蚝（跳）貌〔二二三五〕。瞥暫見。芳滅反。三。潎漂。憋怒。別憑列反。一。䇷分䇷。或訓。方列反。一。轍車轍跡。直列反。四。

徹通。撤發撤。澈水澄。刷掃。所劣反。二。㕞鳥理毛。孑單。居列反。三。釨句孑戟〔二二三六〕。趌趌趣，跳貌。設識列反。二。蔎香草。昦（昊）畢〔目〕〔二二三七〕。〔三〕〔二二三八〕。威威滅。

翃（𦐇）小鳥飛〔二二三九〕。吶啁吶，聲不出。女劣反。又女鬱反。一。妜於悦反。一。蹶有所犯突。紀劣反。又其月、居衛二反。二。嫳八（嫳）妜〔二二四〇〕，輕薄易怒貌。扶列反。一。豩豕發土〔二二四一〕。茁草生。側劣反。又側滑反。二。篡短尾（黑）貌〔二二四二〕。膬脃而易破。七絶反。一。蠽茅截（蠽）〔二二四三〕，似蟬。子列反。三。𪇰小𪇰。尐小尐。榝茱萸。山列反。一。焆烟氣。於列反。一。屮草初生貌。丑列反。一。娎喜貌。許列反。一。啜嘗。樹雪反。一。𠜾割斷聲。厠滑反。一。

十六錫先擊反。七。析分。俗作枂，亦通。裼祖裼。晳日（白）色〔二二四四〕。緆細布。蜥蜥蜴，蟲名。淅釋米。激古歷反。又古竅反。四。擊打。墼土墼。鷩鳥名。霹霹靂。普激反。二。劈破。

歷閒激反。十七。曆數。靂霹靂。𧾩𧾩趚，行貌。趚字，七昔反。酈縣名，在南陽。又力知反。癧瘰癧。轢車踐。又盧各反。瓅珠瓅。鎘鐺鎘。瀝滴瀝。礫砂礫。秝稀疏（疏）。櫪馬槽。𣫒殺𣫒。

櫟木名。𩻗魚名。蒚蒚，山蒜。的指的。都歷反。三。艗艗舟。𠩾石地。新加。荻徒歷反。十一。狄夷狄。敵陣敵。翟雉翟。籊竹竿貌。迪進。覿見。笛樂。滌洗。糴粜糴。

邮鄉名，在高陵。逖他歷反。六。倜倜儻。詆詆誘。趯跳貌。剔解骨。惕怵惕。績則歷反。二。勣功。燩乾燥。去激反。二（三）〔二二四五〕。擊傍擊。敫攻。《漢書》曰：『攻書（苦）敫淡。〔二二四六〕』

惄飢憂。奴歷反。二。休休（水）〔二二四七〕。俗作溺。寂或作宊。昨歷反。一。覓莫歷反。八。幦車覆軨。幎覆。𩢍馬多惡。糸。鼏鼎蓋。冪覆食巾。汨水名，在豫章郡。甓甂甋。扶歷反。本二字從鳥。二。

鷩鳥名。壁北激反。二。鼊鼊，龜類。闃苦鶪反。一。郥邑名，在蔡。古闃反。五。鶪伯勞。狊張目。湨水名，在河內。鼳鼠名，在木上。戚倉歷反。四。慼。鼜守夜鼓。鏚干鏚。欯笑聲。許狄反。二。闃鬩。

十七昔古作䇿。私積反。六。惜悋。腊脯。潟鹹土。磶柱下石。舄履舄。積資昔反。又資賜反。八。脊背。蹐蹐地。蹟〔二二四八〕。跡足跡。又作迹、積（蹟）〔二二四九〕。借假。又資夜反。

踖蹴踖，敬貌。又秦昔反，踐。鶺鶺鴒，鳥。鯖魚鯖（名）〔二二五〇〕。益伊昔反。三。謚笑貌。嗌喉上。繹理。羊益反。廿。襗重祭名。亦。弈博弈。奕大。帟幕。譯傳語。懌悦懌。

斁厭食。又徒故反。驛驛馬。醳苦酒。腋胛腋。嶧山名。掖持臂。液津液。䘸縫䘸。易又盈義反。瘍病相染。蜴蜥蜴。埸壃埸。釋漬。施〔隻〕反〔二二五一〕。十一。釋解釋。檡梬棗。

適樂。又之名（石）都歷〔二〕反〔二二五二〕。奭邵公名。郝人姓。又呼各反。睗急視。晹日無光。嫡嫁。釋耕貌。螫蟲螫。尺昌石反。四。赤絳色。斥逐。蚇蚇蠖。石常尺反。六。碩大。祏廟祏。

鉐鍮鉐。鼫鼠。䄷按《文》百廿斤。隻之石反。六。適又作這。往。炙火〔二二五三〕。墌基。摭拾。或作拓。跖足。或作蹠。擲投。直炙反。古作擿。三。䴟麩䴟。躑躑躅。或作跖（蹢）〔二二五四〕。皵皮細起。

七跡〔反〕〔二二五五〕。五。磧沙磧。刺穿。又七四反。又作刺。趚趞趚，行貌。涑水名，在北地。席詳亦反。五。夕朝夕。穸窀穸。汐潮汐。鄐鄉名，在臨邛。籍籍簿。秦昔反。七〔二二五六〕。踖踐。

藉狼藉。又慈夜反。塉薄土。厝縣名，在清河。又七削反。瘠病。擗撫心。房益反。四。椑棺。又蒲擊反。躃倒。闢啓。役營隻反。案《文》作役。六。𦯬燕人呼芡。疫病。𩵚魚名。炈喪家竈。

鈠排。辟居（君）〔二二五七〕。必益反。五。鐴鐴土，犂耳。躄跛躄。璧玉。襞襞衣。僻誤。芳辟反。二。癖腹病。瞁驚視。許役反。一。麝麝香。食亦反。又食夜反。二。䠶又食夜反。碧方彳反。新加。〔一〕〔二二五八〕。

彳丑亦〔反〕〔二二五九〕。〔一〕〔二二六〇〕。

十八麥莫獲反。案《文》：從來，作麥。三。脈血脈。霢霢霂（霂）〔二二六一〕。獲胡麥反。六。畫又胡卦反。嫿分眪，好貌。劃錐刀刺。鱯魚名。蒦度。蟈螻蟈，哇（蛙）別名〔二二六二〕。古獲反。四。

馘割耳。幗婦人喪冠。膕曲脚中。蘗黃蘗。博厄反。二。擘分擘。繴織絲爲帶。蒲革反。一。賾士革反。一。責側革反。四。頙頙顧〔二二六三〕，〔頭〕不正〔二二六四〕。簀牀簀。幘冠幘。策馬棰。惻革反。五。筞

簡。或作册。嫧健急貌。皟浄。齚齒相值。騞破聲。呼麥反。四。繣徽繣，乖違。㺢飛聲。𢡀裂帛聲。礊鞭（鞕）聲〔二二六五〕。口革反。一。覈實。下革反。五。繳衣繳。又音酌。䃒石地。翮羽。核菓實。隔阻。古

核反。五。膈胷膈。鬲縣名，在平原。又落激反。槅車槅。革皮。摘手取。陟革反。四。讁責。又丈厄反。猲大（犬）怒張耳〔二二六六〕。棏𥂯棏。厄災。烏革反。五。搤持。又作扼。軛車軛。阨限礙。呃呃喔，鳥聲。

棟木名。所責反。六。 洓小雨。 霡霂。 瘷瘆瘷，寒。 摵殞落貌。 愬懼貌。俗作愬。 [扌+亀]䠦中聲。普麥反。[一]〔二二六七〕。

十九陌莫白反。九。 貊北方人。 帞頭巾。 袹袹複。 [艹日女]静。 貘食鐵獸。 蛨蚝蛨，蟲。 貊蠻貊。 驀騎驀。 磔防（張）〔二二六八〕。張（陟）格反〔二二六九〕。三。 蚝蚝蛨。 舴舴艋，舟。艋字，莫杏反。 伯博白反。四。

迫近。 百。 柏木。 白傍陌反。三。 帛絹帛。 舶海中大舡。 劇憎（增）〔二二七〇〕。奇逆反。四〔二二七一〕。 屐屧屐。 輾車輾。 卻倦卻。 戟刀戟。幾劇反。案《文》作戟（戟）〔二二七二〕。三。 撠持。 蕺大蕺，草。

索求。所戟反。又蘇各反。三。 趚偃臥貌。 溹水名，在滎（滎）陽〔二二七三〕。 柵村柵。測戟反。三。 簎《國語》：『簎魚鼈。』 嚄嚄嘖，大喚。胡伯反。 嘖側陌反。三。 迮狹。 笮屋上板。 齚齧。鋤陌反。四。 咋吒咋，多聲。吒字，烏交反。

泎瀺泎，水落地。 苲（岝） 苲（岝）峉〔二二七四〕，山貌。 隟壁孔。綺戟反。又作此隟（隙）〔二二七五〕。三。 郄人姓。 綌絺綌。 額五陌反。三。 [魚契]鯿（鯿）[魚契]〔二二七六〕，魚名。 峉岝峉。 逆宜戟反。一。 客

苦陌反。二。 喀吐聲。 啞笑聲。烏陌反。二。 䬶飢。 虩懼貌。許郄反。一。 坼裂。丑格反。二。 趚半步。 韄佩刀飾。乙白反。一。 拍（拍）打〔二二七七〕。普伯反。五。 魄魂魄。 怕憺怕，靜。 珀虎珀。 皛亦打。又胡

了反。出《蜀都〔賦〕》〔二二七八〕。 赫赤。呼格反。三。 嚇怒。 焃火色。 垎土乾。胡格反。三。 𧼮𧼮趚。 格窡格。 格式。古陌反。七。 佫至。 鰝鰝[魚契]。 茖山葱。 骼骨骼。 觡鹿角。 鵅鳥名。 謋謋然。虎伯反。二。

漷水名，在東海。 宅場伯反。三。 擇選。 澤陂澤。 虢國名。古陌反。一。 擭手取。〔一〕號反〔二二七九〕。〔一〕〔二二八〇〕。 蹃踐。女白反。一。 搦奴格反〔二二八一〕。一〔二二八二〕。

廿合胡閤反。又古沓反。三。 迨迨遝，相及。 郃郃陽縣，在馮翊。 閤古沓反。六。 鴿鳥。 合又胡閤反。 鉿二尺鏁〔二二八三〕。 魿（鮯）魚名〔二二八四〕。 蛤蜯蛤。 答都合反。二。 踏踏跛

（趿）〔二二八五〕，行惡貌。 趿蘇合反。四。 颯風聲。 靸小兒履。 馺馬疾行。 沓重。徒合反。十一〔二二八六〕。 誻譶誻。 遝迨遝。 㧺指㧺。 榙柱上木。 涾沸溢。 䮘䮘駁，馬行。 龖龍飛狀。 蹹齧蹹。 譶疾語。 鎝器物

鎝頭。他合反。十一。 嚃歠。 荅菜生水中。 媘安。 踏著地。 帽帳上覆。 鞜革履。 䎓䎓翻，飛貌。 漯水名，在平原。 佮合，出《說文》。 䃳案《文》鼓聲。新加。 雜徂合反。四。 𠯔斷聲。 磼磼礏，山高。又磼礏，壞貌。

雥群鳥。 帀偏（遍）〔二二八七〕。子答反。又作迊。二。 咂入口。 拉折。盧（盧）合反〔二二八八〕。四。 搚敗。 磖礏。 翋翋沓（翻）〔二二八九〕，飛貌。 納奴答反。四。 䩕腝貌。 蒳子似檳榔。 軜驂馬內轡，係（係）軾前

者〔二二九〇〕。溘至。口答反。三。扂閉戶聲。厈山左右有岑（岸）〔二二九一〕。姶美好。烏合反。四。𤸷短氣。罨網。罯覆蓋。欱小歠。呼合反。二。㽗病劣貌。嗋衆聲。五合反。二。磼碟磼。哈魚多貌。一。

廿一盍河（何）不〔二二九二〕。胡臈反。四。闔閶闔。〔一〕曰閉〔二二九三〕。嗑筮（噬）嗑〔二二九四〕，《易》卦。蓋苫蓋。臘臘蜡。俗作臈。盧盍反。六。𪙊鬣聲。鑞（錫）〔鑞〕〔二二九五〕。〔蠟〕蜜蠟〔二二九六〕。擸折。𤿭𤿭皶，皮貌〔二二九七〕。皶都蓋反〔二二九八〕。五。耷大耳。搨手打。矺鄭（擲）地〔聲〕〔二二九九〕。𠟈相著聲。一曰𠟈鉤。榻牀。吐盍反。十三。䑽兩槽大舡。毾毾㲪〔二三〇一〕。鰈比目魚別名。案《文》作魼。鰨魚名，似鮎，四足。蒻蒻布。傝傝𠍳（傝儑）〔二三〇二〕。亦傝儑，儜劣。狧犬食。𧬈𧬈譶，多言〔二三〇三〕。𦑣飛貌。鞳鏜鞳，鍾鼓聲。又他合反。塔。〔搭〕搭摸〔二三〇四〕。摸字，莫胡〔反〕〔二三〇五〕。搕搨搕〔二三〇六〕，和雜〔二三〇七〕。𣣹大㖔。呼盍反。一。魶魚名。奴盍反。一。蹋踐。徒盍反。一（二）〔二三〇八〕。闒門樓上戶〔二三〇九〕。□儑傝儑〔二三一〇〕，不著事〔二三一一〕。五盍反〔二三一二〕。一。㚁惡。才盍反。一（二）〔二三一三〕。搕攜搕，和雜。䪞䪞車。古盍反。三。譶多言。盖姓，漢有盖寬饒。《字書》作鄐。榼酒器。苦盍反。二。磕石聲〔二三一四〕。□盦覆〔二三一五〕。新加。

廿二洽和。侯夾反。五。狹隘。古作陿。祫祭名。峽三峽，山。硤硤石，縣名。恰用心。苦洽反。五。幍（帢）巾幍（帢）〔二三一六〕。搯（掐）爪搯（掐）〔二三一七〕。𥉈目陷（陷）〔二三一八〕。剳入〔二三一九〕。□郟郟鄏〔二三二〇〕，地名，在潁川。筴箸。又古協反。韐韎韐，韋蔽膝。跲躓礙。袷未絮衣。䀫眼細諳（暗）〔二三二一〕。餄餄餅。䟧䟧蹄，足病。篚騷馬聚（驟）〔二三二二〕。眨目動。阻洽反。三。㡸薄楔。偛偛傷，小人貌。插刺。楚洽反。四。臿舂去皮。鍤鍫。扱取。齂齂齁，鼻息。呼洽反。三。欱小嘗。欶氣逆。囲手取物。女洽反。一。霎小雨。山洽反。二。歃歃血。又山輒反。劄著。竹洽反。一。䠍跛行貌。烏洽反。二。凹下。或作容（窊）〔二三二三〕。

廿三狎 習。胡甲反。五。匣 箱匣。翈 翈上短羽。霅 衆聲。又狀（杜）甲反〔二三二四〕，霅陽郡，在樂浪。浹 浹渫，水相著。渫 丈甲反。二。喋 啑喋，鳴（鳥）食〔二三二五〕。啑字，所甲反。甲 去（古）狎反〔二三二六〕。五。胛 背胛。柙 木理亂。押 押籬，壁。⿰石甲 山側。鴨 水鳥。烏狎反。四。厭 鎮。庘 屋壞。⿱穴甲 人（入）神脉刺穴〔二三二七〕。⿱舂臿 舂去麥皮。初甲反。一。翣 飾棺。所甲反。三。⿰豕疌 豕母。啑 啑喋，鳥食。呷 喤呷，衆聲。呼甲反。二。譀 誇誕。又下瞰反。《東觀記》：『雖誇譀猶令人熱。』

廿四葉 與陟（涉）反〔二三二八〕。又縣名，在南陽，式陟（涉）反。四。楪 楪榆，縣名，在雲中。揲 揲度。鍱 鐵鍱。接 交。紫葉反。五。椄 續木。睫 目睫。楫 舟楫。婕 婕好。攝 書涉反。四。灄 水名，在西陽。葉 縣名。歙 縣名。涉 時攝反。一。獵 取禽。良涉反。四。鬣 鬚鬣。躐 踐。曗 日暗。捷 獲。疾葉反。一。䐑 細切肉。直輒反。二。⿰土㬎 下人。又直立反。二。敽 敽歃。於輒反。二。裛 又於及反。⿰耳攴 尼輒反。五。聶 姓。躡 蹈。鑷 鑷子。疌 機疌。謵 小言。七（叱）涉反〔二三二九〕。四。⿱聶木 樹葉動貌。⿰女占 輕薄言〔二三三〇〕。詀 詀讘，細語。讘 詀讘。又泒（狐）讘〔二三三一〕，縣名，〔在〕清河〔二三三二〕。而涉反。二。顳 顳顬，鬢〔骨〕〔二三三三〕。讋 多言。之涉反。五。囁 口動貌。又而涉反。懾 布（怖）貌〔二三三四〕。摺 摺疊。慴 又作讋。妾 七輒反。三（二）〔二三三五〕。鐎（鍱） 灰（炙）鐵〔二三三六〕。錘（銛） 綴衣針〔二三三七〕。丑輒反。一。极 驢上負极。其輒反。二。笈 負書。輒 專。陟葉反。三。耴 耴耳，國名，出《山海經》。襵 衣襵。又之涉反。曄 光。筠輒反。又爲立〔反〕〔二三三八〕。案《文》作此燁。二。饁 餉田。㾊 少氣。去涉反。一。萐 萐莆，瑞草。山輒反。三。箑 扇（扇）〔二三三九〕。歃 歃血。又所洽反。⿰糹劫 縫。居輒反。一。厭 惡夢。於葉反。一。

廿五怗 他協反。八。帖 券帖。⿱鼓占 鼓無聲。鉆 鉆著物。鞊 鞌鞊。貼 以物徵錢。跕 跕屣。又丁協反。⿰舌枼 小⿰舌枼。協 和。胡頰反。或作叶。四。勰 思。挾 持。俠 任。頰 頰面〔二三四〇〕。古怗反。六。鋏 長鋏，劒。筴 箸。又古洽反。莢 蓂莢。蛺 蛺蝶。唊 多言。愜 心服〔二三四一〕。作㥦〔二三四二〕。苦協反。二。篋 箱篋。牒 徒協反〔二三四三〕。十二〔二三四四〕。喋 便語。⿰足疊 小走聲。蹀 躞蹀。諜 反問（間）〔二三四五〕。堞 城上垣。⿰車疊 車聲。氎 細毛布。褺 裏衣。疊 重疊。蝶 蛺蝶。⿱竹枼 ⿱竹枼篋。擪 指按〔二三四六〕。於協反。二。黶 黶子。苶 病劣貌。乃協反。七〔二三四七〕。惗 喑（暗）聲〔二三四八〕。朁 晦冥。諗 聲絶。捻〔二三四九〕。敜 寒（塞）〔二三五〇〕。燮 蘇協 反〔二三五一〕。五〔二三五二〕。屧 屧屐。躞 躞蹀。韘 韝韘，䩞具〔二三五三〕。⿰王燮 石，似玉〔二三五四〕。⿰巤瓦 蹈瓦聲。盧協反。一。聑 丁篋反。三。呫 多言。⿰扌耴〔二三五五〕。

蕥草簾。在協反。一。浹洽。子協反〔二三五六〕。一。弽弓弽張。呼協反。二。瞸閉一目〔二三五七〕。

廿六緝續。七入反。二〔二三五八〕。葺修葺。十是執反〔二三五九〕。三。拾取。什篇什。執側什反〔二三六〇〕。三。汁瀋。瓡縣名，在北海。習學。似入反。三。襲重。隰原隰。

褶袴褶。神執反。一。集聚。秦入反。三。輯和。檝舟檝〔二三六一〕。揖讓。伊入反。二。挹酌。溼水霑。俗作濕。失入反。二。䎑牛耳貌。噍啅噍，噍貌〔二三六二〕。姊入反。啅字〔二三六三〕，補各反。三。濈泉出。

緁緁合。及其立反〔二三六四〕。二。⿱艹⿰立瓜冬爪（瓜）〔二三六五〕。縶繫馬。陟立反。三。⿱雨執小濕。馽馬絆。蟄蟄蟲〔二三六六〕。直立反。二。⿰月習肉生熟半。立力急反。六。⿰齒立齒（齧）聲〔二三六七〕。

粒米粒。笠雨笠。鴗水狗。苙白茝〔二三六八〕。又其立反。急居立反〔二三六九〕。〔又〕〔作〕悥（忌）〔二三七〇〕。六。給供給〔二三七一〕。汲引。伋子思名。級階。芨烏頭別名。岌高貌〔二三七二〕。魚及反〔二三七三〕。一〔二三七四〕。

泣去悥（急）反〔二三七五〕。二。⿰日㬎欲燥。靸小兒履。先立反〔二三七六〕。一〔二三七七〕。吸許及反〔二三七八〕。五。歙後漢有米（來）歙〔二三七九〕。又縣名，在新安，舒涉反。翕火炙〔二三八〇〕。〔一〕曰起〔二三八一〕。⿰言翕⿰言翕評（評）〔二三八二〕，語聲。

潝水流貌〔二三八三〕。澀色立反。又作澀〔二三八四〕。三。鈒戟〔二三八五〕。⿱雨及雨聲。戢止〔二三八六〕。阻立反〔二三八七〕。五。⿰目戢淚出貌。⿰角咠角多。咠衆咠（口）〔二三八八〕。蕺菜名。邑英及反〔二三八九〕。六。

悒〔二三九〇〕。裛裛香。浥溼。⿱艹邑⿱艹邑共（菸）〔二三九一〕。⿰食邑食⿰食邑。湁湁濼，沸。丑入反。一。煜火貌〔二三九二〕。爲立反。二。曄暐曄。又筠輒反。

廿七藥以灼反〔二三九三〕。八〔二三九四〕。躍跳〔二三九五〕。礿祭名。蘥燕麥，草名。鑰關鑰。瀹煑。爚煜爚〔二三九六〕。略離灼反〔二三九七〕。二〔二三九八〕。⿱略糸紩。脚居灼反。二。屩鞋屩〔二三九九〕。

灼燒。之爍反〔二四〇〇〕。十〔二四〇一〕。斫刀斫。彴橫木渡水。犳《山海經》曰〔二四〇二〕：「隄山有獸〔二四〇三〕，豹而文首〔二四〇四〕，名犳〔二四〇五〕。」⿰忄勺痛。勺周公樂名。酌酌酒。繳繒（增）繳〔二四〇六〕。

焯火氣。⿰禾羔五穀皮。又公酷反〔二四〇七〕。爍灼爍。書藥反。四。鑠銷鑠〔二四〇八〕。⿰犭鳥犬驚。⿰女樂美好貌。若而灼反〔二四〇九〕。七〔二四一〇〕。⿱艹若杜若，草〔二四一一〕。□楉楉榴〔二四一二〕。蒻荷莖入渠

（淈）〔二四一三〕。又菜名，出蜀。綽處約反〔二四一四〕。三〔二四一五〕。碃屵碃〔二四一六〕。屵字〔二四一七〕，言憶反〔二四一八〕。□

（後缺）

説明

此件爲箋注本《切韻》，原卷應爲多紙粘接而成的長卷，現存三十四紙，八百二十一行，單面書。此卷目前的狀況是首尾均缺，中間亦有多處斷裂殘缺，有的斷裂處已經不能直接綴合，收藏者曾對其進行過托裱粘接，將其重新粘貼爲長卷。但在重新粘接的過程中，各段的排列次序出現了錯誤。如第十六、十七兩紙被置於第二十紙中間，從而造成此卷前後次序的混亂。此次釋文，未按現存原卷及《英藏敦煌文獻》等書圖版的錯誤次序釋録，恢復各段原始排列次序，以便讀者使用。

此件平聲分上下卷（下卷標序號也從一計起），其中上平聲東、冬二韻全缺，鍾、江、支皆殘缺一半左右；下平、上聲二卷略全；去聲全卷殘缺；入聲存一屋至廿七藥韻，其中藥韻殘半，後鐸、職、德、業、乏五韻全缺。每卷卷首提行書寫，不另起頁；大韻起始處空一格後接書，大韻代表字所在行行首上加墨筆符號，以爲標識。從體例上看，此卷多用《説文》正字爲字頭，而於注文中指明俗作某；又注文中有案語（其中引《説文》多省稱爲《文》），計有卌二處；小韻增字直接計入總數，不用幾加幾字樣，少數增字在注文中注明『新加』，計有十三處十五字，然此二項皆見於第二、三、五卷，第一卷全無。小韻首字注文體例爲字頭—釋義—反切—小韻字頭數（參看《敦煌經部文獻合集》）。

此件之抄寫時代，翟理斯《大英博物館藏敦煌漢文寫本注記目録》以爲係八世紀時寫本，王國維定爲唐中葉寫本（參看王國維《觀堂集林》，中華書局，二〇〇四年版），施安昌則認爲是中唐後期至晚唐間的寫卷（參看施安昌《論漢字演變的分期——兼談敦煌古韻書的書寫時間》，《故宫博物院院刊》一九八七年一期）。

此卷最早的釋文爲王國維一九二一年據膠片寫印的《唐寫本〈切韻〉殘帙三卷》之第三種（多被稱作《切三》），其後姜亮夫《瀛涯敦煌韻輯》（上海出版公司，一九五五年版）據原卷重加録文，潘重規《瀛涯敦煌韻輯新編》（文史哲出版社，一九七四年版）又據原卷對姜氏録文有所勘正。另，上田正《切韻殘卷諸本補正》（東京大學東洋文化研究所附属東洋學文獻センター刊行委員会，一九七三年版）、周祖謨《唐五代韻書集存》（中華書局，一九八三年版）及姜亮夫《王靜安所録切韻三種卷子校記》（參看姜亮夫《敦煌學論文集》下，上海古籍出版社，一九八七年版）又對底卷進行了校勘和考釋。張涌泉主編《敦煌經部文獻合集》（中華書局，二〇〇八年版）對其做過精細録校。

敦煌文獻中保存的與此件屬於同類的箋注本《切韻》尚有：斯二〇五五，存陸法言《切韻》原序及唐高宗儀鳳二年（六七七年）長孫訥言的箋注序，序文後爲平聲上二十六韻韻目，次爲正文平聲一東、二冬、三鍾、四江、五支全部字及六脂『葵，渠惟反。四』條，計一〇五行，背面自六脂『渠惟反』小韻第二條『鄈』字起至七之、八微、九魚全韻，計七十四行；斯一一三八三C+A，存平聲談、陽、覃三部殘字，計六行；伯三七九九，存入聲怗、緝、藥三部殘字，計廿一行；伯三六九三+伯三六九六A+伯三六九六+斯六一七六+伯三六九四，伯三六九三存上聲廿五銑韻至卅二馬韻，計八韻殘字四十六行，其中九行完整；伯三六九六A正面存上聲五十檻韻至去聲五寘韻殘字，計七韻二十八行，其中十六行完整，反面存去聲十三霽韻至十八隊韻，計六韻殘字二十九行，其中十七行完整；斯六一七六正面存去聲廿廢韻至廿七翰韻，計八韻殘字三十五行，反面存去聲卅二嘯韻至卅漾韻，計九韻三十五行；伯三六九四正面存卅五徑韻至入聲一屋韻殘字，計十三韻三十六行（中一行未存字），其中廿一行完整，反面存入聲五質至十一末韻，計七韻殘字三十六行，其中廿一行完整；Дх.五五九六，存平聲鍾、江二部殘字，計七行；Дх.三一〇九，存去聲虞韻九個字頭及部分注文，共計四十字，正反各計一行，上全下殘。

以上釋文是以斯二〇七一爲底本，用斯二〇五五（稱其爲甲本）、斯一一三八三C＋A（稱其爲乙本）、伯三七九九（稱其爲丙本）、伯三六九三背＋伯三六九六A＋伯三六九六＋伯三六九四背（稱其爲丁本）、Дх.五五九六（稱其爲戊本）、Дх.三一〇九（稱其爲己本）參校，校本與底本文字相同，但順序不同者不一一出校。參校本缺少與底本相對應的文字時，酌情採用伯二〇一一（稱其爲《王一》）、北京故宮博物院藏王仁昫《刊謬補缺切韻》（稱其爲《王二》）、北京故宮博物院藏裴務濟正字本《刊謬補缺切韻》（稱其爲《裴韻》）等參校。

校記

〔一〕『三鍾』，據甲本補。

〔二〕『逢苻』，據甲本補。

〔三〕『三』，甲本作『四』，實收『逢』、『縫』、『漨』三字。

〔四〕『紩』，甲本作『綀』。

〔五〕『水』，甲本作『水名』。

〔六〕「容」，據甲本補。

〔七〕「夆」，據甲本補；「粤夆」，據《王二》補，甲本作「粤峯」。

〔八〕「掣」，據甲本補。

〔九〕「字」，據甲本補。

〔一〇〕「普經」，據甲本補。

〔一一〕「火」字後甲本訓解云：「按《説文》作此逢。」

〔一二〕「又」，甲本無；「子」，甲本作「字」，誤。

〔一三〕「跡」，據甲本補。

〔一四〕「蛩蛩距」，據甲本補。

〔一五〕「容」，據《裴韻》補，甲本作「用」，誤。

〔一六〕「六」，甲本作「六加一」。

〔一七〕「名」，《敦煌經部文獻合集》認爲「名」字上有删除墨點，未録。

〔一八〕「舡」，甲本作「舩」。

〔一九〕「笻竹」，甲本作「竹」。

〔二〇〕「官」，當作「棺」，據甲本改，「官」爲「棺」之借字。

〔二一〕底本此字之後殘缺，戊本始於此大韻，殘存文字「舩牛□，出《孝（考）聲》」。

〔二二〕「四江古」，據甲、戊本補，戊本「江」字後訓解云：「河也。」

〔二三〕「五」，甲本同，戊本作「七」；底本存「扛」、「杠」、「茳」、「釭」四字，甲本存「江」、「扛」、「茳」、「釭」四字，戊本存「江」、「扛」、「杠」三字。

〔二四〕「舉鼎」，甲本無。

〔二五〕「杠」，甲本無；「飭」，當作「飾」，據戊本改，甲本作「鎊」，「鎊」同「飾」。

〔二六〕「於」，當作「牀」，據甲、戊本改；「木」，據戊本補。

〔二七〕「離」，當作「蘺」，據甲本改，「離」爲「蘺」之借字。

〔二八〕「鐙」，甲本作「又」。

〔二九〕「又」，甲本作「燈」。

〔三〇〕「聵耳」，據甲、戊本補。

〔三一〕「江」，戊本同，甲本作「紅」，誤。

〔三二〕「二」，甲本無，戊本作「四」；底本存「髦」一字，戊本收「聵」、「髦」、「鬞」、「饋」四字。

〔三三〕「髦」，甲本作「毦」。

〔三四〕「三」，甲本作「二加一」，「一」字後甲本訓解云：「按《説文》作此冊。又從穴，作此窜。」

〔三五〕「稷」，當作「稯」，據甲本改，注文中之「稷」字同此，「稷」爲「稯」之借字。

〔三六〕「鍾鼓」，據甲本補。

〔三七〕「胮」，據甲、戊本補，注文中之「胮」字同此；「脤」，戊本同，甲本作「脈」，誤；「脤」字後戊本作「又彭江反」。

〔三八〕「匹」，甲本作「也」，誤。

〔三九〕「二」，甲本同，「二」字後戊本訓解云「又瘠」。

〔四〇〕戊本此字頭之後殘缺部分文字，後又存「慺」、「胮」、「舽」等字頭，「舽」字頭後殘缺。

〔四一〕「湍名」，當作「名湍」，據甲本改，《敦煌經部文獻合集》逕釋作「名湍」。

〔四二〕「打」，甲本作「控」，誤，《敦煌經部文獻合集》釋作「朾」，校改作「打」。
〔四三〕「踏」，甲本作「蹋」，「蹋」爲「踏」之本字。
〔四四〕「浢」，據殘筆劃及甲本補。
〔四五〕「覷直視」，據甲本補。
〔四六〕「用」，當作「明」，據甲本改。
〔四七〕「一」，甲本作「二」，實收「椿」一字。
〔四八〕「九」，甲本作「十」，「十」字後甲本訓解云：「按《説文》：去竹之枝也，從又持半竹。」
〔四九〕「移」，據甲本補；「弋」，甲本作「戈」，誤。
〔五〇〕「十」，甲本作「十加一」，「一」字後甲本訓解云：「按《説文》：遷也。作此迻。從禾者，禾名。」
〔五一〕「東」，甲本作「東」，誤。
〔五二〕「現」，甲本作「見」。
〔五三〕「枎栘」，據甲本補。
〔五四〕「擨」，據殘筆劃及甲本補。
〔五五〕「椸」，據甲本補。
〔五六〕「於僞」，甲本作「薳以周反嗚」，其中「以周反」爲衍文。
〔五七〕「水名」，甲本無。
〔五八〕「出新陽」，甲本無。
〔五九〕「嫣」，甲本無。
〔六〇〕「三」，甲本作「二」，實收三字。

〔六一〕「正」，據甲本補。
〔六二〕「覫」，甲本作「魏」，誤。
〔六三〕「四」，甲本作「四加一」。
〔六四〕「䕷穄」，甲本無。
〔六五〕「爵」字後甲本訓解云：「按《説文》：牛轡。或作此絼，二同。」
〔六六〕「𢋈」、「爛」，均據甲本補。
〔六七〕「隟」，據殘筆劃及甲本補。
〔六八〕「鬝」，據《裴韻》補，甲本作「鬢」；「髮落」，據甲本補。
〔六九〕「直垂」，據甲本補。
〔七〇〕「銖」，甲本作「兩」。
〔七一〕「三」字後甲本訓解云：「按《説文》人（又）作垂，遠邊也。」
〔七二〕「邊」字後甲本訓解云：「按《説文》：危也。」
〔七三〕「重」字後甲本訓解云：「又神晨（農）時巧人名。」
〔七四〕第二個「鮍」，當作「名」，據甲本改。
〔七五〕「散」，甲本作「披尋」。
〔七六〕「反」，甲本作「四」。
〔七七〕「四」，甲本作「反」。
〔七八〕「跨馬」，甲本作「馬」。
〔七九〕「反」，甲本作「也」。

〔八〇〕「疷病」，據甲本補。

〔八一〕「《詩》云」，據甲本補；「俾」，據甲本補；「戎」，當作「我」，《敦煌經部文獻合集》據文義校改；「疷」，甲本作「疷」，「疷」同「疷」，《敦煌經部文獻合集》認爲「疷」爲「胝」之俗字。

〔八二〕「軔」字後甲本訓解云：「按《説文》作此軝，長轂之軝也，以朱約之。《詩》曰：約軝錯衡。」

〔八三〕「羈」，甲本作「羇」，均可通。

〔八四〕「羲」，甲本訓解云：「按《説文》：氣也，從兮，〔義〕聲。」

〔八五〕「戱」，據甲本補。

〔八六〕「四」，甲本作「五」。

〔八七〕「俯」，甲本作「府」。

〔八八〕「羇」，據甲本補。

〔八九〕「泥」，甲本作「埿」。

〔九〇〕「三」，甲本作「四加一」。

〔九一〕「堤封」，甲本作「封」。

〔九二〕「兒」，《敦煌經部文獻合集》據文義校補。

〔九三〕「鼠」，甲本作「兒」，誤。

〔九四〕第二個「鸝」，甲本作「鳥」，誤。

〔九五〕「婦人香纓」，據甲本補。

〔九六〕「即」，據甲本補。

〔九七〕「毛」字後甲本訓解云：「按《説文》作此氁。」

〔九八〕『病』，當作『疾』，據甲本改；『反』，據甲本補。

〔九九〕『鷄』，甲本作『貌』，誤。

〔一〇〇〕『思』，據甲本補。

〔一〇一〕『鴜』，《敦煌經部文獻合集》據文義校補。

〔一〇二〕『奇』及注文，甲本無；『偶』，《敦煌經部文獻合集》釋作『耦』，誤。

〔一〇三〕『卑』至後文『醽』字頭之間各字及注文，甲本作『四行全無』，不再一一出校説明。

〔一〇四〕『箄』，據殘筆劃及《裴韻》補。

〔一〇五〕『移』，據《裴韻》補。

〔一〇六〕『澌』，據《裴韻》補。

〔一〇七〕『鴪』，當作『⿰火鳥』，據《王二》改，《敦煌經部文獻合集》釋作『鴪』，校改作『⿰火鳥』。

〔一〇八〕『⿰扌爾』及注文中『⿰扌爾』，《敦煌經部文獻合集》釋作『檷』，均可通。

〔一〇九〕『止』通『趾』。

〔一一〇〕『齊人』，據《裴韻》補。

〔一一一〕『鋻』，據殘筆劃及《王一》補。

〔一一二〕第一個『蜘』，據《裴韻》補。

〔一一三〕『五』，《敦煌經部文獻合集》據文義校補。

〔一一四〕『踟躕』，據《裴韻》補。

〔一一五〕『危魚』，據《裴韻》補。

〔一一六〕第二個『洈』字衍，據文義當删。

〔一一七〕「凝」，據《裴韻》補。
〔一一八〕「叱」，據《裴韻》補。
〔一一九〕「所」，甲本作「祈」，誤。
〔一二〇〕「二」，甲本作「三」。
〔一二一〕「鞍」，甲本作「革」，誤。
〔一二二〕「垂」，甲本無。
〔一二三〕「脛」，甲本作「濕」，《敦煌經部文獻合集》疑當作「脛」。
〔一二四〕「曰」、「足」、「及」，均據甲本補。
〔一二五〕「又」，據文義補；「隹」，甲本作「侯」，誤。
〔一二六〕「星名」，甲本作「星」。
〔一二七〕「紉」，甲本作「細」。
〔一二八〕「雉」，甲本作「規」，誤；「鴂」，甲本作「規」，誤。
〔一二九〕「一」，甲本作「二」，實收「腄」一字。
〔一三〇〕「馬小貌」，甲本作「子垂反」。
〔一三一〕「子垂反」，甲本作「馬小貌」。
〔一三二〕「一」，據甲本補。
〔一三三〕「闕」，當作「闕」，據文義改；「闕」及注文，甲本均無。
〔一三四〕「三」字後甲本訓解云：「按《説文》：載（戴）角名脂，無角名膏。」
〔一三五〕「十一」，甲本作「十二」。

〔一三六〕「寅」，甲本作「㝊」，訓解云：「按《説文》作此㝊（寅）。」
〔一三七〕「倫」字後甲本訓解云：「按《説文》又宗廟常器也。象形。系，綦也。𠬞（廾），持。〔米〕，器中實（實）。此與爵相似。牙（彑），聲也。《周禮》：「〔六〕彝：鷄〔彝〕、〔蟲〕〔彝〕、黄〔彝〕、虎彝、隹彝、〔斝〕〔彝〕，以待祼爵（將）之禮。」」
〔一三八〕「夷」，甲本作「夷」，訓解云：「按《説文》從弓聲，作此夷，上亦通。」
〔一三九〕「莖荑」，據甲本補。
〔一四〇〕「胂」，當作「胰」，據文義改，「胂」爲「胰」之本字；「肉」，據文義補。
〔一四一〕「踈」，甲本同，當作「疎」，「踈」爲「疎」之訛，「疎」同「疏」。以下同，不另出校。
〔一四二〕「二」，甲本作「三」，《敦煌經部文獻合集》釋作「二」，校改作「三」。
〔一四三〕「榴」，當作「楣」，據甲本改。
〔一四四〕「沘」，據甲本補。
〔一四五〕「豹屬」，甲本作「獸」；「屬」，《敦煌經部文獻合集》釋作「蜀」，校改作「屬」。
〔一四六〕「省作貀」，甲本無。
〔一四七〕「貌」，甲本作「女」。
〔一四八〕「八」字後甲本訓解云：「與諮同。《説文》：謀事也。」
〔一四九〕「財」，甲本無。
〔一五〇〕「飯」字後甲本訓解云：「按《説文》作此瘵（饙）。又作此湺（粢）。」
〔一五一〕「齋」，當作「齎」，據甲本改；「喪衣」，甲本作「齎衰」。
〔一五二〕「問」，甲本作「諮謀」。

〔一五三〕「器」字後甲本訓解云：「《説文》：從血（皿）。」

〔一五四〕「脂」，甲本作「指」。

〔一五五〕「二」字後甲本訓解云：「飢（餓）也。」

〔一五六〕「肥」，甲本無。

〔一五七〕「鴟」，《敦煌經部文獻合集》釋作「鴟」，校改作「鴟」。

〔一五八〕「脂」，甲本作「指」。

〔一五九〕「䱥」，《敦煌經部文獻合集》释作「䱥」，校改作「䱥」。

〔一六〇〕「脂」，甲本作「指」。

〔一六一〕「笑」，甲本作「喚」。

〔一六二〕「又」，甲本無。

〔一六三〕「郗」，甲本作「欷」。

〔一六四〕「三」，甲本作「三加一」。

〔一六五〕「趄」，甲本作「趍」。

〔一六六〕「蓺」，甲本作「莉」，《敦煌經部文獻合集》釋作「蓺」，「蓻」同「蓺」；「莉」字後甲本訓解云：「按《説文》：草多貌。」

〔一六七〕「餅飯」，甲本作「飯餅」。

〔一六八〕「螬」，據文義補，《敦煌經部文獻合集》釋作「蠤」；「螬蠤」，甲本作「蠤螬」。

〔一六九〕「脂」，甲本作「指」。

〔一七〇〕「三」字後甲本訓解云：「從匕。」

〔一七一〕「六」，甲本作「六加一」。

〔一七二〕「渚」，甲本作「堵」，誤。

〔一七三〕「處」，據殘筆劃及甲本補。

〔一七四〕「吏」，甲本作「利」；「反」，甲本作「又」；「又」字後甲本訓解云：「按《説文》：從辛。又作此追。」

〔一七五〕「脂」，甲本作「指」。

〔一七六〕「二」，甲本作「二加一」。

〔一七七〕「脂」，甲本作「指」。

〔一七八〕「獲」，當作「穫」，據文義改，「獲」爲「穫」之借字；「獲（穫）穀」，甲本無。

〔一七九〕「屍」，甲本訓解云：「死屍。」

〔一八〇〕「草」，甲本作「著草」。

〔一八一〕「脂」，甲本作「指」。

〔一八二〕「老」，據殘筆劃及文義補，甲本作「耆老」。

〔一八三〕「軸鐵」，甲本作「鐵軸」，誤。

〔一八四〕「鮨」字後甲本訓解云：「《説文》：魚指（脂）醬。一曰魚名。」

〔一八五〕「脂」，甲本作「指」。

〔一八六〕「喔咿」，甲本作「咿喔」。

〔一八七〕「脂」，甲本作「指」。

〔一八八〕「七」，甲本作「七加三」，「三」字後甲本訓解云：「《説文》作此梨（棃）菓。」

〔一八九〕「剩」，甲本作「棃」，「棃」字後甲本訓解云：「剩同。」「破」字後甲本訓解云：「按《説文》：金屬也。一曰剥。」

〔一九〇〕「云」，據甲本補。

〔一九一〕「蛤蜊」，甲本作「蛤」。

〔一九二〕「黎」，當作「犂」，據文義改，「黎」爲「犂」之借字；「駮」，甲本作「駁」，誤。

〔一九三〕「隹」，甲本作「惟」。

〔一九四〕「祭」，甲本作「葵」，誤。

〔一九五〕「名」，當作「魚」，據甲本改；「名」，據文義補。

〔一九六〕「追」，甲本作「追」；「陟」，甲本作「涉」，誤。

〔一九七〕「二」字後甲本訓解云：「按《説文》作追。」

〔一九八〕「跰」，當作「跻」，據文義改。

〔一九九〕「隹」，甲本作「住」，誤。

〔二〇〇〕「三」，甲本作「三加一」；「一」字後甲本訓解云：「《説文》：草木〔華〕垂貌。」

〔二〇一〕「纓」，甲本作「冠纓」。

〔二〇二〕「微」，甲本作「微也」。

〔二〇三〕「反」，甲本作「返」，誤。

〔二〇四〕「橑」字後甲本訓解云：「《説文》：秦名爲椽，周謂〔之〕榱，齊〔謂〕之桷也。」

〔二〇五〕「穜」，當作「旜」，據甲本改。

〔二〇六〕「維」，甲本訓解云：「語端。」

〔二〇七〕「失」，甲本無，甲本訓解云：「又于季反。」

〔二〇八〕「耶」，甲本作「琊」。

〔二〇九〕「獨」，甲本作「獨也」。

〔二一〇〕「索」，甲本作「纍索」。

〔二一一〕「嫘」及注文中「嫘」，甲本作「嫘」，「嫘」同「嫘」。

〔二一二〕「也」，甲本無。

〔二一三〕「欙」及注文中「欙」，甲本作「樏」，「欙」同「樏」；「椉」，甲本作「乘」，「椉」同「乘」。

〔二一四〕「欙」，甲本作「樏」，「欙」同「樏」。

〔二一五〕「六」，甲本作「六加一」。

〔二一六〕「葰」，當作「荽」，據甲本改，注文中之「葰」字同此，「荽」字後甲本訓解云：「香菜。又作此荾。」

〔二一七〕「辭」，甲本無，甲本訓解云：「按《説文》：從唯（虫），出（唯）聲。」

〔二一八〕「微」，甲本作「浽微」。

〔二一九〕「梁」，甲本作「梁郡」。

〔二二〇〕「蕽」，甲本作「憂」，誤，「憂」字後甲本訓解云：「按《説文》作此夒。」

〔二二一〕「神名」，甲本無，甲本訓解云：「《説文》與此逵義同。」

〔二二二〕「名」，甲本作「器」。

〔二二三〕「眘」，甲本作「眉」，「眘」爲「眉」之古字；「又作眉」，甲本作「古作眘」。

〔二二四〕「九」，甲本同，但是實收八字。

〔二二五〕「湄」，甲本作「湄」，《敦煌經部文獻合集》校改作「湄」，「湄」爲「湄」之古字；「名」，甲本作「湄」，《敦煌經部文獻合集》校改作「湄」。

〔二二六〕「瑎」，甲本作「瑁」，《敦煌經部文獻合集》校改作「瑁」，「瑎」爲「瑁」之古字。
〔二二七〕「似」，甲本作「以」，誤。
〔二二八〕「藜」，甲本作「藜」，誤。
〔二二九〕「莫」，甲本作「草」，誤。
〔二三〇〕「鹿屬」，甲本無。
〔二三一〕「蕪」，甲本作「無」，誤。
〔二三二〕「職追」，甲本作「止推」。
〔二三三〕「隹」，甲本訓解云：「按《説文》：鳥之短尾惣名。」
〔二三四〕「鳥」，甲本作「小鳥」。
〔二三五〕「桂」字後甲本訓解云：「按《説文》：草多貌。」
〔二三六〕「倉白雜」，甲本作「名」。
〔二三七〕「處」，據甲本補。
〔二三八〕「邳」，甲本作「邳」，誤。
〔二三九〕「苻」，甲本作「蒲」。
〔二四〇〕「三」，甲本作「四加一」。
〔二四一〕「大」，甲本作「�株」。
〔二四二〕「敷」，甲本作「普」。
〔二四三〕「五」字後甲本訓解云：「大也。」
〔二四四〕「碩」，甲本作「碩」，「碩」同「碩」。

〔二四五〕「馬桃花」，甲本作「桃花馬」，「色」字後甲本訓解云：「《説文》從〔馬〕否（丕）〔聲〕。」

〔二四六〕「鎚」，據甲本補。

〔二四七〕「三」，甲本作「三加一」。

〔二四八〕「搥」，甲本訓解云：「按《説文》作此椎，擊也。」

〔二四九〕「隹」，甲本作「住」，誤。

〔二五〇〕「丁私」，甲本作「陟夷」。

〔二五一〕「敗」，據甲本補；「李」，據甲本補。

〔二五二〕「歸」，據殘筆劃及甲本補。

〔二五三〕「犬」，甲本作「火」，誤。

〔二五四〕「一」，據文義及甲本補。

〔二五五〕「瑞」，甲本作「芝」。

〔二五六〕「二」，甲本作「二加二」。

〔二五七〕「悦」，甲本無，甲本訓解云：「按《説文》又有此嬰，悦樂也。」

〔二五八〕「名」字後甲本訓解云：「從土，巳聲。」

〔二五九〕「年」，甲本無，「頤」字後甲本訓解云：「篆文從貞（頁），籀文作頤，《説文》作臣，顩（頷）也，象形。」

〔二六〇〕「⿰王𦣝」，據甲本補。

〔二六一〕「宧」，甲本作「⿱穴𦣝」，「隅」字後甲本训解云：「慎（按）《説文》：無穴作此宧，養也，食所居。」

〔二六二〕「豕」，甲本作「豕之」。

〔二六三〕「姬」，甲本作「妃」，誤；「名」，甲本作「稱」。

〔二六四〕「西」，當作「棲」，據甲本改；「鶏」，據《裴韻》補。
〔二六五〕「二」字後甲本訓解云：「《説文》：從疑（匙），〔止〕聲。」
〔二六六〕第二個「嶷」，甲本作「嶷山」。
〔二六七〕「茲反」，據殘筆劃及甲本補。
〔二六八〕「九」，據文義及甲本補，「九」字後甲本訓解云：「《説文》從〔心〕，囟〔聲〕。」
〔二六九〕「司」，據甲本補，甲本訓解云：「按《説文》：臣司事於外者也。從反后。」
〔二七〇〕「絲」，甲本訓解云：「絲絹。」
〔二七一〕「意欲去」，甲本作「欲去意」。
〔二七二〕「八」，甲本作「八加一」，「一」字後甲本訓解云：「按《説文》作此舁，舉也。」
〔二七三〕「至」，甲本作「限」。
〔二七四〕「旌」，甲本作「旌旗」。
〔二七五〕「菜」，甲本作「豆茎（莖）」。
〔二七六〕「黎」，當作「黧」，據文義改，「黎」爲「黧」之借字；「青黎（黧）」，甲本作「青」。
〔二七七〕「蟛」，甲本作「繫」，誤。
〔二七八〕「玉」，甲本作「王」，誤。
〔二七九〕「飾」字後甲本訓解云：「《説文》：未嫁女所服之。」
〔二八〇〕「獸」，甲本作「麒麟」。
〔二八一〕「水」，甲本作「水名」。
〔二八二〕「蕨」，甲本作「錤」，誤。

〔二八三〕「鎡錤」，據殘筆劃及甲本補，第二個「錤」字後甲本訓解云：「古作茲其。」

〔二八四〕「卒」，當作「弈」，據甲本改。

〔二八五〕「編」，甲本同，當作「鯿」，《敦煌經部文獻合集》據文義校改，「編」爲「鯿」之借字。

〔二八六〕「所」，甲本作「書」；「反」，甲本作「二」。

〔二八七〕「二」，甲本作「反」。

〔二八八〕「地」，甲本作「池」。

〔二八九〕「二」字後甲本訓解云：「《說文》：頰毛而也。《周禮》曰：「作其鱗之而。」然作此而亦通俗也。」

〔二九〇〕「柱」，甲本作「柱也」。

〔二九一〕「檽」，甲本作「檽」，《敦煌經部文獻合集》校改作「檽」，「檽」同「檽」。

〔二九二〕「隭」，甲本作「隭」，《敦煌經部文獻合集》校改作「隭」，「隭」同「隭」。

〔二九三〕「又」，甲本作「人」，誤；「峻」，據甲本補；「坂」字後甲本訓解云：「《說文》作陾，築墻聲，音仍。」

〔二九四〕「臑」，甲本作「臑」，《敦煌經部文獻合集》校改作「臑」，「臑」同「臑」。

〔二九五〕「輀」，甲本作「轜」，《敦煌經部文獻合集》校改作「轜」，「輀」同「轜」；「車」字後甲本訓解云：「《說文》作此輀。」

〔二九六〕「流」，當作「洏」，據甲本改。

〔二九七〕「子」字後甲本訓解云：「《說文》：魚之美者，有東海之鮞也。」

〔二九八〕「毛」字後甲本訓解云：「今按《說〔文〕》作爲「而」字，二同。」

〔二九九〕「塾」，當作「熟」，據甲本改，「塾」爲「熟」之借字。

〔三〇〇〕「頭大」，據殘筆劃及文義補，甲本作「大頭」。

〔三〇一〕「又」，《敦煌經部文獻合集》據文義校補；「作魌」，甲本無，甲本訓解云：「方相。今作魌頭。」
〔三〇二〕「儛」，甲本訓解云：「舞貌。」
〔三〇三〕「七」，甲本作「九」。
〔三〇四〕「朞」，甲本作「朞」，《敦煌經部文獻合集》校改作「朞」，甲本訓解云：「按《説文》：古從今（日），日（今）從月，二同。」
〔三〇五〕「基」，甲本訓解云：「基址。」
〔三〇六〕「箕」，甲本訓解云：「簸箕。」
〔三〇七〕「諆」，甲本作「諆」，誤。
〔三〇八〕「諆」，當作「諆」，據甲本改。
〔三〇九〕「四」，甲本作「五」。
〔三一〇〕「祭」，甲本作「二月祭」。
〔三一一〕「柄」，據甲本補。
〔三一二〕「又作辤」，甲本無，甲本訓解云：「理訟。」
〔三一三〕「理」，甲本作「里」。
〔三一四〕「七」，甲本作「七加二」。
〔三一五〕「似貙」，甲本作「貓貍」。
〔三一六〕「剥」字後甲本訓解云：「從刀。」
〔三一七〕「寡」，甲本作「無夫」，《敦煌經部文獻合集》逕録底本圖片，校改作「無夫」。
〔三一八〕「徒」，當作「從」，據文義改，甲本作「從」，誤；「士」，當作「土」，據甲本改；「與」，當作「葦」，據甲本改。

〔三一九〕「反」字後甲本訓解云：「李作杞，從木己聲。」

〔三二〇〕「八」，甲本作「九」，「九」字後甲本訓解云：「按《説文》：東楚名也正（缶）曰甾。又不耕田也。或作此菑字。」

〔三二一〕「鶅」，甲本訓解云：「東方爲雉。」

〔三二二〕「鯔」，甲本作「緇」，誤。

〔三二三〕「和」字後甲本訓解云：「《説文》：又燥也。」

〔三二四〕「盛」字後甲本訓解云：「《説文》：炙也。」

〔三二五〕「盛」，甲本作「盛也」。

〔三二六〕「歕」，當作「欥」，據甲本改。

〔三二七〕「醫」，甲本作「豎」，「醫」同「豎」。

〔三二八〕「丑」，甲本作「土」，誤。

〔三二九〕「打」，《敦煌經部文獻合集》釋作「朾」，校改作「打」。

〔三三〇〕「執」，據殘筆劃及文義補，甲本作「攜持」。

〔三三一〕「蚩」，甲本作「蚩」。

〔三三二〕「二」，甲本作「三」，「三」字後甲本訓解云：「《説文》：作此蚩。從屮，非山。」

〔三三三〕「三」字後甲本訓解云：「《説文》：從竹，作此箃也。」

〔三三四〕「名」，甲本作「也」。

〔三三五〕「九」，甲本作「九加一」，「一」字後甲本訓解云：「《説文》：草木多益也，作此茲。」

〔三三六〕「巘」，當作「巇」，據甲本改，注文中之「巘」字同此。
〔三三七〕「多」字後甲本訓解云：「或作䅰。」
〔三三八〕「嗟」，據甲本補。
〔三三九〕「肅」，甲本作「鼐」，誤。
〔三四〇〕「茌」，當作「茬」，據甲本改，注文中之「茌」字同此，甲本注文中無「茬」，順序作「士之反。〔茬〕平，縣名。」
〔三四一〕「土」，當作「士」，據甲本改。
〔三四二〕「延」，當作「涎」，據文義改，《敦煌經部文獻合集》逕釋作「涎」，「延」爲「涎」之借字；「延（涎）沫」，甲本作「龍次。又順流。一從沫。」
〔三四三〕「微」，甲本訓解云：「妙。通、俗作微。」
〔三四四〕「四」，甲本作「六」。
〔三四五〕「反」字後甲本訓解云：「光，亦作煇、暉。」
〔三四六〕「七」，甲本作「十」。
〔三四七〕「張」，甲本作「奮」。
〔三四八〕「褘」，當作「禕」，據甲本改。
〔三四九〕「非」，甲本作「悲」。
〔三五〇〕「七」，甲本作「十三」。
〔三五一〕「門內」，甲本作「宮中」。
〔三五二〕「繞」，甲本作「周合」。

〔三五三〕「姓」，甲本作「皮」。

〔三五四〕「遅」，甲本作「乖」。

〔三五五〕「反」字後甲本訓解云：「雰。或作霏。」

〔三五六〕「六」，甲本作「七」。

〔三五七〕「美女」，甲本作「女官」，「官」字後甲本訓解作：「人（又）並（普）佩反。」

〔三五八〕「菲」，甲本訓解作「芳」；「苻」，甲本作「符」。

〔三五九〕「斐」，甲本作「奘」，「斐」同「奘」。

〔三六〇〕「飛」，甲本訓解云：「翔。」

〔三六一〕「綵」，甲本作「赤色」。

〔三六二〕「不」，甲本作「不是」。

〔三六三〕「以」，當作「似」，據甲本改；「牛」，甲本作「羊」，誤。

〔三六四〕「日」，當作「目」，據甲本改；「白」，《敦煌經部文獻合集》釋作「曰」，校改作「白」；「頭」，甲本作「首」。

〔三六五〕「魚」，甲本無。

〔三六六〕第一個「騃」，甲本無。

〔三六七〕「而」字衍，甲本同，據文義當删；「兔」，甲本同，當作「逸」，據文義改；「足」，甲本作「是」，誤。

〔三六八〕「苻」，甲本作「符」，「反」字後甲本訓解云：「豐肥（肌），正作肥（肥）。」

〔三六九〕「五」，甲本作「八」。

〔三七〇〕「脚」，甲本作「踋」，誤。

〔三七一〕「水」，甲本作「泚水」。

〔三七二〕「風」，甲本作「飛」，誤。

〔三七三〕「扉」，當作「痱」，據甲本改，「扉」爲「痱」之借字。

〔三七四〕「反」字後甲本訓解云：「可畏。」

〔三七五〕「五」，甲本作「七」。

〔三七六〕「二」，據文義及甲本補。

〔三七七〕「蝛」，當作「陝」，據甲本改。

〔三七八〕第一個「蝛」，甲本作「喴」，誤；「［虫甲］」，甲本作「螗」。

〔三七九〕「九」，甲本作「十一」。

〔三八〇〕「幡槊」，甲本作「旗」。

〔三八一〕「鐖」字後甲本訓解云：「或作圻。」

〔三八二〕「山」，甲本作「水」。

〔三八三〕「又」，甲本作「亦」；「圻」字後甲本訓解云：「又渠羇反。」

〔三八四〕「以」，甲本作「似」，誤；「門」，當作「刀」，據文義改。

〔三八五〕「肉」字後甲本訓解云：「又居希、古亥二反。」

〔三八六〕「反」字後甲本訓解云：「具。」

〔三八七〕「一」，甲本作「四」。

〔三八八〕「郡」字後甲本訓解云：「今音祈。」

〔三八九〕「珠」，甲本作「珠不圓」。

〔三九〇〕「數」，甲本作「微」。
〔三九一〕「菇」，當作「葅」，據甲本改；「蕿」，甲本無。
〔三九二〕「水」，據甲本補。
〔三九三〕「孰」，甲本作「熟」，「孰」爲「熟」之本字。
〔三九四〕「祥」字後甲本訓解云：「亦作儀。」
〔三九五〕「反」字後甲本訓解云：「少。」
〔三九六〕「六」，甲本作「八」。
〔三九七〕「兔」，甲本作「菟」，「菟」爲「兔」之借字。
〔三九八〕「北」，《敦煌經部文獻合集》釋作「比」，校改作「北」。
〔三九九〕「反」字後甲本訓解云：「倚。」
〔四〇〇〕「五」，甲本作「六」。
〔四〇一〕「衣」，甲本訓解云：「服裳。」
〔四〇二〕「聲」，據甲本補。
〔四〇三〕「天」，甲本作「方」，誤。
〔四〇四〕「反」字後甲本訓解云：「闕。」
〔四〇五〕「一」，據文義及甲本補。
〔四〇六〕「反」字後甲本訓解云：「還。亦作歸（埽）。」
〔四〇七〕「一」，據文義補。
〔四〇八〕「九」，甲本無；「居」，甲本作「凥」，「凥」爲「居」之本字；「反」字後甲本訓解云：「水蟲。」

〔四〇九〕「水名」，據甲本補。
〔四一〇〕「在」，據甲本補；「漁」，據文義補，甲本作「魚」。
〔四一一〕「魚」字後甲本訓解云：「或作瀿、魰。」
〔四一二〕「值」字後甲本訓解云：「又魚（齒）不住（正）。」
〔四一三〕「舉魚」，當作「魚舉」，據甲本改。
〔四一四〕「脚」，當作「御」，《敦煌經部文獻合集》據文義校改，甲本作「鋙」。
〔四一五〕「白」，甲本作「貌」，誤。
〔四一六〕「一」，據文義及甲本補；「二」字後甲本訓解云：「按《説文》：始也。從刀，裁衣之始。」
〔四一七〕「鴿」，當作「鴿」，據甲本改。
〔四一八〕「開」，甲本作「展」。
〔四一九〕「緩」，據甲本補。
〔四二〇〕「郤」，據甲本補。
〔四二一〕「六」，甲本作「六加一」，「二」字後甲本訓解云：「按《説文》：從几，作此尻。」
〔四二二〕「予」，據甲本補；「措」，當作「拮」，據甲本改。
〔四二三〕「衿」，甲本作「裾」。
〔四二四〕「貯」，當作「貯」，據甲本改。
〔四二五〕「鷄」，甲本作「雞」，誤。
〔四二六〕「三」，甲本作「三加一」。
〔四二七〕「輞」，當作「輞」，據甲本改。

〔四二八〕「綠」，當作「緣」，據甲本改。
〔四二九〕「玉」，甲本作「玉名」。
〔四三〇〕「碑礫」，據甲本補。
〔四三一〕第二個「淉」，《敦煌經部文獻合集》釋作「小」，校改作「淉」；「絜」，當作「拏」，據甲本改。
〔四三二〕「鳥」，甲本作「鳥名」。
〔四三三〕「九」字後甲本訓解云：「《説文》：從八，作余。」
〔四三四〕「鼅鼄」，甲本作「蜘蛛」。
〔四三五〕「殘」，甲本作「殘餘」。
〔四三六〕「輿」，據甲本補。
〔四三七〕「旌幡」，甲本作「旗」。
〔四三八〕「璵璠」，甲本無。
〔四三九〕「以」，甲本做「與」。
〔四四〇〕「子」，當作「字」，據甲本改，「子」爲「字」之借字。
〔四四一〕「舉」字後甲本訓解云：「按《説文》：又(作)此舉，義略同。」
〔四四二〕「好」字後甲本訓解云：「今按《説文》：婦官也，作伃。」
〔四四三〕「予」，據甲本補；「反」字後甲本訓解云：「與余同。」
〔四四四〕「𤢖」，甲本訓解云：「語助，與與同。」
〔四四五〕「歟」，甲本訓解云：「按《説文》：安氣也。又與庶反。」
〔四四六〕「七」字後甲本訓解云：「按《説文》：蟹醢也。又相也。」

〔四四七〕「笓」，甲本作「箐」；「器」，甲本作「名」。
〔四四八〕「瘫」，甲本作「瘫疽」，《敦煌經部文獻合集》逕釋作「癰」，「瘫」同「癰」。
〔四四九〕「草」，據甲本補，「草」字後甲本訓解云：「按《説文》：子與反。」
〔四五〇〕「反」，甲本無，「與」字後甲本訓解云：「按《説文》：沮出漢中，此瀘出北地，並水名。」
〔四五一〕「猨」字後甲本訓解云：「按《説文》：一曰狙犬蹔齧人。一曰不潔（齧）人。又七庶反也。」
〔四五二〕「蝨」字後甲本訓解云：「俗作蛆。」
〔四五三〕「一」，甲本作「一加一」，「一」字後甲本訓解云：「按《説文》作此鉏。」
〔四五四〕「二」，甲本作「三」。
〔四五五〕「又作樗」，甲本無。
〔四五六〕「葛」，甲本作「葛之綀」。
〔四五七〕「菜」，甲本作「蔬菜」。
〔四五八〕「驢」字後甲本訓解云：「畜。」
〔四五九〕「嘘」，甲本訓解云：「氣嘘。」
〔四六〇〕「秏」，當作「耗」，據文義改，甲本作「税」。
〔四六一〕「名」，據甲本補。
〔四六二〕「野羊」，據甲本補。
〔四六三〕「夾」，當作「央」，據甲本改。
〔四六四〕「五」字後甲本訓解云：「《説文》從（作）於。」
〔四六五〕「又於據反」，甲本無。

〔四六六〕『猪』，甲本作『豬』。
〔四六七〕『䐗』，甲本作『猪』。
〔四六八〕『作䐗三』三字衍，據甲本當删。
〔四六九〕『楬』，《敦煌經部文獻合集》釋作『揭』。
〔四七〇〕『毛』，甲本作『毛氌』。
〔四七一〕『門』，甲本作『里閭』。
〔四七二〕『小屋』，甲本無，甲本訓解云：『倚（寄）廬。』
〔四七三〕『驢』，甲本訓解云：『畜。』
〔四七四〕『蘆』，當作『蘆』，據甲本改，注文中之『蘆』字同此。
〔四七五〕『界』，甲本同，當作『冢』，據《王二》改。
〔四七六〕『五』字後甲本訓解云：『衆也。』
〔四七七〕『在』，甲本無。
〔四七八〕『七』字後甲本訓解云：『去也。』
〔四七九〕『儲』，甲本訓解云：『糧儲。』
〔四八〇〕『在』，據甲本補。
〔四八一〕『藸』，甲本作『藷』。
〔四八二〕『蔥』，甲本作『菍』，『菍』同『蔥』。
〔四八三〕『又直吕反』，甲本無。
〔四八四〕『蘆』，甲本作『蘆』，誤。

〔四八五〕「在」，甲本無。
〔四八六〕「鴿」，當作「鴿」，據甲本改。
〔四八七〕「且」，甲本作「且」。
〔四八八〕「三」字後甲本訓解云：「從目，一聲。正〔作〕〔且〕。」
〔四八九〕「山」字後甲本訓解云：「《説文》又作此岨。」
〔四九〇〕「祛」，當作「袪」，據文義改；「袖」字後甲本訓解云：「又袪惑。」
〔四九一〕「三」，當作「二」，底本實收「葅」、「俎」二字，甲本作「二」，「二」字後甲本訓解云：「《説文》作此菹。」
〔四九二〕「俎」，甲本作「沮」，誤。
〔四九三〕「蜍」，甲本訓解云：「蟾蜍。」
〔四九四〕「名」字後甲本訓解云：「又音杜。」
〔四九五〕「三」字後甲本訓解云：「按《説文》又作此絮。」
〔四九六〕「拏」，甲本作「毪」；「毛」字後甲本訓解云：「又作拏。」甲本止於此句。
〔四九七〕「入」，當作「出」，據文義改。
〔四九八〕「則」，據殘筆劃及文義補。
〔四九九〕「無」，據《王二》補。
〔五〇〇〕「又」，當作「反」，據文義改，《敦煌經部文獻合集》逕釋作「反」。
〔五〇一〕「亐」，《敦煌經部文獻合集》校改作「于」，時爲「于」字通行寫法；「明」，當作「羽」，《敦煌經部文獻合集》據文義校改。
〔五〇二〕「迃」，《敦煌經部文獻合集》校改作「迂」，時爲「迂」字通行寫法。

〔五〇三〕「盓」，《敦煌經部文獻合集》校改作「盂」，時爲「盂」字通行寫法。
〔五〇四〕「邘」，《敦煌經部文獻合集》校改作「邘」，時爲「邘」字通行寫法。
〔五〇五〕「竽」，《敦煌經部文獻合集》校改作「竽」，時爲「竽」字通行寫法。
〔五〇六〕「玗」，《敦煌經部文獻合集》校改作「玗」，時爲「玗」字通行寫法。
〔五〇七〕「訏」，《敦煌經部文獻合集》校改作「訏」，時爲「訏」字通行寫法。
〔五〇八〕「吇」，《敦煌經部文獻合集》校改作「吁」，時爲「吁」字通行寫法。
〔五〇九〕「肟」，《敦煌經部文獻合集》校改作「肝」，時爲「肝」字通行寫法。
〔五一〇〕「疞」，《敦煌經部文獻合集》校改作「疛」，時爲「疛」字通行寫法。
〔五一一〕「盱」，《敦煌經部文獻合集》校改作「盱」，時爲「盱」字通行寫法。
〔五一二〕「祇」，當作「祇」，《敦煌經部文獻合集》據文義校改；「袥」，當作「袑」，《敦煌經部文獻合集》據文義校改。
〔五一三〕「偄」，《敦煌經部文獻合集》校改作「儒」，時爲「儒」字通行寫法。
〔五一四〕「濡」，《敦煌經部文獻合集》校改作「濡」，時爲「濡」字通行寫法。
〔五一五〕「獳」，《敦煌經部文獻合集》校改作「獳」，時爲「獳」字通行寫法。
〔五一六〕「襦」，《敦煌經部文獻合集》校改作「襦」，時爲「襦」字通行寫法。
〔五一七〕「懦」，《敦煌經部文獻合集》校改作「懦」，時爲「懦」字通行寫法。
〔五一八〕「力」，當作「乃」，據文義改。
〔五一九〕「嚅」，《敦煌經部文獻合集》校改作「嚅」，時爲「嚅」字通行寫法。
〔五二〇〕「鱬」，《敦煌經部文獻合集》逕釋作「鱬」，時爲「鱬」字通行寫法。

〔五二一〕「繻」，《敦煌經部文獻合集》逕釋作「繻」，時爲「繻」字通行寫法。

〔五二二〕「伐」字衍，據文義當删。

〔五二三〕「四」，當作「五」，據文義改，底本實收「株」、「誅」、「邾」、「鼄」、「跦」五字。

〔五二四〕「十分」，據《王二》補，《敦煌經部文獻合集》補一個缺字符。

〔五二五〕「椣」，底本以小字寫於上字「臾」注文中，今恢復大字字頭。

〔五二六〕「袾」，當作「袾」，《敦煌經部文獻合集》據文義校改。

〔五二七〕「魚名」，《敦煌經部文獻合集》釋作「魚」，誤。

〔五二八〕「稷穰」，《敦煌經部文獻合集》據文義校補。

〔五二九〕「花」，《敦煌經部文獻合集》據文義校補。

〔五三〇〕「鹿」，當作「麁」，據文義改；「細」，當作「紬」，據文義改。

〔五三一〕「取」，當作「趣」，據文義改。

〔五三二〕「鵃」，《敦煌經部文獻合集》釋作「鵤」，誤。

〔五三三〕「魚」，當作「鳥」，據《王二》改。

〔五三四〕「紆」，《敦煌經部文獻合集》校改作「紆」，時爲「紆」字通行寫法。

〔五三五〕「迃」，《敦煌經部文獻合集》校改作「迂」，時爲「迂」字通行寫法。

〔五三六〕「樞」，《敦煌經部文獻合集》釋作「摳」，校改作「樞」。

〔五三七〕「在又」，當作「左右」，據《王二》改。

〔五三八〕「株」，當作「捄」，據《王二》改；「詩」，當作「土」，據《王二》改。

〔五三九〕「士」，當作「《詩》」，據《王二》改。

〔五四〇〕「株」，當作「捄」，據《王二》改；「陑」，《敦煌經部文獻合集》釋作「隭」，時爲「隭」字通行寫法。

〔五四一〕「緱」，當作「鯸」，據《王二》改。

〔五四二〕「榀」，當作「橾」，據《王二》改。

〔五四三〕「猶」，當作「醬」，據文義改。

〔五四四〕「度」，據《王二》補；「莫」，當作「墓」，據《王二》改，《敦煌經部文獻合集》釋作「英」，校改作「莫」。

〔五四五〕「黏」，當作「黏」，《敦煌經部文獻合集》據文義校改。

〔五四六〕「蚣」，當作「舩」，據文義改。

〔五四七〕第二個「棹」字衍，據文義當删。

〔五四八〕「酒」字衍，據文義當删。

〔五四九〕「酴」，當作「醃」，據文義改；「菖」，當作「昝」，據文義改。

〔五五〇〕「戮」，當作「藏」，據《王二》改。

〔五五一〕「籠鳥」，當作「鳥籠」，《敦煌經部文獻合集》據文義校改。

〔五五二〕「侯」，據《王二》補。

〔五五三〕「黑」字衍，據文義當删。

〔五五四〕「鵜鶘」，當作「鶘鵜」，《敦煌經部文獻合集》據文義校改。

〔五五五〕「希」，當作「布」，《敦煌經部文獻合集》據文義校改。

〔五五六〕「𩵼」，當作「鰂」，據《王二》改。

〔五五七〕「俱」，當作「徂」，據《王二》改。

〔五五八〕「螬蠐」，當作「蠐螬」，《敦煌經部文獻合集》據文義校改。

〔五五九〕「廔」字衍，據文義當删。

〔五六〇〕「域」，當作「織」，據《王二》改。

〔五六一〕「盠」，當作「蠡」，據《王二》改；「似」，當作「以」，據《王二》改；「瓢」，《敦煌經部文獻合集》釋作「𤬪」，據《廣韻》校改作「瓢」。

〔五六二〕「即」，當作「昂」，據文義改。

〔五六三〕「秖」，當作「祇」，據文義改。

〔五六四〕「隄」，據殘筆劃及文義補。

〔五六五〕「苐」，《敦煌經部文獻合集》據文義校補。

〔五六六〕「膏」，《敦煌經部文獻合集》據文義校補。

〔五六七〕「馬名」，據《王二》補。

〔五六八〕「子」，當作「丁」，《敦煌經部文獻合集》據文義校改。

〔五六九〕「禔」，當作「禔」，《敦煌經部文獻合集》據文義校改。

〔五七〇〕「奚」，據《王二》補。

〔五七一〕「樹」，據《王二》補。

〔五七二〕「眉篦」，據殘筆劃及《王二》補。

〔五七三〕「狴」，據殘筆劃及《王二》補。

〔五七四〕「豖生」，《敦煌經部文獻合集》據文義校補。

〔五七五〕「有」，據殘筆劃及《王二》補；「望」，據殘筆劃及《王二》補。

〔五七六〕「徑蹊」，據《王二》補。

〔五七七〕「螇螇螰」，據殘筆劃及《王二》補。

〔五七八〕「檀」，當作「蟬」，據《王二》改。

〔五七九〕「榏」，據文義補。

〔五八〇〕「辔」，據《王二》補。

〔五八一〕「蛢螢火」，據《王二》補。

〔五八二〕「又口妍反」，據《王二》補。

〔五八三〕「鷖鳧鷖」，據殘筆劃及《王二》補。

〔五八四〕「黑」，《敦煌經部文獻合集》據文義校補。

〔五八五〕「五」，據殘筆劃及《王二》補。

〔五八六〕「婗」，當作「小」，據文義改。

〔五八七〕「作」，據文義及《王二》補。

〔五八八〕「㢋」，當作「匸」，據《王二》改，注文中之「㢋」字同此；「遍」，當作「匾」，據《王二》改。

〔五八九〕「遍」，當作「匾」，據《王二》改。

〔五九〇〕「蓋」，當作「榼」，《敦煌經部文獻合集》據文義校改，「蓋」爲「榼」之借字。

〔五九一〕「反」，據《王二》補。

〔五九二〕「反」，據文義補。

〔五九三〕「爲」，據《王二》補。

〔五九四〕「古」，據《王二》補。

〔五九五〕「刺」，當作「剢」，《敦煌經部文獻合集》據文義校改。

〔五九六〕「袿」，當作「袿」，據文義改，《敦煌經部文獻合集》逕釋作「袿」。

〔五九七〕「苦」，當作「古」，據《王二》改。

〔五九八〕「堇」，據殘筆劃及《王二》補，原有兩個「堇」字，一在雙行夾注之行末，一在次行行首，這是當時的一種抄寫習慣，可以稱爲「提行添字例」，第二個「堇」字應不讀，故未録。

〔五九九〕「今」，當作「余」，據文義改。

〔六〇〇〕第一個「𢡟」字，當作「賣」，《敦煌經部文獻合集》據文義校改。

〔六〇一〕「名」，據《王二》補。

〔六〇二〕「哇」，當作「蛙」，據《王二》改。

〔六〇三〕「二」，據文義補，本小韻實收二字。

〔六〇四〕「齟」，當作「䶩」，《敦煌經部文獻合集》據文義校改。

〔六〇五〕「余」，當作「爾」，據《王二》改。

〔六〇六〕「輔」，當作「鞴」，據《王二》改。

〔六〇七〕「輶」，當作「鞴」，據《王二》改。

〔六〇八〕「羺」，《敦煌經部文獻合集》校改作「羺」，時爲「羺」字通行寫法。

〔六〇九〕「効」，當作「欶」，據《裴韻》改。

〔六一〇〕「搋」，當作「㩴」，據《王二》改。

〔六一一〕「搋」，當作「㩴」，據《王二》改。

〔六一二〕「廿」，當作「丑」，據《王二》改。

〔六一三〕「賣」，當作「𥈞」，《敦煌經部文獻合集》據文義校改。

〔六一四〕「謥」，據殘筆劃及《王二》補，《敦煌經部文獻合集》注文補一個缺字符，并認爲此字是前「山佳反」小韻脱，補抄於大韻行末。
〔六一五〕「茖」，當作「苦」，據《王二》改，《敦煌經部文獻合集》逕釋作「苦」。
〔六一六〕「瘧」，當作「根」，據文義改。
〔六一七〕「瘥」，當作「痎」，《敦煌經部文獻合集》據文義校改。
〔六一八〕「雨」，據《王二》補。
〔六一九〕「憂」，當作「優」，據《王二》改，「憂」爲「優」之借字。
〔六二〇〕「釀」，據《王二》補。
〔六二一〕「歲」，當作「崴」，據《王二》改。
〔六二二〕「疹」，當作「病」，據《王二》改。
〔六二三〕「莫皆」，據《王二》補。
〔六二四〕「土」，據《王二》補。
〔六二五〕「師」，當作「帥」，據文義改。
〔六二六〕「簸」，當作「簸」，據《王二》改。
〔六二七〕「五」，據《王一》補。
〔六二八〕「七」，倒書在「戶」字下。
〔六二九〕「守」，據《王二》補。
〔六三〇〕「火」，當作「灰」，據文義改。
〔六三一〕「脢」，《敦煌經部文獻合集》認爲是「脄」的異體字，「衣上白醭」爲「𨡭」字的釋義；「醭」，當作「醭」，據文義改，《敦煌經部文獻合集》逕釋作「醭」。
〔六三二〕「犬」，當作「大」，《敦煌經部文獻合集》據文義校改。
〔六三三〕「社」，當作「杜」，據文義改，《敦煌經部文獻合集》逕釋作「杜」。
〔六三四〕「滮未」，當作「未滮」，據《王二》改。
〔六三五〕「淫」，當作「濕」，據《王二》改；「濡」，《敦煌經部文獻合集》校改作「濡」，時爲「濡」字通行寫法。
〔六三六〕「七」，當作「九」，據文義改，底本本小韻實收九字。
〔六三七〕「草」，據《王一》補。
〔六三八〕「木」，當作「大」，《敦煌經部文獻合集》據文義校改。
〔六三九〕「茾」，當作「經」，據文義改。
〔六四〇〕第二個「郲」字衍，據文義當删。
〔六四一〕「熊」，當作「能」，據《王二》改，《敦煌經部文獻合集》校改作「熊」。
〔六四二〕「反」，據《王二》補。
〔六四三〕「貢」，當作「眞」，據《王二》改。
〔六四四〕「合」，當作「含」，據文義改。
〔六四五〕「黑」，據文義補。
〔六四六〕「鄰」，《敦煌經部文獻合集》校改作「鄰」。
〔六四七〕「寒」，當作「塞」，據《王二》改。
〔六四八〕「婚」，《敦煌經部文獻合集》釋作「婚」。
〔六四九〕「鄰」，據《王二》補。

〔六五〇〕「辛」，據殘筆劃及《王二》補。

〔六五一〕第二個「晨」字衍，據文義當删。

〔六五二〕「鄰」，《敦煌經部文獻合集》校改作「鄰」。

〔六五三〕「粼」，當作「粼」，據文義改，「粼」爲「粼」之借字；「木」，當作「水」，據文義改。

〔六五四〕「予」，當作「矛」，據文義改。

〔六五五〕「臣」，當作「巨」，《敦煌經部文獻合集》據文義校改。

〔六五六〕「鞭」，當作「鞕」，《敦煌經部文獻合集》據文義校改。

〔六五七〕「之」，當作「脂」，《敦煌經部文獻合集》據文義校改，「之」爲「脂」之借字。

〔六五八〕「火」，當作「犬」，據《王二》改。

〔六五九〕「虤」，當作「𧇾」，據《王二》改。

〔六六〇〕「過」，當作「愚」，據《王二》改。

〔六六一〕「言」，當作「信」，據《王二》改。

〔六六二〕「皺」，當作「皺」，據《王二》改，《敦煌經部文獻合集》逕釋作「皺」。

〔六六三〕「獍」，當作「狡」，據《王二》改。

〔六六四〕「又」，據《王二》補。

〔六六五〕「朱」，當作「珠」，據《王二》改，「朱」爲「珠」之借字。

〔六六六〕「戚」，當作「蹙」，據《王二》改。

〔六六七〕「反」，據殘筆劃及文義補。

〔六六八〕「巾反」，據文義補。

〔六六九〕「邠」，《敦煌經部文獻合集》據文義校補。
〔六七〇〕「武」、「反」，據《王二》補；「分」，《敦煌經部文獻合集》據文義校補。
〔六七一〕「罠」，據殘筆劃及《王二》補；「網」，據《王二》補。
〔六七二〕「緡」，《敦煌經部文獻合集》據文義校補。
〔六七三〕「丨八臻」，據前文韻目補。
〔六七四〕「青」，據《王二》補。
〔六七五〕「鳿」，當作「鬣」，據《王二》改。
〔六七六〕「縣名」，據《王二》補。
〔六七七〕「弘農」，據《王二》補。
〔六七八〕「反」，據文義補。
〔六七九〕第二個「薣」字衍，據文義當删。
〔六八〇〕「反」，據文義補。
〔六八一〕「二」，據文義補，《敦煌經部文獻合集》認爲此處「反」、「二」殘泐在行首，細審底本，行首爲「群」字，不存在此二字書寫空間。
〔六八二〕「纁三」，據《王二》補。
〔六八三〕「力」，當作「功」，據《王二》改。
〔六八四〕「車戎伍」，據《王二》補。
〔六八五〕「圻」，據《王二》補。
〔六八六〕「又」，據《王二》補。

〔六八七〕「丑格」，據《王二》補。
〔六八八〕「無」，當作「撫」，《敦煌經部文獻合集》據文義校改。
〔六八九〕「廿」，據文義補。
〔六九〇〕「慇懃」，據殘筆劃及文義補。
〔六九一〕「濦」，據《王二》補。
〔六九二〕「虎聲」，據《王二》補。
〔六九三〕「斤」，當作「巾」，《敦煌經部文獻合集》據文義校改，「斤」爲「巾」之借字。
〔六九四〕「居」，當作「鶋」，據《王二》改，「居」爲「鶋」之借字。
〔六九五〕「詐」，當作「大」，據《王二》改；「目」，據《王二》補。
〔六九六〕「叩喚」，據殘筆劃及《王二》補。
〔六九七〕「私」，據《王二》補。
〔六九八〕「廿」，當作「廿一」，據文義改。
〔六九九〕「祭餘肉」，據《王二》補。
〔七〇〇〕「羳」，據《王二》補。
〔七〇一〕「䪥百合蒜」，據殘筆劃及《王二》補。
〔七〇二〕「蟓」，當作「蝝」，據《王二》改。
〔七〇三〕「礬礬石」，據《王二》補。
〔七〇四〕「藥」，據《王二》補。
〔七〇五〕「一」，《敦煌經部文獻合集》認爲小韻標數字「一」底本脫，擬補一個脫字符，誤。

〔七〇六〕「輯」，當作「輯」，《敦煌經部文獻合集》據文義校改。
〔七〇七〕「搡搏」，據殘筆劃及《王二》補。
〔七〇八〕「驪」，底本與注文同爲小字，今按體例録爲大字。
〔七〇九〕「失」，當作「矢」，據文義改。
〔七一〇〕「謁言反」，據《王二》補。
〔七一一〕「駛」，當作「騤」，據《王二》改。
〔七一二〕「鵧」，當作「鯤」，據《王二》改。
〔七一三〕「存」字衍，據文義當删。
〔七一四〕「尋」，當作「潯」，據文義改，《敦煌經部文獻合集》逕釋作「潯」，誤。
〔七一五〕「頓」，當作「頔」，據文義改，注文中之「頓」字同此；「顛」，據《王二》補。
〔七一六〕「又」，據文義補。
〔七一七〕「寒胡」，據殘筆劃及《王二》補；「反」，據文義補；底本此處用另一有字紙進行修補，由於底本殘泐，露出「故」字，因與此件無關，不録。
〔七一八〕「五」，據文義補，本小韻實收五字。
〔七一九〕「令」，當作「全」，據《王二》改。
〔七二〇〕「紈紈素」，《敦煌經部文獻合集》據文義校補。
〔七二一〕「萑」，據文義補；「韋」，當作「葦」，《敦煌經部文獻合集》據文義校改，「韋」爲「葦」之借字。
〔七二二〕「剜一丸反」，據殘筆劃及《王二》補，底本此處用另一有字紙進行修補，由於底本殘泐，露出「内地絶」三字，因與此件無關，不録。

〔七二三〕「三」，據文義補，本小韻實收三字。

〔七二四〕「欒」，據《王一》補。

〔七二五〕「不解」，據《王二》補。

〔七二六〕「㲋網」，據《王二》補，底本此處用另一有字紙進行修補，由於底本殘泐，露出「者」字。

〔七二七〕「蕬」，據《王二》補。

〔七二八〕「欠」，當作「久」，《敦煌經部文獻合集》據文義校改。

〔七二九〕「穳」，當作「欑」，據《王二》改，「穳」爲「欑」之借字；「聚」，當作「叢」，《敦煌經部文獻合集》據文義校改。

〔七三〇〕「骼」，《敦煌經部文獻合集》釋作「骼」。

〔七三一〕「爪」，當作「似」，《敦煌經部文獻合集》據文義校改。

〔七三二〕「啄」，當作「喙」，據文義改。

〔七三三〕第二個「貒豚似豕」衍，據《王二》當删。

〔七三四〕「衣」，據《王二》補。

〔七三五〕「魚」，當作「角」，據《王二》改。

〔七三六〕「又古玩」，據殘筆劃及《王二》補。

〔七三七〕「尊」，當作「⿱竹尊」，《敦煌經部文獻合集》據文義校改，「尊」爲「⿱竹尊」之借字。

〔七三八〕「禪」，當作「襌」，《敦煌經部文獻合集》據文義校改，注文中之「禪」字同此。

〔七三九〕「富」，當作「當」，據文義改。

〔七四〇〕「對」，當作「封」，據《王二》改。

〔七四一〕「大」，當作「太」，據《王二》改。

〔七四二〕「駃」，當作「騠」，據《王二》改。

〔七四三〕「盤」，當作「槃」，《敦煌經部文獻合集》據文義校改。

〔七四四〕「鬆」，據文義補。

〔七四五〕「譠」，據本大韻後「譠」字注文補；《敦煌經部文獻合集》稱「《王二》、《箋二》（即本件）亦同」，誤。

〔七四六〕「頪」，當作「頭」，據《王二》改。

〔七四七〕「食」，當作「倉」，《敦煌經部文獻合集》據文義校改。

〔七四八〕「闌晚」，當作「腕闌」，據文義改，《敦煌經部文獻合集》句讀爲「闌，晚」，誤。

〔七四九〕「東」，當作「東」，據《王二》改。

〔七五〇〕「莔」，當作「蒱」，據文義改，《敦煌經部文獻合集》校改作「蒲」。

〔七五一〕「又」，據《王一》補。

〔七五二〕「胡」，當作「瓳」，《敦煌經部文獻合集》據文義校改。

〔七五三〕「女」，當作「籹」，據《王二》改。

〔七五四〕「巾」，當作「布」，據《王二》改。

〔七五五〕「巾」，當作「布」，據《王二》改。

〔七五六〕注文之「鴮」字衍，據文義當删。

〔七五七〕「蓋」，《敦煌經部文獻合集》釋作「盂」，校改作「蝨」。

〔七五八〕「日」，當作「目」，據《王二》改。

〔七五九〕「白」，據《王二》補；「貌」，《敦煌經部文獻合集》校改作「白」。

〔七六〇〕「一」，據文義補；「貌」，當作「白」，據《王二》改。

〔七六一〕「貌」，當作「白」，據文義改。

〔七六二〕「辨」，《敦煌經部文獻合集》釋作「辨」，誤。

〔七六三〕「一」，據文義補。

〔七六四〕「二」，底本圖版難以辨認，《敦煌經部文獻合集》據文義校補，經核查原卷，可以確認是「二」。

〔七六五〕「煖」，《敦煌經部文獻合集》釋作「媛」，校改作「煖」。

〔七六六〕「胡」，底本圖版難以辨認，經核查原卷，可以確認是「胡」，《敦煌經部文獻合集》釋作「句」，校改作「胡」。

〔七六七〕「才薦」，《敦煌經部文獻合集》釋作「于薦」，校改作「才薦」。

〔七六八〕「列」，當作「別」，據《王二》改。

〔七六九〕「肝」，當作「肚」，據文義改。

〔七七〇〕「昫」，《敦煌經部文獻合集》釋作「昫」，校改作「昫」。

〔七七一〕「降」，當作「絳」，據《王二》改，「降」爲「絳」之借字。

〔七七二〕「項」，當作「頂」，據文義改。

〔七七三〕「婧」，當作「鵁」，據《王二》改。

〔七七四〕「躚蹁」，當作「蹁躚」，《敦煌經部文獻合集》據文義校改。

〔七七五〕「三」，當作「二」，據《王二》改。

〔七七六〕「爪」，當作「瓜」，《敦煌經部文獻合集》據文義校改。

〔七七七〕「二」，據文義補。

〔七七八〕「胡」，當作「相」，據前文韻目及《王二》改。

〔七七九〕「洗」字衍，據文義當删。

〔七八〇〕「六」，底本此小韻實收「飡」、「旃」、「旜」、「栴」、「鸇」五字。

〔七八一〕「木」，當作「檀」，《敦煌經部文獻合集》據文義校改，「木」字倒寫於「栴」代字符號之下。

〔七八二〕「檀香」，當作「香木」，《敦煌經部文獻合集》據文義校改。

〔七八三〕「克」，當作「免」，《敦煌經部文獻合集》據文義校改。

〔七八四〕「戴」，當作「載」，據《王二》改。

〔七八五〕「熊」，當作「態」，《敦煌經部文獻合集》據文義校改。

〔七八六〕「纒」，《敦煌經部文獻合集》校改作「纏」。

〔七八七〕「𨂀」，《敦煌經部文獻合集》校改作「躔」。

〔七八八〕「湹」，《敦煌經部文獻合集》校改作「瀍」。

〔七八九〕「𡎴」，《敦煌經部文獻合集》校改作「壥」；「厘」，《敦煌經部文獻合集》校改作「廛」。

〔七九〇〕「一」，據文義及《王一》補。

〔七九一〕「乃」，當作「及」，據《王二》改。

〔七九二〕「相」，據《王一》補。

〔七九三〕「撥」，《敦煌經部文獻合集》釋作「撥」，校改作「發」。

〔七九四〕「劓」，當作「翾」，據《王二》改。

〔七九五〕「壖」，《敦煌經部文獻合集》校改作「壖」，時爲「壖」字通行寫法。

〔七九六〕「充」，當作「兗」，據《王一》改。

〔七九七〕「一」，據文義補。

〔七九八〕「二」，當作「三」，據《王二》改。
〔七九九〕「三」，據文義補。
〔八〇〇〕「與」，當作「輿」，據《王二》改。
〔八〇一〕「十二」，本小韻實收十一字。
〔八〇二〕「苓」，當作「荃」，據《王二》改。
〔八〇三〕「芧」，當作「茅」，《敦煌經部文獻合集》據文義校改；「匡」，當作「筐」，《敦煌經部文獻合集》據文義校改。
〔八〇四〕「輪」，當作「輻」，據文義改。
〔八〇五〕「玉」，當作「王」，據《王二》改。
〔八〇六〕「敬」，據《王二》補。
〔八〇七〕「揵」，當作「犍」，據《王二》改，注文中之「揵」字同此。
〔八〇八〕「權」，《敦煌經部文獻合集》釋作「擢」，校改作「權」。
〔八〇九〕「美貌」，據《王二》補。
〔八一〇〕「蹺」，據《王二》補。
〔八一一〕「爪」，當作「瓜」，據文義改，《敦煌經部文獻合集》逕釋作「瓜」。
〔八一二〕「二」，據文義補。
〔八一三〕「狗」，當作「拘」，據文義改。
〔八一四〕「榮」，當作「滎」，《敦煌經部文獻合集》據文義校改。
〔八一五〕「鬈」，當作「髮」，《敦煌經部文獻合集》據文義校改。

〔八一六〕「襦」，《敦煌經部文獻合集》校改作「襦」，時爲「襦」字通行寫法；「綊」，當作「縫」，《敦煌經部文獻合集》據文義校改。

〔八一七〕「又」，當作「人」，據《王二》改。

〔八一八〕「七」，據文義補，本小韻實收七字。

〔八一九〕第二個「貂」字衍，據文義當删。

〔八二〇〕「到」，當作「倒」，據《王二》改。

〔八二一〕「獓」，當作「傲」，據《王二》改，「獓」爲「傲」之借字。

〔八二二〕「玉」，當作「王」，據《王二》改。

〔八二三〕「又」，據《王二》補。

〔八二四〕「力」，當作「又」，據《王一》改。

〔八二五〕「周」，當作「同」，據《王二》改。

〔八二六〕「雌」，當作「憔」，據文義改。

〔八二七〕「美」，當作「羹」，《敦煌經部文獻合集》據文義校改。

〔八二八〕「都」，當作「鄱」，據《王二》改。

〔八二九〕「二」，據文義補，本小韻實收二字。

〔八三〇〕「喬」，據《王二》補，《敦煌經部文獻合集》逕釋作「喬」。

〔八三一〕「短」，底本圖版難以辨認，經核查原卷，可以確認是「短」，《敦煌經部文獻合集》補作「短」。

〔八三二〕「焦」，據《王二》補。

〔八三三〕「氣」，當作「器」，據《王二》改，「氣」爲「器」之借字。

〔八三四〕「八」，當作「九」，據文義改，本小韻實收十九字。

〔八三五〕「氣」，據殘筆劃及《王二》補。

〔八三六〕「謠」，據殘筆劃及《王二》補。

〔八三七〕第二個「韶」字衍，據文義當删。

〔八三八〕「心」，當作「止」，據《王二》改。

〔八三九〕「似」，據《王二》補。

〔八四〇〕「幖」，《敦煌經部文獻合集》釋作「慓」，校改作「幖」。

〔八四一〕「飄」條所在小韻「鑣」條下標數字爲「四」，已收「鑣」、「儦」、「瀌」、「穮」四字，故「飄」條衍，據文義當删。

〔八四二〕「飄」條底本右邊有删除符號，但是此條小韻「瓢」條下標數字爲「二」，已收「瓢」一字，故「飄」條即使有删除符號，也當釋録。

〔八四三〕「清」，當作「淯」，《敦煌經部文獻合集》據文義校改；「河」，當作「陽」，《敦煌經部文獻合集》據文義校改。

〔八四四〕「美」，當作「善」，《敦煌經部文獻合集》據文義校改。

〔八四五〕「幓」，《敦煌經部文獻合集》釋作「惨」，校改作「幓」，注文中之「幓」字同此。

〔八四六〕「繑」，當作「轎」，據文義改。

〔八四七〕「佋」，《敦煌經部文獻合集》校改作「帊」，誤。

〔八四八〕「又佋」衍，據文義當删。

〔八四九〕「彤」，當作「彫」，據《王二》改。

〔八五〇〕「飄」，當作「飄」，《敦煌經部文獻合集》據文義校改，注文中之「飄」字同此。
〔八五一〕「趐」，當作「翅」，《敦煌經部文獻合集》據文義校改。
〔八五二〕「反」，據文義補。
〔八五三〕「蔡」，當作「葵」，據《王二》改。
〔八五四〕「五」，據文義補。
〔八五五〕「芧」，當作「茅」，據《王二》改。
〔八五六〕「縣」，當作「郡」，據《王二》改。
〔八五七〕「巢」，據《王二》補，《敦煌經部文獻合集》逕釋作「巢」。
〔八五八〕「作」字衍，據文義當删。
〔八五九〕「盤」，當作「盤」，據文義改。
〔八六〇〕「犛」，《敦煌經部文獻合集》校改作「犛」，時爲「犛」字通行寫法。
〔八六一〕「反」，據文義補。
〔八六二〕「蔽」，當作「禾」，據《王二》改。
〔八六三〕「一」，據文義補。
〔八六四〕「反」，據文義補。
〔八六五〕「搯」，當作「掐」，《敦煌經部文獻合集》據文義校改。
〔八六六〕「耳」，當作「取」，據《王二》改。
〔八六七〕「以」，當作「似」，據文義改。
〔八六八〕「狹」，當作「俠」，據《裴韻》改。

〔八六九〕「二」，當作「三」，據文義改，本小韻實收「十三」字。
〔八七〇〕「鎹」，當作「餸」，據《裴韻》改，注文中之「鎹」字同此。
〔八七一〕「橐」，當作「囊」，《敦煌經部文獻合集》據文義校改。
〔八七二〕「枯」，當作「桔」，據《裴韻》改。
〔八七三〕「四」，當作「六」，據文義改，本小韻實收「六」字。
〔八七四〕「迯」，當作「逃」，《敦煌經部文獻合集》據文義校改。
〔八七五〕「掐」，《敦煌經部文獻合集》釋作「稻」，校改作「掐」，注文中之「掐」字同此。
〔八七六〕「子」字衍，據文義當删。
〔八七七〕「子」字衍，據文義當删。
〔八七八〕「析」，當作「淅」，據《裴韻》改，《敦煌經部文獻合集》釋作「折」，「析」爲「淅」之借字。
〔八七九〕「繼」，當作「縷」，據《裴韻》改。
〔八八〇〕「爊」，《敦煌經部文獻合集》校改作「爊」。
〔八八一〕「鏕」，當作「鏕」，《敦煌經部文獻合集》據文義校改；「同」，當作「銅」，據《王二》改，「同」爲「銅」之借字。
〔八八二〕「暄」，當作「喧」，據文義改，「暄」爲「喧」之借字。
〔八八三〕「生」，當作「先」，據《裴韻》改。
〔八八四〕「一」，據文義補。
〔八八五〕「幧」，《敦煌經部文獻合集》釋作「幧」，校改作「幧」。
〔八八六〕「匀」，當作「句」，據《裴韻》改；「子」，當作「孑」，據《王二》改。

〔八八七〕「羸」，當作「嬴」，據文義改。

〔八八八〕《敦煌經部文獻合集》認爲「作爲」連用有累贅之嫌。

〔八八九〕「鐵」，當作「鑶」，據《裴韻》改。

〔八九〇〕「絅」，《敦煌經部文獻合集》校改作「綱」。

〔八九一〕「麥」，《敦煌經部文獻合集》據文義校補。

〔八九二〕「莉」，《敦煌經部文獻合集》據文義校補。

〔八九三〕「肕」，當作「肕」，據文義改。

〔八九四〕「名」，當作「色」，據《裴韻》改。

〔八九五〕「逶」，當作「婆」，據《裴韻》改。

〔八九六〕「日」，當作「白」，據《裴韻》改；「白」，當作「皃」，據《裴韻》改。

〔八九七〕「石」，當作「五」，《敦煌經部文獻合集》據文義校改。

〔八九八〕「煸」，當作「偏」，據《裴韻》改。

〔八九九〕「縷」，當作「數」，據《王二》改。

〔九〇〇〕「支」，《敦煌經部文獻合集》釋作「攴」，校改作「支」。

〔九〇一〕「膀」，當作「滂」，據《裴韻》改。

〔九〇二〕「足」，當作「尾」，據《裴韻》改。

〔九〇三〕「作」，當作「昨」，《敦煌經部文獻合集》據文義校改。

〔九〇四〕「美」字衍，據文義當删。

〔九〇五〕「二」，據文義補。

〔九〇六〕「䢅」，《敦煌經部文獻合集》校改作「那」。
〔九〇七〕「乂」，當作「反」，《敦煌經部文獻合集》據文義校改。
〔九〇八〕「弋」，當作「戈」，據《裴韻》改。
〔九〇九〕「斜」，據文義補。
〔九一〇〕「漢」，據文義補。
〔九一一〕「三邪」，當作「邪反」，《敦煌經部文獻合集》據文義校改，「二」字倒書於右行「子」字之下。
〔九一二〕「反」，當作「二」，《敦煌經部文獻合集》據文義校改。
〔九一三〕「化」，當作「花」，據《裴韻》改。
〔九一四〕「五」，本小韻實收四字。
〔九一五〕「鍜」，當作「鋘」，《敦煌俗字研究》據文義校改。
〔九一六〕「爪」，當作「瓜」，《敦煌經部文獻合集》據文義校改。
〔九一七〕「四」，本小韻實收三字。
〔九一八〕「爪」，當作「瓜」，《敦煌經部文獻合集》據文義校改。
〔九一九〕「三」，據文義補。
〔九二〇〕「爪」，當作「瓜」，《敦煌經部文獻合集》據文義校改。
〔九二一〕「予」，當作「柔」，據《裴韻》改。
〔九二二〕「土」，當作「牡」，據文義改。
〔九二三〕「打」，《敦煌經部文獻合集》釋作「朾」，校改作「打」；「具」，據殘筆劃及《裴韻》補。
〔九二四〕「所」，《敦煌經部文獻合集》釋作「竹」，校改作「所」。

〔九二五〕「盧」，當作「纑」，據《裴韻》改，「盧」爲「纑」之借字。
〔九二六〕「大」，當作「汏」，據《裴韻》改。
〔九二七〕「止」，當作「正」，據《裴韻》改。
〔九二八〕「皻」，當作「皻」，據《裴韻》改。
〔九二九〕「麻」，《敦煌經部文獻合集》疑訛。
〔九三〇〕「茶」，當作「樣」，《敦煌經部文獻合集》據文義校改，「茶」爲「樣」之借字。
〔九三一〕「衰」，當作「衺」，據《裴韻》改。
〔九三二〕「爪」，當作「瓜」，《敦煌經部文獻合集》據文義校改。
〔九三三〕「一」，據文義補。
〔九三四〕「爪」，當作「瓜」，《敦煌經部文獻合集》據文義校改。
〔九三五〕「止」，當作「正」，據《裴韻》改。
〔九三六〕「客」，《敦煌經部文獻合集》釋作「容」，校改作「客」。
〔九三七〕「三」，當作「二」，據文義改，底本實收「十二」字。
〔九三八〕「潭」，當作「濟」，據《王二》改。
〔九三九〕「貌」，當作「白」，據《王二》改。
〔九四〇〕「火」，《敦煌經部文獻合集》釋作「大」，校改作「火」。
〔九四一〕「粽」，當作「糁」，據《裴韻》改。
〔九四二〕第二個「俢」字衍，據文義當删。
〔九四三〕「枏」，《敦煌經部文獻合集》釋作「柟」，注文中之「枏」字同此；「水」，當作「木」，據《裴韻》改。

〔九四四〕「煑」，《敦煌經部文獻合集》釋作「煮」。
〔九四五〕「⿰月㕣」字衍，據文義當删。
〔九四六〕「肣」，當作「砼」，《敦煌經部文獻合集》據文義校改。
〔九四七〕「⿰月者」，當作「腤」，據《王二》改。
〔九四八〕乙本始於此句。
〔九四九〕「三」，乙本無。
〔九五〇〕「濫」，乙本作「監」。
〔九五一〕「國名」，乙本無。
〔九五二〕「甘」，據乙本補，《敦煌經部文獻合集》逕釋作「甘」。
〔九五三〕「爪」，當作「瓜」，《敦煌經部文獻合集》據文義校改。
〔九五四〕「⿰舟瓦」，當作「甒」，據乙本改。
〔九五五〕「甘」，據乙本補。
〔九五六〕「⿰舟瓦」，當作「甒」，據乙本改；「字」，乙本無。
〔九五七〕「一」，乙本作「四」。
〔九五八〕「⿰舌冊」，《敦煌經部文獻合集》釋作「⿰舌冉」。
〔九五九〕「三」，乙本無。
〔九六〇〕「⿰耳冊」，《敦煌經部文獻合集》釋作「聃」。
〔九六一〕「⿰土冊」，《敦煌經部文獻合集》釋作「⿰土冉」。
〔九六二〕「甘」，底本圖版難以辨認，《敦煌經部文獻合集》據文義校補，經核查原卷，可以確認是「甘」。

〔九六三〕「上葉」，當作「葉上」，據乙本改。
〔九六四〕「一」，乙本無。
〔九六五〕「大」，當作「火」，據文義改，《敦煌經部文獻合集》逕釋作「火」。
〔九六六〕「三」，當作「二」，據文義改，本小韻實收二字。
〔九六七〕「三」，乙本作「二」。
〔九六八〕「日」，乙本同，底本圖版難以辨認，《敦煌經部文獻合集》據文義校補，經核查原卷，可以確認是「日」。
〔九六九〕「作」，底本圖版難以辨認，《敦煌經部文獻合集》據文義校補，經核查原卷，可以確認是「作」；「按《文》作
嵑」，乙本無。
〔九七〇〕「木」，乙本作「木名」。
〔九七一〕「褁」，當作「褱」，據《裴韻》改。
〔九七二〕「頭」，當作「額」，《敦煌經部文獻合集》據文義校改。
〔九七三〕乙本止於此句。
〔九七四〕「二」，據文義補。
〔九七五〕「蜆」，當作「蜋」，《敦煌經部文獻合集》據文義校改。
〔九七六〕「人」，當作「食」，據《王二》改。
〔九七七〕「前」字衍，據《王二》當删。
〔九七八〕「反」，據文義補。
〔九七九〕「九」，據文義補，本小韻實收九字。
〔九八〇〕「珪」，《敦煌經部文獻合集》釋作「圭」，誤。

〔九八一〕「邑名」，據《王二》補。
〔九八二〕「衣被」，當作「披衣」，據《王二》改。
〔九八三〕「繮」，據殘筆劃及《王二》補。
〔九八四〕「枯」，當作「朽」，據《王二》改。
〔九八五〕「一」，據《王二》補。
〔九八六〕「萇楚」，據殘筆劃及《王二》補。
〔九八七〕「穰」，當作「攘」，據《王二》改；「于」，當作「手」，據《王二》改。
〔九八八〕「縣」，據殘筆劃及《王二》補。
〔九八九〕「白」，當作「貌」，據《裴韻》改。
〔九九〇〕「蚄虸」，當作「虸蚄」，據《王二》改。
〔九九一〕「十仿」，當作「什邡」，據《王二》改；「縣」，據《王二》補。
〔九九二〕「屬」，當作「蜀」，據《王二》改。
〔九九三〕「腹」，據《王二》補。
〔九九四〕「圓器」，當作「國語」，據《王二》改。
〔九九五〕「縢」，當作「騰」，據文義改，「縢」爲「騰」之借字。
〔九九六〕「名」，據《王二》補。
〔九九七〕「芒」，據《王二》補；「草」，據《王二》補。
〔九九八〕「爪」，當作「瓜」，《敦煌經部文獻合集》據文義校改；「少」，當作「內」，據《王二》改。
〔九九九〕「病」，當作「疾」，據《王一》改。

〔一〇〇〇〕「名」，當作「鳴」，據文義改，「名」爲「鳴」之借字。
〔一〇〇一〕「土」，當作「士」，據文義改。
〔一〇〇二〕「佉」，當作「怯」，據《王二》改。
〔一〇〇三〕「鴐」，底本圖版難以辨認，《敦煌經部文獻合集》據文義校補，經核查原卷，可以確認是「鴐」。
〔一〇〇四〕「貎」，據《王二》補。
〔一〇〇五〕「二」，據文義補。
〔一〇〇六〕「榔」，當作「桹」，據《王二》改，「榔」爲「桹」之借字。
〔一〇〇七〕「句」，當作「枸」，據文義改，「句」爲「枸」之借字；「並桹」，當作「桹並」，據文義改。
〔一〇〇八〕「鍾」，《敦煌經部文獻合集》釋作「鐘」。
〔一〇〇九〕「㝩」，《敦煌經部文獻合集》校改作「康」。
〔一〇一〇〕「竹叢」，據《王二》補。
〔一〇一一〕「洸」，當作「光」，據《王二》改，「洸」爲「光」之借字。
〔一〇一二〕「滂」，據《王二》補，《敦煌經部文獻合集》釋作「滂」，再加缺字符。
〔一〇一三〕「普」，據殘筆劃及《王二》補。
〔一〇一四〕「煑」，《敦煌經部文獻合集》釋作「煮」。
〔一〇一五〕「位」，當作「伍」，據《王二》改。
〔一〇一六〕「頡」，當作「頡」，據文義改。
〔一〇一七〕「三」，當作「六」，據文義改，底本實收六字，《敦煌經部文獻合集》逕釋作「六」。
〔一〇一八〕「怖」，據《裴韻》補。

〔一〇一九〕「五」、「反」，均據《王二》補。

〔一〇二〇〕「骨」，當作「䯬」，《敦煌經部文獻合集》據文義校改。

〔一〇二一〕「兄」，當作「兔」，《敦煌經部文獻合集》據文義校改。

〔一〇二二〕「尸」，當作「戶」，據《王二》改。

〔一〇二三〕「觥」，《敦煌經部文獻合集》校改作「觬」。

〔一〇二四〕「膨脝」，據《王二》補。

〔一〇二五〕「蟛」，據《王二》補。

〔一〇二六〕「槍」及注文中「槍」字，《敦煌經部文獻合集》釋作「搶」，校改作「槍」。

〔一〇二七〕「林」，當作「楚」，據《裴韻》改。

〔一〇二八〕第一個「鬀」，當作「髼」，《敦煌經部文獻合集》據文義校改。

〔一〇二九〕「蕪」，當作「撫」，《敦煌經部文獻合集》據文義校改。

〔一〇三〇〕「煑」，《敦煌經部文獻合集》釋作「煮」。

〔一〇三一〕「䩬」，當作「抨」，據文義改。

〔一〇三二〕「鵻」，當作「鶽」，據《裴韻》改，《敦煌經部文獻合集》逕釋作「鶽」。

〔一〇三三〕「風」，當作「鳳」，據《裴韻》改。

〔一〇三四〕「永兵反」，據《王二》補。

〔一〇三五〕「禜」，據《王二》補。

〔一〇三六〕「蚚」，當作「蜥」，據《裴韻》改，「蚚」爲「蜥」之借字。

〔一〇三七〕「秀」，當作「琇」，據《王二》改，「秀」爲「琇」之借字。

〔一〇三八〕「京反」，據《王二》補。
〔一〇三九〕「八」，據文義補。
〔一〇四〇〕「檍」，《敦煌經部文獻合集》釋作「撎」。
〔一〇四一〕「上」，據《王二》補。
〔一〇四二〕「黎」，當作「犂」，據《裴韻》改，「黎」爲「犂」之借字。
〔一〇四三〕「鞭」，當作「鞕」，據《裴韻》改。
〔一〇四四〕「戶」，據《裴韻》補。
〔一〇四五〕「聲」，據文義補。
〔一〇四六〕「罄」，據殘筆劃及《裴韻》補。
〔一〇四七〕「羣」，當作「帬」，據文義改，《敦煌經部文獻合集》逕釋作「帬」，「羣」爲「帬」之借字。
〔一〇四八〕「葶藶」，據《裴韻》補。
〔一〇四九〕「砰」，據《裴韻》補。
〔一〇五〇〕「名」，當作「石」，據文義改。
〔一〇五一〕「捽」，《敦煌經部文獻合集》釋作「椁」，校改作「捽」。
〔一〇五二〕「一」，據文義補。
〔一〇五三〕「珞」，據《裴韻》補。
〔一〇五四〕「纓」，據殘筆劃及《裴韻》補。
〔一〇五五〕「貞」，據殘筆劃及《裴韻》補；「反」，據《裴韻》補。
〔一〇五六〕「四」，據文義補。

〔一〇五七〕「楨」，據殘筆劃及《裴韻》補。

〔一〇五八〕「冬樹」，據殘筆劃及《裴韻》補。

〔一〇五九〕「祥」，據殘筆劃及《裴韻》補。

〔一〇六〇〕「郎」，據殘筆劃及《裴韻》補。

〔一〇六一〕「真反」，據《裴韻》補。

〔一〇六二〕從此處開始，《英藏敦煌文獻》圖版粘貼順序有誤，第九張圖版右半的最後一字爲「檉」，應接抄第十張圖版左半部分，並且中間有殘缺，可識認的第一字爲「三」。

〔一〇六三〕「并府盈反」，據《裴韻》補。

〔一〇六四〕「栟」，據殘筆劃及《裴韻》補。

〔一〇六五〕「篁」，當作「篁」，據《裴韻》改。

〔一〇六六〕「去」，據殘筆劃及《裴韻》補；「反」，據殘筆劃及《裴韻》補。

〔一〇六七〕「煢獨」，據殘筆劃及《裴韻》補。

〔一〇六八〕「蔓茅」，據《裴韻》補。

〔一〇六九〕「草名」，據《裴韻》補。

〔一〇七〇〕「騂馬赤色」，據《裴韻》補。

〔一〇七一〕「息營反」，據《裴韻》補。

〔一〇七二〕「三」，據文義補。

〔一〇七三〕「垶赤」，據殘筆劃及《裴韻》補。

〔一〇七四〕「解」，據殘筆劃及《裴韻》補。

〔一〇七五〕「臣」，當作「巨」，據《裴韻》改。
〔一〇七六〕「歷」，當作「藶」，據《裴韻》改，「歷」爲「藶」之借字。
〔一〇七七〕「目」，當作「耳」，據《裴韻》改。
〔一〇七八〕「克」，當作「先」，據《裴韻》改。
〔一〇七九〕「止」，當作「正」，據《裴韻》改。
〔一〇八〇〕「製」，當作「掣」，據《裴韻》改。
〔一〇八一〕「鍾」，《敦煌經部文獻合集》校改作「鐘」。
〔一〇八二〕「缻」，當作「瓶」，據《裴韻》改。
〔一〇八三〕「取」，據殘筆劃及《裴韻》補。
〔一〇八四〕「止」，當作「正」，據《裴韻》改。
〔一〇八五〕「駒」，當作「駉」，《敦煌經部文獻合集》據文義校改。
〔一〇八六〕「他」，據《裴韻》補。
〔一〇八七〕「七」，據殘筆劃及文義補。
〔一〇八八〕「評」，據《裴韻》補。
〔一〇八九〕「桯碓桯」，據《裴韻》補。
〔一〇九〇〕「虘」，當作「樝」，據《裴韻》改。
〔一〇九一〕「溟濛」，據《裴韻》補。
〔一〇九二〕「小雨」，據《裴韻》補。
〔一〇九三〕「英」，當作「莢」，據《裴韻》改。

〔一〇九四〕「必」，據殘筆劃及《裴韻》補。

〔一〇九五〕「⿱艹阱」，當作「蓱」，據文義改。

〔一〇九六〕「竹」，據殘筆劃及《王二》補。

〔一〇九七〕「輧」，據《裴韻》補。

〔一〇九八〕「娦」，當作「竛」，據《裴韻》改。

〔一〇九九〕「蓱」，當作「荓」，據文義改，《敦煌經部文獻合集》校改作「蓱」，誤。

〔一一〇〇〕「閞」，底本圖版難以辨認，《敦煌經部文獻合集》據文義校補，經核查原卷，可以確認是「閞」。

〔一一〇一〕從此處開始，《英藏敦煌文獻》第十張圖版左半接抄第十一張圖版的右半，中間並無殘缺。

〔一一〇二〕「俊」，當作「駿」，據《裴韻》改，「俊」爲「駿」之借字。

〔一一〇三〕「打」，《敦煌經部文獻合集》釋作「朾」，校改作「打」。

〔一一〇四〕「⿰目欠」，當作「歐」，據《裴韻》改。

〔一一〇五〕「又」，當作「反」，據《裴韻》改。

〔一一〇六〕「樛」，《敦煌經部文獻合集》認爲是衍文，逕删。

〔一一〇七〕「毒」，當作「毐」，《敦煌經部文獻合集》據文義校改。

〔一一〇八〕「毒」，當作「毐」，《敦煌經部文獻合集》據文義校改。

〔一一〇九〕「塗」，當作「塗」，據《裴韻》改，「塗」爲「塗」之借字。

〔一一一〇〕「欠」，當作「久」，據《王二》改。

〔一一一一〕「一」字衍，《敦煌經部文獻合集》據文義删。

〔一一一二〕「冘」，《敦煌經部文獻合集》釋作「宂」，校改作「冘」。

〔一一三〕「定」，據《裴韻》補。
〔一一四〕「董」，當作「薰」，據《裴韻》改。
〔一一五〕「補」，當作「脯」，據《裴韻》改。
〔一一六〕「呼」，據《裴韻》補。
〔一一七〕「柔」，當作「葇」，據《王二》改，「柔」爲「葇」之借字。
〔一一八〕「又」，據《裴韻》補。
〔一一九〕「物」，當作「屶」，據《裴韻》改。
〔一二〇〕「反」，當作「九」，據《裴韻》改，《敦煌經部文獻合集》校改作「友」。
〔一二一〕「人」，當作「仁」，據文義改，「人」爲「仁」之借字。
〔一二二〕「三」，當作「五」，據文義改，底本實收五字。
〔一二三〕「孚」，當作「浮」，據《裴韻》改，「孚」爲「浮」之借字。
〔一二四〕「反」，據殘筆劃及《裴韻》補。
〔一二五〕「十三」，據文義補。
〔一二六〕「躊」，據殘筆劃及《裴韻》補；「躇」，據殘筆劃及《裴韻》補。
〔一二七〕「咨」，據《裴韻》補。
〔一二八〕「輈車轅」，據殘筆劃及《裴韻》補。
〔一二九〕「張留反」，據《裴韻》補。
〔一三〇〕「四」，據文義補。
〔一三一〕「盩」，據《裴韻》補。

〔一一三二〕「桴」，《敦煌經部文獻合集》釋作「捊」，校改作「桴」。

〔一一三三〕「枹」，《敦煌經部文獻合集》釋作「抱」，校改作「枹」。

〔一一三四〕「䋄」，《敦煌經部文獻合集》校改作「網」，「䋄」同「網」。

〔一一三五〕「而」，當作「西」，據《王二》改。

〔一一三六〕「苣」，當作「苢」，據《裴韻》改。

〔一一三七〕「顯」，當作「顯」，據《王二》改。

〔一一三八〕「頭」，當作「頸」，據《王二》改。

〔一一三九〕「延」，當作「涎」，據《王二》改，「延」爲「涎」之借字。

〔一一四〇〕「羺」，《敦煌經部文獻合集》校改作「羺」，時爲「羺」字通行寫法。

〔一一四一〕「䤄」，《敦煌經部文獻合集》校改作「䵕」，時爲「䵕」字通行寫法。

〔一一四二〕「獳」，《敦煌經部文獻合集》校改作「獳」，時爲「獳」字通行寫法。

〔一一四三〕「褔」，當作「彄」，據《裴韻》改。

〔一一四四〕「烙」，當作「恪」，據《裴韻》改。

〔一一四五〕「褔」，當作「摳」，據《裴韻》改，注文中之「褔」字同此。

〔一一四六〕「韝臂捍」，據殘筆劃及《裴韻》補。

〔一一四七〕「稀」，當作「秝」，據文義改。

〔一一四八〕「脰」，當作「䀡」，據《王二》改，注文中之「脰」字同此。

〔一一四九〕「觫名」，當作「匕曲」，《敦煌經部文獻合集》據文義校改。

〔一一五〇〕「衝」，當作「銜」，據《王二》改，《敦煌經部文獻合集》逕釋作「銜」。

〔一五一〕「体」，《敦煌經部文獻合集》校改作「烋」。
〔一五二〕「鐔」，據《裴韻》補。
〔一五三〕「流」，當作「沃」，據《裴韻》改。
〔一五四〕「淄」，據殘筆劃及《裴韻》補。
〔一五五〕「棽木」，據《裴韻》補。
〔一五六〕「所」，據《王二》補。
〔一五七〕「責」，當作「賷」，據《裴韻》改。
〔一五八〕「將」，當作「漿」，據文義改，「將」爲「漿」之借字。
〔一五九〕「沉」，《敦煌經部文獻合集》校改作「沈」。
〔一六〇〕「犺」，《敦煌經部文獻合集》校改作「⿰牛冘」。
〔一六一〕「芫」，《敦煌經部文獻合集》校改作「芫」。
〔一六二〕「⿱雨冗」，《敦煌經部文獻合集》校改作「霃」。
〔一六三〕「知」，據《裴韻》補。
〔一六四〕「⿰亻鳥」，據殘筆劃及《裴韻》補。
〔一六五〕「婬」，據殘筆劃及《裴韻》補，《敦煌經部文獻合集》校改作「媱」；「姸」，據《裴韻》補。
〔一六六〕「心」，據《裴韻》補。
〔一六七〕「心」，當作「杺」，《敦煌經部文獻合集》據文義校改。
〔一六八〕「反」，據《裴韻》補。
〔一六九〕「桍」、「名」，均據《裴韻》補。

〔二一七〇〕「詛」，據殘筆劃及《裴韻》補。
〔二一七一〕「聲」，據《裴韻》補。
〔二一七二〕「女心反」，據《裴韻》補。
〔二一七三〕「一」，據文義補。從此處開始，《英藏敦煌文獻》第十一張圖版左半接抄第九張圖版左半，中間有殘泐。
〔二一七四〕「廿一鹽」，據文義補。
〔二一七五〕「簷屋前」，據《裴韻》補。
〔二一七六〕「廉力簾」，據殘筆劃及《裴韻》補。
〔二一七七〕「箔」，據文義補。
〔二一七八〕「二」，據《裴韻》補。
〔二一七九〕「籤」，當作「籖」，《敦煌經部文獻合集》據文義校改。
〔二一八〇〕「敗」，當作「敢」，據《裴韻》改，《敦煌經部文獻合集》逕釋作「敢」。
〔二一八一〕「有」，當作「省」，據《裴韻》改。
〔二一八二〕「襦」，《敦煌經部文獻合集》校改作「襦」，時爲「襦」字通行寫法。
〔二一八三〕「預」，當作「預」，據《裴韻》改。
〔二一八四〕「不」，據《裴韻》補；「女」，當作「安」，據《裴韻》改。
〔二一八五〕「作」，當作「昨」，據《裴韻》改。
〔二一八六〕「箐」，當作「簣」，據《裴韻》改。
〔二一八七〕「陽」，當作「陵」，據《王二》改。
〔二一八八〕「一」，當作「二」，據文義改，本小韻實收二字。

〔一八九〕「他兼」，據《裴韻》補。
〔一九〇〕「一」，據文義補。
〔一九一〕「廉」，當作「兼」，據《裴韻》改，以下同，不另出校。
〔一九二〕「簾」，當作「兼」，據《裴韻》改。
〔一九三〕「兼」，據殘筆劃及《裴韻》補。
〔一九四〕「網」，《敦煌經部文獻合集》校改作「網」，「網」同「網」。
〔一九五〕「語」，當作「諸」，據《裴韻》改。
〔一九六〕「綿」，當作「錦」，據《裴韻》改。
〔一九七〕「又」字衍，據文義當删。
〔一九八〕「淩」，當作「淩」，《敦煌經部文獻合集》據文義校改，「淩」爲「淩」之借字。
〔一九九〕「病」字衍，據文義當删。
〔二〇〇〕「鄎」，當作「鄑」，據《裴韻》改。
〔二〇一〕「和」，當作「知」，據《裴韻》改。
〔二〇二〕「品皆」，據殘筆劃及文義補。
〔二〇三〕「棱」，《敦煌經部文獻合集》釋作「棱」。
〔二〇四〕「棱」，《敦煌經部文獻合集》釋作「棱」。
〔二〇五〕「戈」，當作「弋」，據《裴韻》改。
〔二〇六〕「網」，《敦煌經部文獻合集》校改作「網」，「網」同「網」。
〔二〇七〕「棱」，《敦煌經部文獻合集》釋作「棱」。

〔一二〇八〕「又」，據《王二》補。
〔一二〇九〕「又」字衍，據文義當删。
〔一二一〇〕「絃」，據《王二》補。
〔一二一一〕「大」，據《王二》補。
〔一二一二〕「咸」，當作「諴」，據《裴韻》改。
〔一二一三〕「又」字衍，據《裴韻》當删。
〔一二一四〕「止」，當作「正」，據《裴韻》改。
〔一二一五〕「名」，當作「羊」，據《裴韻》改。
〔一二一六〕「以」，當作「似」，據《裴韻》改。
〔一二一七〕「涉」，據《裴韻》補。
〔一二一八〕從此處開始，《英藏敦煌文獻》第九張圖版的左半最後一字接抄第十張圖版右半部分，中間並無殘缺。
〔一二一九〕「鴿」，《敦煌經部文獻合集》釋作「鷂」，校改作「鴿」，注文中之「鴿」字同此；「鳥」，據《裴韻》補。
〔一二二〇〕「七」，當作「士」，據《裴韻》改。
〔一二二一〕「欃欃槍」，《敦煌經部文獻合集》釋作「攙攙搶」，校改作「欃欃槍」。
〔一二二二〕「髟屋翼」，據《裴韻》補。
〔一二二三〕「又長髮皃」，據《裴韻》補。
〔一二二四〕「反」，據《裴韻》補。
〔一二二五〕「諸」，據《裴韻》補。
〔一二二六〕「明以取月水」，當作「以取明水於」，據文義改；「月」，據文義補。

〔二二七〕「籭」，《敦煌經部文獻合集》釋作「蘼」，校改作「籭」。

〔二二八〕「麌」，當作「虞」，據《裴韻》改。

〔二二九〕「楷」，《敦煌經部文獻合集》釋作「揩」，校改作「楷」。

〔二三〇〕「十九」，據文義補。

〔二三一〕「數板」，據《裴韻》補。

〔二三二〕「卅」，據文義補。

〔二三三〕「㧖」，當作「拯」，據文義改，「㧖」爲「拯」之借字。

〔二三四〕「二」，底本倒書於雙行注文之右行行末。

〔二三五〕「㖦」，當作「蝀」，據《裴韻》改，「㖦」爲「蝀」之借字。

〔二三六〕「桐」，當作「桶」，據《裴韻》改，注文中之「桐」字同此。

〔二三七〕「白」，當作「貌」，據《裴韻》改。

〔二三八〕「疋」於文中指代《爾雅》時用同「雅」，以下「疋雅」之「疋」同此，不另出校。

〔二三九〕「樹」，當作「樴」，《敦煌經部文獻合集》據文義校改。

〔二四〇〕「舉」，當作「𨵗」，《敦煌經部文獻合集》據文義校改。

〔二四一〕「埶」，當作「執」，據《裴韻》改。

〔二四二〕「拝」，《敦煌經部文獻合集》校改作「柈」。

〔二四三〕「捧」，《敦煌經部文獻合集》校改作「棒」。

〔二四四〕「二」，據文義補，本小韻實收二字。

〔二四五〕「氶」，《敦煌經部文獻合集》校改作「承」。

〔一二四六〕「䮤」，當作「髀」，《敦煌經部文獻合集》據文義校改。
〔一二四七〕「二」，據文義補。
〔一二四八〕「骪」，《敦煌經部文獻合集》釋作「𩨗」，校改作「骫」。
〔一二四九〕「抗」，《敦煌經部文獻合集》釋作「抗」。
〔一二五〇〕「技」，《敦煌經部文獻合集》釋作「技」，校改作「技」。
〔一二五一〕「伎」，《敦煌經部文獻合集》釋作「伎」，校改作「伎」。
〔一二五二〕「刀」，《敦煌經部文獻合集》釋作「力」，校改作「刀」。
〔一二五三〕「瑫」，當作「蹈」，據《王二》改，《敦煌經部文獻合集》逕釋作「蹈」，「瑫」爲「蹈」之借字。
〔一二五四〕「奞」，《敦煌經部文獻合集》校改作「奪」。
〔一二五五〕「七」，底本實收六字。
〔一二五六〕「匜」，《敦煌經部文獻合集》釋作「迤」，校改作「匜」，注文中之「匜」字同此。
〔一二五七〕「躡」、「跟」，均據文義補。
〔一二五八〕「驪」，當作「曬」，據《裴韻》改。
〔一二五九〕前行「爾」字與次行「誃」字所在行的下部底卷斷裂，收藏者在對其進行重新粘貼時誤把下平聲十五清、十六青、十七尤、十八侯、十九幽、廿侵的内容插粘其間，今爲移正接録。
〔一二六〇〕「芈」，《敦煌經部文獻合集》釋作「芉」，校改作「芈」。
〔一二六一〕「在長」，據殘筆劃及《裴韻》補。
〔一二六二〕「種」，當作「捶」，據《裴韻》改，「種」爲「捶」之借字。
〔一二六三〕「倉」，當作「食」，據《裴韻》改。

〔一二六四〕「餳」，當作「碭」，據《裴韻》改。

〔一二六五〕「祓」，當作「拔」，據《裴韻》改，「祓」爲「拔」之借字。

〔一二六六〕「花」，當作「草」，據《裴韻》改。

〔一二六七〕「才」，據《裴韻》補。

〔一二六八〕「一」，當作「二」，據文義改，本小韻實收二字，《敦煌經部文獻合集》逕釋作「二」。

〔一二六九〕「枙椅枙」，《敦煌經部文獻合集》釋作「扼掎扼」，校改作「枙椅枙」。

〔一二七〇〕「之」，當作「脂」，據《裴韻》改。

〔一二七一〕「豚」，當作「豚」，據《裴韻》改。

〔一二七二〕「芗」，當作「芍」，據《王二》改。

〔一二七三〕「居」，《敦煌經部文獻合集》釋作「屋」，校改作「居」。

〔一二七四〕「夭」，《敦煌經部文獻合集》校改作「矢」。

〔一二七五〕「宂」，《敦煌經部文獻合集》釋作「宂」，校改作「宄」。

〔一二七六〕「或」，據殘筆劃及文義補。

〔一二七七〕「盧」，當作「盧」，據《裴韻》改。

〔一二七八〕「蔡」，當作「葵」，據《裴韻》改。

〔一二七九〕「水」，當作「木」，據《裴韻》改。

〔一二八〇〕「柎」，當作「枙」，據《裴韻》改。

〔一二八一〕「一」，據文義補。

〔一二八二〕「作」，據文義補。

〔一二八三〕「水」，據《裴韻》補。

〔一二八四〕「四」，當作「五」，據文義改，本小韻實收五字。

〔一二八五〕「埒」，當作「埒」，據《王二》改。

〔一二八六〕「欳」，據《王二》補。

〔一二八七〕「蔺」，當作「嵩」，據《王二》改。

〔一二八八〕「蔺」，當作「嵩」，據《王二》改。

〔一二八九〕「榮」，當作「滎」，《敦煌經部文獻合集》據文義校改。

〔一二九〇〕「二」，據文義補。

〔一二九一〕「怠」，當作「箈」，《敦煌經部文獻合集》據文義校改，「怠」爲「箈」之借字；「中魚衣」，據文義補。

〔一二九二〕「諸」，當作「儲」，據《裴韻》改。

〔一二九三〕「梁」，當作「粱」，據文義改，「梁」爲「粱」之借字。

〔一二九四〕「擁」，當作「壅」，據文義改，《敦煌經部文獻合集》釋作「雄」，校改作「擁」，「擁」爲「壅」之借字。

〔一二九五〕「僭」，《敦煌經部文獻合集》释作「僣」，校改作「僭」。

〔一二九六〕「瓪」，《敦煌經部文獻合集》校改作「板」。

〔一二九七〕「狶」，當作「俙」，據《王一》改，「狶」爲「俙」之借字。

〔一二九八〕「一」，據《裴韻》補。

〔一二九九〕「玉」字衍，據《裴韻》當删。

〔一三〇〇〕「令」，當作「囹」，據《裴韻》改，「令」爲「囹」之借字。

〔一三〇一〕「亦羇旅」，據文義補。

〔一三〇二〕「抜」，當作「裖」，據《裴韻》改，「抜」爲「裖」之借字。

〔一三〇三〕「亦羇抜」三字衍，據文義當删。

〔一三〇四〕「桷」，《敦煌掇瑣》釋作「桶」，誤。

〔一三〇五〕「儢」，當作「慮」，據《裴韻》改。

〔一三〇六〕「知」，當作「如」，據《裴韻》改。

〔一三〇七〕「瓬」，《敦煌經部文獻合集》校改作「瓬」，時爲「瓬」字通行寫法。

〔一三〇八〕第二個「炬」，當作「火」，據《裴韻》改。

〔一三〇九〕「掵」，《敦煌經部文獻合集》釋作「梌」，校改作「掵」。

〔一三一〇〕「反」，據文義補。

〔一三一一〕「堥」，《敦煌經部文獻合集》校改作「墅」。

〔一三一二〕「徂」，當作「狙」，據《王二》改。

〔一三一三〕「一」，據文義補。

〔一三一四〕「巨」，當作「矩」，據《裴韻》改，「巨」爲「矩」之借字。

〔一三一五〕「水」，當作「木」，據今本《説文》改。

〔一三一六〕「草」，據《裴韻》補。

〔一三一七〕「網」，《敦煌經部文獻合集》釋作「罓」，校改作「网」。

〔一三一八〕「餔」條衍，據文義當删。

〔一三一九〕「字」，當作「孚」，據《王二》改。

〔一三二〇〕「足」，《敦煌經部文獻合集》疑當作「思」。

〔一三二一〕「書」，據《裴韻》補。
〔一三二二〕「嫗」，當作「軀」，據《裴韻》改。
〔一三二三〕「又」，當作「人」，據《裴韻》改。
〔一三二四〕「衣」，當作「水」，據《裴韻》改。
〔一三二五〕「醽」，《敦煌經部文獻合集》校改作「醹」，時爲「醹」字通行寫法。
〔一三二六〕己本始於此句。
〔一三二七〕「枳椇」，己本作「枳」。
〔一三二八〕「戈」，當作「千」，《敦煌經部文獻合集》據文義校改，己本作「禾」。
〔一三二九〕「繿」，己本作「襤」，「繿」同「襤」。
〔一三三〇〕己本止於此句，另外還收有「溇」字及其注文。
〔一三三一〕「他」，據《裴韻》補。
〔一三三二〕「莧」，當作「莞」，《敦煌經部文獻合集》據文義校改。
〔一三三三〕「簿」，《敦煌經部文獻合集》釋作「薄」，校改作「簿」。
〔一三三四〕「五」，據文義補，本小韻實收五字。
〔一三三五〕「皷」，當作「鼓」，據《裴韻》改。
〔一三三六〕「網」，《敦煌經部文獻合集》釋作「冈」，校改作「网」。
〔一三三七〕「籍」，《敦煌經部文獻合集》釋作「藉」，校改作「籍」。
〔一三三八〕「琥」，當作「虎」，據《裴韻》改，「琥」爲「虎」之借字。
〔一三三九〕「三」，當作「二」，據文義改，本小韻實收十二字。

〔一三四〇〕「魫」，當作「魫」，據《王二》改。
〔一三四一〕「飯」，當作「飲」，據文義改；「而」，據文義補。
〔一三四二〕「詞」，當作「訶」，據《裴韻》改。
〔一三四三〕「膿」，當作「聵」，《敦煌經部文獻合集》據文義校改，「膿」爲「聵」之借字。
〔一三四四〕「似」，當作「姒」，據《王二》改，「似」爲「姒」之借字。
〔一三四五〕「俗」，當作「浴」，據《裴韻》改，《敦煌經部文獻合集》逕釋作「浴」。
〔一三四六〕「反」，據文義補。
〔一三四七〕「欄」，《敦煌經部文獻合集》釋作「攔」，校改作「欄」。
〔一三四八〕「三」，底本圖版難以辨認，《敦煌經部文獻合集》據文義校補，經核查原卷，可以確認是「三」。
〔一三四九〕「所以」，底本圖版難以辨認，《敦煌經部文獻合集》據文義校補，經核查原卷，可以確認是「所以」。
〔一三五〇〕「服」，當作「股」，據《裴韻》改。
〔一三五一〕「一」，據《裴韻》補。
〔一三五二〕「忯」，當作「忯」，《敦煌經部文獻合集》據文義校改，注文中之「忯」字同此。
〔一三五三〕「鞗」，當作「鞵」，據《王二》改。
〔一三五四〕「二」，據文義補。
〔一三五五〕「莫」，當作「羊」，據《王二》改。
〔一三五六〕「芋」，《敦煌經部文獻合集》校改作「芌」。
〔一三五七〕「大」，當作「犬」，據《王二》改。
〔一三五八〕「徇」，當作「狗」，據《王二》改。

〔一三五九〕「獬」，當作「㑪」，《敦煌經部文獻合集》據文義校改，「獬」爲「㑪」之借字。
〔一三六〇〕「鶩」，據《王二》補，《敦煌經部文獻合集》逕釋作「鶩」。
〔一三六一〕「莫」，當作「模」，據《王二》改。
〔一三六二〕「腇」，當作「腲」，據《裴韻》改。
〔一三六三〕「貌」，據殘筆劃及《裴韻》補。
〔一三六四〕「腇」，當作「腲」，據《裴韻》改。
〔一三六五〕「渨」，當作「煨」，據《裴韻》改，「渨」爲「煨」之借字。
〔一三六六〕「腰」，當作「脮」，《敦煌經部文獻合集》據文義校改。
〔一三六七〕「腇」字衍，據文義當删；「腰」，當作「脮」，《敦煌經部文獻合集》據文義校改。
〔一三六八〕「媿」，當作「娘」，據《裴韻》改，注文中之「媿」字同此。
〔一三六九〕「在」，原有兩個「在」字，一在雙行夾注之行末，一在次行行首，這是當時的一種抄寫習慣，可以稱爲「提行添字例」，第二個「在」字應不讀，故未録。
〔一三七〇〕「浽」，當作「浽」，據《裴韻》改。
〔一三七一〕「一」，據文義補。
〔一三七二〕「腇」，當作「脂」，《敦煌經部文獻合集》據文義校改。
〔一三七三〕「媿」，當作「娘」，據《裴韻》改。
〔一三七四〕「畾」，當作「畾」，《敦煌經部文獻合集》據文義校改。
〔一三七五〕「枝」，當作「枚」，據《裴韻》改。
〔一三七六〕「反」，據《裴韻》補。

〔一三七七〕「肯」，《敦煌經部文獻合集》校改作「肯」。
〔一三七八〕「倍」，《敦煌經部文獻合集》校改作「倍」，但此件兩處都將「倍」有意寫作「倍」，説明「倍」爲「倍」字流行寫法，注文中之「倍」字同此。
〔一三七九〕「蓓」，《敦煌經部文獻合集》校改作「蓓」，時爲「蓓」字流行寫法，注文中之「蓓」字同此。
〔一三八〇〕「刃」，《敦煌經部文獻合集》釋作「忍」，校改作「刃」，底本「忍」字下「心」旁可視作有卜煞符號；「反」，據《裴韻》補。
〔一三八一〕「準」，當作「隼」，據《裴韻》改。
〔一三八二〕「脒」，當作「膝」，據《裴韻》改。
〔一三八三〕「名」，當作「菌」，據《裴韻》改。
〔一三八四〕「反」，據《裴韻》補。
〔一三八五〕「晚」，當作「脕」，據《裴韻》改，「晚」爲「脕」之借字。
〔一三八六〕「頭」，當作「頸」，據《裴韻》改。
〔一三八七〕「雷」，當作「車」，據《王一》改。
〔一三八八〕「堇」，當作「名」，《敦煌經部文獻合集》據文義校改。
〔一三八九〕「德」，當作「㥀」，據《王一》改。
〔一三九〇〕「風」，當作「鳳」，據《王二》改。
〔一三九一〕「寒」，當作「蹇」，據《王一》改。
〔一三九二〕「蚓丘」，當作「丘蚓」，據《王一》改。
〔一三九三〕「卌」，當作「卅」，據《王二》改。

〔一三九四〕『怨』，當作『怨』，《敦煌經部文獻合集》據文義校改。
〔一三九五〕『兞』，《敦煌經部文獻合集》校改作『毦』。
〔一三九六〕『古』，當作『苦』，《敦煌經部文獻合集》據文義校改。
〔一三九七〕『栖』，當作『棲』，據《王二》改，『栖』爲『棲』之借字。
〔一三九八〕『名』，當作『貌』，《敦煌經部文獻合集》據文義校改。
〔一三九九〕『則』，當作『惻』，《敦煌經部文獻合集》據文義校改。
〔一四〇〇〕『纂』，《敦煌經部文獻合集》校改作『簒』，『纂』爲『簒』之或體。
〔一四〇一〕『四』，本小韻實收三字。
〔一四〇二〕『永』，《敦煌經部文獻合集》校改作『承』。
〔一四〇三〕『纂』，《敦煌經部文獻合集》校改作『簒』。
〔一四〇四〕『穀』，當作『轂』，據《王二》改，『穀』爲『轂』之借字。
〔一四〇五〕『地』，當作『他』，據《王二》改。
〔一四〇六〕『草』，當作『莫』，據《王二》改。
〔一四〇七〕『皺』，當作『皺』，據《王二》改。
〔一四〇八〕『齾齗』，《敦煌經部文獻合集》據文義校補。
〔一四〇九〕『齒不正』，《敦煌經部文獻合集》據文義校補。
〔一四一〇〕『士板反』，《敦煌經部文獻合集》據文義校補。
〔一四一一〕『一』，《敦煌經部文獻合集》據文義校補。
〔一四一二〕『㹀』，《敦煌經部文獻合集》據文義校補。

〔一四一三〕「反」，據《王二》補。
〔一四一四〕「莧」，《敦煌經部文獻合集》校改作「莞」，注文中之「莧」字同此。
〔一四一五〕「反」，據《王二》補。
〔一四一六〕「筒」，當作「簡」，《敦煌經部文獻合集》據文義校改。
〔一四一七〕「狠」，當作「佷」，據《王二》改。
〔一四一八〕「吕」，當作「名」，據《王二》改。
〔一四一九〕丁本始於此句。
〔一四二〇〕「皃」，當作「貌」，《敦煌經部文獻合集》據文義校改。
〔一四二一〕「呼典」二字衍，據文義當删。
〔一四二二〕「藺」，當作「繭」，《敦煌經部文獻合集》據文義校改，丁本作「璽」；「俗作璽」，丁本無。
〔一四二三〕「五」字後丁本訓解云：「《□文》作此藺（繭）。」
〔一四二四〕「亂」，當作「乳」，據丁本改。
〔一四二五〕「匾」，《敦煌經部文獻合集》釋作「遍」，校改作「匾」，注文中之「匾」字同此；「匲」，《敦煌經部文獻合集》釋作「遞」，校改作「匲」。
〔一四二六〕「匲」，《敦煌經部文獻合集》釋作「遞」，校改作「匲」。
〔一四二七〕「似」，當作「竹」，據《王二》改，丁本作「莌」。
〔一四二八〕「又布玄反」，丁本無。
〔一四二九〕「稹」，《敦煌經部文獻合集》校改作「稹」，注文中之「稹」字同此。
〔一四三〇〕「泫」，丁本作「泣」。

〔一四三一〕「五」，丁本作「四加一」，底本收「泫」、「贙」、「鉉」、「琄」、「眴」五字，丁本存「泣（泫）」、「贙」、「鉉」三字。

〔一四三二〕「貌」字後丁本訓解云：「《説文》：分引也。從虤對争具（貝）。」

〔一四三三〕「耳」字後丁本訓解云：「《説文》：舉鼎也。《易》謂之鉉，《禮》謂之鼎。」

〔一四三四〕「眴」，《敦煌經部文獻合集》疑因「眴」致訛，後之加訓者臆釋作「田」。

〔一四三五〕「鹽」，據丁本補。

〔一四三六〕「四」，當作「三」，據丁本改，丁本「三」字後訓解云：「《説文》作此甽，二同。」

〔一四三七〕「掛」，丁本作「准」，誤，《敦煌經部文獻合集》釋作「桂」，校改作「掛」。

〔一四三八〕「一」，據丁本補。

〔一四三九〕「獵」，丁本作「獵曰□」；「獵」字後丁本訓解云：「□《□文》從爾。」

〔一四四〇〕「三」字後丁本訓解云：「按《説文》作此演，長流。」

〔一四四一〕「達」字後丁本訓解云：「按《説文》『水朝宗於海』，故從水行。」

〔一四四二〕「三」，丁本作「三加一」，底本收「踐」、「諓」、「餞」三字，丁本存「踐」、「諓」、「餞」三字。

〔一四四三〕「謟」，當作「諂」，據丁本改，以下同，不另出校；「諂」字後丁本訓解云：「按善諓，一曰諕（謔）。」

〔一四四四〕「聞」，當作「門」，據《王二》改。

〔一四四五〕「反」字後丁本訓解云：「《□文》：奴彌□。」

〔一四四六〕「軗」，當作「輾」，據《王二》改，《敦煌經部文獻合集》校改作「輾」。

〔一四四七〕「三」字後丁本訓解云：「按《説文》開。」

〔一四四八〕「憚」，當作「燀」，據丁本改。

〔一四四九〕「三」字後丁本訓解云：「按《説文》作此𨒖。」

〔一四五〇〕「五」，丁本作「五加一」，底本收「善」、「墠」、「鱓」、「蟮」、「單」五字，丁本存「善」一字；丁本「一」字後訓解云：「《説□》作譱，吉，篆文作善。」

〔一四五一〕「吃」，丁本作「呪」，誤。

〔一四五二〕「取」字後丁本訓解云：「《説文》作此揀，二同。」

〔一四五三〕「摔」，丁本作「作攙，同」。

〔一四五四〕「翦」，丁本作「剪」。

〔一四五五〕「三」，丁本作「三加一」，底本收「翦」、「撫」、「戩」三字，丁本存「剪（翦）」一字；丁本「一」字後訓解云：「《説文》作□，□爲前字，所以前下更加刀。」

〔一四五六〕「三」，丁本作「四」，底本收「蹨」、「橪」、「𢣷」三字，丁本收「蹨」、「橪」、「𢣷」、「熯」四字。

〔一四五七〕「棗」字後丁本訓解云：「《説文》酸棗別名。」

〔一四五八〕「樹名」，丁本無。

〔一四五九〕「懼」字後丁本訓解云：「《説文》敬。」

〔一四六〇〕「鑱」，丁本同，當作「巉」，《敦煌經部文獻合集》據文義校改，注文中之「鑱」字同此；「巉」，丁本作「鑱」，誤。

〔一四六一〕「鑰」，丁本作「籥」，均可通。

〔一四六二〕「綏」，當作「緌」，據丁本改。

〔一四六三〕「三」，丁本作「二」，底本收「彪」、「巇」、「瓛」三字，丁本收「彪」、「巇」二字。

〔一四六四〕「汚」，丁本作「洿」；「名」字後丁本訓解云：「俗作汚。」

〔一四六五〕「自」，丁本作「目」，誤。

〔一四六六〕「酒」，丁本作「洒」，誤。

〔一四六七〕「又作罨」，丁本無。

〔一四六八〕「悥」，當作「急」，《敦煌經部文獻合集》據文義校改。

〔一四六九〕「一」，丁本作「一加一」，底本收「褊」一字，丁本收「褊」、「辯」二字。

〔一四七〇〕「徐」，丁本作「又徐」。

〔一四七一〕「又徂究反」，丁本無。

〔一四七二〕「三」，丁本無。

〔一四七三〕「隽」字及注文，丁本無。

〔一四七四〕「菖蒿」，丁本作「菖蒿，草」。

〔一四七五〕「一」，丁本作「三」，但實收一字。

〔一四七六〕「二」字後丁本訓解云：「《説文》口（曰）：兖，餘耎反。山澗陷泥地曰㕣；兖州，九州泥地，故以兖爲名。」

〔一四七七〕「好」字後丁本訓解云：「《説文》作嫋。」

〔一四七八〕「一」字後丁本訓解云：「按《説文》作轉。」

〔一四七九〕「古」，丁本作「居」。

〔一四八〇〕「軟」，丁本作「軟也」。

〔一四八一〕「六」，丁本作「六加一」，底本收「輭」、「蠕」、「檽」、「薷」、「瑌」、「懦」六字，丁本收「輭」、「蝡」、「楩」、「萸」、「碝」、「愞」、「耎」七字。

〔一四八二〕「名」，丁本同，當作「耳」，據《王二》改。
〔一四八三〕「瑌」，丁本作「碝」。
〔一四八四〕「似」，丁本作「次」；「玉」字後丁本訓解云：「《説文》作碝，捻同。」
〔一四八五〕「愞」，《敦煌經部文獻合集》校改作「懦」，時爲「懦」字通行寫法。
〔一四八六〕「茗草」，丁本作「草」。
〔一四八七〕「三」，丁本作「三加一」，底本收「膞」、「腨」、「鄟」三字，丁本收「膞」、「腨」、「鄟」、「𨸟」四字。
〔一四八八〕「腜」，當作「腓」，據丁本改，《敦煌經部文獻合集》校改作「腨」；「腸」，丁本作「傷」。
〔一四八九〕「壁」，當作「璧」，據丁本改，「壁」爲「璧」之借字。
〔一四九〇〕「夏」，丁本作「下」，「下」爲「夏」之借字。
〔一四九一〕「莊」，據殘筆劃及丁本補，《敦煌經部文獻合集》逕釋作「莊」。
〔一四九二〕「撰」，丁本訓解云：「録也；具。」
〔一四九三〕「符」，丁本作「苻」。
〔一四九四〕「府」，當作「俯」，據丁本改，「府」爲「俯」之借字，「俯」字後丁本訓解云：「《説文》作頫。」
〔一四九五〕「冠」，丁本無，「冕」字後丁本訓解云：「《説文》□月。亡報反。」
〔一四九六〕「勗」字後丁本訓解云：「《説文》强。」
〔一四九七〕「宛」，當作「婉」，據丁本改，「宛」爲「婉」之借字。
〔一四九八〕「䲡」，當作「鐪」，據丁本改。
〔一四九九〕「丑善反」，丁本無。
〔一五〇〇〕「三」，當作「四」，據文義改，本小韻實收四字，丁本無。

〔一五〇一〕「斺」，當作「於」，據丁本改；「杜」字後丁本訓解云：「按《説文》大函。」

〔一五〇二〕「藏」，當作「蕆」，據丁本改。

〔一五〇三〕「擔」，當作「撍」，據文義改，丁本注文作「丑善反。四。」

〔一五〇四〕「三」，丁本作「四」，底本收「篠」、「魺」、「謏」三字，丁本收「篠」、「魺」、「礵」、「諺」四字，丁本訓解云：「《説文》作此筱，從攸。」

〔一五〇五〕「名」，底本圖版難以辨認，《敦煌經部文獻合集》據文義校補，經核查原卷，可以確認是「名」。

〔一五〇六〕「善談」，丁本無，「謏」字後丁本訓解云：「小也。《禮記》：足以諺問（聞）。」

〔一五〇七〕「皦」，丁本作「僥」，誤，《敦煌經部文獻合集》釋作「僥」，校改作「皦」，注文中之「皦」字同此。

〔一五〇八〕「鐃」，當作「鐃」，《敦煌經部文獻合集》據文義校改；「交」，當作「文」，據丁本改，「文」字後丁本訓解云：「《説文》鐃。」

〔一五〇九〕「四」，丁本作「疋」；「白」，丁本作「日」，誤。

〔一五一〇〕「五」字後丁本訓解云：「《説文》：長尾禽揔名也。象形，鳥之足似卜，從卜。按篆文作「𠂤」，不全依三點。」

〔一五一一〕「窕」，丁本作「窱」，《敦煌經部文獻合集》校改作「窱」，「窕」同「窱」。

〔一五一二〕「深」，丁本無。

〔一五一三〕「一」字後丁本訓解云：「《説文》從白。」

〔一五一四〕「六」字後丁本訓解云：「《説文》：宜（冥）也。從日在木下。」

〔一五一五〕「深」，據丁本補；「貌」，當作「目」，據丁本改，丁本訓解云：「《説文》：一包反。」

〔一五一六〕「勜」及注文中「勜」字，丁本均作「騚」，誤；「駷」，當作「跡」，據丁本改。

〔一五一七〕「不」，據丁本補。
〔一五一八〕「駷」，當作「跡」，據丁本改；「㚵」，當作「勋」，據文義改，丁本作「勳」，誤。
〔一五一九〕「顯」，丁本作「顯也」。
〔一五二〇〕「茈」，當作「玼」，據丁本改。
〔一五二一〕「三」，丁本作「三」。
〔一五二二〕「己」，當作「了」，據《王二》改，丁本作「小」；「又」，當作「反」，據文義改。
〔一五二三〕「反」，當作「又」，據文義改。
〔一五二四〕「在久二」，丁本無。
〔一五二五〕「隘字」，丁本無。
〔一五二六〕「烏懈反」，丁本無。
〔一五二七〕「二」，丁本作「一」。
〔一五二八〕「六」，丁本作「六加一」，底本收「肇」、「兆」、「趙」、「旐」、「狣」、「㚷」六字，丁本收「肇」、「兆」、「趙」、「旐」、「狣」、「佻」、「㚷」七字。
〔一五二九〕「卦」，丁本無，「兆」字後丁本訓解云：「《説文》分也，從八。又作兆。」
〔一五三〇〕「燕」，丁本無。
〔一五三一〕「旗」，丁本作「旗旐」。
〔一五三二〕「三」字後丁本訓解云：「按《説文》作此擾。」
〔一五三三〕「纒」，丁本作「繚繞」。
〔一五三四〕「符」，丁本作「苻」。

〔一五三五〕「趥」，當作「𪍿」，據丁本改。

〔一五三六〕「趍」，當作「麨」，據丁本改。

〔一五三七〕「紹」，丁本作「沼」。

〔一五三八〕「敷」，據《王二》補。

〔一五三九〕「𤛠」，丁本同，當作「𤜵」，據文義改，「庶」手寫與「鹿」相混，以下同，不另出校。

〔一五四〇〕「𩑔」，當作「顆」，據丁本改。

〔一五四一〕「鳥」，丁本作「馬」，誤。

〔一五四二〕「水大」，丁本作「大水」。

〔一五四三〕「木」，《敦煌經部文獻合集》釋作「不」，校改作「木」；「名」，當作「末」，據丁本改。

〔一五四四〕「芒」字後丁本訓解云：「《說文》擾也，一曰訬僋」。

〔一五四五〕「三」底本作「三加一」，底本收「矯」、「蟜」、「𥃦」三字，丁本存「嬌」、「䀴」、「𡤌」三字。

〔一五四六〕「瞼」字後丁本作「又紀小反」。

〔一五四七〕「二」，丁本作「二加一」，底本收「表」、「褾」二字，丁本收「表」、「褾」、「䙚」三字。

〔一五四八〕「苞」，當作「蔈」，據《王二》改，「苞」爲「蔈」之借字。

〔一五四九〕「莩」，當作「殍」，據《王二》改，「莩」爲「殍」之借字。

〔一五五〇〕「雉」，丁本作「雌雄（雉）」。

〔一五五一〕「三」字後丁本訓解云：「《詩》：有鷕雉鳴。」

〔一五五二〕「浩」，丁本作「潔」，誤。

〔一五五三〕「眈」，丁本作「眈也」。

〔一五五四〕「七」，丁本作「戈」，誤。

〔一五五五〕「勦」，丁本作「勦」，誤；「絶」，丁本作「勦（勦）絶」。

〔一五五六〕「二」字後丁本訓解云：「《説文》又作剿。」

〔一五五七〕「勦」，丁本作「勦」，誤。

〔一五五八〕「蹻」字後丁本訓解云：「蹻繞小反，二。」

〔一五五九〕「在」，當作「巨」，據《王二》改。

〔一五六〇〕第一個「繑」，當作「繚」，據文義改；第二個「繑」，當作「繚」，據丁本改。

〔一五六一〕「獠」，當作「獠」，據文義改，《敦煌經部文獻合集》認爲底本當在「或作獠（獠）」前脱正文「燎」字，「獠（獠）」爲「燎」之或體，非「繚」之或體；「反」字衍，據丁本當删。

〔一五六二〕「一」，丁本無。

〔一五六三〕「二」，據文義補。

〔一五六四〕「一」字後丁本訓解云：「《说文》从丂，枯老反。」

〔一五六五〕「槼」，丁本作「槼」，時爲「槼」字通行寫法；「水」，據丁本補。

〔一五六六〕「一」字後丁本訓解云：「《説文》：夏有水，冬無。」

〔一五六七〕「博」，丁本作「愽」，誤。

〔一五六八〕「巧」，據丁本補。

〔一五六九〕「又作撓」，丁本無。

〔一五七〇〕「夘」，當作「卯」，《敦煌經部文獻合集》據文義校改。

〔一五七一〕「四」，丁本作「四加一」，底本收「絞」、「狡」、「佼」、「攪」四字，丁本收「絞」、「狡」、「佼」、「攪」、

「烄」五字。
〔一五七二〕注文中「狡」字，丁本無。
〔一五七三〕「字」字後丁本訓解云：「《説文》作此姣，好也。」
〔一五七四〕「動」，丁本作「動亂」。
〔一五七五〕「三」字後丁本訓解云：「手爪也。」
〔一五七六〕「一」字後丁本訓解云：「《説文》瘥魚。」
〔一五七七〕「一」，據丁本補；「一」字後丁本訓解云：「《説文》作此鬻（鬻）。」
〔一五七八〕「八」，丁本作「八加一」，底本收「晧」、「昊」、「暭」、「浩」、「鎬」、「滈」、「鰝」、「顥」八字，丁本存「晧」、「昊」、「暭」、「浩」、「鎬」、「鰝」、「夰」七字，殘二字。
〔一五七九〕「天」，丁本無；丁本訓解云：「《説文》從夰，夏（界）天。」
〔一五八〇〕「大」，丁本無。
〔一五八一〕「京」，丁本作「鎬京。又□」。
〔一五八二〕「六」字後丁本訓解云：「《説文》從人毛匕作此㐂，正。」
〔一五八三〕「南」，丁本無。
〔一五八四〕「檜」，丁本作「篬」，「檜」同「篬」；「木」，據丁本補。
〔一五八五〕「地」，當作「他」，據丁本改。
〔一五八六〕「作此衜」，丁本無。
〔一五八七〕「穀」，丁本無。
〔一五八八〕「古作㚾」，丁本無。

〔一五八九〕「又䐉」，丁本無。
〔一五九〇〕「四」字後丁本訓解云：「《説文》作此⿰火𡿺（𡿺）。」
〔一五九一〕「古作𢚩」，丁本無。
〔一五九二〕「碼」，丁本作「馬」，「馬」爲「碼」之借字。
〔一五九三〕「五」，丁本作「五加一」，底本收「倒」、「擣」、「禱」、「島」、「禂」五字，丁本存「倒」、「禂」、「檮」三字，殘三字。
〔一五九四〕「浩」，丁本作「皓」。
〔一五九五〕「灑」，丁本無，「掃」字後丁本訓解云：「《説文》棄也，從土。」
〔一五九六〕「嫂」，丁本作「掃」。
〔一五九七〕「三」，丁本作「二」。
〔一五九八〕「化」，當作「牝」，據《王二》改；「馬」，據《王二》補。
〔一五九九〕「菓」，丁本無；「棗」字後丁本訓解云：「《説文》從重朿。」
〔一六〇〇〕「草斗」，丁本無。
〔一六〇一〕「作」，丁本作「皓」。
〔一六〇二〕「字」，丁本無。
〔一六〇三〕「又呼到反」，丁本無。
〔一六〇四〕「押」，丁本無；「保」字後丁本訓解云：「《説文》作此保（保）。」
〔一六〇五〕「繦褓」後丁本訓解云：「按《説文》從糸。」
〔一六〇六〕「葆」，據《王二》補。

〔一六〇七〕「惱」，丁本作「懊惱」。

〔一六〇八〕「媪」，丁本作「媧」，誤，丁本訓解云：「《説文》老女稱。」

〔一六〇九〕「內」，當作「肉」，據丁本改。

〔一六一〇〕「卅」，《敦煌經部文獻合集》據文義校補。

〔一六一一〕「三」，丁本作「二」，底本收「哿」、「舸」、「笴」三字，丁本收「哿」、「舸」二字。

〔一六一二〕「筮」，當作「莖」，《敦煌經部文獻合集》據《廣韻》校改。

〔一六一三〕「六」字後丁本訓解云：「《説文》：□此，爲草木□。」

〔一六一四〕「綵」，據訓注義及《王二》補；「垂」，據《王二》補；「髮」字衍，據文義當删。

〔一六一五〕「前」，丁本同，當作「剪」，據文義改，「前」爲「剪」之本字。

〔一六一六〕「瑣」，丁本作「璅」，「瑣」同「璅」，注文中之「瑣」字同此。

〔一六一七〕「溑」，丁本作「漅」，「溑」同「漅」；丁本訓解云：「按《説文》作此溑。」

〔一六一八〕「一」，丁本作「一加一」，底本收「妥」一字，丁本收「妥」、「鯖」二字。

〔一六一九〕「二」字後丁本訓解云：「叵耐字。」

〔一六二〇〕「者」，當作「音」，據文義改，《敦煌經部文獻合集》逕釋作「音」；「本者（音）」，丁本作「本」。

〔一六二一〕「病」，丁本殘缺。

〔一六二二〕「蓏」字後丁本訓解云：「按《説文》：（在）木曰菓，在地曰蓏。」

〔一六二三〕「也」，丁本作「名」。

〔一六二四〕「羸蜾」，當作「蜾羸」，據文義改，丁本無。

〔一六二五〕「蒲盧」，丁本無。

〔一六二六〕「蒲盧」，丁本無。
〔一六二七〕「細土蜂」，丁本無。
〔一六二八〕「天地之反性」，丁本無；「反」字衍，據文義當删。
〔一六二九〕「要」，據文義補；「細〔要〕無子」，丁本無。
〔一六三〇〕「《詩》云」，丁本無。
〔一六三一〕「螟蛉有子」，丁本無。
〔一六三二〕「蜾蠃負之」，丁本無；從前文「蠃蜾」至「負之」，丁本作「又蜂屬」。
〔一六三三〕「反」，據丁本補。
〔一六三四〕「禍」，丁本作「禍」，「禍」同「禍」。
〔一六三五〕「二」，丁本作「二加一」，底本收「禍」、「夥」二字，丁本存「禍」一字，殘二字；「一」字後丁本訓解云：「《説□》：害也，神不福。」
〔一六三六〕「人云多」，據《王二》補。
〔一六三七〕「祐」，當作「胡」，據《王二》改，《敦煌經部文獻合集》認爲此處脱「顆」條，并雜糅「夥」、「顆」二條注文；「夕」字衍，據文義當删，《敦煌經部文獻合集》認爲是「夥」條注文「多」字之誤。
〔一六三八〕「下坂」，據丁本補。
〔一六三九〕「二」字後丁本訓解云：「《説文》：施身自謂也；頓也；從戈刋，刋古文汞也。」
〔一六四〇〕「可」字衍，據丁本當删。
〔一六四一〕「作」，丁本無；「問」，當作「啁」，據丁本改。
〔一六四二〕「可」，丁本作「我」；「歌」字衍，據丁本當删。

〔一六四三〕「⿰女厄」，《敦煌經部文獻合集》釋作「姽」，校改作「⿰女厄」。
〔一六四四〕「與」，當作「烏」，據丁本改。
〔一六四五〕「門」，據丁本補。
〔一六四六〕「櫰」，當作「榱」，據《王二》改。
〔一六四七〕「三」，本小韻實收二字。
〔一六四八〕「⿰女厄」，《敦煌經部文獻合集》釋作「姽」，校改作「⿰女厄」。
〔一六四九〕「一」，丁本作「一加一」，底本收「瑳」一字，丁本收「瑳」、「⿱髟差」二字。
〔一六五〇〕「反」，據丁本補。
〔一六五一〕「二」字後丁本訓解云：「《說文》從白。」
〔一六五二〕「埜」，《敦煌經部文獻合集》釋作「埜」，校改作「埜」；「又古作埜」，丁本無。
〔一六五三〕「三」字後丁本訓解云：「《說〔文〕》古文作此埜。」
〔一六五四〕「鑪」，丁本無；「冶」字後丁本訓解云：「《說文》消。」
〔一六五五〕「烏」字後丁本還有殘缺注文「一曰卑居，秦謂」。
〔一六五六〕「疋」，《敦煌經部文獻合集》釋作「疋」，校改作「疋」。
〔一六五七〕「丁」，《敦煌經部文獻合集》校改作「下」，「丁」爲「下」之古文。
〔一六五八〕「一」，當作「二」，據《王二》改，本小韻實收「嗝」、「問」二字，其中「問」字又誤書至「且」字之後。
〔一六五九〕「裂」，據殘筆劃及《王二》補。
〔一六六〇〕「慈」，當作「茲」，《敦煌經部文獻合集》據文義校改。
〔一六六一〕「咼」，據《王二》補；「置」，據《王二》補。

〔一六六二〕「槎」，《敦煌經部文獻合集》釋作「搓」，校改作「槎」。
〔一六六三〕「哆」，據殘筆劃及《王二》補。
〔一六六四〕「釃」，據殘筆劃及文義補。
〔一六六五〕「窞」，當作「窞」，據《裴韻》改；「人」，當作「入」，據《王二》改。
〔一六六六〕「窞」，當作「窞」，據《裴韻》改。
〔一六六七〕「瞫」，據文義補。
〔一六六八〕「揞」，當作「揞」，據《王二》改。
〔一六六九〕「牛」，當作「手」，據《王二》改。
〔一六七〇〕「夫」，當作「大」，據《王二》改。
〔一六七一〕「逮」，當作「逮」，據《王二》改。
〔一六七二〕「爪」，當作「瓜」，《敦煌經部文獻合集》據文義校改。
〔一六七三〕「壞」，當作「壞」，據文義改，注文中之「壞」字同此。
〔一六七四〕「山」，當作「出」，據《王二》改。
〔一六七五〕「始」，當作「婼」，據《王二》改。
〔一六七六〕「養」，《敦煌經部文獻合集》校改作「養」。
〔一六七七〕「木」，當作「末」，據《裴韻》改。
〔一六七八〕「則」，當作「測」，據《裴韻》改。
〔一六七九〕「八」，當作「鴂」，據《裴韻》改。
〔一六八〇〕「悅」，《敦煌經部文獻合集》釋作「悅」，校改作「悅」。

〔一六八一〕「毛」，據《裴韻》補。
〔一六八二〕「大」，丁本無；「蕩」字後丁本訓解云：「草中爲莽。」
〔一六八三〕「水」，當作「米」，據《裴韻》改。
〔一六八四〕「曩」，據殘筆劃及《裴韻》補，《敦煌經部文獻合集》逕釋作「曩」。
〔一六八五〕「朗」，當作「浪」，據《王二》改，「朗」爲「浪」之借字。
〔一六八六〕「木」，當作「竹」，據《裴韻》改。
〔一六八七〕「白」，當作「帛」，據《裴韻》改。
〔一六八八〕「睵」，當作「二」，據《裴韻》改。
〔一六八九〕「狀」，當作「牀」，據《裴韻》改。
〔一六九〇〕「浪」，丁本作「朗」。
〔一六九一〕「枯」，當作「桔」，據丁本改。
〔一六九二〕「八」，丁本作「七」，底本收「梗」、「挭」、「哽」、「郠」、「鯁」、「綆」、「埂」、「莄」八字，丁本存「梗」、「挭」、「哽」、「郠」四字，殘三字；丁本訓解云：「《説文》：小（山）枌榆，有刺莢，可以爲蕪荑。」
〔一六九三〕「略」字後丁本作「亦生挭」。
〔一六九四〕「噎」，丁本作「咽」。
〔一六九五〕「怲」，丁本作「炳」，誤。
〔一六九六〕「邑」，丁本作「邑名」。
〔一六九七〕「泰」，丁本作「太」，「太」通「泰」。
〔一六九八〕「持」，丁本無。

〔一六九九〕「五」，丁本作「四」，底本收「景」、「境」、「璥」、「撇」四字，殘「警」字；丁本存「警」、「景」、「境」三字；「四」字後丁本訓解云：「《説文》戒。」
〔一七〇〇〕「瘠」，丁本無。
〔一七〇一〕「血」，當作「皿」，據丁本改。
〔一七〇二〕「二」，丁本作「一」，底本收「血（皿）」、「盌」二字，丁本實收「皿」、「盌」二字。
〔一七〇三〕「土」，丁本作「上」，誤。
〔一七〇四〕「永」，丁本作「求」，誤。
〔一七〇五〕「三」，當作「二」，據《王二》改。
〔一七〇六〕「瑳」，當作「璞」，據丁本改。
〔一七〇七〕「四」字後丁本訓解云：「《説文》從黄。」
〔一七〇八〕「又」，丁本無。
〔一七〇九〕「春」，當作「舂」，據《王二》改。
〔一七一〇〕「定」，丁本作「挺」。
〔一七一一〕「定」，丁本作「挺」。
〔一七一二〕「三」字後丁本有《説文》殘缺注文。
〔一七一三〕「哇」，當作「蛙」，據《王二》改，「哇」爲「蛙」之借字。
〔一七一四〕「二」字後丁本訓解云：「《説文》吉，古晃反。」
〔一七一五〕「併」，丁本無。
〔一七一六〕「蛤」，丁本作「螔」，注文中「鲄」字後丁本有《説文》殘缺注文。

〔一七一七〕「貼」，當作「略」，《敦煌經部文獻合集》據文義校改。

〔一七一八〕「出《説文》」，丁本作「安也；立靖（竫）；或曰細貌，並出《説文》」。

〔一七一九〕「新加三」，丁本無。

〔一七二〇〕「亭安」，丁本作「亭」。

〔一七二一〕「俗作整」，丁本無。

〔一七二二〕「一」字後丁本訓解云：「《説文》作此整（整），從正，整俗。」

〔一七二三〕「三」，丁本同，底本收「穎」、「穎」、「頴」三字，丁本實收「穎」、「穎」二字。

〔一七二四〕「末」，丁本作「秀」，誤。

〔一七二五〕「四」，據文義補，丁本作「三加一」，底本收「領」、「嶺」、「柃」、「袊」四字，丁本存「領」、「嶺」、「柃」三字；「一」字後丁本訓解云：「《説文》頸也。」

〔一七二六〕「二」字後丁本訓解云：「《説文》中有點，八家一井，象構井韓之形，韓字胡干反。」

〔一七二七〕前兩個「邢邢」，丁本作「刑刑」，誤；第三個「邢」，當作「郉」，據丁本改。

〔一七二八〕「鉅」，丁本作「巨」。

〔一七二九〕「性二」，據《王二》補。

〔一七三〇〕「光」字後丁本作「又音洞，烔詸」。

〔一七三一〕「頍」，底本大字有塗改痕跡，又在注文中用小字重寫。

〔一七三二〕「醉」，據殘筆劃及《王二》補。

〔一七三三〕「茗」，丁本作「挺」。

〔一七三四〕「七」，丁本作「六」，底本收「頂」、「奵」、「酊」、「耵」、「鼎」、「薡」、「艼」七字，丁本存「頂」、「奵」、

〔一七三五〕「町」、「鼎」四字，殘二字。
〔一七三六〕「聹」，丁本作「嚀」，誤。
〔一七三六〕丁本訓解云：「《説文》作此鼎（鼑），三足兩耳，和□味之寶器。《易》曰，卦巽木於下者，象析木以鼎也。從貞省，古以爲鼎。」
〔一七三七〕「片」字後丁本訓解云：「《説文》一杖（枚）。」
〔一七三八〕「四」，當作「五」，據文義改，丁本作「四加一」，底本實收「珽」、「坪（圢）」、「脡」、「侹」、「頲」五字，丁本收「珽」、「圢」、「脡」、「侹」、「頲」五字。
〔一七三九〕「坪」，當作「圢」，據丁本改。
〔一七四〇〕「頭狹足長」，丁本作「狹頭頲頲也。出《説文》也」。
〔一七四一〕「蚌」，當作「泆」，據《王二》改。
〔一七四二〕「欬」，據丁本補。
〔一七四三〕「反」，據丁本補。
〔一七四四〕「一」，丁本作「二」，底本收「謦」一字，丁本收「熨」二字。
〔一七四五〕「盯」，當作「町」，據丁本改，「盯」爲「町」之借字。
〔一七四六〕「佷」，丁本作「佷也；直也」。
〔一七四七〕「四」，丁本作「五」，底本收「婞」、「涬」、「鯹」、「鋞」四字，丁本收「婞」、「涬」、「鯹」、「脛」、「鋞」五字。
〔一七四八〕「力」，當作「刀」，據《王二》改。
〔一七四九〕「衣」，據殘筆劃及《王二》補。

〔一七五〇〕「口迴反」，據丁本補。
〔一七五一〕「三」，據文義及丁本補。
〔一七五二〕「𥻿」，據丁本補。
〔一七五三〕「梟」，據丁本補。
〔一七五四〕「恇」，當作「烓」，據丁本改。
〔一七五五〕「晚」，當作「脕」，據文義改，「晚」爲「脕」之借字；此句《楚辭》注文丁本無。
〔一七五六〕「古侯」，據文義補。
〔一七五七〕「迴反」，據丁本補。
〔一七五八〕「二」，據文義及丁本補。
〔一七五九〕「鮩白魚」，據丁本補。
〔一七六〇〕「卌一有」，據丁本補；「云」，丁本作「亡」，誤。
〔一七六一〕「又於救反」，丁本無。
〔一七六二〕「力」，丁本作「刀」，誤。
〔一七六三〕「水清」，據殘筆劃及丁本補，《敦煌經部文獻合集》逕釋作「水清」。
〔一七六四〕「水草」，丁本作「鳥（梟）葵，水草」。
〔一七六五〕「言採其」，據丁本補。
〔一七六六〕「反」，據丁本補。
〔一七六七〕「罶魚梁」，據丁本補。
〔一七六八〕「丑㓜」，據殘筆劃及丁本補；「反」，據丁本補。

〔一七六九〕丁本訓解云：「玉名。」

〔一七七〇〕「菉」字後丁本訓解云：「《説文》□草。」

〔一七七一〕「古作訔」，丁本無。

〔一七七二〕「四」字後丁本訓解云：「《説文》古文作百，人頭。」

〔一七七三〕「泄」，丁本作「洩」。

〔一七七四〕「反」，據丁本補。

〔一七七五〕「又子」，據丁本補；「了」，丁本作「小」。

〔一七七六〕「湫隘」，丁本無。

〔一七七七〕「一」，據文義及丁本補。

〔一七七八〕「負」，據丁本補；「欠」，丁本無；「負」字後丁本訓解云：「《説文》從□作此負（負）。」

〔一七七九〕「王萯」，丁本作「玉」。

〔一七八〇〕「蟋」，丁本作「蟋蝜」。

〔一七八一〕「阜」字後丁本訓解云：「《〔説〕文》作□。」

〔一七八二〕第一個「缹」，丁本作「缶」，誤。

〔一七八三〕「俗作炰」，丁本無。

〔一七八四〕「又符鄙反」，丁本無，丁本訓解云：「《説文》不。」

〔一七八五〕「糗」，據殘筆劃及丁本補；「餅」，當作「飯」，據丁本改。

〔一七八六〕「罪」，丁本無。

〔一七八七〕「鴟」字及注文，丁本無。

〔一七八八〕第二個「齨」字後丁本訓解云：「《説文》老□□如臼；馬八歲曰□。」
〔一七八九〕「根」，據丁本補。
〔一七九〇〕「詃」，丁本無，丁本訓解云：「《説文》相呼誅也，從厶、羑聲作羗（羑），二同。」
〔一七九一〕「蕩」，當作「湯」，據丁本改，「蕩」爲「湯」之借字。
〔一七九二〕「按《文》從久」，丁本作「《説文》進善也，從羊，久省聲，文王所居美（羑）里，在陽（湯）陰。作芺」。
〔一七九三〕「植酉」，據丁本補。
〔一七九四〕「浚麵」，丁本作「麵」。
〔一七九五〕「一」字後丁本訓解云：「《説文》從此宎。」
〔一七九六〕「四」，丁本作「五」，底本收「厚」、「後」、「后」、「郈」四字，丁本實收「厚」、「後」、「后」三字；「五」字後丁本訓解云：「《説文》作此垕。」
〔一七九七〕「前後」，丁本無。
〔一七九八〕「鄉名」，據《裴韻》補。
〔一七九九〕「在東平」，據《裴韻》補。
〔一八〇〇〕「母」，據丁本補；「莫」，據《裴韻》補，丁本作「草」，誤；「厚反」，據丁本補。
〔一八〇一〕「六」字後丁本訓解云：「《説文》從女，象懷子形。」
〔一八〇二〕「牡牝」，據殘筆劃及丁本補。
〔一八〇三〕「偏」，據《裴韻》補。
〔一八〇四〕「䵳䵹」，據丁本補。
〔一八〇五〕「餅」，據殘筆劃及丁本補。

〔一八〇六〕「又」，據文義補。

〔一八〇七〕第二個「蚪」，丁本作「蚪，蟲」。

〔一八〇八〕「糙」，丁本作「麩」，誤。

〔一八〇九〕「三」字後丁本訓解云：「今作此餂（餢）鍮。」

〔一八一〇〕「苟」，據《裴韻》補。

〔一八一一〕「八」字後丁本訓解云：「《説文》從艸，句聲。」

〔一八一二〕「石」，丁本作「玉」。

〔一八一三〕「似玉」，丁本無。

〔一八一四〕「惡」，據丁本補，《敦煌經部文獻合集》逕釋作「惡」。

〔一八一五〕「笱笱扁」，據丁本補。

〔一八一六〕「縣名」，據丁本補。

〔一八一七〕「在交阯」，據丁本補。

〔一八一八〕「耇黄耇」，據丁本補。

〔一八一九〕「詬」，據丁本補。

〔一八二〇〕「候」，丁本作「候」，《敦煌經部文獻合集》逕釋作「候」，「候」同「候」。

〔一八二一〕「物」，據丁本補。

〔一八二二〕「三」字後丁本訓解云：「《説文》作此漓。」

〔一八二三〕「衣上」，據《裴韻》補。

〔一八二四〕「方」，據《裴韻》補。

〔一八二五〕「㝅」，丁本作「𣪊」，誤；「老」，當作「乳」，據丁本改。

〔一八二六〕「一」，丁本作「一加一」，底本收「𣪊」一字，丁本收「𣪊（㝅）」、「[氵乳]」二字；「一」字後丁本訓解云：「鬪縠（㝅），烏塗字。」

〔一八二七〕「宊」，丁本作「叟」，「宊」同「叟」。

〔一八二八〕「蘇後反」，據丁本補。

〔一八二九〕「七」，據文義及丁本補，「七」字後丁本訓解云：「按《正名》作安。」

〔一八三〇〕「謏謏訹」，據丁本補。

〔一八三一〕「誘辭」，據丁本補。

〔一八三二〕「訹字」，丁本無。

〔一八三三〕「辛聿反」，丁本無。

〔一八三四〕「器」，據《裴韻》補。

〔一八三五〕「一」，丁本作「一加二」，底本收「吼」一字，丁本存「啀」一字。

〔一八三六〕「婦人」，據丁本補。

〔一八三七〕「毆」，據丁本補。

〔一八三八〕「嗹字」，丁本無。

〔一八三九〕「路賢反」，丁本無。

〔一八四〇〕「甎」字後丁本訓解云：「《説文》此等並從婁，上正、中通、下俗，互作任意也。」

〔一八四一〕「𡘋字」，丁本無。

〔一八四二〕「路賢反」，丁本無。

〔一八四三〕「子厚」，據丁本補。

〔一八四四〕「一」，據文義及丁本補；「一」字後丁本訓解云：「《説文》作此走，從夭，止聲。」

〔一八四五〕「擊」字後丁本訓解云：「俗音寝。」

〔一八四六〕「頭」字後丁本作「杜延業從邑」。

〔一八四七〕「訂」，丁本無；「可」，據丁本補。

〔一八四八〕「鏗」，據丁本補，《敦煌經部文獻合集》逕釋作「鏗」；「器」字後丁本訓解云：「《説文》揄引又單作此罡。」其中「揄引」當爲衍文。

〔一八四九〕「引揄」，丁本作「揄引」。

〔一八五〇〕「土」，當作「士」，據丁本改。

〔一八五一〕「土」，當作「士」，據丁本改。

〔一八五二〕「糺」，丁本作「幼」，誤。

〔一八五三〕「益」，丁本作「於糺、蓋（益）」。

〔一八五四〕「兹」，丁本作「慈」。

〔一八五五〕「由」，丁本作「田」，誤。

〔一八五六〕「二」，丁本作「二加一」，底本收「糺」、「赳」二字，丁本收「糺」、「赴（赳）」、「鬮」三字；「一」字後丁本訓解云：「《説文》作糾，繩三合。」

〔一八五七〕「赳」，丁本作「赴」，誤；「貌」字後丁本訓解云：「《説文》作此叫字，亦然。今遂省作巾（丩），二同，屮（丩）字己周反。」

〔一八五八〕「三」，丁本作「三加一」，底本收「寑」、「寖」、「梫」三字，丁本收「寑」、「寖」、「梫」、「鬵」四字。

〔一八五九〕『臥』字後丁本訓解云：「《説文》作寑（寢）。」

〔一八六〇〕『觪』，丁本作『朕』，誤。

〔一八六一〕『四』字後丁本訓解云：「《説文》作此亩，穀所振入，宗廟粢盛蒼黄，躲亩而取之，故爲之入亩。從入，象屋形，中有戶牖。又作稟，從木無點；顔監從木有點也。」

〔一八六二〕『凜』，《敦煌經部文獻合集》校改作『凜』；『寒狀』，丁本作『寒』。

〔一八六三〕『又渠金反』，丁本無。

〔一八六四〕『一』，據文義及丁本補。

〔一八六五〕『醋小』，據丁本補；『甜』，丁本作『蚶』，誤。

〔一八六六〕『六』，丁本作『五』，底本收『荏』、『餁』、『稔』、『栠』、『恁』、『衽』六字，丁本收『荏』、『餁』、『稔』、『栠』、『恁』五字。

〔一八六七〕『食』字後丁本訓解云：「《説文》作餁（飪），火熟。」

〔一八六八〕『貌』，丁本作『白』，誤。

〔一八六九〕『信』，丁本作『念』。

〔一八七〇〕『又如林反』，丁本無。

〔一八七一〕『二』，丁本作『五』，但丁本實收二字，與底本同。

〔一八七二〕『古作』，據殘筆劃及丁本補。

〔一八七三〕丁本訓解云：「《説文》作審（宷），作（從）采。」

〔一八七四〕『瞫』，當作『瞫』，據丁本改；『視』，丁本作『竊視』。

〔一八七五〕『諜』字後丁本訓解云：「《説文》深諫。」

〔一八七六〕「損」，當作「植」，據丁本改。

〔一八七七〕「二」字後丁本訓解云：「《説文》安樂也，從目（甘）、疋，鸔（耦）也。又古文作此是。」

〔一八七八〕「一」字後丁本訓解云：「《説文》作此甚。」

〔一八七九〕「瀋」，據殘筆劃及丁本補。

〔一八八〇〕「初朕反」，丁本無。

〔一八八一〕「三」，丁本無。

〔一八八二〕「甚」字後丁本作「初朕反。二。」

〔一八八三〕「飲」，丁本作「飯」。

〔一八八四〕「口噤」，丁本無。

〔一八八五〕「瘁寒」，據丁本補。

〔一八八六〕「錦」，據丁本補。

〔一八八七〕「一」字後丁本作「本作瘁」。

〔一八八八〕「廪」，《敦煌經部文獻合集》據丁本校改作「稟」。

〔一八八九〕「二」字後丁本訓解云：「《説文》作稟（稟），賜穀也，從禾也。」

〔一八九〇〕「於錦」，當作「不飲」，據丁本改。

〔一八九一〕「一」字後丁本訓解云：「《説文》作歙，歙（歠）。」

〔一八九二〕「四」，丁本作「三」，底本收「琰」、「剡」、「棪」、「棪」四字，丁本收「琰」、「剡」、「棪」三字。

〔一八九三〕「名」字後丁本作「時琰反」。

〔一八九四〕「稽」字後丁本訓解云：「《説文》鋭利。」

〔一八九五〕「木名」，據《裴韻》補。

〔一八九六〕「毇」，據丁本補。

〔一八九七〕「一」，當作「二」，據丁本改，本小韻實收二字。

〔一八九八〕「貌」，當作「白」，據《裴韻》改。

〔一八九九〕「俎」，當作「阻」，據丁本改。

〔一九〇〇〕「犺」字後丁本訓解云：「《說文》又力險反。」

〔一九〇一〕「氣」，丁本作「氣少力」。

〔一九〇二〕丁本訓解云：「譣詖。《說文》作此憸者，此愉（譣）者問（同）。」

〔一九〇三〕「頛」，《敦煌經部文獻合集》校改作「頋」，注文中之「頛」字同此；「顱」，當作「顩」，據丁本改。

〔一九〇四〕「立」，當作「丘」，據丁本改。

〔一九〇五〕「儉反」，據丁本補。

〔一九〇六〕「六」，據丁本補。

〔一九〇七〕「顱」，當作「顩」，據丁本改，注文中之「顱」字同此；「頛」，《敦煌經部文獻合集》釋作「頊」，校改作「頋」。

〔一九〇八〕「胡」，丁本作「國」，當作「因」，據《王二》改；「室」，丁本作「屋」。

〔一九〇九〕「齊」字後丁本訓解云：「按《說文》敏疾。」

〔一九一〇〕「三」字後丁本訓解云：「又按《正名》爲撿手字。」

〔一九一一〕「檢」及注文中之「檢」字，丁本均作「撿」；丁本訓解云：「又按《說文》、杜廷（延）業《字樣》爲撿。」

〔一九一二〕『目瞼』，丁本作『瞼目』。

〔一九一三〕『三』，丁本作『四』，底本收『黶』、『㶿』、『㢜』三字，丁本存『黶』、『㶿』、『㢜』三字。

〔一九一四〕『褱』，當作『褢』，據丁本改。

〔一九一五〕『奴』，丁本作『好』，誤。

〔一九一六〕『分陜於此』，丁本無。

〔一九一七〕『蹔』，丁本作『暫』，『蹔』同『暫』；『見』字後丁本訓解云：『《説文》作此覞，見。』

〔一九一八〕『一』字後丁本訓解云：『《□□》：神（諛）也，作□□。』

〔一九一九〕『掩取』，丁本無；『掩』字後丁本訓解云：『《説文》斂，小上曰掩取。』

〔一九二〇〕『同』，丁本無；『弇』字後丁本訓解云：『蓋，盖也，出《説文》，古文弇。』

〔一九二一〕『宦』，丁本作『宮』，誤。

〔一九二二〕『柄』，當作『棅』，據丁本改。

〔一九二三〕『名』，據《裴韻》補。

〔一九二四〕『鄭』，據《裴韻》補。

〔一九二五〕『叚』，當作『瑕』，據文義改，《敦煌經部文獻合集》逕釋作『瑕』。

〔一九二六〕『耆』，當作『耇』，據《王二》改。

〔一九二七〕『三』，丁本作『二加一』，底本收『簞』、『店』、『驔』三字，丁本收『簞』、『店』、『驔』三字。

〔一九二八〕『閉』，丁本作『開』，誤。

〔一九二九〕『串』，丁本作『此串』。

〔一九三〇〕『驪馬』，據丁本補，『脊』字後丁本作『出《説文》』。

〔一九三一〕「三」，丁本作「二」。

〔一九三二〕「不」，據丁本補。

〔一九三三〕「慊」，據丁本補。

〔一九三四〕「侎」，當作「休」，據文義改，丁本作「溺」。

〔一九三五〕「蒸」，丁本作「烝」；「聲」字後丁本作「俗作拯」。

〔一九三六〕「一」，丁本無。

〔一九三七〕第二個「等」，丁本無。

〔一九三八〕「又多改反」，丁本無。

〔一九三九〕「一」字後丁本訓解云：「《説文》齊簡也，從竹、寺，寺，官曹之等平。」

〔一九四〇〕「苦」，當作「古」，據丁本改。

〔一九四一〕「苦」，當作「古」，據《王二》改。

〔一九四二〕「二」，據文義補。

〔一九四三〕「力」，當作「囚」，據《王二》改。

〔一九四四〕「咸」，據《王一》補。

〔一九四五〕「苦」，據《王一》補；「二」，據《王一》補。

〔一九四六〕「㣤」，當作「㺑」，據丁本改，注文中之「㣤」字同此。

〔一九四七〕「火」，當作「犬」，據丁本改。

〔一九四八〕「四」，丁本作「□加二」；「二」字後丁本殘存《説文》注文。

〔一九四九〕「第」，據丁本補。

〔一九五〇〕「七」，據《王二》補。

〔一九五一〕「十六」，據《王二》補。

〔一九五二〕「怗他恊」，據《王二》補。

〔一九五三〕「廿」，據《王二》補。

〔一九五四〕「一屋」，據《王二》補。

〔一九五五〕「獨」，據《王二》補；「反」，據殘筆劃及《王二》補。

〔一九五六〕「讀」，據《裴韻》補。

〔一九五七〕「牛犢」，據《裴韻》補。

〔一九五八〕「嬻」，據《裴韻》補；「媾」，當作「媟」，據《裴韻》改。

〔一九五九〕「穀」，丁本訓解云：「木穀。」

〔一九六〇〕「碌多」，據《裴韻》補；「貌」，據《裴韻》補。

〔一九六一〕「木反」，倒抄於注文右行末。

〔一九六二〕「夭」，《敦煌經部文獻合集》校改作「矢」，「矢」，古作「夭」。

〔一九六三〕「䃚」，據《裴韻》補。

〔一九六四〕「毛」，據《裴韻》補。

〔一九六五〕「打」，《敦煌經部文獻合集》釋作「朾」，校改作「打」。

〔一九六六〕「彭隮」，據《裴韻》補。

〔一九六七〕「國名」，據《裴韻》補。

〔一九六八〕「轐」，據殘筆劃及《裴韻》補。

〔一九六九〕「四」，當作「六」，據文義改，本小韻實收六字。
〔一九七〇〕「霢」，《敦煌經部文獻合集》校改作「霖」。
〔一九七一〕「輻車」，據殘筆劃及《裴韻》補。
〔一九七二〕「栿」，據殘筆劃及《裴韻》補。
〔一九七三〕「莌」，當作「蔙」，據《裴韻》改。
〔一九七四〕「趆」，當作「趍」，據《裴韻》改，注文中之「趆」字同此，以下同，不另出校。
〔一九七五〕「𩸞」，《敦煌經部文獻合集》釋作「鱅」，誤。
〔一九七六〕「名魚」，當作「魚名」，據《裴韻》改。
〔一九七七〕「名」，據文義補。
〔一九七八〕「名」字衍，據文義當刪。
〔一九七九〕「大」，當作「犬」，據《王二》改。
〔一九八〇〕「刑」，當作「邢」，據《裴韻》改，「刑」爲「邢」之借字。
〔一九八一〕「石」，當作「古」，據《裴韻》改；「篓」，當作「篂」，據文義改，《敦煌經部文獻合集》釋作「笅」，校改作「筊」。
〔一九八二〕「六」，當作「三」，據文義改，本小韻實收三字。
〔一九八三〕「貌」，據殘筆劃及《王一》補。
〔一九八四〕「郢」，據《裴韻》補。
〔一九八五〕「裇」，當作「褶」，據《裴韻》改。
〔一九八六〕「辜」，當作「錞」，據《裴韻》改。

〔一九八七〕「夭」，《敦煌經部文獻合集》校改作「矢」；「石」，當作「名」，據《王二》改。
〔一九八八〕「梏」，《敦煌經部文獻合集》釋作「捁」，校改作「梏」。
〔一九八九〕「牿」，當作「牢」，據《裴韻》改。
〔一九九〇〕「鴨」，當作「鳵」，據《裴韻》改；「鵠」，當作「鴰」，據《裴韻》改。
〔一九九一〕「佩」，當作「代」，據《裴韻》改。
〔一九九二〕「愛」，當作「薦」，據文義改。
〔一九九三〕「毒」，據殘筆劃及《王二》補。
〔一九九四〕「鋙」，《敦煌經部文獻合集》校改作「鍋」。
〔一九九五〕「二」，據文義補。
〔一九九六〕「又」，據《裴韻》補。
〔一九九七〕「相」，當作「湘」，據《裴韻》改，「相」爲「湘」之借字。
〔一九九八〕「簿」，《敦煌經部文獻合集》釋作「薄」，校改作「簿」。
〔一九九九〕「落」，當作「絡」，據《裴韻》改，「落」爲「絡」之借字。
〔二〇〇〇〕「榑」，《敦煌經部文獻合集》校改作「樗」。
〔二〇〇一〕「反」，據《裴韻》補。
〔二〇〇二〕「一」，據文義補。
〔二〇〇三〕「嶽」，《敦煌經部文獻合集》釋作「獄」，誤。
〔二〇〇四〕「莘」，當作「䍧」，據《裴韻》改。
〔二〇〇五〕「刃」，當作「刀」，據《裴韻》改。

〔二〇〇六〕「擢」，當作「擢」，據《裴韻》改。
〔二〇〇七〕「訴」，《敦煌經部文獻合集》釋作「許」，校改作「訴」。
〔二〇〇八〕「椓」，《敦煌經部文獻合集》釋作「豚」，校改作「椓」。
〔二〇〇九〕「柴」，當作「紫」，據《裴韻》改。
〔二〇一〇〕「水」，當作「冰」，據文義改。
〔二〇一一〕「十」，底本實收九字。
〔二〇一二〕「瓟」，《敦煌經部文獻合集》校改作「瓟」，時爲「瓟」字通行寫法，注文中「瓟」字同此；「爪」，當作「瓜」，《敦煌經部文獻合集》據文義校改。
〔二〇一三〕「嗃」，當作「嗃」，據《裴韻》改。
〔二〇一四〕「殸」，當作「殸」，據《裴韻》改。
〔二〇一五〕「鞭」，當作「鞕」，據《裴韻》改。
〔二〇一六〕「鯌」，當作「鯖」，《敦煌經部文獻合集》據文義校改。
〔二〇一七〕「日」，當作「白」，據文義改。
〔二〇一八〕「濡」，《敦煌經部文獻合集》校改作「濡」，時爲「濡」字通行寫法。
〔二〇一九〕「山」，《敦煌經部文獻合集》釋作「小」，校改作「山」。
〔二〇二〇〕「警」，當作「驚」，據《裴韻》改；「夜」，當作「走」，《敦煌經部文獻合集》據文義校改。
〔二〇二一〕「皷鼕」，當作「鼕皷」，《敦煌經部文獻合集》據文義校改。
〔二〇二二〕「狗」，《敦煌經部文獻合集》校改作「狗」。
〔二〇二三〕「辦」，當作「辨」，《敦煌經部文獻合集》據文義校改，「辦」爲「辨」之借字。

〔二〇二四〕「啓」，當作「砧」，據《裴韻》改。
〔二〇二五〕「衰」，當作「衺」，據《裴韻》改。
〔二〇二六〕「揹」，當作「抶」，據《裴韻》改。
〔二〇二七〕「寒」，當作「塞」，據《裴韻》改。
〔二〇二八〕「反」，據《裴韻》補。
〔二〇二九〕「大」，當作「木」，據《裴韻》改。
〔二〇三〇〕「器」，據《裴韻》補。
〔二〇三一〕「誇」，當作「誘」，據《裴韻》改。
〔二〇三二〕「一」，當作「二」，據文義改，本小韻實收二字。
〔二〇三三〕「姓」，據丁本補。
〔二〇三四〕「女」，據《裴韻》補。
〔二〇三五〕「木」，當作「水」，據《裴韻》改。
〔二〇三六〕「八」，丁本作「九」。
〔二〇三七〕「白」，當作「貌」，據《裴韻》改。
〔二〇三八〕「白」，當作「貌」，據丁本改。
〔二〇三九〕「予」，當作「寽」，據文義改。
〔二〇四〇〕「或作」，丁本作「作」。
〔二〇四一〕「愓」，《敦煌經部文獻合集》釋作「愓」，校改作「惕」。
〔二〇四二〕「筆」，丁本作「律」。

〔二〇四三〕「蟋蟀」，丁本作「蟋」。
〔二〇四四〕「二」，丁本作「三」。
〔二〇四五〕「刑」，當作「形」，據丁本改，「刑」爲「形」之借字。
〔二〇四六〕「日」，當作「白」，據丁本改。
〔二〇四七〕「俗作弼、彌字」，丁本作「輔也；重也」。
〔二〇四八〕「律」，丁本作「筆」。
〔二〇四九〕「二」字後丁本作「弼，古；弜，正」。
〔二〇五〇〕「乙」，丁本訓解云：「辰也。」
〔二〇五一〕「聲」，丁本同，當作「聱」，據文義改。
〔二〇五二〕「物」，丁本訓解云：「事也。」
〔二〇五三〕「勿」，丁本訓解云：「無也。」
〔二〇五四〕「爪」，當作「瓜」，《敦煌經部文獻合集》據文義校改。
〔二〇五五〕「弗」，丁本訓解云：「不也；治也。」
〔二〇五六〕「六」，丁本作「七」。
〔二〇五七〕「黼黻」，據丁本補。
〔二〇五八〕「紼大索」，據丁本補。
〔二〇五九〕「芾草盛貌」，據丁本補。
〔二〇六〇〕「韍」，據丁本補。
〔二〇六一〕「欝」，丁本訓解云：「氣也；茂也」；「欝、鬱」，丁本作「欝」。

〔二〇六二〕「三」，據文義補，丁本作「五」。

〔二〇六三〕「𡖅」，當作「孓」，據文義改，丁本作「亥」；「左」，丁本作「在」，誤。

〔二〇六四〕「物」，丁本作「刎」。

〔二〇六五〕「塞」，《敦煌經部文獻合集》釋作「賽」，誤。

〔二〇六六〕「六」，丁本作「七」。

〔二〇六七〕「曰屈」，丁本無。

〔二〇六八〕「四」，丁本作「六」。

〔二〇六九〕「二」，丁本作「三」。

〔二〇七〇〕「颼」，丁本同，當作「颸」，據《王二》改。

〔二〇七一〕「玉」，當作「王」，據丁本改。

〔二〇七二〕「猾」，當作「猬」，據丁本改。

〔二〇七三〕「拂」，丁本訓解云：「拭也；除也。」

〔二〇七四〕「六」，丁本作「七」。

〔二〇七五〕第二個「岪」字衍，據丁本當删。

〔二〇七六〕「草」，丁本作「道草」；「色」，當作「多」，據丁本改。

〔二〇七七〕「袚」，當作「袯」，據丁本改，「袚」爲「袯」之借字。

〔二〇七八〕「乎」，丁本作「乎」，誤；「物」，丁本同，當作「吠」，據《裴韻》改。

〔二〇七九〕「汩」，丁本作「曰」，誤。

〔二〇八〇〕「貌」，丁本無。

〔二〇八一〕「許」，丁本作「詐」，誤。

〔二〇八二〕「翟尾者」，據丁本補。

〔二〇八三〕「訖」，丁本訓解云：「竟也；止也。」

〔二〇八四〕「三」，丁本作「四」。

〔二〇八五〕「絶」字後丁本訓解云：「《説文》作跀，斷足也。」

〔二〇八六〕「桴」，丁本作「大桴」。

〔二〇八七〕第二個「垡」，丁本作「土」。

〔二〇八八〕「橃」，《敦煌經部文獻合集》釋作「撥」，校改作「橃」，注文中之「橃」字同此。

〔二〇八九〕「欥」，當作「猒」，據《裴韻》改；「盾」，丁本作「《説文》盾」。

〔二〇九〇〕「新加」，丁本無。

〔二〇九一〕「越」，丁本訓解云：「逾也；於也；曰也；揚也」；「戶」，丁本作「王」。

〔二〇九二〕「五」，丁本作「六」。

〔二〇九三〕「紵」，丁本作「佇」，誤；「布」字後丁本有「或絨」二字。

〔二〇九四〕「厥」，丁本訓解云：「其也。」

〔二〇九五〕「噦」，丁本訓解云：「逆氣」；「居」，當作「乙」，據丁本改。

〔二〇九六〕「入」，丁本無。

〔二〇九七〕第二個「鷹」，丁本無。

〔二〇九八〕「杙」，丁本作「栰」，誤。

〔二〇九九〕「闕」，丁本訓解云：「少也。」

〔二〇〇〕「二」，丁本作「三」。
〔二〇一〕「遺發」，丁本作「草生」。
〔二〇二〕「亦」，丁本無。
〔二〇三〕「三」，丁本作「四」。
〔二〇四〕「謁」，丁本訓解云：「請也；告也。」
〔二〇五〕「傷」，丁本作「殤」，誤。
〔二〇六〕「獢」，丁本作「猲獢」。
〔二〇七〕「斥」，丁本作「片」，誤。
〔二〇八〕「反」，丁本無。
〔二〇九〕「又」，據丁本補。
〔二一〇〕「三」，丁本作「四」。
〔二一一〕「搗」，丁本作「揭」，「搗」同「揭」。
〔二一二〕「伐」，丁本作「代」，誤。
〔二一三〕「没」，丁本訓解云：「沉也；密也。」
〔二一四〕「骨」，丁本訓解云：「骼。」
〔二一五〕「四」，丁本作「五」。
〔二一六〕「鳴」，當作「鳩」，據丁本改。
〔二一七〕「狗骨」，當作「枸榾」，據丁本改。
〔二一八〕「勃」，丁本訓解云：「速也；作也。」

〔三一九〕「六」，丁本作「七」。
〔三二〇〕「茗」，丁本作「茖」，誤。
〔三二一〕「大」，丁本作「辭」。
〔三二二〕「河」，當作「訶」，據丁本改。
〔三二三〕「六」，丁本作「七」。
〔三二四〕「搪」，丁本作「搪揬」。
〔三二五〕「怱」，丁本訓解云：「盡；心悶也。」
〔三二六〕「五」，丁本作「六」。
〔三二七〕「急」，丁本作「怱」，誤；「㥯」，當作「攧」，據丁本改，以下同，不另出校。
〔三二八〕「摇」字後丁本作「又音月」。
〔三二九〕「竡」，丁本作「辭」。
〔三三〇〕「一」，丁本作「二」。
〔三三一〕「角」，當作「骨」，據丁本改。
〔三三二〕「温」，當作「漚」，據丁本改，丁本「漚」字後有衍文「用力或作左」五字。
〔三三三〕「日」，當作「白」，據《王二》改，丁本作「皃」。
〔三三四〕「左」，當作「劻」，據丁本改。
〔三三五〕「訥」，丁本訓解云：「言澁也。」
〔三三六〕「蠃」，丁本作「昨」。
〔三三七〕「一」，丁本作「三」。

〔三一三八〕「糈」，丁本同，當作「稍」，據文義改。

〔三一三九〕「反」，據丁本補。

〔三一四〇〕「反」字後丁本作「渴（濁）也。一曰水出貌」。

〔三一四一〕「長」，當作「倅」，據丁本改。

〔三一四二〕「利」字後丁本作「出《説文》」。

〔三一四三〕「木」，丁本作「水」，誤；「止」，當作「上」，據丁本改。

〔三一四四〕「二」，丁本作「三」。

〔三一四五〕「曰」，丁本無。

〔三一四六〕「中見昧」，丁本作「昧中見」。

〔三一四七〕「達」，當作「健」，據丁本改。

〔三一四八〕「貌」，丁本作「大」。

〔三一四九〕「又」，據文義補；「武」，丁本無。

〔三一五〇〕「拭」，丁本作「減」。

〔三一五一〕「撥」，丁本訓解云：「活（治）。」

〔三一五二〕「九」，丁本作「十」。

〔三一五三〕「袚」，丁本作「袚」。

〔三一五四〕「鉢」，丁本訓解云：「盂。」

〔三一五五〕「迹」，丁本同，當作「迹」，據《王二》改。

〔三一五六〕「鬢貌」，丁本作「鬢」。

〔三二五七〕「六」，丁本作「八」。

〔三二五八〕「流」字後丁本訓解云：「《說文》無耳。」

〔三二五九〕「闊」，丁本訓解云：「廣也；遠也。」

〔三二六〇〕「二」，丁本作「三」。

〔三二六一〕「活」，丁本訓解云：「生也。」

〔三二六二〕「括」，丁本作「活」。

〔三二六三〕「去」，丁本作「消」。

〔三二六四〕「又」，丁本作「反」，誤；「土」，丁本作「吐」；「反」，丁本無。

〔三二六五〕「俗作谿」，丁本無。

〔三二六六〕「活」，丁本作「括」。

〔三二六七〕「斜」，當作「斡」，據丁本改；「轉」，丁本作「天氣轉」。

〔三二六八〕「烟」，丁本作「咽」，誤。

〔三二六九〕「子」，丁本脱。

〔三二七〇〕「二」，丁本作「三」。

〔三二七一〕「刃」，丁本作「丑」，誤。

〔三二七二〕「撥」，丁本作「撥」，《敦煌經部文獻合集》校改作「撥」，「撥」同「撥」。

〔三二七三〕「二」，丁本作「三」。

〔三二七四〕「活」，丁本作「括」。

〔三二七五〕「一」，據丁本補。

〔二七六〕「足」，當作「躄」，據文義改，丁本作「躃」，「躄」同「躃」。

〔二七七〕「活」，丁本作「撥」。

〔二七八〕「十」，丁本作「十二」。

〔二七九〕「疲」，當作「废」，據丁本改。

〔二八〇〕「草」字後丁本作「又疋末反」。

〔二八一〕「薩」，丁本訓解云：「菩薩。」

〔二八二〕「挂」，當作「抹」，據《王二》改。

〔二八三〕「悲」，丁本作「悲也」。

〔二八四〕「六」，丁本作「七」。

〔二八五〕「他」字前丁本訓解云：「門也。」

〔二八六〕「七」，丁本作「八」。

〔二八七〕「葛」，丁本作「邁」，誤。

〔二八八〕「反」，據文義補。丁本止於此句。

〔二八九〕「劼」，當作「菰」，據《王二》改，《敦煌經部文獻合集》校改作「瓠」。

〔二九〇〕「飯」，當作「飲」，據《王二》改。

〔二九一〕「吉」，當作「古」，據《裴韻》改。

〔二九二〕「窡」，當作「窨」，據《裴韻》改。

〔二九三〕「反」，據《裴韻》補。

〔二九四〕「一」，據文義補。

〔二九五〕「馬」，當作「烏」，據《裴韻》改。

〔二九六〕「切」，當作「初」，據《裴韻》改。

〔二九七〕「内」，當作「肉」，據《裴韻》改。

〔二九八〕「骨」，當作「滑」，據《裴韻》改。

〔二九九〕「扴」，當作「扴」，據《裴韻》改，「扴」爲「扴」之借字。

〔三〇〇〕「鴝」，當作「鵴」，據《王二》改，「鴝」爲「鵴」之借字。

〔三〇一〕「女」，當作「五」，據《王二》改。

〔三〇二〕「一」，據文義補。

〔三〇三〕「蝨」，當作「強」，據《王二》改；「白」，當作「貌」，據《王二》改。

〔三〇四〕「一」，據文義補。

〔三〇五〕「小」，當作「礛」，據《裴韻》改。

〔三〇六〕「古」，當作「苦」，據《裴韻》改。

〔三〇七〕「日」，當作「姪」，據《裴韻》改。

〔三〇八〕「𡚁」，當作「結」，據《裴韻》改，《敦煌經部文獻合集》釋作「昃」，「𡚁」同「昃」，以下同，不另出校。

〔三〇九〕「亞」，當作「凸」，《敦煌經部文獻合集》據文義校改。

〔三一〇〕「賢」，當作「質」，據《裴韻》改。

〔三一一〕「颭」，《敦煌經部文獻合集》校改作「颭」，時爲「颭」字通行寫法，注文中之「颭」字同此；「爪」，當作「瓜」，《敦煌經部文獻合集》據文義校改。

〔三一二〕「鐵」，《敦煌經部文獻合集》校改作「銕」，「鐵」之古文有「銕」、「鐵」二字，可不校改。

〔二一三〕「頸」，當作「頭」，據《裴韻》改。

〔二一四〕「作」，當作「昨」，據《裴韻》改，「作」爲「昨」之借字。

〔二一五〕「道」，當作「前」，據《王二》改。

〔二一六〕「昆」，當作「毘」，據《王二》改。

〔二一七〕「褋」，當作「襆」，據《王二》改。

〔二一八〕「二」，當作「三」，據文義改，本小韻實收三字。

〔二一九〕「反」，據《裴韻》補。

〔二二〇〕「餅」字衍，據文義當删。

〔二二一〕「反」，據《裴韻》補。

〔二二二〕「反」，據《裴韻》補。

〔二二三〕「壯」，《敦煌經部文獻合集》釋作「牡」，校改作「壯」。

〔二二四〕「圭」，當作「夨」，據文義改；「此」，《敦煌經部文獻合集》漏録；「𡗗」，當作「臾」，《敦煌經部文獻合集》據文義校改。

〔二二五〕「利」，當作「痢」，據文義改，「利」爲「痢」之借字。

〔二二六〕「洌」，《敦煌經部文獻合集》釋作「冽」，校改作「洌」。

〔二二七〕「詳」，當作「祥」，據《裴韻》改，「詳」爲「祥」之借字。

〔二二八〕「蜇」，當作「悊」，《敦煌經部文獻合集》據文義校改，「蜇」爲「悊」之借字。

〔二二九〕「江」，當作「米」，據《裴韻》改。

〔二三〇〕「孽」，當作「擘」，據文義改，《敦煌經部文獻合集》釋作「孽」。

〔三三一〕「一」，當作「二」，據文義改，本小韻實收二字。
〔三三二〕「一」，據文義補。
〔三三三〕「二」，據文義補。
〔三三四〕「又」，當作「反」，據《裴韻》改，《敦煌經部文獻合集》逕釋作「反」。
〔三三五〕「蚝」，當作「跳」，《敦煌經部文獻合集》據文義校改。
〔三三六〕「孑」，《敦煌經部文獻合集》釋作「子」，校改作「孑」。
〔三三七〕「昃」，當作「旻」，據《王二》改；「目」，據《王二》補。
〔三三八〕「三」，據文義補，本小韻實收三字。
〔三三九〕「翅」，當作「翄」，據《裴韻》改。
〔三四〇〕「八」，當作「嫳」，據《裴韻》改。
〔三四一〕「㵱冢發土」，《敦煌經部文獻合集》稱此條之「㵱」字原脱，後補抄在「嫳」字條下，致其後反語無所歸屬，並將其直接移至「嫳」字條前。按，原件「㵱」字及「冢發土」均抄於「嫳」字條後，二者並未分離，應將其整體移至「嫳」字條後。
〔三四二〕「尾」，當作「黑」，據《裴韻》改。
〔三四三〕「蠚」，當作「䖮」，《敦煌經部文獻合集》據文義校改，「蠚」爲「䖮」之借字。
〔三四四〕「日」，當作「白」，據《王二》改。
〔三四五〕「二」，當作「三」，據文義改，本小韻實收三字。
〔三四六〕「書」，當作「苦」，據文義改。
〔三四七〕「水」，據文義補。

〔二三四八〕「踖」字衍，據文義當删。
〔二三四九〕「積」，當作「蹟」，據《王一》改，「積」爲「蹟」之借字。
〔二三五〇〕「䲭」，當作「名」，據《裴韻》改。
〔二三五一〕「隻」，據《裴韻》補。
〔二三五二〕「名」，當作「石」，據《裴韻》改；「二」，據文義補。
〔二三五三〕「炙」，據殘筆劃及《裴韻》補。
〔二三五四〕「跖」，當作「蹢」，據《裴韻》改。
〔二三五五〕「反」，據《裴韻》補。
〔二三五六〕「七」，本小韻實收六字。
〔二三五七〕「居」，當作「君」，《敦煌經部文獻合集》據文義校改。
〔二三五八〕「一」，據文義補。
〔二三五九〕「反」，據《裴韻》補。
〔二三六〇〕「一」，據《裴韻》補。
〔二三六一〕「霖」，當作「霂」，《敦煌經部文獻合集》據文義校改。
〔二三六二〕「哇」，當作「蛙」，據《裴韻》改，「哇」爲「蛙」之借字。
〔二三六三〕「顚」，據文義補。
〔二三六四〕「頭」，據《裴韻》補。
〔二三六五〕「鞕」，當作「鞭」，《敦煌經部文獻合集》據文義校改。
〔二三六六〕「大」，當作「犬」，據《裴韻》改。

〔三三六七〕「一」，據《裴韻》補。
〔三三六八〕「防」，當作「張」，據《王二》改。
〔三三六九〕「張」，當作「陟」，據《裴韻》改。
〔三三七〇〕「憎」，當作「增」，《敦煌經部文獻合集》據文義校改。
〔三三七一〕「四」，據《裴韻》補。
〔三三七二〕「戟」，當作「乾」，據文義改。
〔三三七三〕「榮」，當作「滎」，據文義改。
〔三三七四〕「芉」，當作「岸」，據《裴韻》改，注文中「芉」字同此。
〔三三七五〕「隟」，當作「隙」，據文義改。
〔三三七六〕「鰏」，當作「鯿」，據《裴韻》改。
〔三三七七〕「𢫦」，當作「拍」，據《裴韻》改。
〔三三七八〕「賦」，據《裴韻》補。
〔三三七九〕「一」，據《裴韻》補。
〔三三八〇〕「一」，據文義補。
〔三三八一〕「反」，據文義補。
〔三三八二〕「一」，據《王二》補。
〔三三八三〕「二」，《敦煌經部文獻合集》釋作「鉛」，校改作「二」；「鋋」，《敦煌經部文獻合集》校改作「鋋」。
〔三三八四〕「鈐」，當作「鉿」，據《裴韻》改；「名」，據《裴韻》補。
〔三三八五〕「跛」，當作「蹳」，據文義改。

〔二二八六〕「十二」，本小韻實收十字。

〔二二八七〕「偏」，當作「遍」，據《裴韻》改。

〔二二八八〕「虚」，當作「盧」，據《裴韻》改。

〔二二八九〕「沓」，當作「翻」，據《裴韻》改。

〔二二九〇〕「俟」，當作「係」，據《裴韻》改。

〔二二九一〕「岑」，當作「岸」，據《王二》改。

〔二二九二〕「河」，當作「何」，據《王二》改，「河」爲「何」之借字。

〔二二九三〕「一」，據《裴韻》補。

〔二二九四〕「筮」，當作「噬」，據《裴韻》改，「筮」爲「噬」之借字。

〔二二九五〕「錫鑞」，據《裴韻》補。

〔二二九六〕「蠟」，據《裴韻》補。

〔二二九七〕「皮貎」，據《裴韻》補。

〔二二九八〕「蓋」，據殘筆劃及《裴韻》補。

〔二二九九〕「鄭」，當作「擲」，據《裴韻》改；「聲」，據文義補。

〔二三〇〇〕「三」，當作「四」，據文義改，本小韻實收十四字。

〔二三〇一〕「毻」，據《裴韻》補。

〔二三〇二〕「傷㑥」，據殘筆劃及《裴韻》補。

〔二三〇三〕「多言」，據殘筆劃及《裴韻》補。

〔二三〇四〕「搭」，據《裴韻》補。

〔二三〇五〕「反」，據文義補。

〔二三〇六〕「搔搨搔」衍，據文義當删。

〔二三〇七〕「和雜」衍，據文義當删。

〔二三〇八〕「一」，當作「二」，據文義改，本小韻實收二字。

〔二三〇九〕「樓」，據殘筆劃及《王二》補。

〔二三一〇〕「傫偈」，據《裴韻》補。

〔二三一一〕「事」，據《王二》補。

〔二三一二〕「五盍反」，據《裴韻》補。

〔二三一三〕「一」，當作「二」，據文義改，本小韻實收二字。

〔二三一四〕「石」，據殘筆劃及《裴韻》補。

〔二三一五〕「盦」，據《王二》補。

〔二三一六〕「幍」，當作「帢」，據《王二》改，注文中之「幍」字同此；俗寫「舀」、「臽」易混。

〔二三一七〕「搯」，當作「掐」，據《王二》改，注文中之「搯」字同此；俗寫「舀」、「臽」易混。

〔二三一八〕「陷」，當作「陥」，據《王二》改，注文中之「陷」字同此；俗寫「舀」、「臽」易混。

〔二三一九〕「入」，據《裴韻》補。

〔二三二〇〕「郟」，據《裴韻》補。

〔二三二一〕「諳」，當作「暗」，據文義改。

〔二三二二〕「騒」，據《裴韻》補；「聚」，當作「驟」，據《裴韻》改。

〔二三二三〕「容」，當作「峇」，據《裴韻》改。

〔二二四〕「狀」，當作「杜」，據《裴韻》改。
〔二二五〕「鳴」，當作「鳥」，據《裴韻》改。
〔二二六〕「去」，當作「古」，據《裴韻》改。
〔二二七〕「人」，當作「入」，《敦煌經部文獻合集》據文義校改；「神」字疑衍。
〔二二八〕「陟」，當作「涉」，據《王二》改，以下同，不另出校。
〔二二九〕「七」，當作「叱」，據《王二》改。
〔二三〇〕「言」字衍，據《王二》當删。
〔二三一〕「泒」，當作「狐」，《敦煌經部文獻合集》據文義校改。
〔二三二〕「在」，據文義補；「清」，《敦煌經部文獻合集》釋作「靖」，誤。
〔二三三〕「骨」，據《裴韻》補。
〔二三四〕「布」，當作「怖」，據《裴韻》改，「布」爲「怖」之借字。
〔二三五〕「三」，當作「二」，據文義改，本小韻實收二字。
〔二三六〕「鐎」，當作「鏶」，《敦煌經部文獻合集》據文義校改；「灰」，當作「炙」，《敦煌經部文獻合集》據文義校改。
〔二三七〕「鍾」，當作「鍤」，據《裴韻》改。
〔二三八〕「反」，據文義補。
〔二三九〕「廁」，當作「扇」，據《裴韻》改。
〔二四〇〕第二個「煩」，丙本無。丙本始於此句。
〔二四一〕「心服」，丙本殘存「服」。

〔二三四二〕「作愿」及此條剩餘注文，丙本殘。

〔二三四三〕「徒」字前丙本訓解云：「辤。」

〔二三四四〕「二」，丙本作「三」，底本收「牒」、「喋」、「⿰足疊」、「蹀」、「諜」、「堞」、「⿰車疊」、「氎」、「褺」、「疊」、「蝶」、「鰈」十二字，丙本收「喋」、「⿰足疊」、「蹀」、「諜」、「堞」、「⿰車疊」、「氎」、「蝶」、「鰈」、「渫」十字。

〔二三四五〕「問」，當作「間」，據丙本改。

〔二三四六〕「指按」，丙本作「按」。

〔二三四七〕「七」，丙本作「六」，底本實收「茶」、「惗」、「朁」、「諗」、「捻」、「敜」六字，丙本收「茶」、「惗」、「⿰金念」三字。

〔二三四八〕「惗」，《敦煌經部文獻合集》據丙本校改作「埝」，疑誤；「暗」，當作「暗」，據丙本改。

〔二三四九〕「捻」，丙本訓解云：「指捻。」

〔二三五〇〕「寒」，當作「塞」，據《王二》改。

〔二三五一〕「爕蘇協」，據丙本補；「爕」，丙本訓解云：「和。」

〔二三五二〕「五」，丙本作「二」，底本收「屧」、「躞」、「韘」、「⿰王燮」四字，丙本收「爕」、「屧」、「躞」、「韘」、「⿰王燮」五字。

〔二三五三〕「⿰身夭」，丙本作「射」，「⿰身夭」爲「射」之本字。

〔二三五四〕「玉」，丙本脫。

〔二三五五〕「抓」，丙本訓解云：「打。」

〔二三五六〕「協」，據殘筆劃及丙本補。

〔二三五七〕「一」，丙本無。

〔二三五八〕「二」，丙本作「一」，底本收「緝」、「葺」二字，丙本收「緝」一字。

〔二三五九〕「十」，丙本訓解云：「成數。」

〔二三六〇〕「執」，丙本訓解云：「持也」；「側什」，丙本作「之入」。

〔二三六一〕「檝」，丙本作「楫」，「檝」同「楫」，注文中之「檝」字同此；「楫」字後丙本訓解云：「或檝。」

〔二三六二〕「噍貌」，丙本無。

〔二三六三〕「字」，丙本無。

〔二三六四〕「及」，丙本訓解云：「與也。」

〔二三六五〕「爪」，當作「瓜」，《敦煌經部文獻合集》據文義校改，丙本作「苽」。

〔二三六六〕「蟲」字後丙本作：「隱也；靜也」。

〔二三六七〕「齒」，當作「齧」，據丙本改。

〔二三六八〕「茝」，丙本作「芷」，「茝」同「芷」。

〔二三六九〕「急」，丙本訓解云：「假（疾）也」；「居」，丙本作「其」。

〔二三七〇〕「又作」，據文義補；「悥」，當作「㤂」，據丙本改。

〔二三七一〕第二個「給」字後丙本作「與」。

〔二三七二〕「高」，丙本作「小山高」。

〔二三七三〕「魚」，據殘筆劃及丙本補。

〔二三七四〕「一」，據丙本補。

〔二三七五〕「泣」，丙本訓解云：「落淚」；「悥」，當作「急」，據丙本改。

〔二三七六〕「先」，丙本作「光」，誤。

〔二三七七〕「一」，丙本作「二」，底本收「鞁」一字，丙本收「鞁」、「嚁」二字。
〔二三七八〕「吸」，丙本訓解云：「入氣」，「氣」字後丙本作「又魚及反」。
〔二三七九〕「米」，當作「來」，據丙本改。
〔二三八〇〕「火」，丙本作「合火」。
〔二三八一〕「一」，據丙本補；「起」，丙本作「起也」。
〔二三八二〕「評」，當作「評」，據丙本改。
〔二三八三〕「貌」，丙本作「白」，誤。
〔二三八四〕「又作翌」，丙本無。
〔二三八五〕「鈒」，據殘筆劃及丙本補。
〔二三八六〕「止」，丙本作「止也」。
〔二三八七〕「反」字後丙本作「聚也。或戢」。
〔二三八八〕「吅」，當作「口」，據丙本改。
〔二三八九〕「邑」，丙本訓解云：「累（縣）也。」
〔二三九〇〕「悒」，丙本訓解云：「憂。」
〔二三九一〕「共」，丙本作「花」，當作「菸」，據《裴韻》改。
〔二三九二〕「煜」，丙本作「爆」，誤；「貌」，丙本作「白」，誤。
〔二三九三〕「藥」，丙本訓解云：「療病」；「灼」，據丙本補。
〔二三九四〕「八」，丙本作「九」，底本實收「藥」、「躍」、「礿」、「蘥」、「鑰」、「瀹」、「爚」七字；丙本收「藥」、「躍」、「礿」、「籥」、「蘥」、「鑰」、「瀹」、「爚」、「櫟」九字。

〔二三九五〕「跳」，丙本作「跳躍」，「躍」字後丙本作「迅狀」。

〔二三九六〕「煜」，丙本作「熠」，「爚」字後丙本作「光」。

〔二三九七〕「略」，丙本訓解云：「謀也」；「離」，丙本作「龍」。

〔二三九八〕「二」，丙本作「三」，底本收「略」、「繫」二字，丙本收「略」、「繫」、「畧」三字。

〔二三九九〕「鞋」，丙本作「草」。

〔二四〇〇〕「爍」，丙本作「藥」。

〔二四〇一〕「十」，丙本作「九」，底本收「灼」、「斫」、「礿」、「犳」、「㣿」、「勺」、「酌」、「繳」、「焯」、「穛」十字，丙本收「灼」、「斫」、「礿」、「㣿」、「勺」、「酌」、「繳」、「焯」、「穛」九字。

〔二四〇二〕「曰」，底本換行書於注文左側。

〔二四〇三〕「隄山有獸」，底本換行書於注文左側。

〔二四〇四〕「豹而」，底本換行書於注文左側；「文首」，底本倒書於注文右側。

〔二四〇五〕「名犳」，底本倒書於注文右側。

〔二四〇六〕「繒」，丙本同，當作「矰」，據文義改，「繒」爲「矰」之借字。

〔二四〇七〕「反」字後丙本作「又齊地」。

〔二四〇八〕第二個「鑠」字後丙本作「又美」。

〔二四〇九〕「若」，丙本訓解云：「順也；善也；辭也。《詩》：禁御不若」；「反」，據殘筆劃及丙本補。

〔二四一〇〕「七」，據殘筆劃及丙本補。

〔二四一一〕「草」，據殘筆劃及丙本補，「草」字後丙本作「或若」。

〔二四一二〕「榴」字後丙本作「似㮏」。

〔二四一三〕「渠」，當作「埿」，據丙本改。

〔二四一四〕「綽」，丙本訓解云：「舒也；緩也」；「約」，丙本作「灼」。

〔二四一五〕「三」，據文義及丙本補。

〔二四一六〕「磆」字後丙本作「火（大）脣貌」。

〔二四一七〕「屵字」，據殘筆劃及丙本補。

〔二四一八〕「言憶反」，據丙本補。

參考文獻

《西域文化研究・一・敦煌佛教資料》一二九、二七六頁；《敦煌寶藏》一五册，六七三至六八八頁（圖）；《敦煌學概要》七三頁；《敦煌論集》三四二頁；《唐五代韻書集存》七四、八二七頁；《瀛涯敦煌韻輯新編》七七頁；《敦煌書法叢刊・二・韻書》五二頁；《敦煌本古類書〈語對〉研究》一八頁；《漢學研究》（敦煌學國際研討會論文專號），四一一頁；《歷史研究》一九八六年三期，一七〇頁；《敦煌學論文集》三二五（圖）、三六六、四一五、四一八、四三〇、四四三、四四八、四七六、六九四頁注二、七三五、七七九頁；《周祖謨語言文史論集》二五四頁；《英藏敦煌文獻》三册，二三九至二五八頁（圖）；《敦煌吐魯番學研究論文集》一頁；《敦煌文書學》二五三頁；《中國敦煌學史》三四、五九、六三、一四五、三〇一、三〇三、三〇六頁；《講座敦煌・五・敦煌漢文文獻》一〇二頁；《敦煌文書校讀研究》二五〇頁；《『中國唐代學會』會刊》四期，七七頁；《敦煌研究》一九九三年二期，九七頁；《中國語の資料と方法》一四七頁；《中國典籍與文化論叢》三輯，三六八頁；《全國敦煌學研討會論文集》三一頁；《漢語俗字研究》二七三、三四五頁；《敦煌俗字彙考》四頁；《敦煌俗字研究導論》四二、一九一頁；《雲謠集研究彙録》一八八頁；《敦煌學大辭典》三四四、五一二、七八三頁；《漢語史研究集刊（第一輯）》下，六一一頁；《劫塵遺珠：敦煌遺書》

五八頁；《舊學新知》九、二〇、三三、三七、一五三、二五七頁；《中國敦煌學百年文庫·語言文字卷》一，三一二頁；《中國敦煌學百年文庫·綜述卷》一，三一四頁；《姜亮夫全集》九、一三、二七、三六二頁；《善本碑帖論集》三三四頁；《文史》六〇輯，二四九頁；《雪泥鴻爪：浙江大學古籍研究所建所二十周年紀念文集》三七、一九八頁；《文史》六五輯，二二九頁；《南京師範大學文學院學報》二〇〇三年二期，一八二頁；《浙江與敦煌學：常書鴻先生誕辰一百周年紀念文集》四四八頁；《敦煌學》二五輯，二三六、三二二頁；《中國俗文化研究》二輯，九八頁；《敦煌學輯刊》二〇〇五年二期，二三三頁；《敦煌經部文獻合集》二一五八至二四三四頁（録）；《敦煌研究》二〇一一年一期，九九頁。

斯二〇七一背　請處分無人承料地狀

釋文

（前缺）

一戶。昨陳狀，欲請得洪池鄉落下王買德

判與吳保安。信子絶無寸壠地水，虛料王役。今有慈惠鄉劉養

一戶，無人承料。伏乞

長史司馬仁恩，特賜前

承料。伏乞□□□□□賜示。

（後缺）

説明

此件前後均缺，從其内容看應爲歸義軍時期的請地狀。

參考文獻

《英藏敦煌文獻》三卷，二五九頁（圖）。

斯二〇七二　琱玉集

釋文

（前缺）

□煙蔚律□臭爲香，駈逐□

□玄爲王孝伯作誄。下筆即□青〔一〕、兖二州刺史

太原王孝伯薨〔二〕。□胎（貽）其福〔三〕。天道冥昧，孰側（測）倚〔四〕□

□林殘青竹。人之云亡，邦國喪牧。□

□琴，四馬仰袜（秣）〔五〕，採聽其聲。

□師涓奏濮上之音〔六〕，師曠止之曰〔七〕：此亡□聽。遂令鼓之。平公曰：音無過此最悲乎〔八〕？□曰：可將（得）聞乎〔九〕？曠曰：君德義薄，不可聽之〔一〇〕。公〔一一〕□之矣。曠不〔得〕已〔一二〕，援琴鼓之，一奏，則玄鶴二八

集於廊（廊）□[一三]，再奏，[引頸]而鳴[一四]，舒翼而舞。平日（公）大喜[一五]。又奏之，有雲從西北起；再奏，大風便止（至）[一六]，而雨隨之，□飛廊（廊）瓦[一七]，左右皆悉（奔）走[一八]。平公恐懼，伏於屋廊（廊）之間[一九][　　]記》。

蕭史[二〇]，周時秦人也，[善][二一][　]遂與妻焉。後鳳[　　　]

匏巴，齊人，不委何代□□[二二]，[善][二三][　　　]□《神農記》。

韓娥，不知何許人。東之齊，乏粮，乃雍門鬻飲（歌）假食[二四]。既去，而餘響繞梁[二五]，三日不絶，故雍門人今善歌。《博物志》。

虞公，魯人也。善唱歌，聞者莫不流涕，其聲哀怨，梁塵扉（菲）扉（菲）而起[二六]。《神農》。

工書

倉頡，黄帝時人也。觀鳥跡以造文字，龍皆藏隱，或白日昇天，鬼則夜哭。既有文書，恐人書之。文字猶（由）是生焉[二七]。

蔡伯喈，後漢陳留人也。爲左右（中）良（郎）將[二八]，善能揩（楷）法[二九]。又採李斯文字，〔後〕〔漢〕〔靈〕〔帝〕〔時〕[三〇]，〔太〕〔學〕〔中〕〔立〕〔石〕〔五〕〔經〕[三一]，並伯喈所書，今洛陽猶在。宮碑多是其跡。《神記》。

魏有鍾繇，晉有王羲之、獻之，張芝，並皆能書。

善射

養由基，逐楚王獵[三二]，時有猿猴在高樹上，王使左右射之，猿猴皆接箭摧折，莫有中者。王命由基，由基始撫弓而眄，猿猴遂抱樹而號，知不得免，伏不敢動。《淮南子》。

甘繩（蠅）[三三]，不知何許人也，善射，懸虱於牖，射之皆悉貫心。有飛衛者，舉（學）射於繩（蠅）[三四]，既盡於術[三五]，又欲煞之。相遇於途，各抶箭相射[三六]，繩（蠅）箭先盡[三七]，乃拔棘針以擲，漸箭輒即相突而下[三八]，繩（蠅）遂免死[三九]。於是飛衛拜謝[四〇]，誓爲父子。出《列（子）傳》[四一]。一云：繩（蠅）箭既盡[四二]，乃口承箭，衛亦發箭，繩（蠅）即齧得其鏃之法[四三]。繩（蠅）云[四四]：齧鏃之法，猶未教汝。故諺云：爲人師者，不得盡熊（能）而教之耳[四五]。

李廣，前漢隴西成紀人也，李陵之祖。爲人猿臂，又甚善射，手不虛發。漢武時，爲雲中太守，兇（匈）奴憚之[四六]，號曰飛將，兇（匈）奴不敢出塞。而廣幼時喪父，及長，問父安在。母曰：爲虎所食。廣聞悲泣，撫持弓箭，日夜覓虎，遙見伏石，謂言是虎[四七]，挽弓射之，應弦沒羽。《前漢書》。

機巧[四八]

田夫，後漢人也，爲性巧，能刻木爲小麥，詣市糶之[四九]，衆者不識，歸磨。乃知非麥。《類林》。

偃師，周穆王時巧人也。乃縛草作人，衣以五綵，使之能儛。王與夫（美）人觀之[五〇]，草人以手招王美人，王怒，遂煞偃師。出《類林》。

馬鈞，字德衡，魏扶風人也。能造指南車，又作木人，使緣絙（絚）[五一]、擲絕、作舞，及［開］閉門戶[五二]、舂磨，與人無異。明帝拜鈞爲給事中郎。《類林》。

解飛，石虎時人，往巧作車[五三]，左轂（轂）上［置］碓[五四]，右轂（轂）［上］致（置）磑[五五]，車行十里，磨麥一石，舂米兩斛。又爲虎造鳳陽門，門將欲成，有兜率天人來下，見飛大怒，責之曰：汝在天上犯罪，何以輒造此門？可還天上，不得住也。須臾，解飛因斧脱悮斫，傷額而死。言此鳳陽門者，則天上鳳陽門也。出《石虎鄴中記》。

魯人公般輪，性巧，刻木作鵄，人入其中，飛往梁國。出《類林》。

孔明，姓諸葛，名亮。爲蜀丞相，甚有智能，造木牛木馬，駈使運粮，日行卌里[五六]。《類林》。

區純，晉時衡陽人也。造一木室，又作一木新婦，居其室中。人扣其門，新婦乃開門出，當戶跪拜，拜訖，還入內，閉門。亦能造指南車。《晉書》[五七]。

葛田（由）[五八]，後漢蜀人[五九]。刻木作羊，能使行。一旦，騎木羊上山，王侯大人皆悉隨之，遂得仙去。葛洪《神仙傳》。

方術

孟（班）班（孟）〔六〇〕，不知何許人。甚有方術，能含墨噴紙，皆成文字，欲作義理，〔皆〕〔有〕其意焉〔六一〕。《神仙傳》。

葛玄，後漢丹陽句容人也。玄曾爲客，冬中坐時，天寒烈。玄乃謂客曰：今與子請致於火〔六二〕。於是四顧呼嘯，須臾，火即滿室。又能吐飯爲蜂，飛騰而去。《神仙傳》。

費長房，後漢人。嘗就壺中公（翁）仙學道〔六三〕，後卻還家〔六四〕。仙人與一竹杖，而乘歸家。歸家訖，致（置）杖於葛陂之中〔六五〕，遂化爲龍。又房能除妖魅。《後漢書》。

左慈，字元放，魏初廬江人也。善有神術，變身爲羊，曹操執而煞之，乃見一束茅草。《搜神記》。

樊英，字季齊，後漢魯（陽）人也〔六六〕。在□□□酒噀〔六七〕。帝問其故，答曰：蜀地有火災，故以救之。使人馳往驗之〔六八〕，□□成都失火〔六九〕，燒數千家，賴東北有雲雨至，火得滅，其雨皆酒氣。□□信之〔七〇〕。又云：欒巴也。《後漢書》。

薊子訓〔七一〕，不知何許人也。建安中與諸生駕驢車遊於許市〔七二〕，及捉（投）主人家停〔七三〕，主人報之〔七四〕，訓曰：無苦也。遂舉仗（杖）鞭扣之〔七五〕，□曾抱鄰家兒戲弄，悮失手，墮地而死。父母哀泣埋之。經由數宿，薊訓乃抱兒還，其父母惡之。兒見父母，歡喜向前，父母抱取，乃真兒也。《類林》。

劉根，後漢穎（潁）川人也[七六]，能令人見鬼。隱於嵩山，穎（潁）川太守杜（史）祈聞之[七七]，以根爲妖，問之：卿有何術。根曰：能令人見鬼。祈叱根曰：若召之不驗，當加誅於汝。根於是左顧而嘯，須臾之間，祈亡父母悉反縛於前，乃責祈曰：汝爲人子孫，不能光益先宗，反累亡人，何也？何不謝過。祈乃叩頭謝過，涕泣之。俄爾間，根及鬼忽去，莫知所在。《後漢書》。

張楷，字公超，後漢弘農人也。而能起霧，一起，五里之内，悉皆遍合。《後漢書》。

甯封，口中爲五色雲，黄帝時人也。《神仙傳》。

善相

龍淵，後漢人也。善相。是時，豪貴就相，車馬填滿街衢。時犢侯劉宏造淵相。始入，淵聞之，驚起，祗迎就坐[七八]。相曰：君貴不可言。犢侯曰：家貧負債，無由得，何可望於富貴乎！淵曰：〔公〕〔相〕〔然〕〔也〕[七九]。〔張〕〔濟〕〔就〕〔淵〕〔相〕[八〇]，〔淵〕〔曰〕[八一]：但事犢侯，當位至三〔公〕[八二]。張濟於是將家財與犢侯還債。其年，桓帝崩，皇太后、大臣謀迎犢侯爲天子，是爲靈帝。而張濟遂至司空。《後漢書》。

許負，奏（秦）始皇時人也[八三]。薄姖（姬）爲女子時[八四]，許負相之，曰：必當爲王者妃，必生天子。魏豹聞之，遂納爲妻。然豹恒憶許負之言，及秦滅，而諸侯競起，豹因號爲魏王，都平陽。後〔高〕祖些（遣）韓信討之[八五]，擒豹，并虜薄姫（姬）而還。豹後被煞，高祖因納薄姫（姬），遂生文帝，果如許負之言。高祖後封許負之爲雌亭侯。或云許負是婦人，不應封侯。《前漢書》。

鑒識

〔權〕〔智〕[八六]

周文王，名昌。爲西伯時，紂幸臣費仲謂紂曰：西伯聖，人多附之，若有異志，禍及於國。遂囚文王，陰煞其子而與之食。文王自度曰：我若不食，必不免難[八七]。遂即食之。紂謂費仲曰：西伯食子之肉，猶尚不知，而有何聖？乃赦免之。《史記》。

陳涉，名勝，秦時咸（陽）陽（城）人[八八]。勝時爲閭佐（左）[八九]，領九百人屯大澤。以逢雨水，道不通渡，遂失前期。秦法，後者斬。勝懼，願興大事，恐人不信，乃書帛曰：陳勝當王。置魚腹中。亭（亨）魚者得之[九〇]，以爲吉祥。又令人於叢祠中，夜作狐鳴，曰：陳勝當王，大楚興。乃召其徒〔曰〕[九一]：今既失期，罪即當斬，豈万（不）徒然[九二]，吾所欲興大名耳。徒屬曰：敬聞命矣。於是勝遂據陳，號曰陳王。立經六月，爲御人莊賈煞之以降也。《太史公記》。

伍子胥，名員，六國時楚人也。楚平王誅其父兄，員走奔吴，爲候人捉獲，將欲送之。員詐曰：楚王以我盜珠，我故逃亡。汝今捉我，我執子奪我珠吞之，王必剖汝腹而取珠。

候人乃懼，放之。《韓詩外傳》。

閎夭，文王友也。時紂囚文王，夭往見之，文王不得語，乃動其目，撫拍其腹，蹀蹀其足。夭曰：動目者紂好色也，拍其腹者紂好實（寶）也〔九三〕，蹀其足者紂其足者紂好馬也〔九四〕。乃求此三物而獻之。遂放文王也。《史記》。

劉發，漢武（景）帝之庶子〔九五〕，封爲長沙定王。母以賤出，封國最卑，意恨其小。諸王來朝，帝乃大會作樂。諸王悉舞，其次長沙王，王舞肩促，蹀蹀而已。帝笑而問之。對曰：臣國小地窄，不得迴旋耳。帝於是益三郡。劉發即是光武五世祖。《前漢書》。

陳平，前漢初陽武人。曾渡河，船人見其美丈夫，疑平胷下有金，陰欲害之。平心知之，遂即脱衣而助船人刺棹。船人知無金，乃止。

王戎，字叡（濬）沖〔九六〕，晉時琅瑘人。年七歲，與諸小兒戲於道側，或云：路旁有李樹，其子美甘，折枝。諸小兒競往，戎獨不去。人問其故，戎曰：樹在道側，若甘美，人已食盡，豈得折枝？果如其言。《世説》。

楊脩，字德祖，魏初弘農人也〔九七〕。曾有人獻酪於魏武，魏武食訖，乃題器上作合字，使人遍賜群臣，群臣皆莫敢食。次至德祖，德祖便食一口而罷。魏武問其故，對曰：合者〔九八〕，人一口。魏武大笑，衆人皆伏之。又德祖曾使人作相國問（門）〔九九〕，魏武任（往）看〔一〇〇〕，書活字。德祖見之，即令改。魏武問其故，德祖曰：門中安活，是闊字，王嫌闊也，是以改。《語林》。

夷吾，管仲也。爲齊卿時，桓公北〔伐〕孤竹〔一〇一〕，山行值雪，迷失道，於是軍中衆人莫知所詣。管仲曰：可放老馬於前，而後隨之。遂得道而歸。出《韓子》。

隰明（朋）〔一〇二〕，齊大夫。桓公北征，山行無水，人馬皆渴，莫知所求。隰朋曰：尋蟻壤，可即得水。桓公從之，掘蟻壤，果得之。《韓子》。

王羲之，字少（逸）逸（少）〔一〇三〕，晉時琅琊人。年十歲，大將軍王敢（敦）甚愛重之〔一〇四〕，恒致（置）帳中眠宿〔一〇五〕。王敦出，羲之眠猶未起。須〔臾〕〔一〇六〕，錢鳳人（入）來〔一〇七〕，屏人論事。都妄（忘）羲之在帳〔一〇八〕。所言異謀，羲之先聞，恐不得活，乃剔吐而汙頭面，詐如醉狀。敦論事坐（半）〔一〇九〕，乃憶羲之未起，相與大驚，曰：不得不除。乃開帳見之，其吐唾從横〔一一〇〕，信之，解也，乃免。《晉書》。

藺相如，趙相。時秦昭王聞其趙得和氏之璧〔一一一〕，使人遺趙書曰：願以十五城易之。趙王與大將軍廉頗等謀，恐秦詐也。相如進曰：秦强趙弱，不可不許。臣願奉璧，如不得城，完璧歸趙。趙王遂些（遣）相如〔一一二〕，至秦奉璧〔一一三〕。秦王大喜，持示美人及諸左右，左右皆呼萬歲。相如視秦王無與城之意，乃前曰：璧有瑕，請指示王。王即授璧。相如大怒，髮上衡（衝）冠〔一一四〕，謂秦王曰：大王願璧，使使〔之〕趙〔一一五〕，趙王悉召群臣議，曰：秦負其强，妄言求璧，城難得也。議不與秦。〔臣〕〔曰〕〔一一六〕：臣以布衣爲交，尚不相欺，況大國乎！豈一璧之故，而逆强秦之歡。於是趙王乃齋五日，史（使）臣〔奉〕璧拜〔書〕〔一一七〕。何者？嚴大國之威以脩敬也。今臣見大王，大王見臣，禮節甚踞，得璧，傳示美人以戲。臣觀大王無與城之意，故臣復取其璧。大王急〔臣〕〔一一八〕，臣頭與璧俱碎於柱。欲以擊之，秦王恐其破璧，乃謝之曰：請召有司案圖籍與城。相如謂秦王曰：和氏之璧，天下所共至貴，可齋五日，設九賓於庭，然後〔上〕璧〔一一九〕。秦王度之不可强奪，遂許之。至時，設九賓引相如。相如至，謂秦王曰：秦自穆（繆）公已來廿餘君〔一二〇〕，未曾有堅盟約者，恐臣見欺而負於趙，故令人持璧奔歸，已至趙矣，且秦强趙弱，若先割城與趙，趙終不敢留璧，臣知合誅，請就湯鑊。秦王大驚，然然勃怒，左右欲引相如赴鑊。秦王曰：今璧已去，煞之何益，不如厚遇之，使歸，趙王豈以璧之故而欺寡人也。遂以禮放還。相如既歸，惠文王以爲賢吏，不辱君命，乃拜爲上卿。秦亦不以城與趙，趙亦不以璧與秦。《後語》。

衛姫（姬），齊桓公夫人也。齊桓將欲伐漸（衛）〔一二一〕，與管仲謀於臺中，事定，趨而入室，衛姫（姬）下庭而謝曰：〔衛〕有何罪而君伐之〔一二二〕？若矜妾，乞止干戈；必欲行誅，妾請先死。公曰：何以知之？姫（姬）曰：公視高遠，此有征伐之志，見妾而有慙色，是以知伐漸（衛）也〔一二三〕。情發刑（形）見〔一二四〕，心媿色慙，故知之。桓公伏其言。《同賢記》。

惠子，六國時魏人也，不惻（測）姓名〔一二五〕。魏惠王卒，葬有日矣。時天大雪，至於牛目，群臣多諫，太子不可，曰：若以官費人勞，不行先王喪，是吾不義。〔惠〕子乃諫曰〔一二六〕：昔王季歷葬於楚山之尾，繼（欒）水齧其基（墓）〔一二七〕，棺之前其捷（和）乃見〔一二八〕，文王曰：先君願一見群臣百姓也。即出棺張帷，以見百姓。而子更葬之，文王義也。今葬有日而雪，必是先王欲少留而壯社稷、安黔首，故雨雪甚〔一二九〕。因弛辭（期）而更日〔一三〇〕，亦文王之義也。太子曰：善。遂擇日焉。《後語》。

倉舒，魏武帝少子。年始九歲，智惠難疋〔一三一〕。吴王孫權乃獻一大象，武帝欲知斤兩，乃訪群臣，臣下莫能爲計。倉舒曰：此易知耳。但致（置）象於大舩中〔一三二〕，刻其水所至之處爲記，出象，復以物置舩中，即知象之斤兩。帝曰：善。群臣伏爲（焉）〔一三三〕。《魏志》。

醫卜

董奉，後漢人也。時陝（交）州刺史士燮中毒藥而死〔一三四〕，董奉以一散和水，寫（瀉）燮口中〔一三五〕，搖之史（使）下〔一三六〕，須臾便活。燮白（自）説〔一三七〕：初死之時，有一人以車載燮，置於一處。後乃内燮著土窟中，以土將欲塞之。須臾，有二史（使）者志（至）〔一三八〕，追燮，因開土窟，便得活。《神仙傳》。

郭玉，後漢廣陵（漢）人〔一三九〕。善能診脉。漢〔和〕帝令童男衣女子服〔一四〇〕，詐云爲病，史（使）玉診之〔一四一〕，王（玉）曰〔一四二〕：此女雖言病，乃無病〔一四三〕，乃無病狀，陽盛陰弱，臣謂非女。帝善之，遷五官郎中〔一四四〕。《類林》。

管輅，字公明。有人失婦，來就輅〔卜〕〔一四五〕。輅謂曰：君若見擔㹠人，遂（逐）之〔一四六〕，自當得婦。此人後遇擔㹠人，便即逐之不離，須臾解走入他室，突破主人盆器，其婦乃出逐㹠，因捉得婦。《類林》。

趙達，後漢河南人也。能用一筭占事。達曾遇知己，知己爲之具食，主人謝曰：恨無葅餚可相供擬。達即取盤中一隻筯，再三縱横曰：卿東壁下有酒、有鹿腿一枚〔一四七〕，何以辭無。主人曰：吾知善筭，故試子術耳。出酒設肉，醼飲而去。又有主人於空倉中致（置）簡〔一四八〕，簡上空言斛斗之數，而無其物，令達筭之。曰：此倉中有斛斗之數，不見其物。又蛭（蝗）蟲飛過〔一四九〕，筭知其數。或曰：妄也。達於是以小豆數升致（置）席上〔一五〇〕，立知其數。《吳志》。

東方朔，前漢人也，爲太中大夫〔一五一〕。武帝取守宮致（置）之盆下〔一五二〕，召明《易》者射之，皆不中。東方朔曰：臣曾讀書，爲陛下射之。於是布卦曰：臣謂是蛇，有四足；謂是龍，又無角。歧（跂）歧（跂）陌（脈）陌（脈）善緣壁〔一五三〕，若非守宮，即是虗（虵）蝪〔一五四〕。帝曰：善。乃賜帛廿疋。時有舍人郭曰：朔隅（偶）中耳〔一五五〕，願陛下更致（置）一物覆盆下〔一五六〕，史（使）朔射之〔一五七〕。朔若中，榜臣百；朔不中，賜臣著樹爲寄生，盆下爲宴（窶）藪〔一六〇〕。帝大笑，榜舍人，又賜朔帛。寄生者，樹年也。

帛。即取樹寄生覆之，令朔更射。〔朔〕布卦曰〔一五八〕：濕肉爲膾（膾）〔一五九〕，乾肉爲脯，《前漢書》。

淳于智，晉時魏〔郡〕人也〔一六一〕，善能卜筮。知同郡人張本母病垂死〔一六二〕，詣智請卦。布卦訖，謂本曰：君速歸，至南門外大哭，待家人老小盡出，然後止，即當大吉。若一人不出，勿休。〔張〕〔本〕如其言〔一六三〕，至南門外大哭，家人驚怪，莫問大小，扶病走出。其當（堂）屋忽即崩倒〔一六四〕，不損一人，母病亦差。《類林》。

君平，姓嚴，後漢時蜀人也。舊説云：天何（河）與海通〔一六五〕。近有人居於海諸（渚）〔一六六〕，年年八月，有浮查來至，查甚大，往反當（常）不失〔期〕〔一六七〕，此人乃立廬於查上，多齎粮食，乘查而去。百日之內，猶覩日月星辰，其後茫茫忽忽，不見盡（晝）夜〔一六八〕。奄至一處，而有城郭狀，屋舍皆悉麗。遥望室中，有織婦，復有一丈夫，牽牛渚次飲之。乃驚曰：汝是何人？因何至此？此人具説來〔意〕〔一六九〕，并問：此是何處所？答曰：君還至蜀，詣嚴君平，問之即知。及還至家，後至蜀，問君平，平曰：某年月日，有客星犯牛斗。正是此人到天河時也。出《博物志》。

占夢

程昱，字仲穗（德）〔一七〇〕，〔魏〕時燕人〔一七一〕。本名立，曾夢兩手捧日而行，説向曹操，操曰：卿終乃吾股肱，立上安日是昱字。遂改名爲昱。《魏志》。

王濬，晉時爲巴郡太守，夢壁上懸四刀，説向主簿。主簿曰：三刀爲州，餘一刀者，君當爲益州刺史。後數日，果益州刺史。《類林》。

慕容垂，晉時人也。事苻堅，爲冠軍，封爲燕王。夜夢天上一人著朱衣白幘，在於空中，捉筆向下[一七二]，曰：子仰頭。以筆點垂額。垂召博士而問之，曰：吉祥也，今貴至矣。既以爲王，復點其額，王上著點，是主字。復（後）果爲燕主[一七三]。《同賢記》。

符（苻）融[一七四]，融是苻堅弟也，爲平（陽）陽（平）公[一七五]，能斷獄，又能占夢。時有一書生，遊學歸家，其妻夜中爲賊所煞。書生告融，融曰：卿曾有夢否？書生曰：初發家時，夢乘馬旁（傍）水行[一七六]，行向北，復向南。一相（廂）濕[一七七]，一相（廂）乾[一七八]。又天上有一日，水下一日。及後歸家，夢如是。融曰：乘馬旁（傍）水行[一七九]，向北復向南。南（北）爲坎[一八〇]，坎主陽，陽爲男；北（南）爲離[一八一]，離者主陰，〔陰〕〔爲〕〔女〕[一八二]。爲男女相奸之象。馬旁（傍）水行[一八三]，水旁有馬，馮字。天上一日，下見一日，昌字。必馮昌也。於是詰問馮昌，〔曰〕[一八四]：米（本）與書生妻有私也[一八五]，煞其夫，悟（誤）中婦也[一八六]。其事既實，遂煞之。《類林》。

江文通，宋城人也。少時夢人授之五色筆，遂能文章。後十餘年，夢中忽見一丈夫，自稱郭璞，謂淹曰：前借君五色筆，可以相還。淹遂還之。自後所作文章，不復成矣。《類林》。

嵇康，少時，白日夢見丈夫，身長一丈，曰：我是黃帝時伶人，骸骨在君舍東，今發露，能爲藏埋，當求厚報。康覺後，求骨，果見白骨，脛長一尺餘，遂收葬之。至其夜，夢此人來受（授）《廣陵散》[一八七]。《異苑》。

蔡茂，後漢汝南人也。爲廣陵太守，夢見殿上有三穗禾，茂取中者，又復失之。問主簿郭賀，賀曰：大殿，官府之像也；上而有禾，臣之上求（禄）[一八八]；〔取〕〔其〕〔中〕〔穗〕[一八九]，得中臺之職；得禾而失，旁有失，袟字[一九〇]，當得禄袟也[一九一]。茂果被徵爲司徒。《後漢書》。

蔣琬，劉備時巴郡人也。夢見門内有牛頭，其上血流滂沲。以問蜀趙直，直曰：牛角及口，公字。血者，事分明。後果爲三公。出《蜀志》。

薄姫（姬），高祖夫人。姫（姬）曾〔夢〕倉龍據其腹[一九二]，乃覺，説之。高祖曰：此夢吉也，吾爲汝成之。遂幸之。生代王，後爲文帝也。《前漢〔書〕》[一九三]。

馮唐，前漢人。爲暑（署）吏[一九四]，年踰七十，夢見文帝於唐前行三步，卻行三步，欲走不脱，爲帝所捉。以兩木夾唐足，一木夾唐頭，通一日。唐覺，流汗悲哽，具向妻説。妻曰：君夢吉也。兩木夾足，是楚字。一木置頭得通，是相字。前行三步，還君位，卻行三步，辭君也。君必當爲楚相。文帝召唐爲會嵇（稽）太守[一九五]，楚國相。《同賢記》。

周文王其子武王，夢天與之九齡。文王曰：汝以爲何也？武王曰：西方九國君王，其終撫之。文王曰：非也，古者謂年爲齡，吾與汝三。武王九十三而亡，文王九十七而終，果如文王之釋也。《禮記》。

高士

許由，字武仲，堯時潁（潁）川人也。隱於箕山，堯聞其賢，聘爲九州長。許由不應，遂洗耳於河，惡聞其言。出《逸士傳》。

巢父，不知何處人。牽牛將飲之，乃見許由臨河洗耳。巢父曰：凡人洗沐，先面然後洗耳，今子洗其耳，何也？許由曰：堯欲聘我爲九州長〔一九六〕，吾心不願，惡聞其聲，是以洗耳。巢父譏之曰：豫章之木，生於高山之嶺，上無單車之路，旁無步涉之所，工匠雖巧，尚不能得。子願避世，何〔不〕深藏〔一九七〕？子今浮遊世間〔一九八〕，苟求名譽〔一九九〕，吾今欲飲犢，汙吾犢口。於是牽牛上流飲之。出《逸士傳》。

善卷，舜時人也。舜欲以位讓之，卷曰：吾冬衣皮毛，夏衣絺葛，春耕足以肆力，秋收足以自充。日出而作，日入而息，穿〔井〕而飲〔二〇〇〕，耕田而食。遂不受位，乃棄妻子逃山，終不出。《莊子》。

務光，夏時隱士也。〔耳〕長七寸〔二〇一〕。其有德行，禹以禮聘光爲上公之位，務光遂投河而死。《逸士傳》。

郭泰，字林宗，後漢太原介休人也。處約味道，不改其樂。時人勸仕，泰曰：吾夜觀乾象，盡（書）〔察〕人事[二〇二]，天之興廢，不可度也。數被徵召，闔門不往。《後漢書》。

樊英，字季齊，後漢南陽人也。帝每徵英，英不肯往，乃輿而致之。入於殿門，獨臥不起。帝謂英曰：朕能貴君，能煞（賤）君[二〇三]；能富貴君[二〇四]，得（能）貧君[二〇五]；能煞君，能生君。得（何）以慢朕[二〇六]？對曰：臣受命於天，盡於命，亦天也。陛下焉能煞臣，焉能生臣？臣見暴君，如覩仇讎，不入其都，不慕榮貴，陛下焉能貴臣？焉能富臣？雖惠萬鍾之禄，臣不受之，處於環堵之中，安然自得，陛下安能貧臣？安能賤臣？帝竟不能屈之。出《〔後〕漢書》[二〇七]。

趙賣（壹）[二〇八]，字元淑（叔）[二〇九]，後漢人也。爲計吏，往詣京師。時司空袁逢受計，計吏數百人並拜之[二一〇]，賣（壹）獨高揖高揖而已[二一一]。袁逢讓之，曰：下都（郡）計吏而揖三公[二一二]，何也？賣（壹）對曰[二一三]：昔酈食其長揖於（漢）王[二一四]，今揖三公，有何據（遽）〔怪〕哉？[二一五]袁逢乃引共同席，談論終日，竟不屈也。《〔後〕漢書》[二一六]。

常林，字伯槐，魏時何（河）内人也[二一七]。魏太尉以之鄉邑耆德，每爲之拜。或謂林曰：司馬貴重，君直（宜）止之[二一八]。林曰：公自欲設長幼之序，爲後生之法，貴非吾所畏，拜非吾所止。出《晉書》。

顔蠋，六國時齊人也。宣王見之，謂曰：蠋知（前）〔二一九〕。蠋曰：王知（前）〔二二〇〕。宣王不悦。左右謂蠋曰：何也？對曰：夫蠋前者爲慕勢，王前爲趨士。其使蠋爲慕勢，不如王之趨士。王忿然作色，曰：王貴乎？士貴乎？對曰：士貴。昔秦攻齊，令曰：有敢去柳下惠之壠五十步採樵者，〔死〕〔不〕〔赦〕〔二二一〕。〔令〕〔曰〕〔二二二〕：〔有〕〔能〕〔得〕〔齊〕〔王〕〔頭〕〔者〕〔二二三〕，封萬戶，賜千金。〔由〕是言之〔二二四〕，生王之頭不如死士之壠。宣〔王〕嘿然無言〔二二五〕。出《後語》。

介之推，晉人。事公子重耳，重耳遭孋姖（姬）之難，出走於狄，後奔於齊。重耳在路，飢不能進，推割股肉而啖之。重耳後得還國，立爲晉君，是爲文公。子犯之徒皆得勳賞，獨忘之推。推感恨，乃書殿門，作就（龍）蛇之哥（歌）〔二二六〕，遂隱於綿山中。文公出，見殿門哥（歌）曰〔二二七〕：有龍矯矯，遭大（天）怒譴〔二二八〕。龍得昇天，安其房戶。蛇獨仰摧，沈滯泥土。文公感悟，遂憶之推。累徵娉，處山不出。文公史（使）人燒山〔二二九〕，冀望之推出山。之推抱樹而死。文公哀愍，至其死月，人爲斷火一月。至後漢時，汝南用（周）舉爲并州牧〔二三〇〕，以一月爲寒食，老小多死，乃作書置子推厝（廟）中〔二三一〕，書曰：君既賢者，不宜傷人。於是斷火三日，於是風俗行，至今不絶。出《異傳》〔二三二〕。

段干木，六國時晉人也。〔少〕而貧賤〔二三三〕，鉏刈爲業。後遊西河，事子夏，心通六藝，魏文侯敬其才德[二三四]，慕欲官之，於是嚴駕往造其家。干木聞之，踰墻逃。〔文〕〔侯〕〔以〕〔客〕〔禮〕〔待〕〔之〕[二三五]，〔出〕〔過〕〔其〕〔廬〕〔而〕〔軾〕[二三六]。〔其〕〔僕〕〔問〕〔曰〕[二三七]：〔干〕〔木〕[二三八]，〔布〕〔衣〕〔也〕[二三九]，〔君〕〔軾〕〔其〕〔廬〕[二四〇]，〔不〕〔已〕〔甚〕〔乎〕[二四一]？〔文〕〔侯〕〔曰〕[二四二]：〔段〕〔干〕〔木〕[二四三]，〔賢〕〔者〕〔也〕[二四四]。干木不趨利而標大道，隱居陋巷，聲馳萬里，行依於德，未肯以易寡人也。寡人光（先）於世（勢）[二四五]，干木光（先）於德[二四六]；寡人富於財，干木富於義。有頃，文侯又召干木曰：子願官則宰相，欲禄則萬鍾，助寡人治國世[二四七]。干木曰：既授吾寶，又責吾禮，屈接於人，不亦難乎？欲治國者，正信敢行，而國自活（治）[二四八]，何用吾也。文侯敬納其言。後秦大興兵，欲來攻魏，司馬康諫曰：段干木，賢者，魏〔文〕侯禮之[二四九]，天下無不聞知，有之國[二五〇]，不可加兵。秦伯乃止，魏得安寧。禮賢之力也。出《同賢記》。

陶潛，字淵明，宋時丹（尋）陽人也[二五一]。少慕山林，志行高潔。宋文帝徵潛，用爲散騎當（常）侍[二五二]。潛遂辭退，居於山野。身耕於前，妻鋤於後，休息之際，琴酒自娱。家旁種柳五株，時人號爲五柳先生。出王智深《宋書》。

嚴君平，名遵，前漢蜀人也。數被徵召，避世不出，遯遁俗中，賣卜於市。《高士傳》。

高鳳，字文通，後漢南陽人也。好學不仕，帝五徵之，鳳竟不赴。乃赴與嫂爭田，自毀得免。《後漢書》。

莊周，宋人也。又楚王聞之賢〔二五三〕，欲以爲相，遣使召。周曰：不見犧牛、塗龜乎〔二五四〕？犧牛雖蒙養食，及將煞時，求作耕牛，豈可得之乎？靈龜處於箱篋，寧及塗中自在時？吾請爲耕牛、塗龜，不能往耳。出《同賢記》。

嚴光，字子陵，後漢會稽人也。一名遵。身長九尺，容貌甚偉。少與光武俱學長安，治《孟氏易》，兼明圖讖。州郡舉之，皆不就。及光武建祚，乃改姓名，隱身自匿。光武詔頒天下，以物色求之。齊國上言：有一丈夫，長大美麗，被服羊裘，疑是光武也〔二五五〕。於是備禮徵之，三返始至，舍以（於）北軍中〔二五六〕，帝乃駕自往。光乃偃臥佯寢，帝踞床撫光腹曰：子陵，汝不助吾治天下也。光知不應，久之，乃張目視帝曰：昔堯禪位，許由洗耳，而向箕山；禹惣萬機，伯成躬耕，而竄嵓谷〔二五七〕；武王伐紂，夷齊自誓，而處首陽。人各有志，何乃相逼？帝曰：子陵，我竟不然（能）屈汝也〔二五八〕。於是昇輿而還。光乃歎曰：昔聞傑（桀）紂駕人車〔二五九〕，豈是傑（桀）紂乎〔二六〇〕？後乃寢，光以足加帝腹上。明日太史奏云：有客星犯御甚（坐）〔二六一〕，生（甚）急〔二六二〕。帝曰：朕與故人嚴子陵臥也。帝後更授光諫議大夫，不祥（屈）而退〔二六三〕。乃耕富春之野，詔頻往徵，終身不出。《同賢記》。

勸學

孫敬，字文寶，後漢楚郡人也。性好學，恒閉户讀書。夜不息，不堪其睡，乃以繩繫頭，懸著屋梁上，睡即牽擧[二六四]。時人號爲閉户先生。天子特徵，稱疾不就。《〔後〕漢書》[二六五]。

管寧，字幼安，魏時北海人也。志性恬靜，曾與華韶（歆）同席讀書[二六六]，有乘軒冕來過其門，寧讀書如故，韶（歆）乃出看[二六七]，及還，寧即割席分坐，曰：子非吾友也。《世説》。

路恩（溫）〔舒〕[二六八]，字君（長）長（君）[二六九]，前漢鉅鹿人也。少時牧羊於大澤中，每截蒲葉以用寫書。郡守見而奇之，將歸史（使）學[二七〇]，仕至都（郡）守[二七一]。出《前漢書》。

董仲舒，前漢廣川人也。志性好學，下帷讀書[二七二]，弟子莫見其面。在家七載，不窺後園；乘馬三年，不知牝牡。仕至江都王相。《前漢書》。

桓榮，字春卿，後漢師（沛）國人也[二七三]。少與族人元卿在田招（捃）拾[二七四]，休息之際，榮輒讀書。元卿曰：貧賤如此，讀何爲？榮終不改。及帝選太子師，榮對策高弟（第）[二七五]，拜爲太子傅。帝賜車馬衣物，榮得，陳之家庭，謂父兄曰：此稽古之力。元卿曰：我田家之子，安知學問爲貴乎。《後漢書》。

高鳳，字文通，後漢南陽人。好讀書，晨夜不止。其妻曝麥於庭，令鳳守之，時天大雨，而鳳讀書不覺，雨水流麥。天子聞之志行[二七六]，公車累徵。不往。出《後〔漢〕書》[二七七]。

常林，字伯槐，河内溫縣人也。少爲書生，唯敦習業。漢末大亂，林乃就帶經耕鋤，休息即讀書。其妻餉之，容相待如賓客[二七八]。仕至大常[二七九]。出《魏志》。

袁安，字邵公，後漢南陽人也。敦心讀書，不出衢巷。庭並皆淺草，唯有一徑向廁而已。天大雨雪，積深數尺，諸鄰里皆悉除掃庭院，獨安擁雪封門，絶人行跡。鄰里咸怪，謂之已死，因共往看，乃見在室讀書，儼然不動。後，明帝時爲司空。《〔後〕漢書》[二八〇]。

志節

吴起，六國時衛人也。自恨不遠（達）[二八一]，欲往諸國。出衛郭門，與母決別[二八二]，齧母臂而盟，曰：不爲卿相，不復還衛。遂仕於魏[二八三]，魏侯用之爲西河太守。後仕於楚，楚王拜爲卿相。出《史記》。

司馬相如，字長卿，蜀郡城（成）都人[二八四]。初名犬子，慕藺相如爲人，乃名相如。蜀郡城北有升遷橋[二八五]、過客館。相如初向長安，逕度其橋，乃題橋曰：大〔丈〕夫今向京師[二八六]，不乘駟馬高車，不度此橋。及至長安，帝善其才，拜武騎常侍中郎將。史（使）歸蜀[二八七]，蜀守郊迎，縣令負弩前駈。時人以爲榮。《前漢書》。

班超，字仲叔（升）〔二八八〕，後漢扶風人也，彪之子。兄固及姊（妹）相繼撰《前漢書》〔二八九〕。初，超家貧，恒客傭寫，乃投筆歎曰：大夫（丈）夫當類張騫〔二九〇〕，效節傳介子，立功以取封侯，震名後世，安能又（久）在筆硯之間哉〔二九一〕！乃行就相者，相者曰：鷰頷虎視，飛行食肉，君當封侯萬里之外。是時將軍耿恭將討西城（域）〔二九二〕，乃表用超爲軍司馬。及討西方，西方國王降者廿餘萬人。桓帝美其功，封超爲定遠侯。超在西城（域）卌（卅）餘年〔二九三〕，年七十六（一）〔二九四〕，超姊（妹）上書陳超年老〔二九五〕，詔書往徵，當始得還。《後漢〔書〕》〔二九六〕。

鄧艾，字士載，魏末南陽人。少時家貧，家貧常有大志〔二九七〕，每見高原大澤，輒揖（指）畫軍營處所〔二九八〕，時人多笑焉。司馬文王輔政，聞艾有幹公才，漸見擢用，乃遷兖州刺史〔二九九〕。後爲征西將軍，與鍾會伐蜀，平之。出《魏志》。

陳平，秦時陽武人也。時里中社，平爲宰。及分肉，甚均，父老曰：陳孺子善爲宰。平答曰：史（使）平得宰天下〔三〇〇〕，亦如此肉矣。及漢高祖起兵而誅暴秦，與項羽爭天下，攻戰數年，平從高祖，頻設奇計，遂定天下，拜爲丞相，封戶牖侯。出《漢書》。

劉備，字玄德，後漢泳（涿）郡人也〔三〇一〕。其家有一桑樹，望之童童，狀如車盖。而備少與諸小兒戲於樹下，備曰：吾至成長，必乘此葆蓋。其叔〔父〕〔子〕敬曰〔三〇二〕：汝勿妄言，滅吾族也。後備果蜀帝。出《蜀志》。

陳蕃，字仲舉，後漢〔汝〕南平〔輿〕人〔三〇三〕。而好讀書，獨止一室，室中弊陋，草糞浪（狼）藉〔三〇四〕，同郡薛勤入，謂蕃曰：何不灑掃，以待賓客？蕃對曰：大〔丈〕夫當掃除天下〔三〇五〕，安能掃室乎？後爲太傅。《後漢書》。

夏侯玄，字太初，魏時人。甞倚柱作書，時暴雨霹靂擊其柱，衣物焦爛，神色無變，書亦如故。《魏志》。

梁悚（竦）〔三〇六〕，字敬（叔）仲（敬）〔三〇七〕，後漢人也。少治《孟氏易》，自負其才，鬱鬱不得其志。甞登高遠望而歎曰：大丈夫居世，生當封侯，死當廟食。若其不然，閑居可以食（養）性〔三〇八〕，詩書足以自娱。州縣之職，徒勞人耳。《後漢書》。

嵇康，字叔夜，譙國人。性（往）〔昔〕鍾會慕康爲交〔三〇九〕，而康不承其意，結嫌，讒康謗朝政。帝納其言，遂令誅康。康臨刑市，顔色〔自〕若〔三一〇〕。會爲康曰：卿若伏矣，當舍卿。康叱會曰：何物小兒，呼君子屍，我豈以生而交君乎？《晉書》。

李陵，字少卿，前漢隴西人也。爲建章監，領五千人北討兇（匈）奴，然陵衆寡而降兇（匈）奴，兇（匈）奴爲右效（校）王〔三一一〕。武帝以陵降沒，遂誅陵家。於後知陵盡力而歿兇（匈）奴，遣史（使）召陵〔三一二〕，陵竟不返。蘇武走還之時，私與陵書，請與同歸。陵報書曰：功大罪小，愧無明實。陵雖孤恩，漢亦負德。大〔丈〕夫生不成名〔三一三〕，死則葬蠻夷中，誰能屈身稽顙，還向北闕，史（使）刀筆之吏〔三一四〕，弄其文墨耶！今與足下生死辭矣。遂不相從。出《宋王集》。

太史激，六國時齊大夫。齊被燕敗，齊王出奔，王子法章乃變姓名，投太史激家庸力〔三一五〕。激女見其非凡，每竊衣食供給，遂與私通。及田單破燕軍，還，復齊國，乃求王子法章，立爲齊王，即以激女爲皇后。太史〔激〕曰〔三一六〕：女自嫁，汙吾種族，雖爲王后，吾不忍見。遂終身不與相見。《後語》。

莊周，周時宋人也。妻死，不哭，容貌不改，端坐讀書。周之鄰人怪而問曰：婦死不哭，讀書何爲？周曰：哭死不生，何煩哭也。《同賢記》。

儒行

顧初，名孝則，宋時吳都（郡）人也〔三一七〕。甞有浪牛暴其禾，初乃牽取置樹下，刈芻食之〔三一八〕，都無慍色。牛主媿感，不敢復暴。《宋書》。

劉寬，字文饒，後漢弘農人也。靈帝時爲太尉，帝會群臣，寬時在坐，被酒睡伏，帝曰：太尉醉耶？寬曰：臣不敢醉，但任重責大，憂心如醉。帝重其言。寬著衣冠欲朝，婢捧羹，飜，汙朝服，而急收之。寬曰：徐徐，羹爛汝手。又曾對客，史（使）奴沽酒〔三一九〕，經久，奴乃醉還，酒又不得。客不忍，色怒，駡之畜生奴。奴便出外，寬即令人逐看，客問其故，寬曰：此兒是人，駡云畜生，恐其死矣。《後漢書》。

卓茂，字子康，後漢南〔陽〕〔宛〕人也〔三二〇〕。漢光武時，爲丞相主簿。茂曾出行，人就車中，妄認其馬。茂然不言，即解與之，謂曰：若非君馬，可送丞相府中相還。其人於後送馬耳。

（後缺）

説明

此件首尾均缺，存『音聲歌舞』至『儒行』一三篇一〇一則，卷中『民』字、『世』字缺筆，係避唐太宗諱而改。此件撰寫體例及行文叙事與日本真福寺藏《琱玉集》殘本相近，屬同一系統，所存篇目事類可彌補後者之亡佚部分。王三慶認爲《琱玉集》是一部在于立政《類林》基礎上進一步增删改編的類書，不著撰者，其撰集年代最早不能溯自立政下世之前（公元六七九年），最晚不能晚於《琱玉集》傳入日本之前（公元七四七年）（參看《敦煌類書》，台灣麗文文化股份有限公司，一九九三年版，七五頁）。

校記

〔一〕『青』，據殘筆劃及《世説新語》劉孝標注補。
〔二〕『兖』，《敦煌類書》釋作『衮』，誤。
〔三〕『胎』，當作『貽』，據《世説新語》劉孝標注及文義改，《敦煌類書》逕釋作『貽』。
〔四〕『側』，當作『測』，據《世説新語》劉孝標注及文義改，《敦煌類書》逕釋作『測』，『側』爲『測』之借字。

〔五〕「秫」，當作「秫」，據《淮南子》改，《敦煌類書》逕釋作「秫」。
〔六〕「師」，據《史記·樂書》及殘筆劃補。
〔七〕「曠」，《敦煌類書》釋作「曠」。以下同，不另出校。
〔八〕「最悲乎」，《敦煌類書》未能釋讀。
〔九〕「將」，當作「得」，《敦煌類書》據《史記·樂書》校改。
〔一〇〕「聽之」，《敦煌類書》未能釋讀。
〔一一〕「公」，《敦煌類書》未能釋讀。
〔一二〕「得」，《敦煌類書》據文義校補。
〔一三〕「則」，《敦煌類書》漏録；「集於」，《敦煌類書》未能釋讀；「廊」，當作「廊」，據《史記·樂書》及文義改，《敦煌類書》逕釋作「廊」。
〔一四〕「引頸」，據文義及殘筆劃補。
〔一五〕「曰」，當作「公」，《敦煌類書》據《史記·樂書》校改。
〔一六〕「止」，當作「至」，《敦煌類書》據《史記·樂書》校改，「止」爲「至」之借字。
〔一七〕「廊」，當作「廊」，據《史記·樂書》及文義改，《敦煌類書》逕釋作「廊」。
〔一八〕「悉」，當作「奔」，據《史記·樂書》及文義改。
〔一九〕「廊」，當作「廊」，據《史記·樂書》及文義改，《敦煌類書》逕釋作「廊」。
〔二〇〕「蕭」，《敦煌類書》釋作「簫」，誤。
〔二一〕「善」，據《列仙傳》及殘筆劃補。
〔二二〕「委」，《敦煌類書》釋作「妄」，誤。

〔二三〕「善」，據殘筆劃及文義補。
〔二四〕「飲」，當作「歌」，據《列子》及文義改，《敦煌類書》逕釋作「歌」。
〔二五〕「梁」，《敦煌類書》釋作「樑」，雖義可通而字誤。
〔二六〕「扉扉」，當作「菲菲」，據文義改，「扉」爲「菲」之借字。
〔二七〕「猶」，當作「由」，據文義改，《敦煌類書》逕釋作「由」，「猶」爲「由」之借字；「是」，《敦煌類書》釋作「此」，誤。
〔二八〕「中」，《敦煌類書》據文義校補；「良」，當作「郎」，《敦煌類書》據《後漢書》校改。
〔二九〕「惜」，當作「楷」，據《類林雜説》改，《敦煌類書》逕釋作「楷」。
〔三〇〕「後漢靈帝時」，《敦煌類書》據伯二六三五《類林》及《類林雜説》校補。
〔三一〕「太學中立石五經」，《敦煌類書》據《類林雜説》校補。
〔三二〕「逐」，《敦煌類書》釋作「逐隨」，按原件實無「隨」字。
〔三三〕「繩」，當作「蠅」，《敦煌類書》據《列子》校改。
〔三四〕「舉」，當作「學」，《敦煌類書》據《列子》校改；「繩」，當作「蠅」，《敦煌類書》據《列子》校改。
〔三五〕「於」，《敦煌類書》釋作「其」，誤。
〔三六〕「扷」，《敦煌類書》釋作「拔」。
〔三七〕「繩」，當作「蠅」，《敦煌類書》據《列子》校改。
〔三八〕「輒」，《敦煌類書》釋作「轉」，誤。
〔三九〕「繩」，當作「蠅」，《敦煌類書》據《列子》校改。
〔四〇〕原有兩個「於」字，一在行末，一在次行行首，這是當時的一種抄寫習慣，可以稱爲「提行添字例」，第二個

「於」字應不讀，故未録。

〔四一〕「子」，《敦煌類書》據《蒙求》校補。

〔四二〕「繩」，當作「蠅」，《敦煌類書》據《列子》校改。

〔四三〕「繩」，當作「蠅」，《敦煌類書》據《列子》校改；「之法」據文義爲衍文，當删。

〔四四〕「繩」，當作「蠅」，《敦煌類書》據《列子》校改。

〔四五〕「熊」，當作「能」，《敦煌類書》據文義校改。

〔四六〕「兇」，當作「匈」，《敦煌類書》據文義校改，「兇」爲「匈」之借字。以下同，不另出校。

〔四七〕「謂言」二字之間原有「機巧」二字，當是下一類之標題誤植入正文；「言」，《敦煌類書》校改作「其」。

〔四八〕「機巧」，原誤書於「善射」類「李廣」條中「謂言」二字之間，今移至此。

〔四九〕「桼」，同「耀」，《敦煌類書》釋作「秦」，誤。

〔五〇〕「夫」，當作「美」，據文義改，《敦煌類書》逕釋作「美」。

〔五一〕「絙」，當作「絚」，據文義改。

〔五二〕「開」，《敦煌類書》據《類林雜説》及文義校補。

〔五三〕「往」，《敦煌類書》釋作「伎」，雖義可通而字誤。

〔五四〕「穀」，當作「轂」，據《類林雜説》改，《敦煌類書》釋作「穀」，校改作「轂」，按底本實爲「穀」，「穀」爲「轂」之借字；「置」，《敦煌類書》據文義校補。

〔五五〕「穀」，當作「轂」，據《類林雜説》改，《敦煌類書》釋作「穀」，校改作「轂」，按底本實爲「穀」，「穀」爲「轂」之借字；「上」，《敦煌類書》據文義校補；「致」，當作「置」，《敦煌類書》據文義校改，「致」爲「置」之借字。

〔五六〕「卌」，《敦煌類書》釋作「四十」。

〔五七〕「書」，《敦煌類書》釋作「世人」，誤。

〔五八〕「田」，當作「由」，《敦煌類書》據《神仙傳》校改。

〔五九〕「後漢蜀」，《敦煌類書》校改作「前周蜀羌」。

〔六〇〕「孟班」，當作「班孟」，《敦煌類書》據《神仙傳》校改。

〔六一〕「皆有」，《敦煌類書》據《初學記》校補。

〔六二〕「致」，《敦煌類書》校改作「置」，疑未當。

〔六三〕「公」，當作「翁」，據《後漢書》改；「仙學」，《敦煌類書》校改作「學仙」。

〔六四〕「卻」，《敦煌類書》釋作「出」，誤。

〔六五〕「致」，當作「置」，《敦煌類書》據文義校改。

〔六六〕「陽」，據《後漢書》及文義補。

〔六七〕「□□□」，《敦煌類書》據文義校補作「帝座飲」。

〔六八〕「之」，原件殘存該字上半部，據《神仙傳》及文義補，《敦煌類書》逕釋作「之」。

〔六九〕「□□」，《敦煌類書》據文義校補作「回曰」；「成」，《敦煌類書》據文義校補。

〔七〇〕「□□」，《敦煌類書》據文義校補作「帝乃」。

〔七一〕「薊子訓」，《敦煌類書》據《後漢書》校補。

〔七二〕「建安中與諸生駕驢」，《敦煌類書》據《後漢書》及文義校補。

〔七三〕「捉」，當作「投」，《敦煌類書》據文義校改。

〔七四〕「主」，《敦煌類書》據《類林雜説》校補。

〔七五〕「仗」，當作「杖」，據《後漢書》、《類林雜説》改，「仗」爲「杖」之借字，《敦煌類書》釋作「大」，誤；「扣之」，《敦煌類書》據《後漢書》校補。
〔七六〕「穎」，當作「潁」，據《後漢書》改，「穎」爲「潁」之借字。以下同，不另出校。
〔七七〕「杜」，當作「史」，據《後漢書》改。
〔七八〕「祇」，《敦煌類書》釋作「祗」，誤。
〔七九〕「公相然也」，《敦煌類書》據《太平御覽》校補。
〔八〇〕「張濟就淵相」，《敦煌類書》據《太平御覽》校補。
〔八一〕「淵曰」，《敦煌類書》據《太平御覽》校補。
〔八二〕「公」，《敦煌類書》據《太平御覽》校補。
〔八三〕「奏」，當作「秦」，據文義改，《敦煌類書》逕釋作「秦」。
〔八四〕「姖」，當作「姬」，據《後漢書》改，《敦煌類書》逕釋作「姬」。以下同，不另出校。
〔八五〕「高」，《敦煌類書》據《史記》、《漢書》及文義校補；「些」，當作「遣」，《敦煌類書》據文義校改。
〔八六〕「權智」，《敦煌類書》據文義校補。原件此處與上一類「鑒識」標題之間留有三行空白，待以後添入具體内容。
〔八七〕原有兩個「不」字，一在行末，一在次行行首，這是當時的一種抄寫習慣，可以稱爲「提行添字例」，第一個「不」字應不讀，故未録。
〔八八〕「咸陽」，當作「陽城」，據《史記》改。
〔八九〕「佐」，當作「左」，據《史記》改，「佐」爲「左」之借字。
〔九〇〕「亭」，當作「亨」，據《史記》及文義改，《敦煌類書》釋作「烹」，雖義可通而字誤。
〔九一〕「曰」，《敦煌類書》據《史記》校補。

〔九二〕「万」，當作「不」，據文義改。
〔九三〕「實」，當作「寶」，據文義改，《敦煌類書》逕釋作「寶」。
〔九四〕第二個「其足者紂」據文義爲衍文，當刪。此句《敦煌類書》釋作「蹀其足者，蹀其足者，紂好馬也」，按第二個「蹀」字，原件實爲「紂」。
〔九五〕「武」，當作「景」，《敦煌類書》據《史記》、《漢書》校改。
〔九六〕「叡」，當作「濬」，《敦煌類書》據《晉書》校改。
〔九七〕「弘」，《敦煌類書》釋作「宏」，誤。
〔九八〕「合」，《敦煌類書》釋作「何」，誤。
〔九九〕「問」，當作「門」，《敦煌類書》據《世説新語》校改。
〔一〇〇〕「任」，當作「往」，據文義改，《敦煌類書》釋作「任」，校改作「往」。
〔一〇一〕「伐」，《敦煌類書》據《韓非子》等典籍校補。
〔一〇二〕「明」，當作「朋」，《敦煌類書》據《韓非子》校改。
〔一〇三〕「少逸」，當作「逸少」，《敦煌類書》據《晉書》校改。
〔一〇四〕「敢」，當作「敦」，《敦煌類書》據《世説新語》及文義校改。
〔一〇五〕「致」，當作「置」，《敦煌類書》據《世説新語》及文義校改，「致」爲「置」之借字。
〔一〇六〕「臾」，《敦煌類書》據《世説新語》及文義校補。
〔一〇七〕「人」，當作「入」，《敦煌類書》據《世説新語》校改。
〔一〇八〕「妄」，當作「忘」，《敦煌類書》據《世説新語》校改，「妄」爲「忘」之借字。
〔一〇九〕「坐」，當作「半」，《敦煌類書》據《世説新語》校改。

〔一〇〕「從」，《敦煌類書》釋作「縱」。

〔一一〕「其」，《敦煌類書》認爲係衍文，據文義當删。

〔一二〕「呰」，當作「遣」，據文義改，《敦煌類書》釋作「此」，校改作「貲」。

〔一三〕「至秦奉璧」，《敦煌類書》釋作「相如至秦奉璧」。

〔一四〕「衡」，當作「衝」，《敦煌類書》據《史記》校改。

〔一五〕「之」，《敦煌類書》據文義校補。

〔一六〕「臣曰」，《敦煌類書》據文義校補。

〔一七〕「史」，當作「使」，《敦煌類書》據《史記》校改，「史」爲「使」之借字；「奉」，《敦煌類書》據《史記》校補；「書」，《敦煌類書》據《史記》校補。

〔一八〕「臣」，《敦煌類書》據文義校補。

〔一九〕「上」，《敦煌類書》據《史記》校補。

〔二〇〕「穆」，當作「繆」，據《史記》改；「已」，《敦煌類書》據《史記》校改作「以」。

〔二一〕「漸」，當作「衛」，《敦煌類書》據《呂氏春秋》、《淮南子》校改。

〔二二〕「衛」，《敦煌類書》據文義校補。

〔二三〕「漸」，當作「衛」，《敦煌類書》據《呂氏春秋》、《淮南子》校改。

〔二四〕「刑」，當作「形」，《敦煌類書》據文義校改，「刑」爲「形」之借字。

〔二五〕「惻」，當作「測」，《敦煌類書》據文義校改，「惻」爲「測」之借字。

〔二六〕「惠」，《敦煌類書》據文義校補。

〔二七〕「戀」，當作「欒」，據《戰國策》改；「基」，當作「墓」，《敦煌類書》據伯二五八九《春秋後語》校改。

〔一二八〕「捷」，當作「和」，據伯二五八九《春秋後語》及文義改。
〔一二九〕「雨」，《敦煌類書》釋作「天」，誤。
〔一三〇〕「辭」，當作「期」，《敦煌類書》據伯二五八九《春秋後語》校改。
〔一三一〕「惠」，《敦煌類書》據《三國志》等典籍校改作「慧」，「惠」通「慧」。
〔一三二〕「致」，當作「置」，《敦煌類書》據文義校改，「致」爲「置」之借字。
〔一三三〕「爲」，當作「焉」，據文義改，《敦煌類書》校改作「唯」。
〔一三四〕「陊」，當作「交」，《敦煌類書》據《類林雜説》校改。
〔一三五〕「寫」，當作「瀉」，《敦煌類書》據文義校改。
〔一三六〕「史」，當作「使」，《敦煌類書》據文義校改，「史」爲「使」之借字。
〔一三七〕「白」，當作「自」，《敦煌類書》據《類林雜説》校改。
〔一三八〕「史」，當作「使」，《敦煌類書》據《類林雜説》校改，「史」爲「使」之借字；「志」，當作「至」，《敦煌類書》據《類林雜説》校改，「志」爲「至」之借字。
〔一三九〕「陵」，當作「漢」，《敦煌類書》據《後漢書》校改。
〔一四〇〕「和」，《敦煌類書》據《後漢書》校補。
〔一四一〕「史」，當作「使」，《敦煌類書》據《後漢書》校改，「史」爲「使」之借字。
〔一四二〕「王」，當作「玉」，據文義改，《敦煌類書》逕釋作「玉」。
〔一四三〕「乃無病」，《敦煌類書》認爲係衍文，據文義當删。
〔一四四〕「郎中」，《敦煌類書》釋作「中郎」。
〔一四五〕「卜」，《敦煌類書》據《類林雜説》校補。

〔一四六〕「遂」，當作「逐」，《敦煌類書》據文義校改。

〔一四七〕「枚」，《敦煌類書》釋作「牧」，校改作「枚」。

〔一四八〕「致」，當作「置」，據文義改，「致」爲「置」之借字。

〔一四九〕「蛭」，當作「蝗」，《敦煌類書》據《三國志》校改。

〔一五〇〕「致」，當作「置」，據文義改，「致」爲「置」之借字。

〔一五一〕「太」，《敦煌類書》釋作「大」。

〔一五二〕「致」，當作「置」，《敦煌類書》據文義校改，「致」爲「置」之借字。

〔一五三〕「歧歧」，當作「跂跂」，《敦煌類書》據《漢書》校改，「歧」爲「跂」之借字；「陌陌」，當作「脈脈」，《敦煌類書》據《漢書》校改，「陌」爲「脈」之借字。

〔一五四〕「螘」，當作「虺」，據文義改，《敦煌類書》逕釋作「虺」。

〔一五五〕「隅」，當作「偶」，《敦煌類書》據《類林雜説》校改。

〔一五六〕「致」，當作「置」，《敦煌類書》據文義校改，「致」爲「置」之借字。

〔一五七〕「史」，當作「使」，《敦煌類書》據文義校改，「史」爲「使」之借字。

〔一五八〕「朔」，《敦煌類書》據《類林雜説》校補。

〔一五九〕「贍」，當作「膾」，《敦煌類書》據《類林雜説》校改。

〔一六〇〕「宴」，當作「寠」，據《漢書》改，《敦煌類書》逕釋作「寠」。

〔一六一〕「郡」，據《類林雜説》補。

〔一六二〕「知」字據文義爲衍文，當删。

〔一六三〕「張本」，據《類林雜説》及文義補。

〔一六四〕「當」，當作「堂」，《敦煌類書》據《晉書》校改。
〔一六五〕「何」，當作「河」，《敦煌類書》據《博物志》校改，「何」爲「河」之借字。
〔一六六〕「諸」，當作「渚」，《敦煌類書》據《博物志》校改。
〔一六七〕「反」，《敦煌類書》釋作「及」，校改作「反」；「當」，當作「常」，《敦煌類書》據文義校改；「期」，《敦煌類書》據《博物志》等典籍校補。
〔一六八〕「盡」，當作「晝」，《敦煌類書》據《博物志》校改。
〔一六九〕「意」，《敦煌類書》據《博物志》校補。
〔一七〇〕「穗」，當作「德」，《敦煌類書》據《類林雜説》校改。
〔一七一〕「魏」，《敦煌類書》據文義校補。
〔一七二〕「捉」，《敦煌類書》釋作「提」，雖義可通而字誤。
〔一七三〕「復」，當作「後」，《敦煌類書》據文義校改。
〔一七四〕「符」，當作「苻」，據《晉書》改，《敦煌類書》逕釋作「苻」，「符」爲「苻」之借字。
〔一七五〕「平陽」，當作「陽平」，《敦煌類書》據《晉書》校改。
〔一七六〕「旁」，當作「傍」，據《類林雜説》改，「旁」爲「傍」之借字。
〔一七七〕「相」，當作「廂」，據《類林雜説》改，「相」爲「廂」之借字。
〔一七八〕「相」，當作「廂」，據《類林雜説》改，「相」爲「廂」之借字。
〔一七九〕「旁」，當作「傍」，據《類林雜説》改，「旁」爲「傍」之借字。
〔一八〇〕「南」，當作「北」，據文義改。
〔一八一〕「北」，當作「南」，據文義改。

〔一八二〕「陰爲女」，《敦煌類書》據文義校補。
〔一八三〕「旁」，當作「傍」，據文義改，「旁」爲「傍」之借字。
〔一八四〕「曰」，據《晉書》補。
〔一八五〕「米」，當作「本」，據《晉書》改。
〔一八六〕「悟」，當作「誤」，《敦煌類書》據《類林雜説》等典籍校改，「悟」爲「誤」之借字。
〔一八七〕「受」，當作「授」，據《類林雜説》改，「受」爲「授」之借字。
〔一八八〕「求」，當作「禄」，據《後漢書》改。
〔一八九〕「取其中穗」，《敦煌類書》據《太平御覽》及文義校補。
〔一九〇〕「袟」，《敦煌類書》釋作「秩」，「袟」爲「秩」之或體。
〔一九一〕「袟」，《敦煌類書》釋作「秩」，「袟」爲「秩」之或體。
〔一九二〕「蔢」，《敦煌類書》據《史記》等典籍校補；「倉」，《敦煌類書》釋作「蒼」，雖義可通而字誤。
〔一九三〕「書」，《敦煌類書》據文義校補。
〔一九四〕「暑」，當作「署」，據《史記》改，《敦煌類書》逕釋作「署」，「暑」爲「署」之借字。
〔一九五〕「嵇」，當作「稽」，據文義改，《敦煌類書》逕釋作「稽」，「嵇」爲「稽」之借字。
〔一九六〕「爲」，《敦煌類書》漏録。
〔一九七〕「不」，《敦煌類書》據文義校補。
〔一九八〕「世」，《敦煌類書》釋作「是」，誤。
〔一九九〕「苟」，《敦煌類書》釋作「荀」。
〔二〇〇〕「井」，《敦煌類書》據文義校補。

〔二〇一〕「耳」，《敦煌類書》據《列仙傳》校補。
〔二〇二〕「盡」，當作「畫」，據《後漢書》改；「察」，據《後漢書》補。
〔二〇三〕「煞」，當作「賤」，《敦煌類書》據《後漢書》校改。
〔二〇四〕「貴」據文義爲衍文，當删。
〔二〇五〕「得」，當作「能」，據《後漢書》改。
〔二〇六〕「得」，當作「何」，《敦煌類書》據《後漢書》校改。
〔二〇七〕「後」，《敦煌類書》據《後漢書》校補。
〔二〇八〕「賣」，當作「壹」，《敦煌類書》據《後漢書》校改。
〔二〇九〕「淑」，當作「叔」，《敦煌類書》據《後漢書》校改，「淑」爲「叔」之借字。
〔二一〇〕「計吏」，《敦煌類書》漏録。
〔二一一〕「賣」，當作「壹」，《敦煌類書》據《後漢書》校改；第二個「高揖」，《敦煌類書》認爲係衍文，據文義當删。
〔二一二〕「都」，當作「郡」，據《後漢書》改。
〔二一三〕「賣」，當作「壹」，《敦煌類書》據《後漢書》校改。
〔二一四〕「於」，當作「漢」，據《後漢書》改。
〔二一五〕「據」，當作「遽」，《敦煌類書》據《後漢書》校改，「據」爲「遽」之借字；「怪」，《敦煌類書》據《後漢書》校補。
〔二一六〕「後」，《敦煌類書》據《後漢書》校補。
〔二一七〕「何」，當作「河」，《敦煌類書》據《三國志》校改，「何」爲「河」之借字。

〔二一八〕「直」，當作「宜」，據《三國志》改，《敦煌類書》釋作「苴」，校改作「宜」。

〔二一九〕「知」，當作「前」，據《敦煌類書》據《戰國策》校改。

〔二二〇〕「知」，當作「前」，《敦煌類書》據《戰國策》校改。

〔二二一〕「死不赦」，《敦煌類書》據《戰國策》校補。

〔二二二〕「令曰」，《敦煌類書》據《戰國策》校補。

〔二二三〕「有能得齊王頭者」，《敦煌類書》據《戰國策》校補。

〔二二四〕「由」，據《戰國策》補。

〔二二五〕「王」，《敦煌類書》據《戰國策》校補。

〔二二六〕「就」，當作「龍」，《敦煌類書》據《淮南子》校改；「哥」，當作「歌」，《敦煌類書》據《淮南子》校改，「哥」爲「歌」之古字。

〔二二七〕「哥」，當作「歌」，《敦煌類書》據《淮南子》校改，「哥」爲「歌」之古字。

〔二二八〕「大」，當作「天」，《敦煌類書》據文義校改；「怒譴」，《敦煌類書》校改作「譴怒」。

〔二二九〕「史」，當作「使」，《敦煌類書》據文義校改，「史」爲「使」之借字。

〔二三〇〕「用」，當作「周」，《敦煌類書》據《後漢書》校改。

〔二三一〕「厝」，當作「廟」，據《後漢書》改，《敦煌類書》逕釋作「廟」。

〔二三二〕「異傳」，《敦煌類書》校補作「列異傳」。

〔二三三〕「少」，《敦煌類書》據《高士傳》校補。

〔二三四〕「敬」，《敦煌類書》釋作「敢」，校改作「感」。

〔二三五〕「文侯以客禮待之」，《敦煌類書》據《高士傳》校補。

〔二三六〕「出過其廬而軾」，《敦煌類書》據《高士傳》校補。
〔二三七〕「其僕問曰」，《敦煌類書》據《高士傳》校補。
〔二三八〕「干木」，《敦煌類書》據《高士傳》校補。
〔二三九〕「布衣也」，《敦煌類書》據《高士傳》校補。
〔二四〇〕「君軾其廬」，《敦煌類書》據《高士傳》校補。
〔二四一〕「不已甚乎」，《敦煌類書》據《高士傳》校補。
〔二四二〕「文侯曰」，《敦煌類書》據《高士傳》校補。
〔二四三〕「段干木」，《敦煌類書》據《高士傳》校補。
〔二四四〕「賢者也」，《敦煌類書》據《高士傳》校補。
〔二四五〕「光」，當作「先」，《敦煌類書》據《高士傳》校改；「世」，當作「勢」，《敦煌類書》據《高士傳》校改，「世」爲「勢」之借字。
〔二四六〕「光」，當作「先」，《敦煌類書》據《高士傳》校改。
〔二四七〕「世」據文義爲衍文，當删。
〔二四八〕「活」，當作「治」，《敦煌類書》據文義校改。
〔二四九〕「文」，據文義補。
〔二五〇〕此句「有」字之後疑有脱文。
〔二五一〕「丹」，當作「尋」，《敦煌類書》據《宋書》校改。
〔二五二〕「當」，當作「常」，據文義改，《敦煌類書》逕釋作「常」。
〔二五三〕「又」，《敦煌類書》認爲係衍文，據文義當删。

〔二五四〕「塗」，《敦煌類書》據文義校改作「靈」，均可通。
〔二五五〕「武」，《敦煌類書》認爲係衍文，據文義當删。
〔二五六〕「以」，當作「於」，《敦煌類書》據《後漢書》校改。
〔二五七〕「邑」，《敦煌類書》釋作「邑」。
〔二五八〕「然」，當作「能」，《敦煌類書》據《後漢書》校改。
〔二五九〕「傑」，當作「桀」，《敦煌類書》據文義校改。
〔二六〇〕「傑」，當作「桀」，《敦煌類書》據文義校改。
〔二六一〕「甚」，當作「坐」，《敦煌類書》據《後漢書》及文義校改。
〔二六二〕「生」，當作「甚」，《敦煌類書》據《後漢書》及文義校改。
〔二六三〕「祥」，當作「屈」，據《後漢書》改，《敦煌類書》校改作「拜」。
〔二六四〕「牽」，《敦煌類書》釋作「遷」，誤。
〔二六五〕「後」，《敦煌類書》據《藝文類聚》校補。
〔二六六〕「韶」，當作「歆」，《敦煌類書》據《世説新語》校改。
〔二六七〕「韶」，當作「歆」，《敦煌類書》據《世説新語》校改。
〔二六八〕「恩」，當作「溫」，《敦煌類書》據《漢書》校改；「舒」，《敦煌類書》據《漢書》校補。
〔二六九〕「君長」，當作「長君」，《敦煌類書》據《漢書》校改。
〔二七〇〕「史」，當作「使」，《敦煌類書》據文義校改，「史」爲「使」之借字。
〔二七一〕「都」，當作「郡」，《敦煌類書》據《漢書》校改。
〔二七二〕「帷」，《敦煌類書》釋作「惟」，據《漢書》校改作「帷」。

〔二七三〕「師」，當作「沛」，《敦煌類書》據《後漢書》校改。
〔二七四〕「招」，當作「捃」，《敦煌類書》據《東觀漢記》校改。
〔二七五〕「弟」，當作「第」，據文義改，「弟」爲「第」之本字，《敦煌類書》逕釋作「第」。
〔二七六〕「之」，《敦煌類書》校改作「其」。
〔二七七〕「漢」，《敦煌類書》據文義校補。
〔二七八〕「容」，《敦煌類書》認爲係衍文，據文義當删。
〔二七九〕「大」，當讀作「太」，《敦煌類書》逕釋作「太」。
〔二八〇〕「後」，《敦煌類書》據《後漢書》校補。
〔二八一〕「遠」，當作「達」，《敦煌類書》據文義校改。
〔二八二〕「決」，《敦煌類書》校改作「訣」，按「決」亦可通。
〔二八三〕「遂仕於」，底本用墨筆塗抹。
〔二八四〕「城」，當作「成」，《敦煌類書》據《史記》、《漢書》校改，「城」爲「成」之借字。
〔二八五〕「遷」，《敦煌類書》據《華陽國志》校改作「僊」。
〔二八六〕「丈」，《敦煌類書》據文義校補。
〔二八七〕「史」，當作「使」，《敦煌類書》據文義校改，「史」爲「使」之借字。
〔二八八〕「叔」，當作「升」，據《後漢書》改。
〔二八九〕「姉」，當作「妹」，據《後漢書》改。
〔二九〇〕第一個「夫」，當作「丈」，《敦煌類書》據《後漢書》校改。
〔二九一〕「又」，當作「久」，《敦煌類書》據《後漢書》校改。

〔二九二〕「城」，當作「域」，《敦煌類書》據《後漢書》校改。

〔二九三〕「城」，當作「域」，《敦煌類書》據《後漢書》校改；「卌」，《敦煌類書》釋作「四十」，當作「卅」，據《後漢書》改。

〔二九四〕「六」，當作「一」，據《後漢書》改。

〔二九五〕「姉」，當作「妹」，據《後漢書》改。

〔二九六〕「書」，《敦煌類書》據文義校補。

〔二九七〕「家貧」，《敦煌類書》認爲係衍文，據文義當删。

〔二九八〕「揖」，當作「指」，據《三國志》改，《敦煌類書》逕釋作「指」。

〔二九九〕「兗」，《敦煌類書》釋作「衮」，誤。

〔三〇〇〕「史」，當作「使」，《敦煌類書》據《史記》、《漢書》校改，「史」爲「使」之借字。

〔三〇一〕「泳」，當作「涿」，據《三國志》改，《敦煌類書》逕釋作「涿」。

〔三〇二〕「父子」，據《三國志》補；「敬」，《敦煌類書》釋作「父」，誤。

〔三〇三〕「汝」，《敦煌類書》據《後漢書》校補；「輿」，《敦煌類書》據《後漢書》校補。

〔三〇四〕「浪」，當作「狼」，《敦煌類書》據文義校改，「浪」爲「狼」之借字。

〔三〇五〕「丈」，《敦煌類書》據《後漢書》校補。

〔三〇六〕「悚」，當作「竦」，據《藝文類聚》改，「悚」爲「竦」之借字。

〔三〇七〕「敬仲」，當作「叔敬」，據《後漢書》改。

〔三〇八〕「食」，當作「養」，《敦煌類書》據《後漢書》校改。

〔三〇九〕「性」，當作「往」，《敦煌類書》據文義校改；「昔」，《敦煌類書》據文義校補。

〔三一〇〕「自」，《敦煌類書》據文義校補。

〔三一一〕「效」，當作「校」，據《漢書》改，「效」爲「校」之借字。

〔三一二〕「史」，當作「使」，《敦煌類書》據文義校改，「史」爲「使」之借字。

〔三一三〕「大」，當作「丈」，《敦煌類書》據《漢書》校改。

〔三一四〕「史」，當作「使」，《敦煌類書》據文義校改，「史」爲「使」之借字。

〔三一五〕「庯」，《敦煌類書》釋作「傭」，雖義可通而字誤。

〔三一六〕「激」，《敦煌類書》據文義校補。

〔三一七〕「都」，當作「郡」，據《類林雜説》改，《敦煌類書》逕釋作「郡」。

〔三一八〕「刈」，《敦煌類書》釋作「則」，校改作「刈」，按原件實爲「刈」字。

〔三一九〕「史」，當作「使」，《敦煌類書》據文義校改，「史」爲「使」之借字。

〔三二〇〕「陽宛」，據《後漢書》補。

參考文獻

《敦煌寶藏》一五册，六八九至六九六頁（圖）；《敦煌學》一〇輯，六五至八四頁；《敦煌古醫籍考釋》，五〇一頁（録）；《英藏敦煌文獻》三卷，二五九至二六五頁（圖）；《敦煌類書》，七二至八〇、二四五至二六〇（録）、六八五至八〇〇頁。

斯二〇七三　廬山遠公話

釋文

廬山遠公話〔一〕

蓋聞法（王）王（法）蕩蕩〔二〕，佛教巍巍；王法無私，佛行平等；王留玫（政）教〔三〕，佛演真宗，皆是十二部尊經，惣是釋迦梁津。如來滅度之後，衆聖潛形於像法中。有一和尚，號曰旃檀。有一弟子，名曰惠遠〔四〕。説這惠遠，家住鴈門，兄第（弟）二人〔五〕，更無外族。兄名惠遠，捨俗出家；弟名惠持，侍養於母。惠遠於旃檀和尚處，常念正法，每覩直（真）經〔六〕，知三禪定如（而）樂〔七〕，便委世之不遠。遂於一日，合掌啓和尚曰：『弟子伏事和尚，積載年深，學藝荒無（蕪）〔八〕，自爲（謂）愚鈍〔九〕。今擬訪一名山，尋溪渡水，訪道參僧，㥯（隱）鈍（遁）於喦谷之邊〔一〇〕，以暢平生可矣。』師曰：『汝今既去，擬住何山〔一一〕？』惠遠曰：『但弟子東西不辯（辨）〔一二〕，南北豈知？只有去心，未知去處。』師曰：『汝今既去，但往江佐（左）〔一三〕，作意巡禮，逢廬山即住〔一四〕，便是汝修行之處。』惠遠聞語，喜不自勝：『既蒙師處分，而已丁寧，豈敢有違。』遂即進步向前，合掌鞠窮（躬）〔一五〕，再禮辭於和尚，便登長路。

遠公迤邐而行，將一部《涅盤（槃）》之經〔一六〕，來往爐（嚧）山修道〔一七〕。是時也，春光楊（陽）艷〔一八〕，薰色芳菲；淥（緑）柳隨風而尾婀娜〔一九〕；望雲山而迢遞，覩寒鴈之歸忙。自爲（謂）學道心堅〔二〇〕，意願早達真理。遠公行經數日，便至江州。巡諸巷陌，歇息數朝，又乃進發。向西行經五十餘里，整行之次〔二一〕，路逢一山。間（問）人曰〔二二〕：『此是甚山？』鄉人對曰：『此是嚧山。』遠公曰：『我當初辭師之日，處分交（教）我〔二三〕：逢爐（嚧）即住〔二四〕。只此便是我山修道之處〔二五〕。』且見其山非常，異境何似生：嵯峩萬岫（岫）〔二六〕，疊掌（嶂）千嶒（層）〔二七〕，崒㟍（屼）高峯〔二八〕，崎嶇峻嶺。猿啼幽谷，虎笑（嘯）深溪〔二九〕。枯松〔□〕萬歲之藤蘿〔三〇〕，桃花弄千春之〔□〕色〔三一〕。遠公貪翫此山，日將西遇（邁）〔三二〕，遂入深山覓一居止之處。便於香嚧（爐）峯頂北邊〔三三〕，權時結一草菴。胥問取其火石，叩其火石，遂焚無價寶香，跍（結）跏敷（趺）座（坐）〔三四〕，便念《涅盤（槃）經》〔三五〕，約有數卷。是〔時〕〔也〕〔三六〕，經聲朗朗，遠近皆聞；法韻珊珊，梵音遠振。敢（感）得大石搖動〔三七〕，百草亞身，瑞鳥靈禽，皆來讚歎。是時也，山神於廟中忽見有此祥瑞，驚怪非常，山神曰：『今日是阿誰當直？』時有堅牢樹神〔三八〕，走至殿前唱喏，狀如豹（暴）雷相似〔三九〕，一頭三面，眼如懸鏡，手中執一等身鐵棒，言云：『是某乙當直。』山神曰：『既是你當直，我適來於此廟中，忽覺山石搖動，鳥獸驚忙。與我巡檢此山，有何祥瑞。恐是他方賢聖，至我此山。又恐有異類精靈，於此山中迴避。若與我此山安樂，即便從伊。若與我此山不安，汝便當時發遣，出此山中。』樹神唱喏，遍歷山川，尋溪渡水，應是山林樹下，例皆尋遍，不見一人。卻至香廬（爐）峯北邊〔四〇〕，見一僧人，造一禪菴，跍（結）跏敷（趺）坐，念經之次。樹神亦（一）見〔四一〕，當時隱卻神鬼之形，化一個老人之體，年侵蒲柳，髮白葉（桑）榆〔四二〕，直至菴前，高聲：『不審和尚。』遠公曰：『萬福！』老人漸近前來，啓而言曰：『弟子未委和尚從何方而來，得至此間，欲求何事？伏願慈悲，乞垂一說。』遠公曰：『但貧道從鴈門而來，時投此山，住持修道。』老人又問：『適來聞和尚妙響〔四三〕，是何之聲？』遠公曰：『適來之聲，便是貧道念經之聲。若有衆生聞者，惣願離苦解脫。』老人聞語，頻稱『善哉』。又問和尚：『和尚既至此間，所須何物？』遠公曰：『但貧道若得一寺舍伽藍住持，已（以）免風霜〔四四〕，便是貧道所願也。』老人曰：『若要別事即無，若要寺舍伽藍，即當小事。弟子只在西邊村內居住，待到村中與諸多老人商量，卻來與和尚造寺。』老人言訖，且辭和尚去也。於是老人辭卻和尚，去菴前百步已來，忽然不見，當時變卻老人之身，卻復鬼神之體，來至山神殿前，鞠躬唱喏：『臣奉大王處分，遍歷山川，搜尋精靈狐魅，並不見一人。行至香廬（爐）峯頂北邊〔四五〕，見一僧人，立一禪菴，跍（結）跏敷（趺）座（坐）〔四六〕，念經之次。云道從鴈門而來，時投此山，住持修道。』山神聞語，惟稱大奇。我從無量劫來，守鎮此山，並不曾見有僧人來投此山，皆是與我山中長福穰（禳）災[四七]。山神又問：『僧人到此，所須何物？』樹神奏曰：『商（適）來問他[四八]，並不要諸事。言道只要一寺舍伽藍居止。』山神曰：『若要別事即難，若要寺舍住持，渾當小事。汝也不要東西，與我點檢山中鬼神，與此和尚造寺。』樹神奉勑，便於西坡之上，長叩三聲，雲露（霧）斗闇[四九]，應是山間鬼神，悉皆到來。是日夜（也）[五〇]，揀鍊神兵，閃電百般，雷鳴千鍾（種）[五一]，徹曉喧喧，神鬼造寺。直至天明[五二]，造得一寺，非常有異。且見重樓重閣，與忉利而無殊[五三]；寶殿寶臺，與西方無二。樹木叢林擁鬱，花開不揀四時；泉水傍流，豈有春冬段（斷）絶[五四]。更有名花嫩蘂，生於覺悟（路）之傍[五五]；瑞鳥靈禽，飛向精舍之上。於是遠公出菴而望，忽見一寺造成，歎念非常，思惟良久，遠公曰：『非我之所能，是他《大涅槃經》之威力。』覩此其（奇）希[五六]，遠公以成偈曰：

脩築（竹）蕭蕭四序春[五七]，交横流水淨無塵，
緣牆弊（薜）例（荔）枝枝渌（緑）[五八]，赴（覆）地莓苔點點新[五九]。
踈（疎）野免交（教）城市鬧[六〇]，清虚不共俗爲鄰。
山神此地脩精舍，要請僧人轉法轉（輪）[六一]。

於是遠公自入寺中，房房巡遍，院院皆行，是事皆有。只是小（少）水[六二]，無處投尋[六三]。遠公曰：『此寺甚好如法，則無水漿，如何居止？久後僧衆到來，如何有水？』

遂下佛殿前來，見大石一所，共（其）下莫有水也〔六四〕？遠公遂已（以）錫杖撅之〔六五〕，方得其水，從地而漫出，至今號爲『錫杖泉』，有寺號爲『化成之寺』，寺下有水流注，號爲『白蓮池』。

遠公入寺安居，約經數目（月）〔六六〕，便有四遠聽衆來奔此寺。遠公是日爲諸徒衆廣説《大涅槃經》之義，前後一年，聽衆如雲，施利若雨。所有聽人，盡於會下。説此會中有一老人，聽經一年，道這個老人，來也不曾通名，去也不曾道字，自從開講即坐，講罷方始歸去。遠公深有所怪，家（遂）令（令）同行〔六七〕：『與我喚此老人。』（老）（人）蒙喚〔六八〕，直至遠公面前。遠公曰：『老人住居何處？聽法多時，不委姓名，要知委的。』老人曰：『弟子雖聽一年，並不會他《涅槃經》中之義，終也不能説得姓名。』老人言訖，走出寺門，隨後看之，並無蹤由。是何人也？便是嚧山千尺潭龍，來聽遠公法（説）説（法）〔六九〕。遠公見老人去後，每自思惟，心生梅（悔）責〔七〇〕：『此個老人前後聽法來一年，尚自不會《涅槃經》中之義理，何況卒悟衆生，聞者如何得會？我今縱（終）須製《涅槃經》之《疏抄》〔七一〕。』言訖，啓告十方諸佛：『弟子今者爲諸衆生迷心不解，未悟大乘。今擬製造《涅槃經疏抄》，令一切衆生心開悟解，得佛法及（分）明〔七二〕、歸（捨）捨（邪）邪（歸）政〔七三〕，永斷蹤（疑）疑（蹤）〔七四〕。』遂於佛殿前將紫雲毫神筆，啓告十方諸佛如來、土地靈祇，咸願證知：『若諸賢聖不許，願筆當時卻下。』言訖，焚香度過，啓告虎（虔）心〔七五〕，遂將其筆望空便擲，是時，其筆空中訖（屹）然而住〔七六〕。遠公知契諸佛如來之心，遂乃卻請其筆空中而下。爭得知？至今江州爐山有『擲筆峯』見在。遠公便製《疏抄》，前後三年，方始得成，猶恐文字差錯，義理名（靡）通〔七七〕，將其《疏抄》八百餘卷，至寺東門外夾置《疏抄》於火中，廣積香火，重重啓告十方諸佛、菩薩賢聖：『弟子今者爲諸衆生迷心不解，未悟大乘，欲悟疑情，故修《疏抄》。若經與義相同，願火不能燒之；若與（經）疏（與）抄（疏）經（抄）相同〔七八〕，水不能溺。』言訖便燒《疏抄》。是時紅焰連天，黑煙蓬悖（焞）〔七九〕，經在其中，一無傷損。遠公知《疏抄》遠〔契〕於佛心〔八〇〕，猶自未稱其心，遂再取《疏抄》俯臨白蓮華池畔，望水便擲，其《疏抄》去水上一丈已來，紇（屹）然而住〔八一〕，遠公知遠契佛心。後取其《疏抄》將入寺内，於經藏中安置。於後徒衆不少，聽人極多。遠公便爲衆宣揚《大涅槃經》義，直得諸方來聽，雨驟雲奔，競來聽法。前後開啓，約近數年。

忽時壽世（州）界内〔八二〕，有一群賊，姓白名莊，説其此人，少年好勇，常行劫盜，不顧危亡，心生好煞〔八三〕。白莊耳内忽聞人説江州爐山有一化成之寺中，甚是富貴，施利極多，財帛不少。遠結徒黨五百餘人，星夜倍程，來至江州界内，當即屯軍而便即住。於是白莊語諸徒黨：『莫向人説，恐怕人知。來日齋時，劫屯（此）寺去〔八四〕。』諸人唱喏。故知俗彥（諺）云有語〔八五〕：『人發善願，天必從之；人發惡願，天必除之。』白莊只於當處發願，早被本處土地便知，蜜（密）現神通〔八六〕，來至廬山寺告報衆僧。房房告報，院院令知。地神於空中告其僧曰：『來日齋時，有群賊來劫此寺，請諸僧人切須迴避。』於是衆僧聞知，心懷驚怖，各自東西迴避，盡謀走計。是時衆僧例惣波逃走出，惟有遠公上足弟子雲慶和尚，爲師禮法，緣情切未敢東西迴避。直至和尚菴前，啓和尚曰：『商（適）來有一神人報來〔八七〕，云言有賊徒來劫此寺〔八八〕。伏願和尚慈悲，且往東西迴避。』遠公曰：『只如汝未知時，吾早先知此是（事）〔八九〕。若夫《涅槃經》之義，本無恐怖；若有恐怖，何名爲涅槃？汝與僧衆，火急各自迴避。吾在此間，終不能去得。』雲慶見和尚再三不肯迴避，雨淚悲啼，自家走出寺門，隨衆波逃。遠公見諸僧去後，獨坐禪菴，並無恐怖。須臾白莊領諸徒黨來到寺下，於是白莊捕（布）陣於其横嶺〔九〇〕，排兵在於長川。噉（喊）得山崩石烈（裂）〔九一〕，東西亂走，南北奔衝，齋（齊）入寺中〔九二〕，唯稱『治（活）捉』〔九三〕。白莊比入寺中，望其大段資財，應是院院搜尋，寺内都無一物。白莊道：『大奇，我昨日商量之時，並無人得知。阿誰告報寺中，盡交（教）東西迴避〔九四〕。』白莊處分左右：『與我寺内寺外，處處搜尋，若也捉得師僧，速領將來見我〔九五〕。』左右唱喏，諸處搜尋，並無一人。行至寺東門外，見一僧入（人）於禪菴之内〔九六〕，安然而坐。左右不敢驚怖，抽身卻入寺中，直至白莊面前，啓而言曰：『商（適）來奉將軍處分〔九七〕，寺内寺外搜尋僧人，處處並惣不蓬（逢）〔九八〕，行至寺門外，見一僧人，不敢不報。』白莊曰：

『僧在何處？』左右啓言將軍：『見在寺東門外禪菴中坐。』於是白莊攬轡攀鞍，直至寺東門外，果見一僧人菴内跍（結）跏敷（趺）坐。白莊高聲便唤，令交（教）左右擁至馬前〔九九〕。問遠公曰：『是你寺中有甚錢帛衣物，速須般運出來！』遠公進步向前啓白莊（曰）〔一〇〇〕：『曰（此）此（寺）先來貧虚〔一〇一〕，都無一物。縱有些些施利，旋揔盤纏齋供，實無財帛，不敢誑忘（罔）將軍〔一〇二〕。』於是白莊子細占覩遠公，心生愛慕。爲緣遠公是菩薩相，身有白銀相光，身長七尺，髮如塗漆，脣若點朱。白莊一見，乃語左右曰：『此個僧人，堪與我爲一駈使之人。』白莊曰：『我要你作一手力，得之已否？』遠公進步向前：『願捨此身與將軍爲奴，情願馬前駈使。』遠公曰：『更有小事，合具上聞：將軍爲當要貧道身？爲當要貧道業？』白莊曰：『甚是身？甚是業？』遠公曰：『貧道一（以）念經爲業〔一〇三〕。若要貧道駈使，只是此身。若要貧道，只須莫障貧道念經。』白莊曰：『我但得你駈使，阿誰鄣你念經。』遠公唱喏，便隨他後。去寺百步已來，遠公重啓將軍曰：『放貧道卻入寺内，脱此僧依（衣）在於寺中〔一〇四〕，卻來至此，願隨將軍旗旗。』白莊曰：『卻即早來，勿令我怪。若也來遲，遣左右捉來，只向馬前腰斬三截，莫言不道。』遠公唱喏，入寺中，於殿前而立。時有上足弟子雲慶在於高峯之上，望見本師在於寺内，奔走下山，直至大師面前，啓和尚曰：『商（適）來狂寇奔衝〔一〇五〕，至甚驚怕，且喜賊軍抽退，助和尚喜。』遠公曰：『若夫《涅槃經》義，本無恐怖，若有恐怖，何名爲涅槃？汝自今已後，切須精進，善爲住持。吾今與汝隔生永别。』雲慶問　和尚曰：『何以發如此之言？』遠公曰：『我商（適）來於門外設誓[一〇六]，與他將軍爲奴來[一〇七]，更久住不得，汝在後切須努力。』雲慶聞語，舉身自僕（撲）[一〇八]，七孔之中皆流鮮血，良久乃蘇，從地起來，乃成偈曰：

我等如飄鳥，和尚如大樹。大樹今既移，遣衆棲何處。
化身何所在，空留涅槃句。願垂智惠燈，莫忘迷去路。

雲慶言訖，轉更悲啼。遠公曰：『恐將軍怪遲。』走出寺門，趁他旌旗，隨逐他後。日來月往，相隨數年。

雲慶見和尚去後，再集僧衆，將《涅槃經疏抄》開啓講筵，應是聽衆，悉皆雨淚，如見大師無異。於是雲慶見和尚數年並無消息，遂將《涅槃經疏抄》分付與道安和尚。道安既收得《涅槃經疏抄》，便將往東都福光寺内開啓講筵。不知道安是何似生？敢（感）得〔聽〕衆如雲[一〇九]，施利若雨。時愚（遇）晉文皇帝王化東都[一一〇]，道安開講，敢（感）得天花亂墜[一一一]，樂味花香[一一二]。敢（感）得五色雲現[一一三]，人更轉多，無數聽衆，踏破講筵，開啓不得。道安遂寫遠（表）奏上晉文皇帝[一一四]：『臣奉　勑旨，於福光寺内講《涅槃經》。聽人轉多，有亂法筵，開啓不得，伏乞　勑旨，别賜指揮。』是時有勑：『若要聽道安講者，每人納絹一疋，方得聽一日。』當時緣愚（遇）清平[一一五]，百物時賤，每日納絹一疋，約有三、二萬人。寺院狹小，無處安排。又寫遠（表）奏聞　皇帝[一一六]：『臣奉勑旨，於福光寺内開啓講〔筵〕[一一七]。切（竊）唯前勑令交納絹一疋[一一八]，聽衆轉多，難爲制約，伏乞重賜指揮。』當時有勑：『要聽道安講者，每人納錢一百貫文，方得聽講一日。』如此隔勒，逐日不破三五千人，來聽道安於東都開講。

遠公還在何處？遠公常隨　白莊，逢州打州，逢縣打縣，朝遊川野，暮宿山林，兀（髡）髮眉齋（齊）[一一九]，身卦（掛）矩（短）褐[一二〇]，一隨他後。數載有餘，思念空門，無由再入。況是白莊累行要（惡）跡[一二一]，伴涉兇徒，好煞惡生[一二二]，以劫爲治。忽因一日，在於山間，白莊於東嶺之上安居，遠公向西坡上止宿。是時也，秋風乍起，落葉飃颻，山静林踈（疎）[一二三]，霜霑草木。風經林内，吹竹如絲，月照青天，丹霞似錦。長流水邊，心懷惆悵。朦朧睡著，乃見夢中十方諸佛，悉現雲間；無量聖賢，皆來至此。唤言：　菩薩起！莫戀光（無）明睡著[一二四]，證取涅般（槃）之位[一二五]，何得不爲衆生念《涅般（槃）經》[一二六]。　遠公夢中瞻禮無休，　遠公是具足凡夫，敢（感）得阿閦如來受（授）記[一二七]，唤遠公近前：　『汝心中莫生悵忘（惘）[一二八]。汝有宿債未常（償）[一二九]，緣汝前世曾爲保見，今世合來計會，債主不遠，當朝宰相，常憐相公身是，已後卻賣此身，得錢五百貫文還他自（白）莊[一三〇]，卻來爐山，與汝相見。』遠公蒙（夢）中驚覺[一三一]，悵忘（惘）非常[一三二]，遂乃起坐，念《涅槃〔經〕》數卷[一三三]。白莊於東嶺上驚覺，遂乃問左右曰：『西邊是甚聲音？』左右曰：『啓將軍，西邊是擄來者賤奴念經聲。』白莊聞語，大奴（怒）非常〔一三四〕，遂喚遠公直至面前，高聲責曰：『你若在寺舍伽藍，要念即不可。今況是隨逐於我，爭合念經！』遠公曰：『將軍當日擄賤奴來時，許交（教）念經〔一三五〕。』白莊曰：『我早晚許你念經？』遠公當即不語，被左右道：『將軍實是許他念經。』白莊曰：『念經即是閑事，我等各自帶煞，不欲得聞念經之聲。』遠公曰：『既不許念經，不要高聲，默念得之已否？』白莊曰：『不煞（然）〔一三六〕，緣我當時擄許你將來〔一三七〕，一爲不得錢物，二爲手下無人，所得惡發，擄你將來。我今身數不少〔一三八〕，手力極多，卻放你歸山，任意修行。』遠公曰：『捨身與阿郎爲奴，須盡阿郎一世，中路抛離，何名捨身。阿郎若且要伏事，萬事絶言。若不要賤（奴）之時〔一三九〕，但將賤奴諸處賣卻，得錢與阿郎沽酒買肉，得之已否？』白莊問（聞）語〔一四〇〕，呵呵大喚（笑）〔一四一〕：『你也大錯，我若之（諸）處買得你來〔一四二〕，即便將舊契券，即賣得你。況是擄得你來，交（教）我如何賣你〔一四三〕！』遠公曰：『阿郎不賣，萬事絶言，若要賣之，但作家生廝兒賣，即無契卷（券）〔一四四〕。』白莊曰：『交（教）我將你況（向）甚處賣得你〔一四五〕？』遠公曰：『若要賣賤奴之時，但將往東都賣得。』白莊聞語，懔然大怒：『這下等賤人心裏不改間無（謀）〔一四六〕。自擬到東都，見及上下經臺，陳論過狀，道我是賊，令捉獲我。』遠公曰：『賤奴若有此意，機謀阿郎，願當來世，死墮地獄，無有出期。但請阿郎勿懷優（憂）慮[一四七]，的無此事。』白莊聞語，然而信之。遂便散卻手下徒黨，只留三五人，作一商客，將三五個頭疋，將諸行貨，直向東都來賣遠公，向口馬行頭來賣。是時 遠公來至市内，執標而自賣身。是時萬衆千人，無不歎念。且見 遠公標：身長七尺，白銀相光，額廣眉高，面如滿月，髮如塗漆，脣若點朱。行步牛王[一四八]，手垂過膝，東西舉步而行，看衆咨嗟，無不愛念。是時看人三三作隊，五五成行：『我今世上過卻千萬留賤之人，實是不曾見有。』歎念之次，看人轉多。是時遠公心懷惆悵，怨恨自身，知宿債未了，專待賣身已（以）常（償）他白莊[一四九]。須臾之間，敢（感）得帝釋化身下來[一五〇]，作一個崔相公使下，直至口馬行頭，高聲便唤口馬牙人：『此個量（良）口[一五一]，並不得諸處貨賣，當朝宰相崔相公宅内，只消得此人。若是別人家，買他此人不得。』牙人聞語，盡言實有此是（事）[一五二]。牙人遂領 遠公來至崔相宅。是時 白莊亦隨後而來，遠公曰：『阿郎但不用來，前頭好惡，有賤奴身在。若也相公歡喜之時，所得錢物，一一阿郎領取。』白莊曰：『前頭事須好好祗對，遠公勿令厥錯[一五三]。』遠公唱喏。便隨他牙人，直至相公門首。門人問牙人曰：『甚人交（教）來[一五四]？』『奉親隨唤來，緣此個生口，不敢將別處貨賣，特來將與相公宅内消得此口。』門官曰：『且至在此，容我入報相公。』門官有（直）至廳前啓相公[一五五]：『門生（首）有一生口牙人[一五六]，領一賤人見相公[一五七]，不敢不報。』相公曰：『交（教）引入來[一五八]。』於是門官得相公處分。

牙人引入遠公，直至廳前。遂見相公，折身便拜，立在一邊。相公一見，唯稱『大奇』：『我昨夜夢中見一神人入我宅内，今日見此生口，莫是應我夢也？』相公問牙人曰：『此是白莊家〔生〕廝兒〔一五九〕？爲復别處買來？』牙人啓　相公：『是白莊家生廝兒。』相公曰：『既是白莊家生廝兒，應無契卷（券）〔一六〇〕。』相公問牙人曰：『此個廝兒，要多小（少）來錢賣〔一六一〕？』牙人未言，遠公進步向前啓相公曰：『若要賤賣奴身，只要相公五百貫錢文。』相公曰：『身上有何伎藝，消得五百貫錢？至甚不多，略説身上伎藝看。』遠相公對曰〔一六二〕：『但賤奴能知人家已前三百年富，又知人家向後二百年貧。摺藝（褺）衣服〔一六三〕，四時湯藥。傳言送語，無問不答。諸家書體，粗會數般。疋馬單槍，任請比誠（試）〔一六四〕。鋤禾刈麥，薄會些些。買賣交關，盡知去處。若於手下駈駈使〔一六五〕，來之如風，實不頑慢。相公不信，賤奴自書賣身之契〔一六六〕，即知諳實。』相公處分左右，取紙筆來，度與遠公。接得紙筆，遂請香爐，登時度過。拜謝相公已了，聽（廳）前自書賣身之契〔一六七〕，不與凡同。遠公啓曰：『某年某月賣身與相公爲奴，伏事盡忠，須畢阿郎一世。若也中路抛棄，當〔來〕當來世〔一六八〕，死墮地獄，受罪既畢，身作畜生。搭鞍垂鐙，口中銜鐵，已（以）負前愆〔一六九〕。若也盡阿郎一世，當來當來世，十地果圓，同生佛會。』書契既了，度與相公。相公接得，唯稱『大奇』：『莫是菩薩摩訶薩至我宅中？』遂令取錢分付與牙人，五百貫文當即分付與白莊。白莊得錢，更不敢久住，卻至壽州界内。

相公買得賤奴，便令西院往（家）人領於房内安下〔一七〇〕。遠公日（因）自知常（償）債〔一七一〕，更不敢怨恨他人。出入往來，一任鞭鐙駈使。遠公忽因一日，獨坐房中，夜久更深，再擬殘燈，見天河閒静，月朗長空，久坐時多，矇矓睡著。又乃夢中見十方諸佛，悉現虚空；無量之聖賢，皆來雲集。唤言：『菩薩起！莫戀無明睡，證取涅槃之位，何得不爲衆生念經？』遠公遂乃驚覺起坐，念《涅槃經》，直至天明。是時相公於廳中忽聞念經之聲，便起，漸漸獨行，來至西院門前，聽念經聲。遂令左右交（教）屈夫人〔一七二〕。夫人蒙屈，來至西門前，相公與夫人來廳（聽）念經〔一七三〕，直至天明。來日早辰〔一七四〕，相公朝退，昇廳而坐，便令左右唤西院往（家）人將來〔一七五〕。是時三十往（家）人齊至廳前〔一七六〕，相公問：『昨夜西院内，阿那個往（家）人念經之聲〔一七七〕？』時有往（家）人團座頭啓相公曰〔一七八〕：『僧（昨）夜念經〔一七九〕，更不是别人，即是新買到賤奴念經之聲。』相公聞道新來賤奴念經，相公問遠公曰：『昨夜念經，是汝已否？』遠公曰：『是賤奴念經之聲。』相公問曰：『是何經題？』遠公對曰：『夜（昨）昨（夜）念者〔一八〇〕，是《大涅槃經》。』相公問：『汝念得多小（少）卷數〔一八一〕？』遠公對曰：『賤奴念得一部十二卷，昨夜惣念過。』相公曰：『汝莫慢（謾）語〔一八二〕。』遠公曰：『爭敢誑忘（罔）相公〔一八三〕。』相公遂令遠公重坐念《涅槃經》。於是遠公重開題日（目）〔一八四〕，再舉既經聲〔一八五〕。一念之終，並無厥錯。相公見之，頻稱『善哉』！遂唤宅中大小良賤三百餘口，惣至廳前，相公處分：『自今已後，新來賤奴，人不得下眼看之。』兼與外名，名爲善慶。

相公每日朝下，常在福光寺内廳（聽）道安講經〔一八六〕，納錢一百貫文。又於來日，將善慶隨逐來至寺内。緣爲善慶初伏事相公，不得入寺聽經，只[得]在寺門外邊與他看馬〔一八七〕。須臾之間，見聽衆雲奔雨驟，皆至寺内。須臾鍾聲已罷，便舉經題，梵音遠嚮，漸歷耳狠（根）〔一八八〕，善慶聞之，心懷惆悵。遠公曰：『不知甚生道安，講讚得尒許多能解。願我一朝再登高座，重政（證）十地之果〔一八九〕，與一切衆生消災。有邪（形）無邪（形）〔一九〇〕，有相無相，皆因涅槃而滅度。』須臾之間，便[即]下講〔一九一〕，男女齊散。相公歸宅，廳中歇息既定，昇廳而坐。夫[人]掩袂直至相公面前〔一九二〕，啓相公曰：『只如相公，數年於福光寺内，聽道安上人講《涅槃經》，還聽得何法？見説《涅槃經》義，無量無邊，相公記得多小（少）來經文〔一九三〕，何得點（默）然而不言〔一九四〕，並不爲妄説一句半句之偈？』相公曰：『夫人衆（曾）讀《法華經》已否〔一九五〕？』夫人曰：『曾讀《法華經》。』相公言：『經中道「不請説之，聞必不聽」。』夫人曰：『願相公爲宅内良賤略説少多，令心開悟解。』相公言道：『得爲夫人説《涅槃經》中之義。』夫人便處分家人掃灑廳館，高設牀座，喚大小良賤三百餘口，齊至廳前，請相公説《涅槃經》中之義，應是諸人默然而聽。相公是夜先爲夫人説其『八苦交煎』。弟（第）一説其『生苦』〔一九六〕。『生苦』

者，生身託母蔭在胎中，臨月之間，由（猶）如蘇酪〔一九七〕。九十日内，然可成形，男在阿孃左邊，女在阿孃右脇，貼著俯近心肝，稟氣成形，乃受諸苦，賢愚一等，貴賤亦同。慈母之恩，應無兩種。母喫熱飯，不異鑊湯煑身；母喫冷物，恰如寒冰地獄。母若食飽，由（猶）如夾[石]之中〔一九八〕；母若飢時，生受倒懸之苦。十月滿足，生産欲臨，百骨節開張，由（猶）如鋸解〔一九九〕。直得四支體折，五藏疼痛，不異刀傷，何殊劒切！千生萬死，便即悶絶。莫知命若懸絲，不忘（望）再活〔二〇〇〕。須臾母子分解，血似屠羊。阿孃迷悶之間，乃問是男是女。若言是女，且得母子分解平善。若是道兒〔二〇一〕，惣忘卻百骨節疼痛，迷悶之中，便即含笑，此即名爲孝順之男。若是吾（忤）逆之子〔二〇二〕，如何分免（娩）〔二〇三〕。在其阿孃腹内，令母不安，蹴踏阿孃，無時暫歇，忽居心上，忽至要間，五藏之中，無處不到。十月滿足乃生，是時手把阿孃心肝，脚踏阿孃胯骨，三朝五日，不肯平安。從此阿孃大命轉然，其母看看是死，叫聲動地，似劒到（剜）心〔二〇四〕。兄弟阿孃，莫知爲計；怨家債主，得命方休。既先忍子，還須後死，即此〔名〕爲『生〔苦〕』〔二〇五〕。相公是也（夜）又爲夫人説其『老苦』〔二〇六〕。『老苦』者，人受百歲，由（猶）如星火〔二〇七〕。須臾之間，七十八十，氣力衰微。昔時聲（身）少〔二〇八〕，貌似春花；今既老來，阿（何）殊秋草〔二〇九〕。筋（鷄）皮鶴髮〔二一〇〕，當（常）欲枯乾〔二一一〕；明（眼）暗耳聾〔二一二〕，青黄不辯（辨）。四支沉重，百骨酸疼。去天漸遠，去地應近。夜臥牀枕，千轉萬迴，是時

（事）不能〔二一三〕。世間之事，如由（猶）夢裏〔二一四〕。君不〔見〕路傍桃李年年花發〔二一五〕，曜日江（紅）顔〔二一六〕，伏（復）今何在〔二一七〕？若也老病來侵，白髮無緣再黑；昔時壯氣，隨八節而彫殘〔二一八〕；舊日紅顔，隨四時而改變。是人皆老，貴賤亦同，不諫（揀）賢愚〔二一九〕，是共老苦，不如聞早，須造福田。人命刹那，看看過世。大須用意，便乃修行，一失〔人〕身〔二二〇〕，無由再復，此即名爲『老苦』。相公是夜乃爲夫人説其『病苦』。夫人又聞（問）〔二二一〕：『何名爲病苦？』『病苦』者，四大之處，何曾有實，衆緣假合，地水火風，一脈不調，是病俱起。忽然困重著牀，魂魄不安，五神俱失，脣乾舌縮〔二二二〕，腦痛頭疼，百骨節之間，由（猶）如鋸解〔二二三〕。曉夜受苦，無有休期。求生不得，求死不得。世間妙術，只治有命之人。畢（必）死如何救得〔二二四〕？能療藥不能痊損，累日連霄（宵）〔二二五〕，受諸大苦。假使祁（耆）婆濃藥〔二二六〕，鶣鵲行針，死病到來，無能勉（免）得〔二二七〕。世人狂（枉）受邪言〔二二八〕，未病病在牀〔二二九〕，便冤（怨）神鬼〔二三〇〕。燒錢解禁，狂（枉）煞衆生〔二三一〕。如是之人，墮於地獄。大限不過百歲，其中七十早希，三人同受百歲〔二三二〕，能得幾時？人生在世，若有妙術，合有千歲之人。何不用意三思，狂（枉）受師人誑赫〔二三三〕。此即名爲『病苦』。相公是夜爲夫人説其『死苦』。説其『死〔苦〕』者〔二三四〕，四大欲將歸滅，魂魄逐風〔摧〕〔二三五〕。兄弟長辭，耶孃永隔；妻兒男女，無由再會；交期朋友往還，一別無由再見。金銀錢物，一任分將，底（邸）店莊薗〔二三六〕，不能將去；貪愛死苦，四大分離，魂魄飛颺，莫知何在。三寸去（氣）斷〔二三七〕，即是來生。一人死了，何時再生。生鬬英雄，死論福得（德）〔二三八〕。隨業受之，任他所配。或居地獄，或在天堂，或爲畜生，或爲餓鬼，六道輪迴，無有休期。再得人身，萬中希一，即此名爲『死苦』。相公是也（夜）又爲夫人説『五蔭苦』〔二三九〕。『五蔭苦』者，人生在世，由（猶）如晝夜〔二四〇〕。濃（膿）血皮膚〔二四一〕，綺羅纒體，五陰之内，七孔常流。内懷糞穢之膻腥，遊血骨外；且看膿囊涕唾，日夜長流。處處不堪，全無實相。所欲皆從三寸氣生，是三毒之苗，五藏五慾之本。所以大師有偈：

薄皮囊膿血，筋纒臭骨頭。從頭觀至足，遍體是濃（膿）流〔二四二〕。

如是名（多）般衆苦〔二四三〕，逼迫其身，此即名爲『五蔭苦』。相公是也（夜）又爲夫人説『求不得苦』〔二四四〕。『〔求〕〔不〕〔得〕〔苦〕』者〔二四五〕，人生在世，各有所求（？），願有福者，求無上菩提。且三世之中，求得人生天之福。幾個能受世榮，求得人間資財？中路便遭身夭。若求金銀疋帛，劫劫榮心；縱得衣食，自充不足。耶孃兄弟，各自救療。生男養女，分頭自求。前生不種，累劫不修。欲得世上榮，須是今生修福。今朝苦勸聽衆，惣知衣食是宿生注定，所已（以）〔大〕師有偈〔二四六〕：

今年定是有來年，如何不種來年穀？
今生定是有來生，如何不修來生福？

多（如）如（是）是（多）般〔二四七〕，此即名爲『求不得苦』。相公是夜又爲夫人説『怨憎會苦』。『怨憎會苦』者，人生在世，貪欲在心，見他有妻，便欲求妻。既得妻子，不經三二年間，便即生男種女。此即喻於何等？預（喻）探若採花胡蝶〔二四八〕，般旋只在虛空〔二四九〕。忽見一窠牡丹，將身便採芳蘂。不覺蜘蛛在於其上，團團結就，百匝千遭。胡蝶被裹在於其中，萬計無由出得。此者預（喻）苦〔二五〇〕。凡夫愛色，亦復如是。見他年少，便生愛募（慕）之心〔二五一〕。歲月年深，遂便有男有女。既乃長大成人，不孝父母，五逆彌天。不近智者，伴涉（兇）徒〔二五二〕，出語不解三思，毀脣（辱）六親〔二五三〕，兼及尊長。若在家中，便即費人心力。或若出外，常須憂懼。此即是名多生冤家〔二五四〕，世世無休期。善因苦勸，聽衆便知。欲得後世無冤，不如今生修於淨行，冤家永隔，不遶（嬈）心脹〔二五五〕。男女因緣，其中多少。所已（以）大師有偈〔二五六〕：

白（自）從曠劫受深流〔二五七〕，六道輪迴處處遇。

若不今生猛斷卻，冤家相報幾時休。

此即名爲『冤憎會苦』。相公是也（夜）又爲夫人説其『愛別離苦』〔二五八〕，『〔愛〕〔別〕〔離〕〔苦〕』者〔二五九〕，如是家中養得一男，父母看如珠玉，長大成人，纔辯（辨）東西，便即離鄉別邑。父母日夜懸心而望，朝朝倚戶，而至啼悲。從此意念病成〔二六〇〕，看承服藥，何時得見。忽至冬年節歲，六親悉在眼前。忽憶在外之男，遂即氣咽填兇（胸）〔二六一〕，此即名爲『愛別離苦』。相公是也（夜）説『八苦交煎』已了〔二六二〕，應是宅中大小良賤三百餘口，悉皆拜謝相公。爲（唯）有善慶紛紛下淚〔二六三〕，善慶口即不言，心裏思量：『我憶苦（昔）在爐山之日〔二六四〕，初講此經題日（目）〔二六五〕，便敢（感）得大石搖動〔二六六〕，百草亞身；瑞鳥靈禽，飛來滿似（寺）〔二六七〕；祥雲不散，常遊紫殿之傍；瑞氣盤旋，不離朱樓之側。諸天聞法，十類聞經，有形無形，〔有〕〔相〕無相〔二六八〕，皆爲涅槃而行滅度〔二六九〕。』善慶思惟既畢，滿目是淚。相公怪之。問善慶曰：『吾與你講經，有何事里（理）頻啼泣〔二七〇〕。汝且爲復怨恨阿誰，解事速説情由，不説眼看喫杖。』善慶進步向前啓

相公曰：『賤奴並不怨恨他别人，只爲道安上人説法，惣不能平等。』相公曰：『是他道安上人自到京中講讚，王候（侯）將相〔二七一〕，每日聽他説法。汝且不曾見他説法，爭得知道他講讚不能平等？』善慶進步向前啓相公曰：『善慶昨夜隨從阿郎入寺，隔在門外，不得聞經，便知道安上人説法不能平等。賤奴身雖居下賤，佛法薄會些些，緇服不同，法應無二。從此〔知〕道安説法不能平等〔二七二〕，不解傳法入三等之人耳，及四生十類。』相公曰：『何者名爲四生十類及三等之人耳？與我子細説看，令我心開悟解，得佛法分明。』善慶曰：『三等之人者，弟（第）子一是牀上病兒〔二七三〕；弟（第）二是因（囚）徒繫閉〔二七四〕；弟（第）三〔是〕不自由人〔二七五〕。法師高座上不解方便遍達傳説入三等之人耳。有如是之過，是以説法不解平等。』相公曰：『何者是四生十類？』善慶啓相公：『四

生者是：胎生、卵生、濕生、化生，是爲四生。十類者是：有形、無形、有相、無相、非有相、非無相、四足、二足、多足、無足，此者名爲十類。』相公語善慶曰：『我緣不會，與我子細説看，我便捨邪歸政。』善慶曰：『胎生者，是〔聽〕法之人〔二七六〕。比來兩人入寺聽經，一人無是〔貪〕〔性〕〔二七七〕，入得寺中聽經，一人有是貪性，當即卻迴而去。其人入得寺中，一人於善法堂中坐定，聽得一自（字）之妙法〔二七八〕，入於心身，便即心生歡喜。忽憶不來之人，便即心生肺（廢）忘〔二七九〕。縱有言而〔不〕能聽受〔二八〇〕，悶悶不已。如母胎中之子，被浮雲之障日，荏苒之間，便墮在胎生之中。卵生者，亦是聽法之人，故來入寺聽經，在善法堂前坐，心欲屬著法師，法師不解，且説外緣。便將甚生法説與？衆生迷朦，難會難知，悶悶不已，遂即墮在卵生之中。濕生者，如是之人多受匿法，得一句一偈，不曾説向之（諸）人〔二八一〕，貪愛潤己，不解爲衆宣揚。以是因緣，便墮在濕生之中。化生者，比入寺中聽法，得一句妙法，分別得無量無邊，宣義文牽教化〔二八二〕。而（如）恒河沙等〔二八三〕，如一然燈於十燈〔二八四〕、亦百燈於千燈、亦百千萬億之燈，燈燈不絶，此即名爲化生。』於是相公問：『十類者何？』善慶曰：『弟（第）一有形者〔二八五〕，見涅龕塑像，便即虎（虔）心禮拜〔二八六〕，直云佛如須彌山，見形發心，此即名爲有形。弟（第）二是無形者〔二八七〕，不立性處不見性，如水中之月，空裏之風，萬法皆無，一無所有，此即名爲無形。弟（第）三是有相者〔二八八〕，著街衢見端正之人，便言前境修來。來入寺中聽法，見法師肥白，便即心生愛戀，即被纒縛；既有纒縛〔二八九〕，即有忘（妄）想〔二九〇〕；既有忘（妄）想〔二九一〕，即有無明；既有無明，即有煩惱；既有煩惱，即有沈輪（淪）〔二九二〕；既有沈輪（淪）〔二九三〕，即有地獄；累劫犯之，身心不定，即受其苦，此即名爲有相。弟（第）四無相者〔二九四〕，萬法皆虚，何曾有實？東西無跡，南北無蹤。是事不於身心，一體迴超三界，此即名爲無相。弟（第）五非有相者〔二九五〕，當説即有，説罷還無；當立即有，不立即還無；當信即有，不信即還無。萬法不於心身，此即名爲非有相。弟（第）六非無相者〔二九六〕，無言無語，無去無來，無動無念，不生不滅，即是真如。無去無來，便爲佛性。此即名爲非無相。弟（第）七二足者〔二九七〕，人生在世，有身、智浮名爲二足〔二九八〕。忽即有身而無知（智）〔二九九〕，忽即有智而無身〔三〇〇〕。只此身智，不愚（遇）相逢〔三〇一〕，所已（以）沈輪（淪）惡道〔三〇二〕；身智若也相逢，便乃生於佛道。所已（以）大師有偈〔三〇三〕：

身生智未生，智生身已老，身恨智生遲，智恨身生早。

身智不相逢，曾經幾度老，身智若相夆（逢）〔三〇四〕，即得成佛道。

有此身智，此即名爲二足。弟（第）八四足者〔三〇五〕，人生四大，屬地水火風，四方四海，此即名爲四足。弟（第）九多足者〔三〇六〕，萬法皆通，是（事）無不會〔三〇七〕，世間之事，盡惣皆之（知）〔三〇八〕。一切經書，問無不答，十二部尊經，記在心中。此即名爲多足。弟

（第）十無足者〔三〇九〕，雖即爲人，是事不困，不辯（辨）東西，與畜生無異，此即名爲無足。上來十類，各各不同，更若有疑，任相公所問。』相公聞語，由（猶）如甘露入心〔三一〇〕；夫人聞之，也似醍醐灌頂。相公喚善慶近前：『適來據汝宣揚，也不若（弱）於道安〔三一一〕。與我更説少多，令我心開悟解，得佛法分明。』於是善慶爲相公説十二因緣：『無明緣行，行緣識，識緣名色，名色緣六入，〔六〕〔入〕緣觸〔三一二〕，觸緣受，受緣愛，愛緣取，取緣有，有緣生，生緣老病死優（憂）悲苦惱〔三一三〕，〔老〕〔病〕〔死〕〔憂〕〔悲〕〔苦〕〔惱〕〔緣〕〔無〕〔明〕〔三一四〕。無名（明）滅即行滅〔三一五〕，〔行〕〔滅〕即識滅〔三一六〕，〔識〕〔滅〕即名色滅〔三一七〕，〔名〕〔色〕〔滅〕即六入滅〔三一八〕，〔六〕〔入〕〔滅〕即觸滅〔三一九〕，〔觸〕〔滅〕即受滅〔三二〇〕，〔受〕〔滅〕即愛滅〔三二一〕，〔愛〕〔滅〕即取滅〔三二二〕，〔取〕〔滅〕即生滅〔三二三〕，〔生〕〔滅〕即老病死憂悲苦惱滅〔三二四〕，此十二因緣。』相公聞之，頻稱『善哉』。夫人此時歎念，得無量福田。善慶此時遂下高坐（座）啓相公〔三二五〕：『只如道安法師，如虛空中造立堂殿，終不能成就。臨欲成就，還當墮落。賤奴身雖爲下賤，佛法一般，衣服不同，體無兩種。賤奴今者欲擬從　相公入於寺中，與法師道安同時故義。』　相公曰：『汝若有心，吾也不障。』於是　相公與夫人令善慶西院内香湯沐浴，重換衣裝，放善慶且歸房中歇息，待來日侵晨，別有處分。善慶既歸房中，澄心淨意，直至天明，更無睡眠。須臾入朝之時，善慶亦從相公入内。　相公朝卻，退歸宅内歇息〔三二六〕，遂喚　善慶。

相公曰：『是他道安是國内高僧，汝須子細思量。』善慶啓相公曰：『俗彦（諺）云有語〔三二七〕：入山不避狼虎者，是燋（樵）父之勇也〔三二八〕；入水不避蛟龍者，是魚（漁）父之勇也〔三二九〕。但賤奴若得道安論義，如渴得漿，如寒得火，請相公高枕無憂。只時講降（經）時便去〔三三〇〕。』

須臾之間已至，相公先遣錢一百貫文，然後將善慶來入寺内。其時聽衆如雲，施利若（雨）〔三三一〕，鍾聲既動，即上講：都講舉（題）〔三三二〕，維那作梵，四衆瞻仰，如登靈就（鷲）山中〔三三三〕。道安欲擬忻心，若座（坐）奄（菴）羅會上〔三三四〕。於是道安手把如意，身座（坐）寶臺〔三三五〕，廣焚無價寶香，即宣妙義，發聲乃唱，便舉經題云：《大涅槃經如來壽量品弟（第）一》〔三三六〕。開經已了，歎佛威儀，先表聖賢，後談帝德：『伏願今皇帝道應龍騄（圖）〔三三七〕，德光金菌，握金鏡如（而）曜九天〔三三八〕，從神光而臨八表。願諸王太子，金支（枝）永固〔三三九〕，玉葉恒春。公主貴肥（妃）〔三四〇〕，貞華永曜。朝廷卿相，盡孝盡忠。郡縣官寮，唯清唯直。座下善男善女，千災霧卷，瘴遂雲霄（消）〔三四一〕。災害不侵，功德圓滿。三塗地獄，悉（息）苦停酸〔三四二〕。法界衆生，同霑此福。』歎之已了，擬入經題。其時善慶亦其堂内，起來高聲便喚，止住經題〔三四三〕。四衆見之，無不驚愕。善慶漸近前來，指云：『道安上人，大能説法，闍梨開經講讚，渲（宣）佛真宗〔三四四〕。廣度愚迷，宣揚聖教，文詞璨斕（爛）〔三四五〕，城（域）内無雙〔三四六〕，利益衆生，莫知其數。長於苦海，如（而）作法舡〔三四七〕，結大果因，渡人生死。未審所講是何經文？爲諸衆生，宣揚何法？誰家章疏，演唱真宗？欲委根元，乞垂請（講）説〔三四八〕。法師講讚，海内知名，人主稱傳，國中弟（第）一〔三四九〕。相公在此，聊述聲揚，暖道場將爲法樂，上人若垂大造，立儀將來，不棄蒭堯（蕘）〔三五〇〕，即當恩幸。』於是道安聞語，作色動容，嘖善慶曰：『亡（望）空便額〔三五一〕！我佛如來妙典，義里（理）幽玄〔三五二〕，佛法難思，非君所會。不辭與汝解脱（説）〔三五三〕，似頑石安在水中，水體姓（性）本潤〔三五四〕，頑石無由入得。汝見今身，且爲下賤，如何即得自由，佛法付囑國王大臣，智者方能了義。汝可不聞道外書言：「堪與言即言，不堪與言失言。」夫子留教，上（尚）遣（且）如思（斯）〔三五五〕，不與你下愚之人解説。維那檢校，莫遣喧囂。聽經時光，可昔（惜）汝不解〔三五六〕，低頭莫語，用意專聽。上座講筵，聽衆宣揚，普皆聞法。不事在作一個問法之人〔三五七〕。』但知（諸）會下座（坐）者〔三五八〕，不逆其意，若是諸人即怕你道安，是他善慶，阿誰怕你！於是善慶聞語，轉更高聲，遙指道安，怒聲責曰：『闍梨去就，也是一個志道霄僧〔三五九〕，所出言問，不合聖意。我如來留教，經乃分明，蠢動含靈，皆霑佛性。公還誦《金剛經》以否？胎、卵、濕、化，十類、四生，有形、無形，有相、無相，皆得涅槃而言滅度〔三六〇〕。我乃是人，豈得不合聞法。我爲下賤，佛性無殊。緇服不同，法應無二。不見道孔丘雖聖著（者）〔三六一〕，久迷對日之言。大覺世尊，上（尚）有金槍之難〔三六二〕。維摩居士，由（猶）

遭光嚴童子喝責〔三六三〕。忍辱仙人，被歌利王割截身體。君子不欺闇室，蓋俗事（士）之常談〔三六四〕，賤奴擬問經文，座主「忘（望）空便額」〔三六五〕。只如峻山，卻生毒藥；於（淤）涅之中〔三六六〕，乃生蓮華。破布袋裏有明珠〔三六七〕，錦袋裏成（盛）糠〔三六八〕，何用？座主莫望山採木，以貌取之；若作如思（斯）〔三六九〕，還失其子羽。只如佛法，大體均平，似降甘澤，普其惣潤。不可平田殘（淺）草下頻滋〔三七〇〕，沉（坑）坎丘陵〔三七一〕，不蒙惠澤。雨元平等自然，莫煞（生）被（彼）我之心〔三七二〕，一切無異。不見藥王菩薩，皆標四時；五菓桃李，皆從八節。因地而生，藥草喻中，分明乃説。大根大樹、大枝大葉，各逐根基，因地而所有。不可不（云）甘甜菓子〔三七三〕，雨便甘甜；苦澀菓子，雨便苦澀。雨元一味，受性自殊。但行平等之心，法界自然安樂。相公在於，座主莫謾生人，但之（知）好好立義將來〔三七四〕，願好相祇對。』於是道安被數，醻釃非常，恥見相公，羞看四衆，遂攬（攬）典尺〔三七五〕，抛在一邊，漸近前來，怒聲責曰：『善慶！汝豈不聞道：「鬬不著底，死亦難當」。豈緣一鼠之謙（慊）〔三七六〕，勞發千均（鈞）之努（弩）〔三七七〕。汝若見吾之鼓，不辭對答往來，蟭蟟共鵬鳥如同（何）飛對〔三七八〕？汝虚抛氣力，解事低頭莫語，用意專聽。這遍若不取我指撝，不免相公邊請杖決了，趁出寺門，不得聞經。謾説狂詞，悔將何及。』善慶聞語，轉更高聲，搖（遙）指道安〔三七九〕：『許公輒行操次，座主身披法服，常宣真經，合興無量之心，具六波羅蜜行，發菩提心，利益衆生，出於三界。何得心無慈愍，毒害尤深，欺誑平人，擬於相公邊請杖。據思（斯）行即不合真宗〔三八〇〕，所出言辭，何殊外道。闍梨自稱鵬鳥，直擬舉翼摩天。歎他乃作蟭蟟〔三八一〕，棲宿常居小草，不見道心。麤者失欺，敲（澆）者忘意〔三八二〕。況今朝莫語，便須用意，莫謾麤踈（疏）〔三八三〕。詞理若乖，便爲弟子，勞（牢）把繩頭〔三八四〕，莫交（教）失手〔三八五〕。若也衹對一字參差，卻到賤奴向相公邊請杖〔三八六〕，就高座上拽下決了，趁出寺門，不得爲衆宣揚，莫言不道。』道安備（被）難〔三八七〕，度（杜）口無詞〔三八八〕，恥見相公，羞看四衆，量（良）久之間〔三八九〕，乃喚善慶近前，上來言語：『惣是共汝作劇，汝也莫生頗我之心，吾也不見汝過。初見汝說，實載（在）驚疑〔三九〇〕，將將爲腦（惱）亂講延（筵）〔三九一〕，有煩聽衆。吾今知汝實是能人〔三九二〕，若問經題，吾能奉答。』善慶曰：『闍梨自稱，卻道莫生頗我之心，如來留教隨經，皆因阿闍世尊談宣，是人惣會。今言許問，不敢有違。但知且問經名，後乃必當有問。』道安曰：『商（適）來問貧道所講經文〔三九三〕，當是《大涅槃經》。善慶聞之，分明記取。』善慶問曰：『〔何〕〔者〕〔名〕〔爲〕〔大〕〔三九四〕？何者名爲涅？何者名爲槃？』道安答曰：『大者，是廣也，要廣利一切衆生，出於苦海。涅者，是不生之義，不生不滅，即契真如，無去無來，便爲佛性。槃之一字，般運衆生，出於三界，令達彼岸。』善慶曰：『上來三字義七般。』『善慶聞之，切須記當。一者，喻若春楊（陽）既動〔三九五〕，萬草皆生，不論淺谷深嵠〔三九六〕，處處盡皆也（花）發〔三九七〕。《妙法經》名記（既）

立〔三九八〕，如來宣説流行，衆生不揀高低，聞經例皆發善。二者，喻如繩木之義，便即去邪歸正。三者，喻湧泉之義，湛湛不滅不流（絶）〔三九九〕，經文長在世間，流轉無休無歇。四者，喻如江海，能通萬斛之舡。衆生欲過江潮（湖）〔四〇〇〕，弟（第）一須憑高（篙）棹〔四〇一〕。經文流轉於世間，能超出離之人，欲擬進道修行，弟（第）一須憑經力〔四〇二〕。五者，喻於天地覆載衆生。若也天地全無，萬像憑何如（而）立〔四〇三〕。《涅槃經》文既有，衆生於（依）此修行〔四〇四〕，若若也經法全無〔四〇五〕，憑行（何）何（行）如（而）出世〔四〇六〕。六者，喻如經緯，能成錦綵羅紈，直繞（饒）大絹與綾〔四〇七〕，皆惣因他經緯。《妙法經》名既立，修道者因此如（而）成〔四〇八〕，直至無上菩提，盡惣憑他經力。七者，喻如路逕，解通往來之人。欲行千里之人，起發因他道路。衆生發心修道，先須讀誦經文。所已（以）後聖〔四〇九〕，道從資（兹）取〔四一〇〕。衆（總）上來七義〔四一一〕，各各不同，共識（釋）經之〔一〕字〔四一二〕，善慶聞之，還須記取。』善慶曰：『經之一字，還有多般，更有經名已否？』道安答曰：『涅槃之義，無量無邊，卒説經名，如何得盡。譬如世間百姓，萬戶千門，憑何而處理？遂乃立期（其）州縣〔四一三〕，〔州〕縣各自烈（裂）土分彊〔四一四〕。經之一字，分宣萬法，因此各異。州縣要藉官長，妙法須立經名。州縣若無官人，百姓憑何而理？經文製其《疏抄》者，梳也。譬如亂髮獲其梳理，萬法既立經名，衆聖因兹成道。上來所答，並惣依經，更若有疑，任君再問。』善慶曰：『經之七義，且放闍梨，更問少多，許之已否？』道安答曰：『貧道天（以）以（天）人爲師〔四一五〕，義若湧泉，法如流水，汝若要問，但請問之，今對與前疑速説。』善慶曰：『若夫佛法師書〔四一六〕，惣歸依輕塵〔足〕嶽〔四一七〕，墜露添流，依（挹）〔之〕莫惻（測）其馮（源）〔四一八〕，敬（遵）之罕窮其濟（際）〔四一九〕。但賤奴今問法師，似螢光競日，蜣螂巨（拒）轍〔四二〇〕，自知鴻鳥，敢登於鳳臺？雷音之下，有鼓難鳴；鳴碧玉之前〔四二一〕，那逞寸鐵。只如佛性，遍滿有情，再問我佛如來，以何爲體？』道安答曰：『善慶近前，莫致謙詞。我佛以慈悲爲體。』善慶又問曰：『既言我佛慈悲爲體，如何不度羼（闡）提衆生〔四二二〕？』道安答曰：『汝緣不會，聽我説著。羼（闡）提衆生，緣自造惡業。譬如人家養一男，長大成人，竊盜於鄉黨之內。事既彰露，便被州縣捉來，遂即送入形（刑）獄〔四二三〕，受他考楚〔四二四〕，文案既成，招伏愆罪，領上法塲，看看是死。父母雖有恩慈，王法如何救得。我佛雖有慈悲，爭那佛力不以（似）他業力〔四二五〕，如此之〔流〕〔四二六〕，難爲救度。』善曰（慶）問曰〔四二七〕：『羼（闡）提衆生，雖造惡業，我佛慈悲，亦合救之。上來所説，惣屬外緣。我佛如來，以何爲性？』道安答曰：『以平等爲性。』善慶問曰：『既稱平等爲性，緣何衆生沈輪（淪）生死〔四二八〕，佛即證無餘涅槃？』道安答曰：『衆生沈輪（淪）惡道〔四二九〕，從無明忘（妄）相（想）而生〔四三〇〕，佛證無餘涅槃，從一切皆盡。』善慶又問曰：『衆生無明有煩惱〔四三一〕，與佛性如何？』道安答曰：『無明煩惱是衆生，一切斷處爲佛性。所以衆生不離於佛，佛也不離衆生。上來所説言詞，謹答，例皆如是。』善慶曰：『闍梨適來所説言詞大遠，講讚經文大錯，惣是信口落荒。只要悦喻（愉）門徒〔四三二〕，順耳且聽。如江潮（湖）大海〔四三三〕，其中有多小（少）衆生〔四三四〕，或即是黿鼉，或若是鰕鰤龍魚，如是多般，盡屬於水。雖然魚水相同，於其中間有異：魚不得水如（而）便死〔四三五〕，水不得魚湛然。衆生離佛，即有沈輪（淪）〔四三六〕；佛離衆生，即有寂滅。蓋聞佛者出世獨尊，一相之中迴超三界，爲慈悲之故，救度衆生。若佛與凡同，所説例皆不是。《涅槃》之經，甚處譬喻幽玄？今對衆前，略請上人一説。』道安答曰：『《涅槃經》譬喻，其數最多，大喻三千，少（小）喻八百〔四三七〕。』於其中間，善慶問曰：『黑風義者何？』道安答曰：『黑風義者，是衆生無明之風。衆生從無量劫來，彼（被）此風搖動不定〔四三八〕。將此風分爲八般，引義臺支，卒説不盡。』於是善慶知道安不解，解説不能。善慶問曰：『闍梨既稱國之大德，即合問一答十。雖有髑髏，還無兩眼。凡人渡水，弟（第）一須解怕（拍）浮〔四三九〕，不解，徒勞入水。黑風之義，誰人所講，經文阿誰章疏？』於是道安心疑（擬）答〔四四〇〕，口不能答；口擬答，心不能答。手脚專顛，唯稱『大罪』：『願汝慈悲，與我解説。』善慶曰：『《涅槃經》義，大無恐怖，但請安心，勿令懷憂慮。不問別餘，即問上人，《涅槃經疏抄》，從甚處得來？』道安答曰：『從爐山遠大師處得來。』善慶曰：『如今者若見遠公〔四四一〕，還相識已否？』道安答曰：『如今若見遠公，實當不識。』善慶曰：『既言不識，《疏抄》從甚處得來？』道安答曰：『向遠公上足弟子雲慶和尚處得來。』善慶曰：『若覓諸人，實當不是；若覓遠公，只這賤奴便是。』道安聞語，由（猶）身（自）自（身）懷疑或[四四二]：『我聞大師身有異相，腕有肉環。若是大師，現出其相。』於是遠公爲破疑情，宣（揎）其左膊[四四三]，果然腕有肉環，放大光明。聽衆皆普見，於是道安起下高座，舉身自撲，七孔之中，皆流鮮血，步步向前，已（以）懺前悔[四四四]。擬將尖刀剜眼，自恨生盲，不識上人，雨淚悲啼：『伏願上人慈悲，懺悔[四四五]。』遠公曰：『汝莫心懷疑慮，不用苦賜悲啼。汝是且（具）足凡夫[四四六]，如何得識於吾所講涅槃之義？早是入吾師位，待我拜謝相公，迴來與汝宣揚政法。』於是遠公直至相公面前，啓相公曰：『但賤奴伏事相公日未（淺）[四四七]，淺（未）施汗馬之功[四四八]。輒入寺中，有亂於法會。蒙相公慈造，未施罪愆，今對衆前，請科痛杖。』於是相公聞語，舉身自撲，匐面在地，更不再起。良久乃蘇，進步向前啓上人曰：『但弟子雖宰相，觸事無堪濟舉[四四九]，三䝕（願）朝定（廷）獎（獎）用[四五〇]。凡夫肉眼，豈辯（辨）聖賢，負罪彌天，且放免尤，六載爲奴，駈使常在宅内，或即麤語嗔喝於上人，如是罪愆，如何懺悔。』遠公曰：『緣貧道宿世曾爲保見，有其債負未還，欲得今世無冤，合來此處計會。一常（償）百了[四五一]，事且無疑。自今已後，前眼相看，更不用憂慮。』於是相公聞語，轉更悲啼：『伏願上人慈悲，與說宿生（因）果[四五二]。』遠公曰：『相公前世作一個商人，他家白莊也是一個商人，相公遂於白莊邊借錢五〔百〕貫文〔四五三〕。是時貧道作保，後乃相公身亡，貧道欲擬填還，不幸亦死。輪迴數遍不愚（遇）〔四五四〕，相逢已是因緣〔四五五〕，保債得債。』於是相公聞語，進步向前，雨淚悲啼，自責愆過：『弟子自負他人債，即合自己常（償）填〔四五六〕，勞使上人之身，弟子若愚（遇）此生死後〔四五七〕，必沈地獄。』遠公曰：『今債已常（償）了〔四五八〕，勿致疑。從今已後，更不復作。苦勸門徒弟子，欠債直須還他。貧道爲作保人，上（尚）自六載爲奴不了〔四五九〕。凡夫淺識，不且（懼）罪愆〔四六〇〕，廣造衆罪，如何懺悔。』是時聽衆雨淚悲啼，嗟念遠公，盡懷惆悵。千人瞻禮，萬衆咨嗟。是日聽衆悉斷慳貪。是時遠公〔道〕由（猶）未了〔四六一〕，遂被會下諸〔衆〕并及相公〔四六二〕，再請遠公重昇高座。是日遠公由（猶）如臨崖枯木〔四六三〕，再得逢春；亦似鉤鋼（網）之魚〔四六四〕，蒙放卻歸江海。天生意氣，不與凡同，骨貌神咨（姿）〔四六五〕，世之罕有〔四六六〕。重聲鍾罄，再舉經題，爲衆宣揚。其時道安亦在會下而座〔四六七〕。是時遠公纔開經之題目，便感得地皆六種震搖，五色常（祥）雲〔四六八〕，長空而遍。百千天衆，共奏宮商；無量聖賢，同聲梵音。經聲歷歷，法韻珊珊，大衆覩此其（奇）希〔四六九〕，聽衆〔皆〕言罕有〔四七〇〕。是時相公再在連（蓮）宮之會〔四七一〕，重開香積之筵，大集兩街僧尼，遂將金刀落髮。相公是日只於福光寺内，具將此事，寫表奏上晉文皇帝。

皇帝攬表〔四七二〕，大悦龍顔，頻稱『善哉』，惟言『罕有』。當時有勑：令中書門下，排比釋、道、儒三教，同至福光寺內，迎請　遠公入其大內供養。是時續有勑旨〔四七三〕：賜遠公如意數珠〔□〕串〔四七四〕，六環錫鈠（杖）一條〔四七五〕，意（衣）著僧依（衣）數對〔四七六〕，兼將御轝，來迎　遠公入內。勑既行下，內外咸知。〔公〕卿宰相排比〔四七七〕，何銖（殊）鼎沸〔四七八〕！威儀直入寺中，便請大師上轝。是時　遠公再三不肯：『貧道是一界（介）凡僧〔四七九〕，每謝君王請命〔四八〇〕，臣僧卻擬歸山，即是貧道所願。』崔相公進步向前，啓言　和尚：『伏願慈悲，莫違所請，　皇帝於大內顒顒專望，瞻仰上人，一爲法界衆生，二願莫違皇帝清（請）命〔四八一〕。』　遠公既蒙再三邀請，遂乃進步而行，百般伎藝，仙樂前迎，群宰喜賀當今萬歲。　遠公出得寺門，約行百步已來，忽然騰空而去，莫知所在。相公憂懼作禮，亡（望）空虔誠啓告〔四八二〕：『大師有無邊之力，伏願乞捨慈悲，且依　君王請命〔四八三〕。』行行啓告，迤邐而行。是日也，　遠公早先至閤門，謹取　勑旨。於是皇帝知道　遠公到來，便出宮門，千迴瞻禮，萬遍虔恭。亦（一）見遠公〔四八四〕，龍顏大悅，喜也無盡。於是帝曰：『朕之少（小）國〔四八五〕，喜遇上人降臨，國人安泰，皆因和尚。』只於大內供養數年，六宮欽仰，五院虔恭。皇帝於和尚處受三歸五戒，無從不依〔四八六〕。自從　遠公於大內見諸宮常將字紙穢用茅厠之中，悉嗔諸人，以爲偈曰：

儒童說五典，釋教立三宗。　視禮行忠孝，揵遣出九農。

長楊并五策，字與藏經同。　不解生珍敬，穢用在厠中。

悟滅恒沙罪，多生懺不容。陷身五百劫，常作厠中蟲。

是時大内因　遠公説偈，盡皆修福。

遠公忽因一日，憶得阿閦如來有言，遂便辭皇帝：『臣僧於大内，蒙陛下供養數年，今擬卻歸爐山，伏乞陛下進旨（止）〔四八七〕。』皇帝聞語，滿目淚流，良久，乃言和尚曰：『朕之小國，惣無供養。上人數年在其内中，朕且無心輕慢。朕雖爲人主，濫處乾坤，每謝上人，來過小國。伏願和尚慈悲，更住三、五日間，得之已否？』遠公曰：『若夫涅槃之義，本無攀緣，若有攀緣，皆屬忘（妄）想〔四八八〕。伏願陛下，莫懷惆悵，貧道有願歸山。』皇帝見他遠公語切，便知情意難留，有勑先報六宫，闇裏排比祖送。是時皇帝慕戀辟辛沖（忡）沖（忡）〔四八九〕，合國大臣，同時祖送。

遠公上路，離宫闕，别龍樓，望爐山而路遠，覩江河以逍（道）遙〔四九〇〕。是日遠公能涉長路而行，遂即蜜（密）現神通〔四九一〕。遠公既出長安，足下雲生，如壯土（士）展臂〔四九二〕，須臾之間，便至爐山。遠公亦也不歸舊寺，相去十里已來，於一峻嶺上，權時結一草菴。彼中結跏敷（趺）坐，便即重尋舊卷，再舉經聲。荏苒之間，又經數月。遠公忽望高原，乃喚（援）此上〔四九三〕，其境峻峰鸖鳴，澗下龍吟，百谷千峰，例皆花發。地平（流）長流（平）之水〔四九四〕，薗開不朽之花，是如來修行之處。於是遠公正坐，入其三昧。然淨意澄心，思惟佛道，念浮生〔之〕不久〔四九五〕，想凡世而無堪，便將自性心王，造一法船，歸依上界。遠公造船，不用凡間料物，也不要諸般，自持無漏大乘，已（以）爲攬（纜）索[四九〇]；菩提般若，用作拘（勾）欄[四九七]；金剛蜜（密）跡[四九八]，已（以）爲[四九九]（以下原缺文）

開寶伍年張長繼書記

說明

此件首尾完整，原未抄完。首題『𧇊山遠公話』，尾題『開寶伍年張長繼書記』。此件中之『惠遠』，即名僧『慧遠』，而『話』則爲當時藝人說『話』（故事）的脚本，其中之故事亦與史傳不完全相同。特別是關於『惠遠』的神變記述，只可視作小說史之寶貴資料，不必當作歷史事實。此件爲敦煌話本中保存內容最長、最完整的一件，是研究小說史、敦煌俗文學史和古代民俗、社會制度的重要資料。

此件之釋文已經過多家精細考辨，以上釋文是以斯二〇七三爲底本，酌情參考諸家相關成果。

校記

〔一〕『𧇊』，《敦煌變文校注》釋作『廬』。以下同，不另出校。

〔二〕『法王』，當作『王法』，《敦煌變文校注》據文義校改。

〔三〕『攻』，當作『政』，徐復據文義校改。

〔四〕「惠」，當作「慧」，「惠遠」即「慧遠」，敦煌文獻中「慧」、「惠」常互换使用，此件中之「惠遠」均指「慧遠」，爲避繁瑣，正文未校改，以下亦不一一出校。
〔五〕「第」，當作「弟」，據文義改，《敦煌變文校注》逕釋作「弟」，「第」爲「弟」之借字。
〔六〕「直」，當作「真」，《敦煌變文集》據文義校改。
〔七〕「如」，當作「而」，《敦煌變文校注》據文義校改，時「如」、「而」可互通。
〔八〕「無」，當作「蕪」，據文義改，《敦煌變文集》等書逕釋作「蕪」，「無」爲「蕪」之借字。
〔九〕「爲」，當作「謂」，《敦煌變文校注》據文義校改，「爲」爲「謂」之借字。
〔一〇〕「偃」，當作「隱」，《敦煌變文集》據文義校改；「鈍」，當作「遁」，《敦煌變文校注》據文義校改，「鈍」爲「遁」之借字。
〔一一〕「住」，《敦煌變文集》、《敦煌變文校注》釋作「往」，誤。
〔一二〕「辯」，當作「辨」，《敦煌變文集》據文義校改，「辯」爲「辨」之借字。以下同，不另出校。
〔一三〕「佐」，當作「左」，《敦煌變文集》據文義校改，「佐」爲「左」之借字。
〔一四〕「爐」，《敦煌變文校注》認爲底本作「爐」，誤。
〔一五〕「窮」，當作「躬」，《敦煌變文集》據文義校改。
〔一六〕「盤」，當作「槃」，項楚據文義校改，「盤」爲「槃」之借字。
〔一七〕「爐」，當作「爐」，據文義改，《敦煌變文校注》逕釋作「盧」，「爐」爲「爐」之借字。
〔一八〕「楊」，當作「陽」，《敦煌變文校注》據文義校改，「楊」爲「陽」之借字。
〔一九〕「渌」，當作「緑」，《敦煌變文集》據文義校改，「渌」爲「緑」之借字；「尾」字衍，據文義當删。
〔二〇〕「爲」，當作「謂」，《敦煌變文校注》據文義校改，「爲」爲「謂」之借字。

〔二一〕「整」，《敦煌變文集》指出此處當爲「正」字之意，唐人有時通用。

〔二二〕「間」，當作「問」，《敦煌變文集》據文義校改。

〔二三〕「交」，當作「教」，《敦煌變文校注》據文義校改，「交」爲「教」之借字。

〔二四〕「爐」，當作「嚧」，據文義改，《敦煌變文選注》（增訂本）逕釋作「嚧」，「爐」爲「嚧」之借字；《敦煌變文校注》、《敦煌變文選注》（增訂本）於「嚧」字下補「山」字。

〔二五〕「山」字衍，據文義當刪。

〔二六〕「岫」，當作「岫」，徐復據文義校改。

〔二七〕「掌」，當作「嶂」，袁賓據文義校改，「掌」爲「嶂」之借字；「曾」，當作「層」，《敦煌變文集》據文義校改。

〔二八〕「岸」，當作「屼」，徐復據文義校改。

〔二九〕「笑」，當作「嘯」，《敦煌變文集》據文義校改，「笑」爲「嘯」之借字。

〔三〇〕此句當脱一字，《敦煌變文校注》試補爲「掛」字。

〔三一〕此句當脱一字，《敦煌變文校注》疑當爲「秀」。

〔三二〕「遇」，當作「邁」，黄靈庚據文義校改。

〔三三〕「嚧」，當作「爐」，《敦煌變文集》據文義校改，「嚧」爲「爐」之借字。

〔三四〕「跍」，當作「結」，徐復據文義校改，以下同，不另出校；「敷」，當作「趺」，據文義改，「敷」爲「趺」之借字，以下同，不另出校；「座」，當作「坐」，據文義改，「座」爲「坐」之借字。

〔三五〕「盤」，當作「槃」，項楚據文義校改，「盤」爲「槃」之借字。

〔三六〕「時也」，《敦煌變文選注》（增訂本）據文義校補。

〔三七〕「敢」，當作「感」，《敦煌變文集》據文義校改，「敢」爲「感」之借字。

〔三八〕「時」，《敦煌變文校注》等諸家釋文均漏録。
〔三九〕「豹」，當作「暴」，徐復據文義校改，《敦煌變文選注》（增訂本）校作「爆」，「豹」爲「暴」之借字。
〔四〇〕「𧆛」，當作「爐」，據文義改，《敦煌變文集》、《敦煌變文校注》逕釋作「爐」，誤，「𧆛」爲「爐」之借字。
〔四一〕「亦」，當作「一」，《敦煌變文校注》據文義校改，「亦」爲「一」之借字。
〔四二〕「葉」，當作「桒」，《敦煌變文集》據文義校改，《敦煌變文校注》認爲底本原文係「桒」之俗字，故逕釋作「桒」。按底本實是「葉」字，與「桒」之俗字不同。
〔四三〕「嚮」，《敦煌變文集》據文義校改作「響」，按「嚮」、「響」可互通，不必校改，《敦煌變文校注》逕釋作「響」。
〔四四〕「已」，當作「以」，《敦煌變文集》據文義校改，「已」爲「以」之借字。
〔四五〕「𧆛」，當作「爐」，據文義改，《敦煌變文集》、《敦煌變文校注》逕釋作「爐」，誤，「𧆛」爲「爐」之借字。
〔四六〕「座」，當作「坐」，據文義改，「座」爲「坐」之借字。
〔四七〕「穰」，當作「禳」，《敦煌變文集》據文義校改，「穰」爲「禳」之借字。
〔四八〕「商」，當作「適」，《敦煌變文校注》據文義校改。
〔四九〕「露」，當作「霧」，《敦煌變文集》據文義校改。
〔五〇〕「夜」，當作「也」，《敦煌變文校注》據文義校改，「夜」爲「也」之借字。
〔五一〕「鍾」，當作「種」，《敦煌變文校注》據文義校改，「鍾」爲「種」之借字。
〔五二〕「明」，底本此字作「眀」，「眀」爲「明」之古字。
〔五三〕「切」，底本似「切」，《敦煌變文校注》認爲「敦煌俗字「切」、「切」形近」。
〔五四〕「段」，當作「斷」，《敦煌變文集》據文義校改，「段」爲「斷」之借字。
〔五五〕「悟」，當作「路」，徐復據文義校改。

〔五六〕「其」，當作「奇」，《敦煌變文選注》（增訂本）據文義校改，「其」爲「奇」之借字。

〔五七〕「築」，當作「竹」，《敦煌變文集》據文義校改，「築」爲「竹」之借字。

〔五八〕「弊例」，當作「薜荔」，《敦煌變文集》據文義校改，「弊例」爲「薜荔」之借字；「淥」，當作「緑」，《敦煌變文集》據文義校改，「淥」爲「緑」之借字。

〔五九〕「赴」，當作「覆」，《敦煌變文校注》據文義校改，「赴」爲「覆」之借字。

〔六〇〕「踈」，當作「疎」，據文義改，「踈」爲「疎」之訛，「疎」同「疏」；「交」，當作「教」，《敦煌變文校注》據文義校改，「交」爲「教」之借字。

〔六一〕「轉」，當作「輪」，《敦煌變文集》據文義校改。

〔六二〕「小」，當作「少」，《敦煌變文校注》據文義校改。

〔六三〕「投」，《敦煌變文校注》釋作「捉」。

〔六四〕「共」，當作「其」，《敦煌變文集》據文義校改。

〔六五〕「已」，當作「以」，《敦煌變文集》據文義校改，「已」爲「以」之借字；「杖」，底本做「鈘」，應爲「錫」的類化俗字。

〔六六〕「目」，當作「月」，據文義改，《敦煌變文集》、《敦煌變文校注》逕釋作「月」。

〔六七〕「㒸」，當作「遂」，《敦煌變文集》據文義校改，「㒸」爲「遂」之借字；「今」，當作「令」，《敦煌變文集》據文義校改。

〔六八〕「老人」，《敦煌變文集》據文義校補。

〔六九〕「法説」，當作「説法」，據文義改，《敦煌變文集》、《敦煌變文校注》逕釋作「説法」。

〔七〇〕「梅」，當作「悔」，《敦煌變文集》據文義校改。

〔七一〕「縱」，當作「終」，《敦煌變文校注》據文義校改，「縱」爲「終」之借字，《敦煌變文選注》（增訂本）校作「總」；「蹤」，據《干禄字書》，「蹤」爲「疏」之通體，以下同，不另出校。
〔七二〕「及」，當作「分」，項楚據文義校改。
〔七三〕「歸捨邪」，當作「捨邪歸」，《敦煌變文集》據文義校改。
〔七四〕「蹤疑」，當作「疑蹤」，《敦煌變文集》據文義校改。
〔七五〕「虎」，當作「虔」，《敦煌變文集》據文義校改。
〔七六〕「訖」，當作「屹」，《敦煌變文集》據文義校改，「訖」爲「屹」之借字。
〔七七〕「名」，當作「靡」，據文義改，《敦煌變文校注》校改作「不」，「名」爲「靡」之借字。
〔七八〕「與蹤抄經」，當作「經與蹤抄」，項楚據文義校改。
〔七九〕「悖」，當作「焞」，《敦煌變文選注》（增訂本）據文義校改，「悖」爲「焞」之借字。
〔八〇〕「契」，《敦煌變文集》據文義校補。
〔八一〕「紇」，當作「屹」，《敦煌變文集》據文義校改。
〔八二〕「世」，當作「州」，《敦煌變文集》據文義校改。
〔八三〕「煞」，《敦煌變文校注》釋作「殺」，雖義可通而字誤。
〔八四〕「屯」，當作「此」，《敦煌變文集》據文義校改。
〔八五〕「彦」，當作「諺」，《敦煌變文集》據文義校改，「彦」爲「諺」之借字；「云有語」，《敦煌變文校注》逕釋作「有語云」。
〔八六〕「蜜」，當作「密」，《敦煌變文集》據文義校改，「蜜」爲「密」之借字。
〔八七〕「商」，當作「適」，據文義改，《敦煌變文校注》逕釋作「適」。

〔八八〕「云言」，《敦煌變文校注》認爲當衍一字，按此處似是説書人之口語連綿詞。
〔八九〕「是」，當作「事」，《敦煌變文集》據文義校改，「是」爲「事」之借字。
〔九〇〕「捕」，當作「布」，《敦煌變文校注》據文義校改，「捕」爲「布」之借字。
〔九一〕「㘅」，當作「喊」，《敦煌變文集》據文義校改；「烈」，當作「裂」，《敦煌變文集》據文義校改，「烈」爲「裂」之借字。
〔九二〕「齋」，當作「齊」，據文義改，《敦煌變文校注》逕釋作「齊」，《敦煌俗字典》將該字爲「齊」之俗字的一個字例，疑誤。
〔九三〕「治」，當作「活」，《敦煌變文集》據文義校改。
〔九四〕「交」，當作「教」，《敦煌變文校注》據文義校改，「交」爲「教」之借字。
〔九五〕「見」上原有兩個筆劃，應爲「我」字的前兩筆，當爲誤書。
〔九六〕「入」，當作「人」，《敦煌變文校注》據文義校改。
〔九七〕「商」，當作「適」，《敦煌變文校注》據文義校改。
〔九八〕「蓬」，當作「逢」，《敦煌變文集》據文義校改，「蓬」爲「逢」之借字。
〔九九〕「交」，當作「教」，《敦煌變文校注》據文義校改，「交」爲「教」之借字。
〔一〇〇〕「寺」，當作「曰」，《敦煌變文集》據文義校改。
〔一〇一〕「曰此」，當作「此寺」，《敦煌變文集》據文義校改。
〔一〇二〕「忘」，當作「罔」，《敦煌變文校注》據文義校改，「忘」爲「罔」之借字。
〔一〇三〕「一」，當作「以」，徐復據文義校改，「一」爲「以」之借字。
〔一〇四〕「依」，當作「衣」，《敦煌變文集》據文義校改，「依」爲「衣」之借字。

〔一〇五〕「商」，當作「適」，《敦煌變文校注》據文義校改。

〔一〇六〕「商」，當作「適」，《敦煌變文校注》據文義校改。

〔一〇七〕「來」，《敦煌變文校注》釋作「永」，誤。

〔一〇八〕「僕」，當作「撲」，《敦煌變文集》據文義校改，「僕」爲「撲」之借字。

〔一〇九〕「敢」，當作「感」，《敦煌變文集》據文義校改，「敢」爲「感」之借字；「聽」，《敦煌變文集》據文義校補。

〔一一〇〕「愚」，當作「遇」，《敦煌變文集》據文義校改，「愚」爲「遇」之借字。

〔一一一〕「敢」，當作「感」，《敦煌變文集》據文義校改，「敢」爲「感」之借字。

〔一一二〕「樂」，《敦煌變文校注》校作「藥」。

〔一一三〕「敢」，當作「感」，《敦煌變文集》據文義校改，「敢」爲「感」之借字。

〔一一四〕「遠」，當作「表」，《敦煌變文集》據文義校改。

〔一一五〕「愚」，當作「遇」，《敦煌變文集》據文義校改，「愚」爲「遇」之借字。

〔一一六〕「遠」，當作「表」，《敦煌變文集》據文義校改。

〔一一七〕「筵」，《敦煌變文選注》（增訂本）據文義校補。

〔一一八〕「切」，當作「竊」，據文義改，《敦煌變文選注》（增訂本）逕釋作「竊」，「切」爲「竊」之借字；《敦煌變文校注》認爲「切」、「延」手寫形稍近，「切」當作「延」，「延」、「筵」相借，逕釋作「筵」；「交」，《敦煌變文校注》校作「教」。

〔一一九〕「兀」，當作「髡」，據文義改；「齋」，當作「齊」，據文義改，《敦煌變文校注》逕釋作「齊」。

〔一二〇〕「卦」，當作「掛」，《敦煌變文校注》據文義校改，「卦」爲「掛」之借字；「矩」，當作「短」，據文義改，《敦煌變文集》、《敦煌變文校注》逕釋作「短」。

〔一二一〕「要」，當作「惡」，江藍生據文義校改。
〔一二二〕「煞」，《敦煌變文校注》釋作「殺」，按「煞」本有「殺」義。
〔一二三〕「踈」，當作「疎」，據文義改，「踈」爲「疎」之訛，「疎」同「疏」。
〔一二四〕「光」，當作「無」，《敦煌變文集》據文義校改。
〔一二五〕「般」，當作「槃」，據文義改，《敦煌變文校注》逕釋作「槃」，誤，「般」爲「槃」之借字。
〔一二六〕「般」，當作「槃」，據文義改，《敦煌變文校注》逕釋作「槃」，誤，「般」爲「槃」之借字。
〔一二七〕「敢」，當作「感」，《敦煌變文集》據文義校改，「敢」爲「感」之借字；「受」，當作「授」，《敦煌變文校注》據文義校改，「受」爲「授」之借字。
〔一二八〕「忘」，當作「惘」，《敦煌變文集》據文義校改，「忘」爲「惘」之借字。
〔一二九〕「常」，當作「償」，《敦煌變文集》據文義校改，「常」爲「償」之借字。
〔一三〇〕「自」，當作「白」，《敦煌變文集》據文義校改。
〔一三一〕「蒙」，當作「夢」，《敦煌變文集》據文義校改，「蒙」爲「夢」之借字。
〔一三二〕「忘」，當作「惘」，《敦煌變文校注》據文義校改，「忘」爲「惘」之借字。
〔一三三〕「經」，《敦煌變文集》據文義校補。
〔一三四〕「奴」，當作「怒」，《敦煌變文集》據文義校改，「奴」爲「怒」之借字。
〔一三五〕「交」，當作「教」，《敦煌變文校注》據文義校改，「交」爲「教」之借字。
〔一三六〕「煞」，當作「然」，據文義改，《敦煌變文校注》逕釋作「然」。
〔一三七〕「許」字衍，據文義當删。
〔一三八〕「身」，《敦煌變文校注》釋作「錢」，誤。

〔一三九〕「奴」，《敦煌變文集》據文義校補。
〔一四〇〕「問」，當作「聞」，《敦煌變文集》據文義校改，「問」爲「聞」之借字。
〔一四一〕「唤」，當作「笑」，《敦煌變文集》據文義校改，《敦煌變文校注》逕釋作「笑」。
〔一四二〕「之」，當作「諸」，《敦煌變文校注》據文義校改，「之」爲「諸」之借字。
〔一四三〕「交」，當作「教」，《敦煌變文校注》據文義校改，「交」爲「教」之借字。
〔一四四〕「卷」，當作「券」，《敦煌變文集》據文義校改，「卷」爲「券」之借字。
〔一四五〕「交」，當作「教」，據文義改，「交」爲「教」之借字；「況」，當作「向」，《敦煌變文校注》據文義校改。
〔一四六〕「無」，當作「謀」，《敦煌變文校注》據文義校改。
〔一四七〕「優」，當作「憂」，《敦煌變文集》據文義校改，「優」爲「憂」之借字。
〔一四八〕「牛」，《敦煌變文校注》釋作「中」。
〔一四九〕「已常」，當作「以償」，《敦煌變文集》據文義校改，「已常」爲「以償」之借字。
〔一五〇〕「敢」，當作「感」，《敦煌變文集》據文義校改，「敢」爲「感」之借字。
〔一五一〕「量」，當作「良」，據文義改，「量」爲「良」之借字。
〔一五二〕「是」，當作「事」，《敦煌變文集》據文義校改，「是」爲「事」之借字。
〔一五三〕「遠公」，《敦煌變文校注》疑爲衍文，當删。
〔一五四〕「交」，當作「教」，《敦煌變文校注》據文義校改，「交」爲「教」之借字。
〔一五五〕「有」，當作「直」，據文義改，《敦煌變文校注》釋作「有」，疑爲「乃」字之形訛。
〔一五六〕第一個「生」字，當作「首」，據文義改，《敦煌變文校注》釋作「手」，校改作「首」。
〔一五七〕「領」，《敦煌變文集》、《敦煌變文校注》釋作「今領」，按底本之「今」字有塗抹痕跡，似已删除。

〔一五八〕「交」，當作「教」，《敦煌變文校注》據文義校改，「交」爲「教」之借字。
〔一五九〕「生」，《敦煌變文校注》據文義校補。
〔一六〇〕「卷」，當作「券」，《敦煌變文集》據文義校改，「卷」爲「券」之借字。
〔一六一〕「小」，當作「少」，《敦煌變文校注》據文義校改。
〔一六二〕「相」字衍，據文義當删。
〔一六三〕「藝」，當作「埶」，《敦煌變文校注》據文義校改。
〔一六四〕「誠」，當作「試」，據文義改，《敦煌變文集》、《敦煌變文校注》逕釋作「試」。
〔一六五〕後一「斵」字，疑爲衍文，當删。
〔一六六〕底本「書」後有一符號，似重文符號，據文義，此處不應有重文符號，故未録。
〔一六七〕「聽」，當作「廳」，《敦煌變文集》據文義校改，「聽」爲「廳」之借字。
〔一六八〕「來」，項楚據文義校補。
〔一六九〕「已」，當作「以」，《敦煌變文校注》據文義校改，「已」爲「以」之借字。
〔一七〇〕「往」，當作「家」，據文義改，《敦煌變文集》釋作「往」，校作「家」。
〔一七一〕「日」，當作「因」，《敦煌變文集》據文義校改；「常」，當作「償」，《敦煌變文集》據文義校改，「常」爲「償」之借字。
〔一七二〕「交」，當作「教」，《敦煌變文校注》據文義校改，「交」爲「教」之借字。
〔一七三〕「廳」，當作「聽」，《敦煌變文集》據文義校改，「廳」爲「聽」之借字。
〔一七四〕「辰」，《敦煌變文校注》校改作「晨」，不改亦通。
〔一七五〕「往」，當作「家」，《敦煌變文集》據文義校改。

〔一七六〕「往」，當作「家」，《敦煌變文校注》據文義校改。
〔一七七〕「往」，當作「家」，《敦煌變文集》據文義校改。
〔一七八〕「往」，當作「家」，《敦煌變文校注》據文義校改；「座」字衍，據文義當删。
〔一七九〕「僧」，當作「昨」，《敦煌變文集》據文義校改。
〔一八〇〕「夜昨」，當作「昨夜」，據文義改，《敦煌變文校注》疑作「昨夜」。
〔一八一〕「小」，當作「少」，《敦煌變文校注》據文義校改。
〔一八二〕「慢」，當作「謾」，《敦煌變文校注》據文義校改，「慢」爲「謾」之借字。
〔一八三〕「忘」，當作「罔」，《敦煌變文校注》據文義校改，「忘」爲「罔」之借字。
〔一八四〕「日」，當作「目」，《敦煌變文集》據文義校改。
〔一八五〕「既」字衍，據文義當删。
〔一八六〕「廳」，當作「聽」，《敦煌變文集》據文義校改，「廳」爲「聽」之借字。
〔一八七〕「得」，據文義補。
〔一八八〕「狠」，當作「根」，據文義改，《敦煌變文集》、《敦煌變文校注》逕釋作「根」。
〔一八九〕「政」，當作「證」，《敦煌變文集》據文義校改，「政」爲「證」之借字。
〔一九〇〕「邪」，當作「形」，項楚據文義校改。
〔一九一〕「即」，據文義補，《敦煌變文校注》疑補作「即」。
〔一九二〕「人」，《敦煌變文集》據文義校補。
〔一九三〕「小」，當作「少」，據文義改，《敦煌變文集》、《敦煌變文校注》逕釋作「少」。
〔一九四〕「點」，當作「默」，據文義改，《敦煌變文集》、《敦煌變文校注》逕釋作「默」。

〔一九五〕「衆」，當作「曾」，《敦煌變文集》據文義校改。
〔一九六〕「弟」，當作「第」，據文義改，《敦煌變文集》逕釋作「第」，「弟」爲「第」之本字。
〔一九七〕「由」，當作「猶」，《敦煌變文校注》據文義校改，「由」爲「猶」之借字。
〔一九八〕「由」，當作「猶」，《敦煌變文校注》據文義校改，「由」爲「猶」之借字；「石」，蔣紹愚據文義校補。
〔一九九〕「由」，當作「猶」，《敦煌變文校注》據文義校改，「由」爲「猶」之借字。
〔二〇〇〕「忘」，當作「望」，《敦煌變文校注》據文義校改，「忘」爲「望」之借字。
〔二〇一〕「是道」，《敦煌變文校注》釋作「道是」。
〔二〇二〕「吾」，當作「五」，《敦煌變文選注》（增訂本）據文義校改，「吾」爲「五」之借字。《敦煌變文校注》校作「悟」，《敦煌變文集》校改作「忤」。
〔二〇三〕「免」，當作「娩」，《敦煌變文集》據文義校改，「免」爲「娩」之借字。
〔二〇四〕「到」，當作「剜」，《敦煌變文集》據文義校改。
〔二〇五〕「名」，《敦煌變文選注》（增訂本）據文義校補；「苦」，《敦煌變文選注》（增訂本）據文義校補。
〔二〇六〕「也」，當作「夜」，《敦煌變文集》據文義校改，「也」爲「夜」之借字。
〔二〇七〕「由」，當作「猶」，《敦煌變文校注》據文義校改，「由」爲「猶」之借字。
〔二〇八〕「聲」，當作「身」，《敦煌變文校注》據文義校改，「聲」爲「身」之借字。
〔二〇九〕「阿」，當作「何」，《敦煌變文集》據文義校改。
〔二一〇〕「筋」，當作「雞」，《敦煌變文集》據文義校改。
〔二一一〕「當」，當作「常」，據文義改，《敦煌變文校注》逕釋作「常」。
〔二一二〕「明」，當作「眼」，《敦煌變文集》據文義校改。

〔二一三〕「時」，當作「事」，《敦煌變文校注》據文義校改，「時」爲「事」之借字。

〔二一四〕「由」，當作「猶」，《敦煌變文校注》據文義校改，「由」爲「猶」之借字。

〔二一五〕「見」，《敦煌變文集》據文義校補。

〔二一六〕「江」，當作「紅」，《敦煌變文集》據文義校改。

〔二一七〕「伏」，當作「復」，《敦煌變文校注》據文義校改，「伏」爲「復」之借字。

〔二一八〕「彫」，《敦煌變文校注》校改作「凋」。

〔二一九〕「諫」，當作「揀」，《敦煌變文集》據文義校改，「諫」爲「揀」之借字。

〔二二〇〕「人」，《敦煌變文校注》據文義校補。

〔二二一〕「聞」，當作「問」，《敦煌變文集》據文義校改，「聞」爲「問」之借字。

〔二二二〕「脣」，《敦煌變文集》據文義校補。

〔二二三〕「由」，當作「猶」，《敦煌變文校注》據文義校改，「由」爲「猶」之借字。

〔二二四〕「畢」，當作「必」，《敦煌變文校注》據文義校改，「畢」爲「必」之借字。

〔二二五〕「霄」，當作「宵」，據文義改，《敦煌變文集》、《敦煌變文校注》逕釋作「宵」，誤，「霄」爲「宵」之借字。

〔二二六〕「祁」，當作「耆」，《敦煌變文選注》（增訂本）據文義校改，「祁」爲「耆」之借字。

〔二二七〕「勉」，當作「免」，《敦煌變文集》據文義校改，「勉」爲「免」之借字。

〔二二八〕「狂」，當作「枉」，《敦煌變文集》據文義校改。

〔二二九〕第二個「病」字衍，據文義當删。

〔二三〇〕「冤」，當作「怨」，《敦煌變文集》據文義校改，「冤」爲「怨」之借字。

〔二三一〕「狂」，當作「枉」，《敦煌變文集》據文義校改。

〔二三二〕「三」，《敦煌變文校注》釋作「人」。

〔二三三〕「狂」，當作「枉」，《敦煌變文集》據文義校改；「赫」，《敦煌變文校注》校改作「嚇」。

〔二三四〕「説其」字衍，據文義當删；「苦」，據文義補，《敦煌變文校注》逕釋作「苦」。造成脱、衍的原因是抄寫將重文符號錯標在了「説其」旁，而「苦」字漏標重文符號。

〔二三五〕「摧」，《敦煌變文校注》據文義校補。

〔二三六〕「底」，當作「邸」，《敦煌變文集》據文義校改，「底」爲「邸」之借字。

〔二三七〕「去」，當作「氣」，《敦煌變文校注》據文義校改。

〔二三八〕「得」，當作「德」，《敦煌變文集》據文義校改，「得」爲「德」字借字。

〔二三九〕「也」，當作「夜」，《敦煌變文集》據文義校改，「也」爲「夜」之借字。

〔二四〇〕「由」，當作「猶」，《敦煌變文校注》據文義校改，「由」爲「猶」之借字。

〔二四一〕「濃」，當作「膿」，《敦煌變文集》據文義校改，「濃」爲「膿」之借字。

〔二四二〕「濃」，當作「膿」，《敦煌變文校注》據文義校改，「濃」爲「膿」之借字。

〔二四三〕「名」，當作「多」，項楚據文義校改。

〔二四四〕「也」，當作「夜」，據文義改，《敦煌變文集》、《敦煌變文校注》逕釋作「夜」，誤，「也」爲「夜」之借字。

〔二四五〕「求不得苦」，《敦煌變文選注》（增訂本）據文義校補。

〔二四六〕「已」，當作「以」，《敦煌變文集》據文義校改，「已」爲「以」之借字；「大」，《敦煌變文校注》據文義校補。

〔二四七〕「多如是」，當作「如是多」，《敦煌變文校注》據文義校改。

〔二四八〕「預」，當作「喻」，《敦煌變文校注》據文義校改，「預」爲「喻」之借字；「探」字衍，據文義當删。

〔二四九〕「般」，《敦煌變文集》、《敦煌變文校注》校改作「盤」，按「般」亦可通，似不必校改。
〔二五〇〕「預」，當作「喻」，項楚據文義校改，「預」爲「喻」之借字。
〔二五一〕「募」，當作「慕」，據文義改，《敦煌變文集》、《敦煌變文校注》逕釋作「慕」，「募」爲「慕」之借字。
〔二五二〕「兇」，《敦煌變文選注》（增訂本）據文義校補。
〔二五三〕「脣」，當作「辱」，據文義改，《敦煌變文集》、《敦煌變文校注》逕釋作「辱」。
〔二五四〕「名」，《敦煌變文校注》作爲衍文逕删。
〔二五五〕「遶」，當作「嬈」，《敦煌變文校注》據文義校改，「遶」爲「嬈」之借字；「脹」，當讀作「腸」，其義同「腸」。
〔二五六〕「已」，當作「以」，《敦煌變文校注》據文義校改，「已」爲「以」之借字。
〔二五七〕「白」，當作「自」，據文義改，《敦煌變文校注》逕釋作「自」。
〔二五八〕「也」，當作「夜」，《敦煌變文集》據文義校改，「也」爲「夜」之借字。
〔二五九〕「愛別離苦」，《敦煌變文選注》（增訂本）據文義校補。
〔二六〇〕「意」，《敦煌變文校注》校作「憶」。
〔二六一〕「兇」，當作「胸」，《敦煌變文集》據文義校改，「兇」爲「胸」之借字。
〔二六二〕「也」，當作「夜」，《敦煌變文集》據文義校改，「也」爲「夜」之借字。
〔二六三〕「爲」，當作「唯」，《敦煌變文集》據文義校改，「爲」爲「唯」之借字。
〔二六四〕「苦」，當作「昔」，據文義改，《敦煌變文集》、《敦煌變文校注》逕釋作「昔」。
〔二六五〕「日」，當作「目」，據文義改，《敦煌變文集》、《敦煌變文校注》逕釋作「目」。
〔二六六〕「敢」，當作「感」，《敦煌變文集》據文義校改，「敢」爲「感」之借字。

〔二六七〕「似」，當作「寺」，《敦煌變文校注》據文義校改，「似」爲「寺」之借字。

〔二六八〕「有相」，《敦煌變文集》據文義校補。

〔二六九〕「爲」，《敦煌變文校注》疑當作「得」。

〔二七〇〕「里」，當作「理」，《敦煌變文集》據文義校改，「里」爲「理」之借字。

〔二七一〕「候」，當作「侯」，據文義改，《敦煌變文校注》逕釋作「侯」，「候」爲「侯」之借字。

〔二七二〕「知」，《敦煌變文選注》（增訂本）據文義校補。

〔二七三〕「弟」，當作「第」，《敦煌變文集》據文義校改，「弟」爲「第」之本字；「子」字衍，據文義當刪。

〔二七四〕「弟」，當作「第」，據文義改，《敦煌變文集》逕釋作「第」，「弟」爲「第」之本字；「因」，當作「囚」，《敦煌變文集》據文義校改。

〔二七五〕「弟」，當作「第」，據文義改，《敦煌變文集》逕釋作「第」，「弟」爲「第」之本字；「是」，據文義補。

〔二七六〕「聽」，《敦煌變文校注》據文義校補。

〔二七七〕「貪性」，《敦煌變文校注》據文義校補。

〔二七八〕「自」，當作「字」，《敦煌變文集》據文義校改，「自」爲「字」之借字。

〔二七九〕「肺」，當作「廢」，《敦煌變文選注》（增訂本）據文義校改，「肺」爲「廢」之借字。

〔二八〇〕「不」，《敦煌變文校注》據文義校補。

〔二八一〕「之」，當作「諸」，《敦煌變文校注》據文義校改，「之」爲「諸」之借字。

〔二八二〕「宜」，《敦煌變文校注》釋作「宜」，認爲當刪。

〔二八三〕「而」，當作「如」，《敦煌變文校注》據文義校改，時「而」、「如」可互通。

〔二八四〕「一然」，《敦煌變文校注》釋作「然一」。

〔二八五〕「弟」，當作「第」，據文義改，《敦煌變文集》逕釋作「第」，「弟」爲「第」之本字。
〔二八六〕「虎」，當作「虔」，據文義改，《敦煌變文集》、《敦煌變文校注》逕釋作「虚」，誤。
〔二八七〕「弟」，當作「第」，據文義改，《敦煌變文集》逕釋作「第」，「弟」爲「第」之本字。
〔二八八〕「弟」，當作「第」，據文義改，《敦煌變文集》逕釋作「第」，「弟」爲「第」之本字。
〔二八九〕「有」，《敦煌變文校注》釋作「被」。
〔二九〇〕「忘」，當作「妄」，《敦煌變文集》據文義校改，「忘」爲「妄」之借字。
〔二九一〕「忘」，當作「妄」，《敦煌變文集》據文義校改，「忘」爲「妄」之借字。
〔二九二〕「輪」，當作「淪」，《敦煌變文集》據文義校改，「輪」爲「淪」之借字。
〔二九三〕「輪」，當作「淪」，《敦煌變文校注》據文義校改，「輪」爲「淪」之借字。
〔二九四〕「弟」，當作「第」，據文義改，《敦煌變文集》逕釋作「第」，「弟」爲「第」之本字。
〔二九五〕「弟」，當作「第」，據文義改，《敦煌變文集》逕釋作「第」，「弟」爲「第」之本字。
〔二九六〕「弟」，當作「第」，據文義改，《敦煌變文集》逕釋作「第」，「弟」爲「第」之本字。
〔二九七〕「弟」，當作「第」，據文義改，《敦煌變文集》逕釋作「第」，「弟」爲「第」之本字。
〔二九八〕「浮」，《敦煌變文校注》疑當作「呼」。
〔二九九〕「忽」，《敦煌變文校注》校作「或」；「知」，當作「智」，《敦煌變文集》據文義校改，「知」爲「智」之借字。
〔三〇〇〕「忽」，《敦煌變文校注》校作「或」。
〔三〇一〕「愚」，當作「遇」，《敦煌變文集》據文義校改，「愚」爲「遇」之借字。
〔三〇二〕「已」，當作「以」，《敦煌變文集》據文義校改，「已」爲「以」之借字；「輪」，當作「淪」，《敦煌變文校注》據文義校改，「輪」爲「淪」之借字。

〔三〇三〕「已」，當作「以」，《敦煌變文集》據文義校改，「已」爲「以」之借字。

〔三〇四〕「夆」，當作「逢」，據文義改，《敦煌變文集》、《敦煌變文校注》逕釋作「逢」，誤，「夆」爲「逢」之借字。

〔三〇五〕「弟」，當作「弟」，據文義改，《敦煌變文集》逕釋作「第」，「弟」爲「第」之本字。

〔三〇六〕「弟」，當作「弟」，據文義改，《敦煌變文集》逕釋作「第」，「弟」爲「第」之本字。

〔三〇七〕「是」，當作「事」，《敦煌變文校注》據文義校改，「是」爲「事」之借字。

〔三〇八〕「之」，當作「知」，《敦煌變文集》據文義校改，「之」爲「知」之借字。

〔三〇九〕「弟」，當作「第」，據文義改，《敦煌變文集》、《敦煌變文校注》逕釋作「第」，「弟」爲「第」之本字。

〔三一〇〕「由」，當作「猶」，《敦煌變文校注》據文義校改，「由」爲「猶」之借字。

〔三一一〕「若」，當作「弱」，《敦煌變文集》據文義校改，「若」爲「弱」之借字。

〔三一二〕「六入」，《敦煌變文校注》據文義校補。

〔三一三〕「優」，當作「憂」，《敦煌變文集》據文義校改，「優」爲「憂」之借字。

〔三一四〕「老病死憂悲苦惱緣無明」，《敦煌變文校注》據文義校補。

〔三一五〕「名」，當作「明」，《敦煌變文集》據文義校改，「名」爲「明」之借字。

〔三一六〕「行滅」，《敦煌變文校注》據文義校補。

〔三一七〕「識滅」，《敦煌變文校注》據文義校補。

〔三一八〕「名色滅」，《敦煌變文校注》據文義校補。

〔三一九〕「六入滅」，《敦煌變文校注》據文義校補。

〔三二〇〕「觸滅」，《敦煌變文校注》據文義校補。

〔三一一〕「受滅」，《敦煌變文校注》據文義校補。
〔三一二〕「愛滅」，《敦煌變文校注》據文義校補。
〔三一三〕「取滅」，《敦煌變文校注》據文義校補。
〔三一四〕「生滅」，《敦煌變文校注》據文義校補。
〔三一五〕「坐」，當作「座」，據文義改，《敦煌變文集》、《敦煌變文校注》逕釋作「座」，「坐」爲「座」之借字。
〔三一六〕「歸」，《敦煌變文校注》釋作「還」，誤。
〔三一七〕「彦」，當作「諺」，《敦煌變文集》據文義校改，「彦」爲「諺」之借字；「云有語」，《敦煌變文校注》釋作「有語云」，似不必。
〔三一八〕「樵」，當作「樵」，據文義改，《敦煌變文集》、《敦煌變文校注》逕釋作「樵」，「樵」爲「樵」之借字。
〔三一九〕「魚」，當作「漁」，《敦煌變文集》據文義校改，「魚」爲「漁」之借字。
〔三二〇〕「降」，當作「經」，《〈敦煌變文集〉校讀記》據文義校改。
〔三二一〕「雨」，據文義補，《敦煌變文集》、《敦煌變文校注》逕補此字而未加補字符號。
〔三二二〕「題」，《敦煌變文校注》據文義校補。
〔三二三〕「就」，當作「鷲」，據文義改，《敦煌變文集》、《敦煌變文校注》逕釋作「鷲」，「就」爲「鷲」之借字。
〔三二四〕「座」，當作「坐」，《敦煌變文校注》據文義校改，「座」爲「坐」之借字；「奄」，當作「菴」，《敦煌變文集》據文義校改，「奄」爲「菴」之借字。
〔三二五〕「座」，當作「坐」，《敦煌變文校注》據文義校改，「座」爲「坐」之借字。
〔三二六〕「弟」，當作「第」，據文義改，《敦煌變文集》、《敦煌變文校注》逕釋作「第」，「弟」爲「第」之本字。
〔三二七〕「騌」，當作「圖」，《敦煌變文校注》據文義校改，「騌」爲「圖」之借字。

〔三三八〕「如」，當作「而」，《敦煌變文校注》據文義校改，時「如」、「而」可互通。

〔三三九〕「支」，當作「枝」，《敦煌變文集》據文義校改，「支」爲「枝」之借字。

〔三四〇〕「肥」，當作「妃」，《敦煌變文集》據文義校改，「肥」爲「妃」之借字。

〔三四一〕「遂」，《敦煌變文校注》釋作「逐」，誤；「霄」，當作「消」，《敦煌變文校注》據文義校改，「霄」爲「消」之借字。

〔三四二〕「悉」，當作「息」，《敦煌變文校注》據文義校改，「悉」爲「息」之借字。

〔三四三〕底本「止」後尚有「指」字，有塗抹痕跡，未録，《敦煌變文校注》認爲抄寫者「以「指」改「止」」，故删除「止」，保留「指」。

〔三四四〕「渲」，當作「宣」，《敦煌變文集》據文義校改，「渲」爲「宣」之借字。

〔三四五〕「璨」，《敦煌變文校注》釋作「燦」；「瓓」，當作「爛」，《敦煌變文集》據文義校改，「瓓」爲「爛」之借字。

〔三四六〕「城」，當作「域」，《敦煌變文集》據文義校改。

〔三四七〕「如」，當作「而」，《敦煌變文校注》據文義校改，時「如」、「而」可互通。

〔三四八〕「請」，當作「講」，據文義改，《敦煌變文校注》逕釋作「講」。

〔三四九〕「弟」，當作「第」，據文義改，《敦煌變文集》、《敦煌變文校注》逕釋作「第」，「弟」爲「第」之本字。

〔三五〇〕「蒭」，《敦煌變文校注》釋作「芻」；「堯」，當作「蕘」，據文義改，《敦煌變文集》、《敦煌變文校注》逕釋作「蕘」，「堯」爲「蕘」之借字。

〔三五一〕「亡」，當作「望」，《敦煌變文校注》據文義校改，「亡」爲「望」之借字。

〔三五二〕「里」，當作「理」，《敦煌變文集》據文義校改，「里」爲「理」之借字。

〔三五三〕「脱」，當作「説」，《敦煌變文校注》據文義校改。
〔三五四〕「姓」，當作「性」，《敦煌變文集》據文義校改，「姓」爲「性」之借字。
〔三五五〕「上遺」，當作「尚且」，《敦煌變文選注》（增訂本）據文義校改，「上遺」爲「尚且」之借字；「思」，當作「斯」，《敦煌變文選注》（增訂本）據文義校改，「思」爲「斯」之借字。
〔三五六〕「昔」，當作「惜」，《敦煌變文集》據文義校改，「昔」爲「惜」之借字。
〔三五七〕「在」字衍，據文義當删，《敦煌變文校注》校作「再」。
〔三五八〕「知」，當作「諸」，《敦煌變文校注》據文義校改，「知」爲「諸」之借字；「座」，當作「坐」，《敦煌變文校注》據文義校改，「座」爲「坐」之借字。
〔三五九〕「霄」，《敦煌變文校注》疑爲「僧」之誤抄而未去者，《敦煌變文集》釋作「宵」；「僧」，《敦煌變文集》釋作「像」。
〔三六〇〕「言」，《敦煌變文校注》疑當作「行」。
〔三六一〕「著」，當作「者」，《敦煌變文校注》據文義校改，「著」爲「者」之借字。
〔三六二〕「上」，當作「尚」，《敦煌變文集》據文義校改，「上」爲「尚」之借字。
〔三六三〕「由」，當作「猶」，《敦煌變文集》據文義校改，「由」爲「猶」之借字。
〔三六四〕「事」，當作「士」，《敦煌變文校注》據文義校改，「事」爲「士」之借字。
〔三六五〕「忘」，當作「望」，《敦煌變文校注》據文義校改，「亡」爲「望」之借字。
〔三六六〕「於」，當作「淤」，《敦煌變文校注》據文義校改，「於」爲「淤」之借字。
〔三六七〕「破」，《敦煌變文校注》釋作「彼」，誤。
〔三六八〕「成」，當作「盛」，《敦煌變文集》據文義校改，「成」爲「盛」之借字。

〔三六九〕「思」，當作「斯」，《敦煌變文校注》據文義校改，「思」爲「斯」之借字。

〔三七〇〕「殘」，當作「淺」，《敦煌變文校注》據文義校改。

〔三七一〕「沉」，當作「坑」，據文義改，《敦煌變文集》、《敦煌變文校注》逕釋作「坑」。

〔三七二〕「煞」，當作「生」，《敦煌變文校注》據文義校改；「被」，當作「彼」，據文義改，《敦煌變文集》、《敦煌變文校注》逕釋作「彼」，誤。

〔三七三〕「不」，當作「云」，《敦煌變文選注》（增訂本）據文義校改，《敦煌變文校注》未釋。

〔三七四〕「之」，當作「知」，《敦煌變文選注》（增訂本）據文義校改，「之」爲「知」之借字。

〔三七五〕「攪」，當作「攬」，《敦煌變文校注》據文義校改。

〔三七六〕「謙」，當作「愆」，《敦煌變文集》據文義校改，「謙」爲「愆」之借字。

〔三七七〕「均」，當作「鈞」，《敦煌變文集》據文義校改，「均」爲「鈞」之借字；「努」，當作「弩」，《敦煌變文校注》據文義校改，「努」爲「弩」之借字。

〔三七八〕「蟭蟟」，《敦煌變文校注》校作「鷦鷯」；「如」，《敦煌變文校注》校作「而」；「同」，當作「何」，《敦煌變文選注》（增訂本）據文義校改。

〔三七九〕「搖」，當作「遙」，《敦煌變文集》據文義校改，「搖」爲「遙」之借字。

〔三八〇〕「思」，當作「斯」，《敦煌變文校注》據文義校改，「思」爲「斯」之借字。

〔三八一〕「蟭蟟」，《敦煌變文校注》校作「鷦鷯」。

〔三八二〕「敲」，當作「澆」，據文義校改，《敦煌變文校注》校作「墝」，認爲義同「澆」，「敲」爲「澆」之借字。

〔三八三〕「踈」，當作「疎」，據文義改，「踈」爲「疎」之訛，「疎」同「疏」。

〔三八四〕「勞」，當作「牢」，《敦煌變文校注》據文義校改，「勞」爲「牢」之借字。

〔三八五〕「交」，當作「教」，《敦煌變文校注》據文義校改，「交」爲「教」之借字。
〔三八六〕「到」，《敦煌變文校注》釋作「對」，誤。
〔三八七〕「備」，當作「被」，《敦煌變文集》據文義校改，「備」爲「被」之借字。
〔三八八〕「度」，當作「杜」，《敦煌變文集》據文義校改，「度」爲「杜」之借字。
〔三八九〕「量」，當作「良」，《敦煌變文集》據文義校改，「量」爲「良」之借字。
〔三九〇〕「載」，當作「在」，《敦煌變文校注》據文義校改，「載」爲「在」之借字。
〔三九一〕「將將」，《敦煌變文校注》釋作「將」；「腦」，當作「惱」，《敦煌變文集》據文義校改，「腦」爲「惱」之借字；「延」，當作「筵」，《敦煌變文校注》據文義校改，「延」爲「筵」之借字。
〔三九二〕「汝」，《敦煌變文校注》釋作「女」，誤。
〔三九三〕「商」，當作「適」，據文義改，《敦煌變文校注》逕釋作「適」。
〔三九四〕「何者名爲大」，《敦煌變文集》據文義校補。
〔三九五〕「楊」，當作「陽」，《敦煌變文集》據文義校改，「楊」爲「陽」之借字。
〔三九六〕「嵠」，《敦煌變文校注》釋作「谿」。
〔三九七〕「也」，當作「花」，《敦煌變文集》據文義校改。
〔三九八〕「記」，當作「既」，《敦煌變文集》據文義校改，「記」爲「既」之借字。
〔三九九〕「流」，當作「絶」，《〈廬山遠公話〉校注商補》據文義校改。
〔四〇〇〕「潮」，當作「湖」，江藍生據文義校改。
〔四〇一〕「弟」，當作「第」，據文義改，《敦煌變文集》逕釋作「第」，「弟」爲「第」之本字；「高」，當作「篙」，《敦煌變文校注》據文義校改，「高」爲「篙」之借字；「棹」，《敦煌變文校注》釋作「掉」，校作「棹」。

〔四〇二〕「弟」，當作「第」，據文義改，《敦煌變文集》逕釋作「第」，「弟」爲「第」之本字。

〔四〇三〕「如」，當作「而」，《敦煌變文校注》據文義校改，時「如」、「而」可互通。

〔四〇四〕「於」，當作「依」，《敦煌變文選注》（增訂本）據文義校改，「於」爲「依」之借字。

〔四〇五〕後一「若」字，疑爲衍文，當删。

〔四〇六〕「行何」，當作「何行」，《敦煌變文選注》（增訂本）據文義校改；「如」，當作「而」，《敦煌變文校注》據文義校改，時「如」、「而」可互通。

〔四〇七〕「繞」，當作「饒」，《敦煌變文校注》據文義校改，「繞」爲「饒」之借字。

〔四〇八〕「者」，《敦煌變文校注》作爲衍文逕删；「如」，當作「而」，《敦煌變文集》據文義校改，時「如」、「而」可互通。

〔四〇九〕「已」，當作「以」，《敦煌變文校注》據文義校改，「已」爲「以」之借字。

〔四一〇〕「資」，當作「茲」，《敦煌變文校注》據文義校改，「資」爲「茲」之借字。

〔四一一〕「衆」，當作「總」，《敦煌變文選注》（增訂本）據文義校改，「衆」爲「總」之借字，《敦煌變文校注》作爲衍文逕删。

〔四一二〕「識」，當作「釋」，《敦煌變文集》據文義校改，「識」爲「釋」之借字；「一」，《敦煌變文校注》據文義校補。

〔四一三〕「期」，當作「其」，《敦煌變文集》據文義校改，「期」爲「其」之借字。

〔四一四〕「州」，《敦煌變文選注》（增訂本）據文義校補；「縣」，《敦煌變文校注》作爲衍文逕删；「烈」，當作「裂」，《敦煌變文集》據文義校改，「烈」爲「裂」之借字。

〔四一五〕「天以」，當作「以天」，《敦煌變文校注》據文義校改。

〔四一六〕「師」，《敦煌變文校注》認爲有塗痕，逕删；「書」，《敦煌變文校注》釋作「盡」。
〔四一七〕「足」，《敦煌變文集》據文義校補。
〔四一八〕「依」，當作「挹」，《敦煌變文校注》據文義校改，「依」爲「挹」之借字；「之」，《敦煌變文集》據文義校補；「惻」，當作「測」，《敦煌變文集》據文義校改，「惻」爲「測」之借字；「馮」，當作「源」，《敦煌變文校注》據文義校改。
〔四一九〕「敬」，當作「遵」，《敦煌變文校注》據文義校改；「濟」，當作「際」，《敦煌變文校注》據文義校改，「濟」爲「際」之借字。
〔四二〇〕「巨」，當作「拒」，《敦煌變文集》據文義校改，「巨」爲「拒」之借字。
〔四二一〕「嗚」字衍，當是抄寫者誤加的重文符號。
〔四二二〕「羼」，當作「闡」，《敦煌變文選注》（增訂本）據文義校改，「羼」爲「闡」之借字。以下同，不另出校。
〔四二三〕「形」，當作「刑」，《敦煌變文集》據文義校改，「形」爲「刑」之借字。
〔四二四〕「考」，《敦煌變文校注》校作「拷」。
〔四二五〕「以」，當作「似」，《敦煌變文集》據文義校改。
〔四二六〕「流」，《敦煌變文校注》據文義校補。
〔四二七〕「曰」，當作「慶」，《敦煌變文集》據文義校改。
〔四二八〕「輪」，當作「淪」，《敦煌變文集》據文義校改，「輪」爲「淪」之借字。
〔四二九〕「輪」，當作「淪」，《敦煌變文集》據文義校改，「輪」爲「淪」之借字。
〔四三〇〕「忘相」，當作「妄想」，《敦煌變文校注》據文義校改，「忘相」爲「妄想」之借字。
〔四三一〕「有」，《敦煌變文校注》疑爲衍文。

〔四三二〕「喻」，當作「愉」，《敦煌變文校注》據文義校改，「喻」爲「愉」之借字。
〔四三三〕「潮」，當作「湖」，江藍生據文義校改。
〔四三四〕「小」，當作「少」，據文義改，《敦煌變文集》、《敦煌變文校注》逕釋作「少」。
〔四三五〕「如」，當作「而」，《敦煌變文校注》據文義校改，時「如」、「而」可互通。
〔四三六〕「輪」，當作「淪」，《敦煌變文集》據文義校改，「輪」爲「淪」之借字。
〔四三七〕「少」，當作「小」，《敦煌變文校注》據文義校改。
〔四三八〕「彼」，當作「被」，《敦煌變文校注》據文義校改。
〔四三九〕「弟」，當作「第」，據文義改，《敦煌變文集》逕釋作「第」，「弟」爲「第」之本字；「怕」，當作「拍」，《敦煌變文集》據文義校改。
〔四四〇〕「疑」，當作「擬」，《敦煌變文集》據文義校改，「疑」爲「擬」之借字。
〔四四一〕「者」，《敦煌變文校注》作爲衍文逕删。
〔四四二〕「由」，當作「猶」，蔣紹愚據文義校改，「由」爲「猶」之借字；「身自」，當作「自身」，蔣紹愚據文義校改；「或」，《敦煌變文校注》釋作「惑」，「或」本有「惑」義，無需校改。
〔四四三〕「宣」，當作「揎」，《敦煌變文集》據文義校改，「宣」爲「揎」之借字。
〔四四四〕「已」，當作「以」，《敦煌變文集》據文義校改，「已」爲「以」之借字。
〔四四五〕「懺悔」，《敦煌變文校注》據文義釋於「伏願上人慈悲」之前。
〔四四六〕「且」，當作「具」，據文義改，《敦煌變文集》、《敦煌變文校注》逕釋作「具」。
〔四四七〕「未」，當作「淺」，《敦煌變文集》據文義校改。
〔四四八〕「淺」，當作「未」，《敦煌變文集》據文義校改。

〔四四九〕「濟舉」，《敦煌變文校注》疑作「懻恒」。
〔四五〇〕「彭」，當作「願」，《敦煌變文集》據文義校改；「定漿」，當作「廷奬」，《敦煌變文集》據文義校改，「定漿」爲「廷奬」之借字。
〔四五一〕「常」，當作「償」，《敦煌變文集》據文義校改，「常」爲「償」之借字。
〔四五二〕「因」，《敦煌變文選注》（增訂本）據文義校補。
〔四五三〕「百」，《敦煌變文集》據文義校補。
〔四五四〕「愚」，當作「遇」，《敦煌變文集》據文義校改，「愚」爲「遇」之借字。
〔四五五〕「已」，《敦煌變文校注》校作「以」。
〔四五六〕「常」，當作「償」，《敦煌變文集》據文義校改，「常」爲「償」之借字。
〔四五七〕「愚」，當作「遇」，《敦煌變文集》據文義校改，「愚」爲「遇」之借字。
〔四五八〕「常」，當作「償」，《敦煌變文集》據文義校改，「常」爲「償」之借字。
〔四五九〕「上」，當作「尚」，《敦煌變文集》據文義校改，「上」爲「尚」之借字。
〔四六〇〕「且」，當作「懼」，據文義改，《敦煌變文校注》釋作「具」，校作「懼」。
〔四六一〕「道」，《敦煌變文選注》（增訂本）據文義校補；「由」，當作「猶」，《敦煌變文校注》據文義校改，「由」爲「猶」之借字。
〔四六二〕「衆」，《敦煌變文校注》據文義校補。
〔四六三〕「由」，當作「猶」，《敦煌變文集》據文義校改，「由」爲「猶」之借字。
〔四六四〕「亦」，《敦煌變文校注》校作「一」；「鋼」，當作「網」，《敦煌變文校注》據文義校改。
〔四六五〕「咨」，當作「姿」，據文義改，《敦煌變文集》、《敦煌變文校注》逕釋作「姿」，「咨」爲「姿」之借字。

〔四六六〕「世」，《敦煌變文集》、《敦煌變文校注》釋作「世人」，誤。

〔四六七〕「座」，《敦煌變文校注》校作「坐」。

〔四六八〕「常」，當作「祥」，《敦煌變文集》據文義校改。

〔四六九〕「其」，當作「奇」，《敦煌變文選注》（增訂本）據文義校改，「其」爲「奇」之借字。

〔四七〇〕「皆」，《敦煌變文校注》據文義校補。

〔四七一〕「連」，當作「蓮」，《敦煌變文集》據文義校改，「連」爲「蓮」之借字。

〔四七二〕「攬」，《敦煌變文校注》校作「覽」。

〔四七三〕「旨」，《敦煌變文校注》釋作「曰」，誤。

〔四七四〕「□」，《敦煌變文校注》據文義補作「一」。

〔四七五〕「釹」，當作「杖」，《敦煌變文集》據文義校改。

〔四七六〕「意」，當作「衣」，《敦煌變文校注》據文義校改，「意」爲「衣」借字；「依」，當作「衣」，《敦煌變文集》據文義校改，「依」爲「衣」之借字。

〔四七七〕「公」，《敦煌變文校注》據文義校補。

〔四七八〕「銖」，當作「殊」，《敦煌變文集》據文義校改。

〔四七九〕「界」，當作「介」，《敦煌變文集》據文義校改，「界」爲「介」之借字。

〔四八〇〕「請」，《敦煌變文校注》校作「清」。

〔四八一〕「清」，當作「請」，《敦煌變文選注》（增訂本）據文義校改，「清」爲「請」之借字。

〔四八二〕「亡」，當作「望」，《敦煌變文校注》據文義校改，「亡」爲「望」之借字。

〔四八三〕「請」，《敦煌變文校注》校作「清」。

〔四八四〕「亦」，當作「一」，《敦煌變文校注》據文義校改，「亦」爲「一」之借字。
〔四八五〕「少」，當作「小」，《敦煌變文集》據文義校改。
〔四八六〕「從不依」，《敦煌變文選注》（增訂本）校作「不依從」。
〔四八七〕「旨」，當作「止」，《敦煌變文集》據文義校改，「旨」爲「止」之借字。
〔四八八〕「忘」，當作「妄」，《敦煌變文集》據文義校改，「忘」爲「妄」之借字。
〔四八九〕「沖沖」，當作「忡忡」，《敦煌變文校注》據文義校改，「沖」爲「忡」之借字。
〔四九〇〕「逍」，當作「道」，《敦煌變文校注》據文義校改。
〔四九一〕「蜜」，當作「密」，據文義改，《敦煌變文集》、《敦煌變文校注》逕釋作「密」，誤，「蜜」爲「密」之借字。
〔四九二〕「土」，當作「士」，據文義改。
〔四九三〕「喚」，當作「援」，《敦煌變文集》據文義校改。
〔四九四〕「平」，當作「流」，據文義改，《敦煌變文校注》逕釋作「流」；「流」，當作「平」，據文義改，《敦煌變文校注》逕釋作「平」。
〔四九五〕「之」，《敦煌變文校注》據文義校補。
〔四九六〕「已」，當作「以」，項楚據文義校改，「已」爲「以」之借字；「攬」，當作「纜」，《敦煌變文選注》（增訂本）據文義校改，「攬」爲「纜」之借字。
〔四九七〕「拘」，當作「勾」，《敦煌變文集》據文義校改。
〔四九八〕「蜜」，當作「密」，據文義改，《敦煌變文集》、《敦煌變文校注》逕釋作「密」，「蜜」爲「密」之借字。
〔四九九〕「已」，當作「以」，項楚據文義校改，「已」爲「以」之借字。

參考文獻

Giles, *BSOS*, 11.1（1943）, pp. 160–161；*Mair*, *Chinoperl Papers* No. 10（1981）, p. 50；《敦煌變文集》一六七至一九五頁（録）；《華東師範大學學報》一九五八年一期，三四至四六頁；《華東師範大學學報》一九五八年二期，一一〇至一二六頁；《敦煌寶藏》一五册，六九七至七一一頁（圖）；《敦煌學輯刊》一九八三年四期，五〇至六六頁；《敦煌學輯刊》一九八四年一期，七八至八三頁；《敦煌變文集新書》一〇四五至一〇七七頁（録）；《華東師範大學學報》一九八五年二期，六六至七〇頁；《魏晉南北朝隋唐史資料》八輯，二〇至二五頁；《唐五代敦煌寺戶制度》五八至五九頁；《敦煌研究》一九九〇年四期，七六至八五頁；《英藏敦煌文獻》三卷，二六五至二七五頁（圖）；《敦煌變文集校議》一四九至一六二頁；《敦煌文學叢考》二二一至二三九頁（録）；《敦煌文書校讀研究》二六至三三頁；《敦煌變文校注》二五二至二九七頁（録）；《中國文化》二〇〇一年十七、十八期，四六至五四頁；《敦煌學輯刊》二〇〇二年一期，三八至四四頁；《柱馬屋存稿》六三至八二頁（録）；《敦煌研究》二〇〇三年二期，九五頁；《紹良文集》下，一七八一頁至一八一三頁（録）；《圖書館雜志》二〇〇五年一期，七六至七七頁；《敦煌變文選注》（增訂本）一七八三至一九六四頁（録）；《廣西大學學報》二〇〇六年一期，九四至九五頁；《蘭州學刊》二〇〇六年八期，六六至六七頁；《敦煌小説合集》，四八二至五二九頁（録）。

斯二〇七四　隸古定尚書（蔡仲之命、多方、立政）

釋文

（前缺）

降霍叔于庶人[一]，□子孫爲晉所滅也[二]。蔡仲克庸祗德[三]，□蔡仲，字也[四]，能用敬德，□誅父用子，言至公[五]。周公[六]，圻內諸侯[七]，□乃命諸王封之蔡[八]。叔之所封[九]，□故取其名以名新國[一〇]，欲其戒之也[一一]。

王若曰：『小子胡，□惟爾率德改行[一二]，克慎厥猷[一三]，□爾尚蓋前人之歎其賢。肆予命爾侯于東土[一四]。□以女率德改行之故[一五]，故我命女爲諸侯於東土[一六]。往就女所封國[一七]，當脩己以敬哉[一八]！愆[一九]，惟忠惟孝，女當庶幾脩德[二〇]，子能蓋父[二一]，□□爾乃邁跡自身，克勤亡怠[二二]，□女乃行善跡用女身，使可縱跡而法循之[二三]，能勤無懈怠[二四]，以垂法子孫，世世稱頌，乃當我意[二五]。率乃祖文王之彝訓[二六]。亡若爾考之違王命[二七]。□以父違命故爲世戒也[二八]。皇天亡親[二九]，惟德之輔[三〇]。□惟惠之懷[三一]。天之於人，無有親疏[三二]，惟有德者則輔佐之〔三三〕。民心於上〔三四〕，無有常主，惟愛己者則歸之〔三五〕。爲善弗同〔三六〕，同歸于治。爲惡弗同〔三七〕，同歸于亂〔三八〕。言人爲善爲惡〔三九〕，各有百端〔四〇〕，未必正同。治亂所歸不殊〔四一〕，宜慎其微也〔四二〕。爾其戒哉〔四三〕！慎厥初〔四四〕，惟厥終〔四五〕，終以弗困〔四六〕。弗惟厥終〔四七〕，終以困窮。女戒治亂之機哉〔四八〕！作事云爲，必慎其初，念其終，用不困窮也〔四九〕。楙乃逌績〔五〇〕，睦乃四鄰〔五一〕，以蕃王室，以和兄弟〔五二〕。免女所立之功〔五三〕，親女四鄰之國，以蕃屏王室，以和協同姓之邦〔五四〕，諸侯之道也〔五五〕。康濟小民〔五六〕，率自中，亡作聰明亂舊章〔五七〕。女爲政，當安小民之居，成小民之業。循用大中之道，無爲小聰明〔五八〕，作異辯，以變亂舊典文章。詳乃視聽〔五九〕，罔以仄（側）言改厥度〔六〇〕，則予一人女嘉。』詳審視聽〔六一〕，非禮義勿視聽也〔六二〕。無以邪巧之言易其常度，必斷之以義也〔六三〕，則我一人善女矣〔六四〕。王曰：『烏虖〔六五〕！小子胡，女往哉！亡荒棄朕命〔六六〕。』歎而勑之，欲其念戒也〔六七〕：『小子胡，女往之國哉！無廢棄我命。』欲其終身奉行，後世遵則也〔六八〕。

成王東伐淮夷〔六九〕，逋（遂）踐奄〔七〇〕。成王即政，奄國又畔〔七一〕，王親征之，遂滅奄而徙之，以其數反覆。作《成王政》。爲平淮夷從（徙）奄之政令也〔七二〕。亡。

成王旡（既）踐奄〔七三〕。將遷其君蒲姑〔七四〕。已滅（奄）〔七五〕，而從（徙）其君及民臣之惡者於蒲姑〔七六〕。蒲姑，齊地也〔七七〕，近中國，教化（之）〔七八〕。周公告召公，作《將蒲姑》。言將徙奄新立之君於蒲姑，告召公使爲此策書告令之〔七九〕。亡也〔八〇〕。

尚書多方第廿〔八一〕　周書　孔氏傳

成王歸自奄，伐奄歸也〔八二〕。在宗周〔八三〕，誥庶邦。告以禍福〔八四〕。作《多方》。

多方。衆方，天下諸侯之也〔八五〕。

惟五月丁亥〔八六〕，王來自奄，至于宗周。周公歸政之明年，淮夷奄又畔〔八七〕。魯征淮夷，作《粊誓》〔八八〕。王親征奄，滅其國，五月還至鎬京也〔八九〕。周公曰：『王若曰，繇告爾四或（國）多方〔九〇〕。周公以王命順大道，告四方。稱周公，以别王自告也〔九一〕。惟爾殷侯尹民，我惟大降爾命，爾罔弗知〔九二〕。殷之諸侯正民者〔九三〕，我大下女命〔九四〕，謂誅紂也。言天下無不知紂暴虐取亡也〔九五〕。洪惟圖天之命〔九六〕，弗永寅念于祀，惟帝降格于夏。大惟爲王謀天之命，不長敬念祭祀〔九七〕，謂夏桀也〔九八〕。惟天下至戒於夏以譴告〔九九〕，謂災異也〔一〇〇〕。有夏誕厥逸〔一〇一〕，弗肯慼言于民〔一〇二〕。有夏桀不畏天戒而大其逸豫，不肯憂言於民。無憂民之言也〔一〇三〕。乃大淫昏，弗克終日勸于帝之迪〔一〇四〕，言桀乃大爲過昏之行，不能終日勸於天下之道〔一〇五〕。乃爾逌聞〔一〇六〕。言桀之惡，乃女所聞。厥圖帝之命，弗克開于民之麗〔一〇七〕。桀其謀天之命，不能開於民之所施政教〔一〇八〕。麗，施〔一〇九〕，言昏昧也〔一一〇〕。乃大降罰，崇亂有夏〔一一一〕，因甲于內亂。桀乃大下罰於民，重亂有夏。言殘虐也〔一一二〕。外不憂民，內不勤德，甲於二亂之內〔一一三〕。言昏甚也〔一一四〕。弗克靈承于旅〔一一五〕，罔丕惟進〔之〕龔〔一一六〕，洪舒于民。言桀不能善奉於民衆〔一一七〕，無大惟進恭德，而大舒墮於治民也〔一一八〕。亦惟有夏之民叨殛（懫）〔一一九〕，日欽劓割夏邑〔一二〇〕。桀洪舒於民，故亦惟有夏之民貪饕忿懫而逆命〔一二一〕，於是桀日尊敬其能劓割夏邑者〔一二二〕。謂殘賊臣也〔一二三〕。天惟時求民主〔一二四〕，乃大降顯休命于成湯〔一二五〕，天惟是桀惡，故更求民主以代之，大下明美之命於成湯，使王天下也〔一二六〕。刑殄有夏〔一二七〕，惟天弗畀純〔一二八〕。命湯刑絶有夏，惟天不與桀，亦已大也〔一二九〕。乃惟以爾多方之誼民〔一三〇〕，弗克永于多亯（享）〔一三一〕。天所以不與桀，以其惟用女衆方之義民〔爲〕臣〔一三二〕，而不能長於多享國故也〔一三三〕。惟夏之龔多士〔一三四〕，大弗克明保亯（享）于民〔一三五〕。惟桀之所謂恭人衆士，大不能明安享於民。言亂主所任，任同己〔一三六〕。乃胥惟虐于民，至于百爲，大弗克開〔一三七〕。桀之衆士，乃相與惟暴虐於民，至於百端所爲。言虐非一也〔一三八〕。大不能開民以善。言與桀合志也〔一三九〕。乃惟成湯，克以爾多方，簡伐（代）夏作民主〔一四〇〕。乃惟成湯能用女衆方之賢，大代夏政，爲天下民主也〔一四一〕。愼厥麗乃勸，厥民刑用勸。湯愼其施政於民，民乃勸善。其〔人〕雖刑〔一四二〕，亦用勸善。言政刑清也〔一四三〕。以至于帝乙，罔弗明德愼罰〔一四四〕，亦克用勸。言自湯以至於帝乙〔一四五〕，皆能成其王道，畏愼輔相〔一四六〕，無不明有德，愼去〔刑〕罰〔一四七〕，亦能用勸善者〔一四八〕。要囚，殄戮多罪〔一四九〕，亦克用勸。開釋亡辜〔一五〇〕，亦克用勸。帝乙以上〔一五一〕，要察囚情，絶戮衆罪，亦能用勸善。開放無罪之人，必無枉縱，亦能用勸善。今至于爾辟〔一五二〕，弗克以爾多方，畗（亨）天之命〔一五三〕。今至於女君，謂紂不能用衆方〔一五四〕，享天之命，故誅滅也〔一五五〕。『烏虖〔一五六〕！王若曰，誥爾多方〔一五七〕。非天庸釋有夏〔一五八〕，歎而順其事以告女衆方，非天用釋棄桀，桀縱惡自棄，故誅放也〔一五九〕。非天庸釋有殷〔一六〇〕，乃惟爾辟，以爾多方，大淫圖天之命，屑有詞〔一六一〕。非天用棄有殷紂也〔一六二〕。乃惟女君紂，用女衆方大爲過惡者，共謀天之命，惡事盡有辯説〔一六三〕，布在天下，故見誅滅也。乃惟有夏圖厥政〔一六四〕，弗揖于畗（亨）〔一六五〕，天降時喪，有邦閒之〔一六六〕。更説桀也。言桀謀其政，不成於〔享〕〔一六七〕，故天下是喪亡以禍之，使天下有國聖人代之。言有國，明皇天無親，佑有德之〔一六八〕。乃惟爾商後王，逸厥佾〔一六九〕，後王，紂也〔一七〇〕，逸，豫其過佾〔一七一〕。言縱恣無度也〔一七二〕。圖厥政，弗蠲蒸〔一七三〕。天惟降時喪。紂謀其政，不絜進於善，故天惟下是喪亡〔一七四〕。謂誅滅之也〔一七五〕。惟聖罔念作狂，惟狂克念作聖。惟聖人無念於善，則爲狂人；惟狂人能念善〔一七六〕，則爲聖人。言桀紂非實狂愚，以不念善，故滅亡之也〔一七七〕。天惟五年，須暇之子孫〔一七八〕，誕作民主，罔可念聽。天以湯故，五年須暇湯之子孫，冀其改悔。而紂大爲民主，肆行無道，事無可念，言無可聽。武王服喪三年〔一七九〕，還師二年也〔一八〇〕。天惟求爾多方，大踵（動）以畏〔一八一〕，開厥顧天。天惟求女衆方之賢者，大勤（動）紂以威〔一八二〕，開其能顧天可以代者也〔一八三〕。惟爾多方，罔堪顧之〔一八四〕。惟女衆方之中，無堪顧天之道者。惟我周王，靈承于旅。善奉于衆。言以仁政得民心者也〔一八五〕。克堪用德，惟典神天。言周文武能堪用德，惟可以主神天之祀，任天王也〔一八六〕。天惟式教我用休，簡畀殷命〔一八七〕，尹爾多方。天以我用德之故，惟用教我用美道代殷〔一八八〕，大與我殷之王命〔一八九〕，以正女衆方諸侯〔一九〇〕。今我害敢多誥〔一九一〕，我惟大降爾三戜（或）民命〔一九二〕。今我何敢多誥女而已，我惟大下女四國民命。謂〔誅〕管〔一九三〕、蔡、商、奄之君也〔一九四〕。爾害弗忱裒之于爾多方〔一九五〕？女何不以誠行寬裒之道於女衆方〔一九六〕？欲其戒四國，崇和協之也〔一九七〕。爾害弗夾分乂我周王〔一九八〕，畗（亨）天之命？夾，近也。女何不近大見治於我周王，以享天之命，而爲不安乎？今爾尚宅爾宅，畋爾佃〔一九九〕，爾害弗惠王熙天之命〔二〇〇〕？今女殷之諸侯皆尚得居女常居，臣民皆尚得畋女故田，女何不順從王政，廣天之命，而自懷疑乎？爾乃迪婁弗靜〔二〇一〕，爾心未愛。女所蹈行，數爲不安，女心未愛我同（周）故也〔二〇二〕。爾乃弗大宅天命〔二〇三〕，爾乃屑播天命〔二〇四〕，女乃不大居安天命，是女乃盡播棄天命也〔二〇五〕。爾乃自作弗典圖忱于正〔二〇六〕。女未愛我周，播棄天命，是女乃自爲不常謀信於正道也〔二〇七〕。我惟時其教告之，我惟時其戰要囚之〔二〇八〕，我惟女如是不謀信於正（道）〔二〇九〕，故其教告之。謂訊以文誥也〔二一〇〕。其戰要囚之，謂討其倡亂，執其朋黨。至于再，至于三。再，謂三監淮夷畔時也〔二一一〕。三，謂成王即政又叛也〔二一二〕。言迪屢不靜之事〔二一三〕。乃有弗用我降爾命〔二一四〕，我乃其大罰極之〔二一五〕。我教告戰囚女已至再三〔二一六〕，女其有不用我命〔二一七〕，我乃下誅女君〔二一八〕，乃其大罰誅之也〔二一九〕。非我有周康（秉）德弗康〔二二〇〕，乃唯爾自速辜〔二二一〕。』非我有周執德不安寧，自誅女也〔二二二〕。惟女自召罪以取誅之〔二二三〕。

王曰：『烏虖〔二二四〕！繇告爾有方多士暨殷多士〔二二五〕，王歎而以道告（女）衆方與殷多士也〔二二六〕。今爾奔走臣我監五祀。監，謂成周之監也〔二二七〕。此指謂所遷頑民殷衆士也〔二二八〕。今女奔來徙臣我監〔二二九〕，五年無過，則得還本土也〔二三〇〕。越惟有胥柏小大多正〔二三一〕，爾罔弗克暨（臬）〔二三二〕。於惟有相長事小大衆正官之人，女無不能用法〔二三三〕。欲其皆用法也〔二三四〕。自作弗和〔二三五〕，爾惟和哉！爾室弗睦〔二三六〕，爾惟和哉！爾邑克明，爾惟克勤乃事。小大多正自爲不和，女有方多士，當和之哉！女親近室家不睦，女亦當和之〔二三七〕！女邑中能明，是女惟能勤女職事者也〔二三八〕。〔爾〕尚弗碁于兇德〔二三九〕，亦則以穆穆在乃位〔二四〇〕。女庶幾不自忌，入於兇德，亦則用敬敬常在女位。克閱于乃邑謨介〔二四一〕，爾乃自時洛邑〔二四二〕，尚永力畋爾田。女能使我閱具於（女）邑〔二四三〕，而以女所謀爲大，則女乃用是洛邑，庶幾長力畋女田矣。言（雖）遷徙〔二四四〕，而以脩善，得反邑里。天惟畀矜爾〔二四五〕，我有周惟其大介賚爾〔二四六〕。女能脩善，天惟其大與女憐女〔二四七〕，我有周惟其大大賜女〔二四八〕。言受多福之祚者也〔二四九〕。迪簡在王庭，尚爾事，有服在大僚〔二五〇〕。』非但受憐賜，又乃蹈大道在王庭，庶幾脩女事，有所服行在大官也〔二五一〕。王曰：『烏虖〔二五二〕！多士，爾弗克勸忱我命〔二五三〕，爾亦則惟弗克亯（享）〔二五四〕，凡民惟曰弗亯（享）〔二五五〕。王歎而言曰：『衆士，女不能勸信我命，女爾（亦）則惟不能享天祚矣〔二五六〕，凡民亦惟曰不享於女祚矣〔二五七〕。』爾乃惟逸惟頗，大遠王命，則惟爾多方探天之畏〔二五八〕，我則致天之罰，離逖爾土〔二五九〕。』

若爾乃爲逸預頗僻〔二六〇〕，大棄王命，則惟女衆方取天之威，我（則）致行天罰〔二六一〕，離遠女土〔二六二〕，將遠徙之也〔二六三〕。●則（我）王曰：『我弗惟多誥〔二六四〕，我惟祇告爾命。』我不惟多誥女而已，惟敬告女吉兇之命〔二六五〕。又曰：『時惟爾初，弗克敬于和〔二六六〕，則亡我怨〔二六七〕。』又誥女〔二六八〕：『是惟女初不能敬於和道，故誅女。無我怨也〔二六九〕。』解所以再三加誅之意也〔二七〇〕。

尚書立政第廿一〔二七一〕　周書〔二七二〕　孔氏傳〔二七三〕

周公作《立政》。周公既致政成王，恐其怠忽，故以君臣立政爲戒也〔二七四〕。

立政言用臣當共立政，以名篇〔二七五〕。

周公若曰：『拜手稽首〔二七六〕，告嗣天子王矣〔二七七〕。』順古道盡禮致敬，告成王，言：『嗣天子今已爲王矣〔二七八〕，不可不慎也〔二七九〕。』用咸戒于王曰：『左右常柏〔二八〇〕、常任、準人、綴衣、虎賁。』周公用王所立政之事皆戒於王曰：『常所長事、常所委任，謂三公六卿也〔二八一〕。準人平法，謂士官也〔二八二〕。綴衣，掌衣服，虎賁，以武力事王，皆左右近臣，宜得其人也〔二八三〕。周公曰：『烏虖！休茲，知卹鮮哉〔二八四〕！』歎此五者立政之本，知憂得其人者少。古之人迪惟有夏〔二八五〕，乃有室大競，籲畯尊上帝〔二八六〕，古之人道惟有夏禹之時，乃有卿大夫室家大彊〔二八七〕，猶乃招呼賢儁〔二八八〕，與共尊事上天也〔二八九〕。迪知忱恂于九德之行。禹之臣蹈知誠信於九德之行，謂賢智大臣也〔二九〇〕。九德，咎繇所謨也〔二九一〕。乃敢告教厥后曰：「拜手稽首，后矣。」曰，宅乃事，宅乃牧，宅乃準，茲惟后矣。知九德之臣乃敢告教其君以立政也〔二九二〕。君矣，亦猶王矣。宅居女事〔二九三〕，六卿掌事者也〔二九四〕。牧，牧民，九州（之）伯也〔二九五〕。居内外（之）官及平法者皆得其人〔二九六〕，則此惟君矣。謨面，用丕訓德〔二九七〕，則乃宅人，茲乃三宅亡誼民〔二九八〕。謀所面見之事，無疑則能用大慎德〔二九九〕，乃能居賢人於（衆）官〔三〇〇〕，若此則乃能三居無義民〔三〇一〕。大罪之（宥）宥（之）四裔〔三〇二〕，次九州之外，次中國之外也〔三〇三〕。桀德惟乃弗作往任，是惟暴德，罔後。桀之爲德，惟乃不爲其先王之法、住（往）所委任〔三〇四〕，是惟暴德之人，故絕世無後也〔三〇五〕。亦越成湯陟，丕釐上帝之耿命，桀之昏亂，亦於成湯之道得升，大賜上天之光命，王天下〔三〇六〕。乃用三有宅，克即宅，曰三有畯，克即畯。言湯乃用三有居惡人之法〔三〇七〕，能使就其居。言服罪也〔三〇八〕。又曰，能用剛柔正直三德之儁〔三〇九〕，能就其儁事。言明德〔三一〇〕。嚴惟丕式，克用三宅三畯。言湯所〔以〕能嚴威〔三一一〕，惟可大法象者，以能用三居三德之法也〔三一二〕。其在商邑，用協于厥邑，其在三方〔三一三〕，用丕式見德。湯在商邑，用三宅三儁之道和其邑。其在四方，用是大法見其聖德。言遠近化之〔三一四〕。烏虖！其在受德忞〔三一五〕，惟羞刑暴德之〔人〕〔三一六〕，同于厥邦。受德，紂字也〔三一七〕。帝乙愛焉，爲作善字，而反大惡自強，惟進用刑，與暴德之人同於其國，並爲威虐也〔三一八〕。乃惟庶習俏德之〔人〕〔三一九〕，同于厥政。乃惟〔衆〕習爲過德之人〔三二〇〕，同於其政。言不任賢也〔三二一〕。帝欽罰之，乃伻我有夏，式商受命，弇甸萬姓〔三二二〕。天以紂惡，故敬罰之。乃使我周家王有華夏，得用商所受天命，同治萬姓。言皇天親有德也〔三二三〕。亦越文王〔三二四〕、武王，克知三有宅心，焯見三有畯心〔三二五〕，紂之不善，亦於文武〔之〕道大行〔三二六〕，以能知三有居惡人〔三二七〕，灼然見三有賢儁之心者也〔三二八〕。以敬事上帝，立民長柏〔三二九〕。言文武知三宅三儁，以故能敬事上天〔三三〇〕，立民正長。謂郊祀天，建諸侯也〔三三一〕。立政，常任〔三三二〕、準人〔三三三〕、牧，作三事，文武亦法禹湯以立政，常任、準人乃（及）牧〔三三四〕，治爲天地人三事〔三三五〕。虎賁、綴衣、趣馬小尹，趣馬，掌馬之官。言此三者雖卑官長〔三三六〕，必慎擇其人也〔三三七〕。左右攜僕、百司庶府，雖左右攜持器物之僕及百官有〔司〕主券契藏吏〔三三八〕，亦皆擇人者也〔三三九〕。大都小柏、藝人表臣、百司，小臣猶皆慎擇〔其〕人〔三四〇〕，況大都邑之小長，以道藝爲表幹之臣及百官有司之身〔三四一〕，可以非其任乎？太史、尹柏、庶掌吉士〔三四二〕，大史〔三四三〕，下大夫，掌邦六典之貳。尹伯，長官大夫也〔三四四〕。及衆掌事之善士〔三四五〕，皆得其人者也〔三四六〕。司徒、司馬、司空、亞旅，此有三卿及次卿衆大夫，則是文武未伐紂時也〔三四七〕。舉文武之初以爲法則者也〔三四八〕。尼（𡰣）微〔三四九〕、盧蒸〔三五〇〕，三亳、阪尹。蠻夷微、盧之衆師，及亳民之歸文王者〔三五一〕，三所爲之立監，及阪地之尹長，皆用賢也〔三五二〕。文王惟克厥宅心，乃克立茲常事〔司〕牧人〔三五三〕，以克畯有德。文王惟其居心遠惡舉善〔三五四〕，乃能立此常事司牧人〔三五五〕，用能儁有德〔者〕〔三五六〕。文王罔逌兼于庶言〔三五七〕，庶獄庶慎，惟有司之牧夫。文王無所兼知於毀譽衆言及衆刑獄，衆所當慎之事〔三五八〕，惟慎擇有司牧夫而已〔三五九〕。勞於求才，逸於任之也〔三六〇〕。是訓用韋（違）〔三六一〕，庶獄庶慎，文王罔敢知于茲。是萬民順法，用違法，衆獄衆慎之事〔三六二〕，文王壹無敢自知於此〔三六三〕，委任賢能而已也〔三六四〕。亦越武王，率惟敉功，弗敢替厥誼德〔三六五〕。

（後缺）

說明

此件首尾均缺，爲《隸古定尚書》（『蔡仲之命』至『立政』），起『降霍叔于庶人』，迄『弗敢替厥誼德』，中間題有『尚書多方第廿　周書　孔氏傳』、『尚書立政第廿一　周書　孔氏傳』，經文爲大字書寫，傳文爲雙行夾注。卷中『民』字、『世』字、『治』字缺筆，或以『人』代『民』，係避唐太宗、唐高宗諱而改，許建平推斷『此卷極有可能是高宗朝抄本』（參見《敦煌經籍敘録》，中華書局，二〇〇六年版，一一六至一一七頁）。

現知敦煌文獻中保存的《尚書》有四十五件，對此件有校勘價值的有三件：伯二六三〇，起『多方』第廿『爾罔不克臬』僞『傳』『汝無不能用法』之『法』，迄『立政』第廿一末；斯五六二六，起『蔡仲之命』第一九『王命蔡仲』僞『傳』『成王也』之『成』，迄『皇天無親』之『天』，此卷左下角殘片倒置，其應置於此卷一一、一二行下端（參見《敦煌經籍敘録》，一一三頁）；斯六二五九，起『蔡仲之命』第一九『克勤無怠』，迄『多方』第廿一序『在宗周』之『在』。其中後兩件，許建平將其與斯一〇二四A、北臨二四〇九（BD12280）綴合爲一（參見《敦煌經籍敘録》，一一二至一一六頁）。

以上釋文以斯二〇七四爲底本，用《十三經注疏》中之《尚書正義》（中華書局，一九八〇年版）（稱其爲甲本）、斯五六二六+六二五九（稱其爲乙本）、伯二六三〇（稱其爲丙本）參校。原件經文

「德」、「慎」、「愆」、「亂」、「其」、「哉」、「厥」、「終」、「以」、「困」、「鄰」、「和」、「濟」、「視」、「罔」、「度」、「棄」（該字包括「傳」文）、「夷」、「遂」、「五」、「國」、「圖」、「有」、「聞」、「靈」、「旅」、「憤」、「割」、「時」、「亨」、「簡」、「罪」、「辟」、「詞」、「佾」（該字包括「傳」文）、「踵」、「敢」、「熙」、「播」、「戰」、「暨」、「朞」、「穆」、「謨」、「洛」、「逖」、「稽」、「嗣」、「上」、「訓」、「長」等字均爲古文（一些古文的筆劃與現存字書有出入），除部分需要保留的古文外，其他釋文一律改爲今文。

校記

〔一〕「人」，據甲、乙本補。
〔二〕「也」，甲本無。
〔三〕「庸祗德」，據甲、乙本補。
〔四〕「字也」，甲本無。
〔五〕「公」，甲本同，乙本作「公也」。
〔六〕「公」，甲本同，乙本脱。
〔七〕「内諸侯」，據甲、乙本補。
〔八〕「乃」，據甲、乙本補；「封」，甲本作「邦」，均可通，《敦煌經部文獻合集》認爲古「邦」、「封」同字。
〔九〕「之所封」，據甲本補；底本「叔」字左側存「之」字上部，疑爲「淮汝之間」之「之」字。
〔一〇〕「故取其名以」，據甲、乙本補。

〔一一〕「也」，甲本無。

〔一二〕原件經文「德」字均爲古文俗寫，《敦煌經部文獻合集》認爲係古文變體，釋文已改爲今文，以下同，不另出校。

〔一三〕原件經文「愼」字均爲古文，釋文已改爲今文，以下同，不另出校；「厥猷」，據甲本補。

〔一四〕「東」，據甲本及殘筆劃補；「土」，據甲本補。

〔一五〕本件「女」字，甲、乙本均作「汝」，丙本或作「女」、或作「汝」，時「女」通「汝」，《敦煌經部文獻合集》認爲「女」、「汝」爲古今字，以下不一一出校。

〔一六〕「爲諸侯」，據甲本補。

〔一七〕「國」，乙本同，甲本作「之國」。

〔一八〕「以」，據甲、乙本補；「敬哉」，據甲本補。

〔一九〕「爾尚蓋前」，據甲本補；「人」，據甲、乙本補；原件經文「𢛳」字爲古文俗寫，《敦煌經部文獻合集》認爲係古文訛體，釋文已改爲今文。

〔二〇〕「幾」，據甲、乙本補；「脩德」，據甲本補。

〔二一〕「父」，據甲、乙本補。

〔二二〕「亡」，據此件體例補，甲、乙本作「無」；「怠」，據甲、乙本補。

〔二三〕「縱」，甲本作「蹤」，「縱」通「蹤」；「循之」，據甲、乙本補。

〔二四〕「能勤無懈」，據甲、乙本補。

〔二五〕「意」，據甲、乙本補。

〔二六〕「率乃祖」，據甲、乙本補。

〔二七〕「亡」，甲、乙本作「無」，均可通；「違王命」，據甲、乙本補。

〔二八〕「以父違命故」，據乙本補，甲本無「故」字；「也」，甲本無。
〔二九〕「亡」，甲本作「無」，均可通。
〔三〇〕「之」，乙本同，甲本作「是」，均可通。
〔三一〕「惟惠之」，據甲、乙本補。
〔三二〕「疏」，甲本作「踈」，乙本作「跦」，「跦」爲「踈」之訛，「踈」同「疏」，「疏」爲「疏」之通體。
〔三三〕「輔佐之」，據乙本補；「佐」，甲本作「佑」，《敦煌經部文獻合集》疑「佐」爲是。
〔三四〕「心」，乙本同，甲本作「之」。
〔三五〕「則歸之」，據甲、乙本補。
〔三六〕「爲善」，據甲、乙本補；「弗」，據此件體例補，甲、乙本作「不」。
〔三七〕「弗」，甲、乙本作「不」。
〔三八〕原件經文「乱」字均爲古文俗寫，《敦煌經部文獻合集》認爲係古文變體，釋文已改爲今文，以下同，不另出校。
〔三九〕「善爲」，據甲、乙本補。
〔四〇〕「百」，據甲、乙本補。
〔四一〕「治」，甲本作「而治」。
〔四二〕「也」，乙本同，甲本無。
〔四三〕原件經文「其」字均爲古文，釋文已改爲今文，以下同，不另出校；原件經文「哉」字均爲古文，釋文已改爲今文，以下同，不另出校。
〔四四〕原件經文「厥」字均爲古文，釋文已改爲今文，以下同，不另出校。
〔四五〕「惟」，據甲、乙本及殘筆劃補；原件經文「終」字均爲古文俗寫，《敦煌經部文獻合集》釋作「㣥」，認爲

「㣇」爲「終」之古文「𣅀」的變體，疑誤，釋文已改爲今文，以下同，不另出校。

〔四六〕原件經文「以」字均爲古文，釋文已改爲今文，以下同，不另出校；「弗」，甲本作「不」；原件經文「困」字均爲古文，《敦煌經部文獻合集》釋作「朱」，認爲「朱」爲「困」之古文訛體，釋文已改爲今文，以下同，不另出校。

〔四七〕「弗」，甲、乙本作「不」。

〔四八〕「戒」，甲、乙本作「其戒」。

〔四九〕「用」，甲、乙本作「則終用」；「也」，甲、乙本無。

〔五〇〕「楙」，乙本同，甲本作「懋」，「懋」通「楙」，《敦煌經部文獻合集》認爲「楙」爲「懋」之古文；「逌」，甲、乙本作「攸」，「逌」同「攸」，《敦煌經部文獻合集》認爲「逌」爲古「攸」字。

〔五一〕原件經文「鄰」字爲古文，釋文已改爲今文。

〔五二〕原件經文「和」字均爲古文，釋文已改爲今文，以下同，不另出校。

〔五三〕「免」，甲、乙本作「勉」，「勉」通「免」。

〔五四〕「邦」，底本作「邽」，疑「邽」係避漢高祖諱而改，《敦煌經部文獻合集》認爲「邽」爲「邦」之隸變，以下同，不另出校。

〔五五〕「也」，甲、乙本無。

〔五六〕原件經文「濟」字均爲古文，釋文已改爲今文，以下同，不另出校。

〔五七〕「亡」，甲、乙本作「無」，均可通，《敦煌經部文獻合集》認爲「亡」、「無」爲古今字；原件「明」字均作「明」，釋文已改爲「明」，以下同，不另出校。

〔五八〕「爲」，甲、乙本作「敢爲」。

〔五九〕原件經文「視」字爲古文，釋文已改爲今文。

〔六〇〕原件經文「罔」字均爲古文，釋文已改爲今文，以下同，不另出校；「仄」，當作「側」，據甲、乙本改，「仄」爲「側」之借字，《敦煌經部文獻合集》認爲「仄」爲「側」之古字；原件經文「度」字爲古文，釋文已改爲今文。

〔六一〕「審」，甲、乙本作「審汝」。

〔六二〕「也」，甲、乙本無。

〔六三〕「也」，甲、乙本無。

〔六四〕「矣」，甲本同，乙本無。

〔六五〕「烏」，甲、乙本作「嗚」，「嗚」通「烏」；「虖」，甲、乙本作「呼」，「呼」通「虖」，《敦煌經部文獻合集》釋作「雩」，認爲「雩」爲「虖」之誤，「虖」、「呼」爲古今字，疑未當。

〔六六〕「亡」，甲、乙本作「無」，均可通；「巟」，甲、乙本作「荒」，「巟」通「荒」；原件經文、傳文「棄」字均爲古文，釋文已改爲今文，以下同，不另出校。

〔六七〕「也」，甲、乙本無。

〔六八〕「遵」，甲本同，乙本作「尊」，「尊」爲「遵」之借字，《敦煌經部文獻合集》認爲「尊」、「遵」爲古今字；「也」，甲本無。

〔六九〕原件經文「夷」字爲古文，釋文已改爲今文。

〔七〇〕「逋」，當作「遂」，據甲、乙本改，《敦煌經部文獻合集》認爲「逋」爲「遂」字古文之訛。

〔七一〕「奄」，甲、乙本作「淮夷奄」；「畔」，甲本作「叛」，均可通，《敦煌經部文獻合集》認爲「畔」爲「叛」之借字，按「畔」本有背離之義。

〔七二〕「從」，當作「徙」，據甲本改；「也」，乙本同，甲本無。

〔七三〕「旡」，當作「既」，據甲、乙本改，「旡」爲「既」之借字，《敦煌經部文獻合集》指出伯三三一五《尚書釋文》第三行：「旡」，古「既」字。

〔七四〕「䙴」，甲本作「遷」，「䙴」同「遷」，《敦煌經部文獻合集》認爲「䙴」爲「遷」之古字；「君」，甲本作「君於」。

〔七五〕「奄」，據甲本補。

〔七六〕「從」，當作「徙」，據甲本改；「民」，甲本作「人」，係避唐太宗諱而改。

〔七七〕「也」，甲、乙本無。

〔七八〕「之」，據甲、乙本補。

〔七九〕「爲」，乙本同，甲本無；「筞」，乙本同，甲本作「册」，「册」爲「筞」之借字；「之」，甲本同，乙本無。

〔八〇〕「也」，乙本同，甲本無，《敦經部文獻合集》認爲「也」字不當有。

〔八一〕「尚書」，甲、乙本無；「廿」，甲、乙本作「二十」。

〔八二〕「也」，乙本同，甲本無。

〔八三〕乙本止於此句。

〔八四〕「告」，甲本作「誥」，均可通。

〔八五〕「之也」，甲本無，疑爲補白。

〔八六〕原件經文「五」字均爲古文俗寫，《敦煌經部文獻合集》認爲係古文變體，釋文已改爲今文，以下同，不另出校。

〔八七〕「畔」，甲本作「叛」，均可通。

〔八八〕「粊」，甲本作「費」。

〔八九〕「也」，甲本無。
〔九〇〕「繇」，甲本作「猷」，「繇」同「猷」；「戜」，當作「或」，《敦煌經部文獻合集》據文義校改，「或」爲「國」之古文，以下同，不另出校。
〔九一〕「也」，甲本無。
〔九二〕「弗」，甲本作「不」。
〔九三〕「正」，甲本作「王」，誤。
〔九四〕「下」，甲本作「降」，均可通。
〔九五〕「取」，甲本作「以取」；「也」，甲本無。
〔九六〕「圖」，甲本脱，原件經文「圖」字均爲古文，《敦煌經部文獻合集》釋作「圀」，認爲「圀」爲「圖」字之古文訛變，釋文已改爲今文，以下同，不另出校。
〔九七〕「念」，甲本作「念于」。
〔九八〕「也」，甲本無。
〔九九〕「告」，甲本作「告之」。
〔一〇〇〕「也」，甲本無。
〔一〇一〕原件經文「有」字作「又」，「又」爲「有」之古文變體，《敦煌經部文獻合集》認爲「又」爲「有」之古字，釋文已改爲今文。
〔一〇二〕「弗」，甲本作「不」。
〔一〇三〕「也」，甲本無。
〔一〇四〕「弗」，甲本作「不」。

〔一〇五〕「下」，甲本無，《敦煌經部文獻合集》認爲「下」字誤。

〔一〇六〕「逌」，甲本作「攸」，「逌」同「攸」；原件經文「聞」字爲古文，釋文已改爲今文。

〔一〇七〕「弗」，甲本作「不」。

〔一〇八〕「之」，甲本無。

〔一〇九〕「施」，甲本作「施也」。

〔一一〇〕「也」，甲本無。

〔一一一〕原件經文「有」字作「又」，「又」爲「有」之古文變體，釋文已改爲今文。

〔一一二〕「也」，甲本無。

〔一一三〕「甲」，甲本作「因甲」。

〔一一四〕「也」，甲本無。

〔一一五〕「弗」，甲本作「不」；原件經文「靈」字均爲古文，釋文已改爲今文，以下同，不另出校；原件經文「旅」字均爲古文，《敦煌經部文獻合集》釋作「岺」，認爲「岺」爲「旅」字之古文訛體，釋文已改爲今文，以下同，不另出校。

〔一一六〕「之」，據甲本補；「龔」，甲本作「恭」，均可通，《敦煌經部文獻合集》認爲「龔」爲「恭」之古文。

〔一一七〕「民」，甲本作「人」，係避唐太宗諱而改。

〔一一八〕「墮」，甲本作「惰」，「墮」通「惰」；「也」，甲本無。

〔一一九〕原件經文「有」字作「又」，「又」爲「有」之古文變體，釋文已改爲今文；「殛」，當作「壑」，甲本作「憤」，「壑」爲「憤」之古文。

〔一二〇〕「劓」，甲本作「劓」，「劓」同「劓」，傳文同，不另出校；原件經文「割」字爲古文，釋文已改爲今文。

〔一二一〕「饕」，甲本作「叨」，「叨」同「饕」。

〔一二二〕「日」，甲本作「民」，誤。

〔一二三〕「也」，甲本無。

〔一二四〕原件經文「時」字均爲古文，《敦煌經部文獻合集》釋作「旹」，認爲「旹」爲「時」之古文訛體，釋文已改爲今文，以下同，不另出校。

〔一二五〕「体」，甲本作「休」，「体」同「休」，以下同，不另出校。

〔一二六〕「也」，甲本無。

〔一二七〕原件經文「有」字作「又」，「又」爲「有」之古文變體，釋文已改爲今文。

〔一二八〕「弗」，甲本作「不」；「卑」，甲本作「畀」。

〔一二九〕「也」，甲本無。

〔一三〇〕「誼」，甲本作「義」。

〔一三一〕「弗」，甲本作「不」；「音」，當作「亨」，甲本作「享」，「亨」爲「享」之古文，《敦煌經部文獻合集》認爲「享」之籀文隸定作「亯」，「音」爲「亯」之隸變之異，疑未當，以下同，不另出校。

〔一三二〕「惟」，甲本作「乃惟」；「衆」，甲本作「多」；「爲」，據甲本補。

〔一三三〕「於」，甲本作「久」；「也」，甲本無。

〔一三四〕「龔」，甲本作「恭」，均可通。

〔一三五〕「弗」，甲本作「不」。

〔一三六〕「已」，甲本作「已者」。

〔一三七〕「弗」，甲本作「不」。

〔一三八〕「也」，甲本無。

〔一三九〕「也」，甲本無。

〔一四〇〕原件經文「簡」字均爲古文俗寫，釋文已改爲今文，以下同，不另出校；「伐」，當作「代」，據甲本改。

〔一四一〕「也」，甲本無。

〔一四二〕「人」，據甲本補。

〔一四三〕「也」，甲本無。

〔一四四〕「弗」，甲本作「不」。

〔一四五〕「以」，甲本無。

〔一四六〕「畏」，甲本作「長」；「慎」，《敦煌經部文獻合集》釋作「順」。

〔一四七〕「慎」，《敦煌經部文獻合集》釋作「順」；「刑」，據甲本補。

〔一四八〕「者」，甲本無。

〔一四九〕原件經文「罪」字爲古文，釋文已改爲今文。

〔一五〇〕「亡」，甲本作「無」，均可通。

〔一五一〕「以」，甲本作「已」，「已」通「以」。

〔一五二〕原件經文「辟」字均爲古文俗寫，《敦煌經部文獻合集》認爲係古文變體，釋文已改爲今文，以下同，不另出校。

〔一五三〕「亩」，當作「亯」，甲本作「享」，「亯」爲「享」之古文，《敦煌經部文獻合集》認爲「亩」爲「享」之籀文訛體，疑未當。

〔一五四〕「用」，甲本作「用汝」。

〔一五五〕「也」，甲本作「之」。

〔一五六〕「烏」，甲本作「嗚」，「嗚」通「烏」；「虖」，甲本作「呼」，「呼」通「虖」。

〔一五七〕「誥」，甲本作「誥告」。

〔一五八〕原件經文「有」字作「又」，「又」爲「有」之古文變體，釋文已改爲今文。

〔一五九〕「也」，甲本無。

〔一六〇〕原件經文「有」字作「㐅」，《敦煌經部文獻合集》指出「㐅」爲「有」之古文變體，釋文已改爲今文。

〔一六一〕原件經文「有」字作「又」，「又」爲「有」之古文變體，釋文已改爲今文；原件經文「詞」字爲古文，釋文已改爲今文，甲本作「辭」，均可通。

〔一六二〕「紂也」，甲本無。

〔一六三〕「辤」，甲本作「辭」，「辤」爲「辭」之異體，《敦煌經部文獻合集》認爲「辤」爲「辭」之借字，疑未當。

〔一六四〕原件經文「有」字作「又」，「又」爲「有」之古文變體，釋文已改爲今文。

〔一六五〕「弗」，甲本作「不」；「揖」，甲本作「集」；「亯」，當作「亨」，甲本作「享」，「亨」爲「享」之古文，《敦煌經部文獻合集》認爲「享」之籀文隸定作「亯」，「亯」爲「亯」之訛體，疑未當。

〔一六六〕原件經文「有」字作「又」，「又」爲「有」之古文變體，釋文已改爲今文；「閒」，甲本作「間」，《敦煌經部文獻合集》認爲「閒」、「間」爲古今字。

〔一六七〕「享」，據甲本補。

〔一六八〕「之」，甲本無。

〔一六九〕原件經文「佾」字爲古文俗寫，釋文已改爲今文，甲本作「逸」。

〔一七〇〕「也」，甲本無。

〔一七一〕原件傳文「佾」字爲古文，釋文已改爲今文，甲本作「逸」。
〔一七二〕「也」，甲本無。
〔一七三〕「弗」，甲本作「不」；「蒸」，甲本作「烝」，「蒸」通「烝」，《敦煌經部文獻合集》認爲「烝」、「蒸」爲古今字。
〔一七四〕「是」，甲本作「其」。
〔一七五〕「之也」，甲本無。
〔一七六〕「念」，甲本作「念於」。
〔一七七〕「之也」，甲本無。
〔一七八〕「暇」，甲本作「暇」，均可通，《敦煌經部文獻合集》認爲「暇」爲「暇」之形誤字，并校改作「暇」，不必，傳文同，不另出校。
〔一七九〕「王」，甲本作「正」，誤。
〔一八〇〕「也」，甲本無。
〔一八一〕原件經文「蓮」字爲古文，釋文已改爲今文，當作「動」，據甲本改，《敦煌經部文獻合集》釋作「嶂」，認爲「嶂」爲「動」之古字「嶂」的誤字，非是；「畏」，甲本作「威」。
〔一八二〕「勳」，當作「動」，據甲本改。
〔一八三〕「也」，甲本無。
〔一八四〕「戡」，甲本作「堪」，「戡」通「堪」，《敦煌經部文獻合集》認爲「戡」爲「堪」之古文，以下同，不另出校。
〔一八五〕「民」，甲本作「人」，係避唐太宗諱而改；「者也」，甲本無。
〔一八六〕「也」，甲本無。

〔一八七〕「卑」，甲本作「畀」。
〔一八八〕「代」，甲本作「伐」。
〔一八九〕「大」，甲本作「天」。
〔一九〇〕「諸侯」，甲本作「之諸侯」。
〔一九一〕「害」，甲本作「曷」，「害」通「曷」，以下同，不另出校；原件經文「敢」字均似古文俗寫，釋文已改爲今文，以下同，不另出校。
〔一九二〕「亖」，甲本作「四」，「亖」爲「四」之籀文，《敦煌經部文獻合集》指出《玉篇·二部》「亖，古文四」。
〔一九三〕「誅」，據甲本補。
〔一九四〕「也」，甲本無。
〔一九五〕「弗」，甲本作「不」；「衮」，甲本作「裕」，「衮」同「裕」，傳文同，不另出校。
〔一九六〕「誠」，甲本作「誠信」。
〔一九七〕「之也」，甲本無。
〔一九八〕「弗」，甲本作「不」；「分」，甲本作「介」。
〔一九九〕「佃」，甲本作「田」，「佃」亦作「田」，《敦煌經部文獻合集》認爲「田」、「佃」爲古今字，並據注文中之「田」字推測，底本之「佃」是誤字。
〔二〇〇〕「弗」，甲本作「不」；原件經文「煕」字爲古文，釋文已改爲今文。
〔二〇一〕「婁」，甲本作「屢」，「婁」同「屢」；「弗」，甲本作「不」。
〔二〇二〕「同」，當作「周」，據甲本改；「也」，甲本無。
〔二〇三〕「弗」，甲本作「不」。

〔二〇四〕原件經文「播」字爲古文，釋文已改爲今文。
〔二〇五〕「也」，甲本無。
〔二〇六〕「弗」，甲本作「不」。
〔二〇七〕「也」，甲本無。
〔二〇八〕原件經文「戰」字爲古文，釋文已改爲今文，《敦煌經部文獻合集》釋作「⿱山并」。
〔二〇九〕「道」，據甲本補。
〔二一〇〕「也」，甲本無。
〔二一一〕「畔」，甲本作「叛」，均可通；「也」，甲本無。
〔二一二〕「也」，甲本無。
〔二一三〕「婁」，甲本作「屢」，「婁」同「屢」，《敦煌經部文獻合集》認爲「婁」爲「屢」之古文。
〔二一四〕原件經文「有」字作「又」，「又」爲「有」之古文變體，釋文已改爲今文；「弗」，甲本作「不」。
〔二一五〕「極」，甲本作「殛」。
〔二一六〕「囚」，甲本作「要囚」。
〔二一七〕「有」，甲本無。
〔二一八〕「下」，甲本作「大下」。
〔二一九〕「也」，甲本無。
〔二二〇〕原件經文「有」字作「又」，「又」爲「有」之古文變體，釋文已改爲今文；「康」，當作「秉」，據甲本改，《敦煌經部文獻合集》逕釋作「秉」；「弗」，甲本作「不」；「康」，甲本作「康寧」。
〔二二一〕「唯」，甲本作「惟」，均可通。

〔二二二〕「也」，甲本無。
〔二二三〕「惟」，甲本作「乃惟」；「之」，甲本無。
〔二二四〕「烏」，甲本作「嗚」，「嗚」通「烏」；「虖」，甲本作「呼」，「呼」通「虖」。
〔二二五〕「繇」，甲本作「猷」，「繇」同「猷」；原件經文「有」字作「又」，「又」爲「有」之古文變體，釋文已改爲今文；原件經文「暨」字爲古文，釋文已改爲今文。
〔二二六〕「女」，據此件體例補，甲本作「汝」；「殷」，甲本作「衆」；「也」，甲本無。
〔二二七〕「也」，甲本無。
〔二二八〕「也」，甲本無。
〔二二九〕「來」，甲本作「走來」；「我」，甲本作「我我」，第二個「我」應係衍文，當删。
〔二三〇〕「得」，甲本作「是」；「也」，甲本無。
〔二三一〕原件經文「有」字作「又」，「又」爲「有」之古文變體，釋文已改爲今文；「柏」，甲本作「伯」，「柏」通「伯」。
〔二三二〕「弗」，甲本作「不」；原件經文「暨」字爲古文，釋文已改爲今文，當作「臬」，據甲本改。
〔二三三〕丙本始於此句。
〔二三四〕「也」，甲本無。
〔二三五〕「弗」，甲本作「不」。
〔二三六〕「弗」，丙本同，甲本作「不」。
〔二三七〕「之」，丙本同，甲本作「之哉」。
〔二三八〕「者也」，甲、丙本無，疑爲補白。

〔二三九〕「爾」，據甲、丙本補；「弗」，丙本同，甲本作「不」；原件經文「碁」字爲古文，釋文已改爲今文，甲本作「忌」。

〔二四〇〕原件經文「穆穆」二字爲古文俗寫，《敦煌經部文獻合集》認爲係古文訛變，釋文已改爲今文。

〔二四一〕原件經文「謨」字均爲古文，釋文已改爲今文，甲、丙本作「謀」，以下同，不另出校。

〔二四二〕原件經文「洛」字爲古文，釋文已改爲今文。

〔二四三〕「女」，據此件體例補，甲、丙本作「汝」。

〔二四四〕「雖」，據甲、丙本補。

〔二四五〕「卑」，丙本同，甲本作「畀」；「矜」，《敦煌經部文獻合集》釋作「矝」，認爲凡經典「矜」字皆「矝」之訛。

〔二四六〕原件經文「有」字作「又」，「又」爲「有」之古文變體，釋文已改爲今文。

〔二四七〕「其大」，甲、丙本無，《敦煌經部文獻合集》認爲係衍文，當刪。

〔二四八〕第二個「大」，丙本同，甲本作「夫」。

〔二四九〕「言」，甲本同，丙本作「庶幾脩□事言」；「祚」，丙本同，甲本作「作」，「作」爲「祚」之借字；「者也」，甲、丙本無，疑爲補白。

〔二五〇〕原件經文「有」字作「又」，「又」爲「有」之古文變體，釋文已改爲今文。

〔二五一〕「也」，丙本同，甲本無。

〔二五二〕「烏」，丙本同，甲本作「嗚」，「嗚」通「烏」；「虖」，甲、丙本作「呼」，「呼」通「虖」，以下同，不另出校。

〔二五三〕「弗」，丙本同，甲本作「不」。

〔二五四〕「弗」，丙本同，甲本作「不」。

〔二五五〕「民」，甲本同，丙本作「人」，係避唐太宗諱而改；「弗」，丙本同，甲本作「不」。
〔二五六〕「爾」，當作「亦」，據甲、丙本改。
〔二五七〕「民」，甲本同，丙本作「人」，係避唐太宗諱而改。
〔二五八〕「畏」，丙本同，甲本作「威」。
〔二五九〕原件經文「逖」字爲古文，釋文已改爲今文。
〔二六〇〕「預」，丙本同，甲本作「豫」，「預」同「豫」。
〔二六一〕「則我」，當作「我則」，據甲、丙本改。
〔二六二〕「遠」，丙本同，甲本作「逖」，均可通。
〔二六三〕「也」，丙本同，甲本無。
〔二六四〕「弗」，丙本同，甲本作「不」；「誥」，甲本同，丙本作「誥汝」。
〔二六五〕「惟」，丙本同，甲本作「我惟」。
〔二六六〕「弗」，丙本同，甲本作「不」。
〔二六七〕「亡」，丙本同，甲本作「無」，均可通。
〔二六八〕「女」，甲本作「汝」，丙本作「汝曰」。
〔二六九〕「無」，丙本同，甲本作「汝無」；「也」，甲、丙本無。
〔二七〇〕「也」，丙本同，甲本無。
〔二七一〕「尚書」，丙本同，甲本無；「廿」，甲、丙本作「二十」。
〔二七二〕「周書」，甲本同，丙本無。
〔二七三〕「孔氏傳」，甲本同，丙本無。

〔二七四〕「也」，甲、丙本無。
〔二七五〕「以」，丙本同，甲本作「故以」；「篇」，甲本同，丙本作「篇也」。
〔二七六〕原件經文「稽」字均爲古文，釋文已改爲今文，以下同，不另出校。
〔二七七〕原件經文「嗣」字爲古文，釋文已改爲今文。
〔二七八〕「爲」，甲本同，丙本脱。
〔二七九〕「慎」，甲本同，《敦煌經部文獻合集》釋作「順」；「也」，丙本同，甲本無。
〔二八〇〕「左右」，丙本同，甲本作「王左右」；「柏」，丙本同，甲本作「伯」，「柏」通「伯」。
〔二八一〕「也」，丙本同，甲本無。
〔二八二〕「也」，丙本同，甲本無。
〔二八三〕「也」，甲、丙本無。
〔二八四〕「卹」，丙本同，甲本作「恤」，「卹」同「恤」，《敦煌經部文獻合集》認爲「卹」爲「恤」之古文。
〔二八五〕原件經文「有」字作「又」，「又」爲「有」之古文變體，釋文已改爲今文，以下同，不另出校。
〔二八六〕「籲」，甲本同，丙本作「喻」；「畯」，甲、丙本作「俊」，《敦煌經部文獻合集》認爲「畯」爲「俊」之古字，以下同，不另出校；原件經文「上」字爲古文，釋文已改爲今文。
〔二八七〕「彊」，甲、丙本作「强」，「彊」通「强」。
〔二八八〕「儁」，甲、丙本作「俊」，「儁」同「俊」，以下同，不另出校。
〔二八九〕「也」，甲、丙本無。
〔二九〇〕「也」，甲、丙本無。
〔二九一〕「咎繇所謨也」，甲本作「臯陶所謀」，丙本作「咎繇所謩者也」，「謨」或作「謩」。

〔二九二〕「也」，丙本同，甲本無。
〔二九三〕「宅」，丙本無，甲本作「宅居也」。
〔二九四〕「也」，甲、丙本無。
〔二九五〕「之」，據甲、丙本補；「也」，丙本同，甲本無。
〔二九六〕「之」，據甲、丙本補。
〔二九七〕原件經文「訓」字均爲古文，釋文已改爲今文，以下同，不另出校。
〔二九八〕「亡」，丙本同，甲本作「無」，均可通；「誼」，丙本同，甲本作「義」。
〔二九九〕「慎」，甲、丙本作「順」，均可通，《敦煌經部文獻合集》認爲「慎」爲「順」之借字。
〔三〇〇〕「衆」，據甲、丙本補。
〔三〇一〕「三」，丙本同，甲本作「一」。
〔三〇二〕「之宥」，當作「宥之」，據甲、丙本改。
〔三〇三〕「也」，甲、丙本無。
〔三〇四〕「住」，當作「往」，據甲、丙本改。
〔三〇五〕「也」，丙本同，甲本無。
〔三〇六〕「下」，甲本同，丙本作「下也」。
〔三〇七〕「言」，甲、丙本無。
〔三〇八〕「也」，丙本同，甲本無。
〔三〇九〕「剄」，丙本同，甲本作「剛」，「剛」或作「剄」。
〔三一〇〕「德」，甲本同，丙本作「德也」。

〔三一一〕「以」，據甲、丙本補。
〔三一二〕「也」，丙本同，甲本無。
〔三一三〕「亖」，甲、丙本作「四」，「亖」爲「四」之籀文。
〔三一四〕「遠」，丙本同，甲本作「逮」；「之」，甲本無，丙本作「也」。
〔三一五〕「忞」，甲本作「暋」，丙本作「愍」，「忞」或作「暋」，《敦煌經部文獻合集》認爲「愍」爲「暋」之借字。
〔三一六〕「人」，據甲、丙本補。
〔三一七〕「也」，丙本同，甲本無。
〔三一八〕「也」，丙本同，甲本無。
〔三一九〕原件经文「佾」作「佾」，当为「佾」之古文「[illegible]」的俗寫，釋文已改爲今文，甲本作「逸」，《敦煌經部文獻合集》認爲「佾」爲「逸」之古文，疑未當；「人」，據甲、丙本補。
〔三二〇〕「衆」，據甲、丙本補。
〔三二一〕「也」，丙本同，甲本無。
〔三二二〕「弇」，甲、丙本作「奄」，《敦煌經部文獻合集》認爲「弇」、「奄」同字。
〔三二三〕「親」，甲、丙本作「無親」；「有」，甲本作「佑有」，丙本作「祐有」；「也」，據丙本及殘筆劃補。
〔三二四〕「越」，據甲、丙本及殘筆劃補。
〔三二五〕「焯」，甲、丙本作「灼」，「焯」通「灼」。
〔三二六〕「之」，據甲、丙本補。
〔三二七〕「人」，丙本同，甲本作「人之心」。
〔三二八〕「者也」，甲、丙本無。

〔三二九〕原件經文「長」字爲古文俗寫，《敦煌經部文獻合集》認爲係古文隸變，釋文已改爲今文；「柏」，甲、丙本作「伯」，「柏」通「伯」，以下同，不另出校。
〔三三〇〕「以故能」，丙本同，甲本作「故能以」。
〔三三一〕「也」，丙本同，甲本無。
〔三三二〕「常任」，甲、丙本作「任人」。
〔三三三〕「人」，甲、丙本作「夫」。
〔三三四〕「乃」，當作「及」，據甲、丙本改。
〔三三五〕「人」，丙本同，甲本作「人之」。
〔三三六〕「卑」，甲、丙本作「小」，均可通。
〔三三七〕「慎」，甲本同，《敦煌經部文獻合集》釋作「順」；「也」，丙本同，甲本無。
〔三三八〕「司」，據甲、丙本補。
〔三三九〕「者也」，甲、丙本無。
〔三四〇〕「慎」，甲本同，《敦煌經部文獻合集》釋作「順」；「其」，據甲、丙本補。
〔三四一〕「百」，甲本同，丙本作「伯」；「身」，丙本同，甲本作「職」。
〔三四二〕「掌」，甲、丙本作「常」。
〔三四三〕「大」，甲、丙本作「太」，「大」通「太」。
〔三四四〕「也」，甲、丙本無。
〔三四五〕「衆掌」，甲本作「旅掌常」，丙本作「衆掌常」。
〔三四六〕「者也」，甲本無，丙本作「也」。

〔三四七〕「時」，丙本同，甲本作「特」，誤；「也」，甲、丙本無。
〔三四八〕「者也」，甲、丙本無，疑爲補白。
〔三四九〕「尼」，當作「𡰥」，甲、丙本作「夷」，「𡰥」爲「夷」之古文，《敦煌經部文獻合集》逕釋作「𡰥」。
〔三五〇〕「蒸」，甲、丙本作「烝」，均可通。
〔三五一〕「民」，丙本同，甲本作「人」，係避唐太宗諱而改。
〔三五二〕「也」，丙本同，甲本無。
〔三五三〕「司」，據甲、丙本補。
〔三五四〕「其」，丙本同，甲本作「其能」。
〔三五五〕「司」，甲本同，丙本作「以司」。
〔三五六〕「者」，據甲、丙本補。
〔三五七〕「逌」，丙本同，甲本作「攸」，「逌」同「攸」。
〔三五八〕「所當」，丙本同，甲本作「當所」；「慎」，甲本同，《敦煌經部文獻合集》釋作「順」，誤。
〔三五九〕「慎」，甲本同，《敦煌經部文獻合集》釋作「順」，誤。
〔三六〇〕「之」，甲、丙本作「賢」；「也」，甲、丙本無。
〔三六一〕「韋」，當作「違」，據甲、丙本改，「韋」爲「違」之借字，《敦煌經部文獻合集》認爲「韋」、「違」爲古今字。
〔三六二〕「慎」，甲本同，《敦煌經部文獻合集》釋作「順」，誤。
〔三六三〕「壹」，甲、丙本作「一」。
〔三六四〕「也」，甲、丙本無。

〔三六五〕「厥誼德」，據丙本補。

參考文獻

《敦煌寶藏》一五册，七一二至七一七頁（圖）；《英藏敦煌文獻》三卷，二七六至二八三頁（圖）；《尚書文字合編》三册，二三四二至二三四六頁、二四〇〇至二四一二頁、二五〇二至二五〇八頁（圖）；《孔孟學報》一九六九年一七期，一六三頁；《敦煌文獻論集：紀念敦煌藏經洞發現一百周年國際學術研討會論文集》三八七頁；《敦煌文獻叢考》一五頁；《敦煌殘卷古文尚書校注》五一至五五頁、一七九至一九五頁（録）；《敦煌經籍叙録》一一六至一一七頁；《敦煌學論文集》二三〇至二三五頁；《敦煌古籍叙録》二二至二三頁；《十三經注疏》二二七至二三四頁；《敦煌經部文獻合集》一册，三一二至四〇〇頁（録）。

斯二〇七七　佛說善惡因果經題記

釋文

《佛說因果經》一卷，書至寫因果。

清信佛弟子畫保員〔一〕，壹爲先亡父母，貳爲合家大小，莫洛（落）三塗〔二〕，神生淨土，謂城惶（隍）災禮〔三〕，寶（保）員信心寫此經者〔四〕，念誦衣（依）教奉行〔五〕。

說明

此件《英藏敦煌文獻》未收，現予補録。

校記

〔一〕「保」，《中國古代寫本識語集録》校改作「寶」；「員」，《敦煌遺書總目索引》、《敦煌遺書總目索引新編》釋作「圓」，誤。

〔二〕「洛」，當作「落」，*Descriptive Catalogue of the Chinese Manuscripts from Tunhuang in the British Museum*、《敦煌遺書總目

索引》據文義校改，《敦煌遺書總目索引新編》逕釋作「落」，「洛」爲「落」之借字。

〔三〕「惶」，當作「隍」，*Descriptive Catalogue of the Chinese Manuscripts from Tunhuang in the British Museum* 據文義校改，《敦煌遺書總目索引》、《敦煌遺書總目索引新編》逕釋作「隍」，「惶」爲「隍」之借字；「災」，*Descriptive Catalogue of the Chinese Manuscripts from Tunhuang in the British Museum* 以爲當作「再」；「禮」，《敦煌遺書總目索引》、《敦煌遺書總目索引新編》未能釋讀。

〔四〕「寶」，當作「保」，*Descriptive Catalogue of the Chinese Manuscripts from Tunhuang in the British Museum* 據文義校改，「寶」爲「保」之借字；「員」，《敦煌遺書總目索引新編》釋作「圓」，誤；「寫此經」，《敦煌遺書總目索引》、《敦煌遺書總目索引新編》漏録。

〔五〕「衣」，當作「依」，*Descriptive Catalogue of the Chinese Manuscripts from Tunhuang in the British Museum*、《敦煌遺書總目索引》據文義校改，「衣」爲「依」之借字，《敦煌遺書總目索引新編》逕釋作「依」。

參考文獻

Descriptive Catalogue of the Chinese Manuscripts from Tunhuang in the British Museum, p. 160（録）；《敦煌遺書總目索引》一五〇頁（録）；《敦煌寶藏》一六册，七頁（圖）；《中國古代寫本識語集録》四七四頁（録）；《敦煌遺書總目索引新編》六三頁（録）。

斯二〇七八　佛説無量壽宗要經題記

釋文

張涓子。

説明

此件《英藏敦煌文獻》未收，現予補録。

參考文獻

Descriptive Catalogue of the Chinese Manuscripts from Tunhuang in the British Museum，p. 145（録）；《敦煌寶藏》一六册，九頁（圖）；《中國古代寫本識語集録》三八八頁（録）；《敦煌遺書總目索引新編》六三頁（録）。

斯二〇七八背　一　社人張員住身故轉帖抄

釋文

社司　轉帖

右緣張員住身故〔一〕，准條合有弔酒壹瓮，人各粟一斗〔二〕。幸請諸公等，帖至，限今月（以下原缺文）

説明

此件首全尾缺，原未抄完。

校記

〔一〕『員』，《敦煌社會經濟文獻真蹟釋録》釋作『願』，誤。

〔二〕『一』，《敦煌社邑文書輯校》釋作『壹』，雖義可通而字誤。

參考文獻

Mair，*Chinoperl Papers*，No. 10（1981），p. 50；《敦煌寶藏》一六册，一四頁（圖）；《敦煌社會經濟文書真蹟釋録》一輯，三四八頁（録）；《英藏敦煌文獻》三卷，二八四頁（圖）；《敦煌社邑文書輯校》一三一頁（録）；補（Ⅳ）社・Ⅲ轉帖 *Tun-Huang and Turfan Documents Concerning Social and Economic History*，p. 78（録）。

斯二〇七八背　二　習字（佚名功德碑文等）

釋文

道可宗固已韶韶穆重徽猷繼武威暢盧山之澤流昌海海之城父失咄弓彌設忠能贊國孝實安親任
重棟梁賴深舟舟檝公夙彰奇表身有大志深沈靡測卓卓不群勇過苻攸贊地寶咸格祖莫賀可汗鍾
純粹之莫崇高之統業無競惟烈有有道可宗固已韶穆重徽猷大繼武威暢盧此山之澤流昌海之城
父父失咄彌設忠能贊國孝實安親任重棟梁賴深舟檝公夙彰奇表身有大大大志志志志深沈靡測
測氵卓卓不不群群勇勇過過弓彌彌彌踰慶忌射穿射懸蝨劍動飛蝯有隨之季聲馳中國煬帝聞而
嘉之固就招聘煬煬帝帝聞而之固嘉之就招招聘（？）輶軒結徹徹璧帛帛帛相仍仍仍仍仍
大大業七七七年年奉珍入侍禮同戚屬寵寵寵冠冠冠列列列蕃烝會五月之期時時參八神之祀仍
屬本本邦邦危危亂亂歸路莫莫從留滯京京華常陪陪鑾蹕遼東東之役役固請請先先先駈駈陷
陣陣陣陣功多特特超諸校賞物千段授金紫光大夫既既而漠北北餘衆自自西徂東靡靡所底居思
我我遺遺遺愛十二年詔率所部屯次次次次晉陽陽糾合舊懷懷族類旋以黃星耀耀采采采采采徂
運告終青青青社發發明聖人人人人有有有作義義義旗建建景業業惟新新新物色色態羆網

懷族類秀逸逸公公獻獻竹籌籌莫莫草昧昧竭節節經經綸參參同同德克翦方方命北清徼
寒塞塞南掃城城邑邑尤尤尤隆得得喪喪無屑襟抱始自自自遐方早早飛飛譽於角晚逢嘉會
終勒美美於琱戈戈結媛通德之門納善幽幽閑之操禮禮容外外佫佫規範內凝琴瑟克克諧松松蘿
叶叶之操禮容外佫規範內凝琴瑟克諧契道長長運短一謝不追人之云亡朋僚殄粤以其年歲歲次
戊戊十一月乙巳朔四四日戊申葬於醴泉縣神跡鄉爰爰發明詔陪衛衛隆隆得喪無屑襟抱始自遐
佫規範內凝琴瑟克諧松蘿叶契道長運短一謝謝不追人之云亡朋僚殄殄殄殄悴粤以以其年歲次
遐方早早飛譽於麟角晚逢嘉會人會終勒美於琱戈戈結媛媛通德之門納善幽閑之操禮容外外佫
戊戊十一月月乙巳朔四月戊申葬於醴泉縣神跡鄉爰發明詔陪衛通德之門納善幽閑之操禮容外
佫規範內凝琴光禄禄大夫仍錫器玩凡所虜獲即以畀之及夫元戎戎河拯溺畿甸乘乘乘轅移指克
寧寧京室常常在顏行每當馳道道疇庸有典俾從大賚策勳三最賜帛萬匹匹又增雜綵加以金錢於
於於時九服服未清四郊多壘壘戈月日用烽燧不息公每光禄大夫仍錫器玩凡所虜獲即以畀之及
夫元戎濟河拯溺畿甸乘轅移指克寧京室常在顏行每當馳道道疇庸有典俾從大賚策勳三最賜帛
萬匹又增雜綵加以金錢於時九服未清四郊多壘戈日用烽燧燧燧不息息公每篋神麾驟參皇駕東
西龕定匪遑晏處故能轉戰仞殺涉血搴旗長駈汧隴禽敵制勝德元年拜上柱國封康國公食邑三千
戶賜繒一千段生口卌人錦衣一襲以示榮寵三年授右翊衛將軍軍六郡良家九卿任子統茲禁旅朝
寄寄斯善男子菩薩摩訶薩復有十法名爲攝法何等爲十以施攝衆生以攝樂衆生

説明

此件爲時人習字抄文，内容包括碑文抄和《寶雲經》。習字部分單字多有重復，雖是隨手所書，但仍屬成段抄寫，在理順文序後，是一篇文筆優美、内容較爲完整的碑文。碑主突厥族裔，姓名已佚，生年不詳，卒於戊戌年，即貞觀十二年（六三八年）。隋時入侍隋煬帝，突厥内亂留隋，參與遼東之役。後隨唐高祖舉義，討平汧隴，封康國公，授右翊衛將軍。經與史籍比定，可以確認碑主是史大奈，其事跡見於《舊唐書·突厥傳下》、《新唐書·史大奈傳》。以下是整理後的釋文：

惟烈有道可宗，固已韶穆重徽。猷繼武威，暢盧山之澤；□□□□，流昌海之城。祖贊地寶咸格莫賀可汗，鍾純粹之，莫崇高之，統業無競。父失咄彌設，忠能贊國，孝實安親，任重棟梁，賴深舟檝。公夙彰奇表，身有大志，深沉靡測，卓卓不群。勇過苻攸，劍動飛蝯；弓踰慶忌，射穿懸蝨。有隋之季，聲馳中國。煬帝聞而嘉之，固就招聘，輶軒結徹，璧帛相仍。大業七年，奉珍入侍，禮同戚屬，寵冠列蕃。悉會五月之期，時參八神之祀。仍屬本邦危亂，歸路莫從，留滯京華，常陪鑾蹕。遼東之役，固請先駈陷陣，功多特超諸校，賞物千段。授金紫光禄大夫，仍錫器玩。凡所虜獲，即以畀之。既而漠北餘衆自西徂東，靡所庭（停）居[一]，思我遺愛。十二年，詔率所部屯次晉陽。旋以黃星耀采，徂運告終；青社發明，聖人有作義旗、建景業。惟新物色熊羆，公（乃）糾合秀逸[二]，網懷族類，（貢）獻竹籌[三]，莫昧竭節，經綸參同，德克翦方。命北清傲塞，南掃城邑。及夫元戎濟河，拯溺畿甸，乘轅移指，克寧京室。常在顔行，每當馳道，疇庸有典，策勳三最。俾從大賚，賜帛萬匹，又增雜綵，加以金錢。於時九服未清，四郊多壘，〔兵〕戈日用〔四〕，烽燧不息。公每箇神麾，驟參皇駕，東西龕定，匪遑晏處，故能轉戰仞（屻）穀（谷）〔五〕，涉血搴旗，長駈汧隴，禽（擒）敵制勝〔六〕。〔武〕德元年拜上柱國〔七〕，封康國公，食邑三千戶，賜繒一千段、生口卌人、錦衣一襲，以示榮寵。三年授右翊衛將軍，六郡良家，九卿任子，統茲禁旅，朝寄尤隆。得喪無屑襟抱。始自遐方，早飛譽於麟角；晚逢嘉會，終勒美於琱戈。結媛通德之門，納善幽閑之操。禮容外脩，規範內凝，琴瑟克諧，松蘿叶契。道長運短，一謝不追。人之云亡，朋僚殄悴。粵以其年歲次戊戌十一月乙巳朔四月戊申，葬於醴泉縣神跡鄉，爰發明詔陪衛。

校記

〔一〕「庭」，當作「停」，據文義改，「庭」爲「停」之借字。

〔二〕「乃」，據文義補。

〔三〕「頁」，據文義補。

〔四〕「兵」，據文義補。

〔五〕「仞」，當作「屻」，據文義改，「仞」爲「屻」之借字；「穀」，當作「谷」，據文義改，「穀」爲「谷」之借字。

〔六〕「禽」，當作「擒」，據文義改，「禽」爲「擒」之借字。

〔七〕「武」，據文義補。

參考文獻

《敦煌寶藏》一六册，一四至一六頁（圖）；《英藏敦煌文獻》三卷，二八四至二八五頁（圖）。

斯二〇七九 吐蕃時期敦煌龍興寺藏經目録

釋文

（前缺）

《[法]華三昧經》〔一〕，一；《金色王經》，一；

《如來獨證自[誓三昧經]》〔二〕，[一]〔三〕；

《須摩提經》，一；《堅固女經》，一；

《師子月佛本生經》，一；《大乘十法經》，一；

《法界體性無分別經》，二；《善臂菩薩經》，二〔四〕；

《差摩婆帝授記經》，一；《月明菩薩經》〔五〕，一；

《佛語經》，一；《菩薩呵色欲經》，一；

《菩薩生地經》，一；《鹿子經》，一；

《鹿母經》，一；《溫室經》，一；

《一切施王行檀波羅蜜經》，一；《心明經》〔六〕，一；
《賢首經》，一；《長者音悅經》，一；
《四不可得經》，一；《阿彌陀鼓音聲陀羅尼經》〔七〕，一；
《不增不減經》〔八〕，一；《十二佛名神呪經》，一；
《菩薩行五十緣身經》〔九〕，一；《十吉祥經》，一；
《八部佛名經》，一；《後出阿彌陀佛偈經》，一；
《長者法志妻經》，一；《八吉祥神呪經》〔一〇〕，一；
《太子墓魄經》〔一一〕，一；《薩羅國經》，〔一〕〔一二〕；
《八楊（陽）神呪經》〔一三〕，一；《百佛名經》，一；
《賢者五福德經》〔一四〕，一；·《八大人覺經》，一；
《太子辟羅經》，一〔一五〕；《梵網經》，二；
《菩薩藏經》，一；《淨業鄣經》，一；
《法律三昧經》，一；《菩薩受齋經》，一；
《三曼陀颰陀羅菩薩經》〔一六〕，一〔一七〕；《菩薩五法懺悔經》〔一八〕，一；
《大乘三聚懺悔經》，一；《舍利弗懺悔經》〔一九〕，一〔二〇〕；

《決定毗尼經》，一；《文殊悔過經》，一；
《寶梁經》，二；《大方廣三戒經》，三；
《菩薩善戒經》，一；《菩薩內戒經》，一〔二一〕；
《優婆塞〔戒〕經》〔二二〕，六；《佛藏經》，四〔二三〕。

大乘重譯經〔二四〕　四百五十四卷〔二五〕

《放光般若波羅蜜經》，卅〔二六〕；《光讚般若波羅蜜經》，十〔二七〕；
《道行般若波羅蜜經》，十〔二八〕；《新道行經》，七〔二九〕；
《小品般若經》，十〔三〇〕；《悲華經》，十〔三一〕；
《大方等大集菩薩念佛三昧經》〔三二〕，十〔三三〕；《法華經》，八〔三四〕；
《[大]悲分陀利經》〔三五〕，八〔三六〕；《正法華經》，十〔三七〕；
《入楞伽經》，十〔三八〕；《大哀經》，八〔三九〕；
《虛空藏經》，八〔四〇〕；《大般泥洹經》，六〔四一〕；
《大薩遮尼乾子經》，七；《維摩經》，三〔四二〕；
《菩薩念佛三昧經》〔四三〕，六；《度世經》，六〔四四〕；
《阿差末經》〔四五〕，七；《聖善住意天子所問經》，三〔四六〕；
《信力入印法門經》，五；《漸備一切智德經》，五〔四七〕；

《不退轉法輪經》，四；《思益梵天所問經》〔四八〕，四；
《持世經》，四〔四九〕；《持人菩薩所問經》，四；
《持心梵天所問經》，四；《弘道廣顯三昧經》，四〔五〇〕；
《道神足無極變化經》，四；《廣博嚴淨不退轉經》，四；
《十住經》，四〔五一〕；《勝思惟梵天所問經》，六；
《如幻三昧經》，二〔五二〕；《無盡意經》，六；
《伅真陀羅尼經》〔五三〕，二；《哀泣經》，一〔五四〕；
《大明度無極經》，四；《楞伽阿跋多羅經》，四〔五五〕；
《大方等善住意天子所问經》，四；《如來興顯經》，四；
《諸法本無經》，三〔五六〕；《大樹緊那羅王經》，四；
《普超三昧經》，三；《集一切福德三昧經》，三〔五七〕；
《阿惟越致遮經》，三；《羅摩伽經》，三；
《寶女經》，三〔五八〕；《大乘方便經》，三；
《菩薩行經》，三；《文殊現寶藏經》，三；
《等集衆德三昧經》，三〔五九〕；《大方廣寶篋經》，三；
《順權方便經》，二；《四童子三昧經》，三；

《阿耨達龍王經》，二；《無量清淨平等覺經》，二〔六〇〕；
《大雲輪請雨經》〔六一〕，二；《阿彌陀經》，一；
《法鏡經》，二；《德護長者經》，二；
《如來莊嚴智惠光明入一切佛境界經》，二〔六二〕；《寶如來三昧經》，二；
《奮迅王問經》，二；《自在王經》，二；
《阿闍世王經》，二；《慧上菩薩問經》，二〔六三〕；
《維摩詰經》，二；《大莊嚴法門經》，二；
《方等泥洹經》，二；《諸法無行經》，二；
《佛昇忉利天爲母説法經》，二〔六四〕；《樂瓔珞莊嚴方便經》，一；
《虛空藏菩薩經》，一；《金剛塲陀羅尼經》〔六五〕，一；
《金光（剛）上味陀羅尼經》〔六六〕，一〔六七〕；《藥師琉璃光經》，一；
《慧印三昧經》，一；《一切法高王經》，一；
《拔陂菩薩經》，一；《彌勒成佛經》，一；
《轉女身經》，一〔六八〕；《度諸佛境界智嚴經》〔六九〕，一；
《第一義法勝經》，一；《諸法勇王經》，一；
《度一切諸佛境界智嚴經》，一〔七〇〕；《金光（剛）般若經》〔七一〕，一；

《大威燈光仙人問疑經》，一；《無量門破魔陀羅尼經》，一；
《相續解脱經》，一；《一向出生菩薩經》，一；
《金剛般若經》，一[七二]；《無言童子經》，二；
《無量壽經》，二；《善思童子經》，二；
《菩薩淨行經》，二；《虛空孕菩薩經》，二[七三]；
《佛遺藏（日）摩尼寶經》[七四]，一；《大淨法門經》，一；
《大雲請雨經》，一；《象掖（腋）經》[七五]，一；
《虛空藏菩薩神呪經》，一；《大方等大雲請雨經》，一；
《郁迦羅越問菩薩行經》[七六]，一；《大寶積經》，一；
《郁伽長者問經》[七七]，一；《無所希望經》，一[七八]；
《無垢施菩薩分別應辯經》，一；《阿闍世王女阿術達經》[七九]，一；
《清淨毗尼方廣經》，一；《文殊師利淨律經》，一；
《無崖際持法門經》，一；《無極寶三昧經》，一；
《寂調音所問經》，一；《得無垢女經》，一；
《無畏德女經》，一；《離垢施女經》，一[八〇]；
《菩薩本業經》，一；《大方等頂王經》，一；

《大乘頂王經》，一；《藥師如來本願經》，一；

《文殊師利巡行經》，一；《尊勝菩薩所問經》，一；

《大方廣菩薩十地經》，一；《如來智印經》，一；

《摩訶〔衍〕寶嚴經》〔八一〕，一；·《金剛般若經》，一；

《孔雀王呪經》，一〔八二〕；《諸菩薩求佛本業經》，一；

《阿難〔陀〕目佉尼呵離陀鄰尼經》〔八三〕，一；《善法方便陀羅尼經》，一；

《文殊師利問菩提經》，一；《莊嚴菩提心經》，一；

《出生無量門經》，一；《舍利弗陀羅尼經》，一；

《象頭精舍經》，一；《前世三轉經》，一；

《決定惣持經》，一；《伽邪山頂經》〔八四〕，一；

《月光童子經》，一；《文殊尸利行經》，一；

《解節經》，一；《稻芉經》〔八五〕，一；

《申日經》，一〔八六〕；·《彌勒下生經》，一；

《彌勒來時經》，一；·《無量受（壽）佛經》〔八七〕，一；

《老母經》，一；《老母女六英經》，一；

《觀虚空藏菩薩經》，一；《正恭敬經》，一；

《善恭敬經》，一；《八吉祥經》，一；
《八佛名號經》，一；《龍施女經》，一；
《龍施菩薩本起經》，一；《睒子經》，一；
《菩薩睒子經》，一；《了本生死經》，一；
《大方等修多羅經》[八八]，一；《轉有經》，一；
《大乘方等要惠經》，一；《彌勒菩薩所問經》，（一）[八九]；
《謗佛經》，一；《小無量壽經》，一[九〇]；
《乳光佛經》，一；《犢子經》，一；
《長者子制經》，一；《逝童子經》，一；
《菩薩逝經》，一；《聞城十二因緣經》，一；
《十二因緣（經）》[九一]，（一）[九二]；《貝多樹下思惟十二因緣經》，一；
《腹中女聽經》，一；《胎藏經》，一；
《無垢賢女經》，一；《無量門微密持經》，一；
《銀色女經》，一；《太子和休經》，一；
《太子刷護經》，一；《金剛秘密陀羅尼經》，一；
《阿闍世王受決經》，一；《採蓮違王上佛經》，一；

《師子奮迅菩薩問經》，一；《華積陀羅尼經》，一；

《華聚陀羅尼經》，一；《放鉢經》，一；

《兜沙經》，一〔九三〕。

小乘經單譯〔九四〕　四百廿七卷〔九五〕

《正法念處經》，七十〔九六〕；《增一阿含經》，五十一〔九七〕；

《中阿含經》，六十〔九八〕；《雜阿含經》，五十〔九九〕；

《長阿含經》，廿二〔一〇〇〕；《别譯雜阿含經》，廿〔一〇一〕；

《起世經》，十〔一〇二〕；《雜寶藏經》，八〔一〇三〕；

《賢愚經》，十三〔一〇四〕；《普曜經》，八〔一〇五〕；

《脩行道地經》〔一〇六〕，六〔一〇七〕；《生經》，五；

《胞胎經》，一；《處處經》，一；

《泥犁經》，一；《五百弟子自説本起經》〔一〇八〕，一；

《僧護因緣經》，一〔一〇九〕；《達摩多羅禪經》，二；

《毗邪娑問經》，二；《大安般守意經》，二；

《興起行經》，二；《中本起經》，二〔一一〇〕；

《優婆夷淨行法門經》，二；《那先比丘經》，二；

《陰持入經》，二；《義足經》，二；
《柰女耆域國經》，一；《般泥洹經》，一〔一一一〕；
《淨飯王般涅槃經》，一；《八師經》，一；
·《辯意長者子經》，〔一〕〔一一二〕；《四自侵經》，一；
《七女經》，一；《憂填王經》，一；
《佛入涅槃密跡金剛力士哀戀經》〔一一三〕，一；《見正經》，一；
《中心經》，一；《樹提伽經》〔一一四〕，一；
《盧至長者因緣經》，一；·《須摩提長者經》〔一一五〕，一；
《燈指因緣經》，一；《普達王經》，一；
《佛大僧大經》，一；《十二頭陀經》，一；
《新歲經》〔一一六〕，一；《十八泥犁經》〔一一七〕，〔一〕〔一一八〕；
《舍利弗摩訶目健（揵）連遊四衢經》〔一一九〕，一；《未曾有經》，一〔一二〇〕；
《佛滅度後棺斂葬送經》，一；《摩訶迦葉度貧母經》，一；
《迦葉赴佛般涅槃經》，一；《梵摩難國王經》，一；
《羅云忍辱經》，一；《造立形像福報經》，一；
《頻多和多耆經》，一；《三品弟子經》，一；

《禪行法想經》，一；《所欲致患經》，一；
《阿難七夢經》，一；《婦人遇辜經》，一；
《當來變經》，一；《出家緣經》，一；
《五無反覆經》〔一二一〕，〔一〕〔一二二〕；《木患子經》，一；
《法受塵經》，一；《未生怨經》，〔一〕〔一二三〕；
《栴檀樹經》〔一二四〕，一；《無上處經》，一〔一二五〕；
《末羅王經》〔一二六〕，一；《法常住經》，一〔一二七〕；
《菽（越）難經》〔一二八〕，一；《五王經》，一；
《四輩經》，一；《自愛經》，一；
《四願經》，一；《護淨經》，一；
《遺教經》，一〔一二九〕；《罪業報應教化地獄經》，一；
《迦栴延説法沒盡經》〔一三〇〕，一；《得道梯蹬錫杖經》，一；
《長者子懊惱三處經》，一；《佛爲年少比丘説正事經》，一；
《無垢優婆夷問經》，一；《沙曷比丘功德經》〔一三一〕，一；
《灌洗佛形像經》，一；《栴陀越國王經》〔一三二〕，一；
《過去佛分衛經》，一；《呵鵰阿〔那〕含經》〔一三三〕，一；

《摩達國王經》，一；《龍王兄弟經》〔一三四〕，一；
《懈怠耕者經》，一；《難提釋經》，一；
《大迦葉本經》，一；《阿含正行經》，一；
《十二品生死經》，一；《時非時經》，一；
《堅意經》，一；《五恐怖經》，一；
《諫王經》，一；《貧窮老公經》，一；
《四品學法經》，一；《輪轉五道經》，一；
《阿難四事經》，一；《揵陀國王經》〔一三五〕，一；
《四天王經》，一；《大魚事經》，一；
《邪祇經》〔一三六〕，一〔一三七〕。

小乘經重譯〔一三八〕　一百一十卷〔一三九〕

《樓炭經》，六；《過去現在因果經》，四〔一四〇〕；
《阿蘭若習禪法經》，二；《太子本起瑞應經》〔一四一〕，二；
《脩行本起經》〔一四二〕，二；《佛般泥洹經》，二；
《大般涅槃經》，二〔一四三〕；《坐禪三昧經》，三；
·《摩登伽經》，三天文〔一四四〕；《長阿含十報法經》，二；

《舍頭諫經》，一；《普法義經》，一；
《梵網六十二見經》，一；《寂志果經》，一〔一四五〕；
《開解梵志阿颰經》，一；《梵志問頞羅延問種尊經》，一；
《業報差別經》，一；《雜藏經》，一；
《三摩竭經》，一；《求欲經》，一；
《大愛道般泥洹經》，一；《七處三觀經》，一；
《瑠璃王經》，一；《漏分布經》，一；
《四帝（諦）經》〔一四六〕，一；《賴吒和羅經》，一；
《鸚鵡經》，一；《十支居士八城人經》，〔一〕〔一四七〕；
《雜阿含經》，一〔一四八〕；《比丘避女惡名欲自煞經》〔一四九〕，一；
《阿難問事佛吉凶經》，一；《尸迦羅越（越）六向拜經》〔一五〇〕，一；
《瞿曇彌記果經》，一；《蓱沙王五願經》，一；
《般泥洹後灌臘經》，一；《頂生王故事經》，一；
《一切流攝守因經》，一；《罪福報應經》，一；
《釋摩男本經》，一；《報恩奉盆經》，一〔一五一〕；
《本相倚致經》，一〔一五二〕；《阿那律八念經》，一；

《餓鬼報應經》，一；《七佛父母姓字經》〔一五三〕，一；
《魔嬈亂經》，一；《梵摩喻經》，一；
《摩登女解形中六事經》，一；《阿難分別經》，〔一〕〔一五四〕；
《沙彌羅經》，一；《鬼問目連經》，一；
《玉邪經》，一；《阿遬達經》，一；
《古來世時經》，一；《五母子經》，一；
《長壽王經》，一；《恒水經》，一；
《摩鄧女經》，一；《緣本智（致）經》〔一五五〕，一；
《齋經》，一〔一五六〕；《比丘問佛名優婆塞命終經》，一；
《波斯匿王太后崩塵坌身經》〔一五七〕，一；《國王不梨先泥十夢經》〔一五八〕，一；
《長者子六過出家經》，一；《施食獲五福報經》，一；
《閻羅王五天使者經》，一；《是法非法經》，一；
《阿那邠邸化七子經》〔一五九〕，一；《四未曾有經》，一；
《力士移山經》，一；《戒相應法經》，一；
《五陰譬喻經》，一；《孫多邪致經》，一；
《鴦崛髻經》，一；《諸法本經》，一；

《聖法印經》，一；《增一阿含經》，一；
《群牛譬經》，一；《禪行卌七品經》〔一六〇〕，一；
《誡德香經》，一；《比丘聽施經》，一；
《行七行現報經》，一；《馬有八態經》，一；
·《盂蘭盆經》，一；《馬有三相經》，一；
《鹹水喻經》，一；《不自守意經》，一；
《八正道經》，一；《七知經》，一；
《九横經》，一；《放牛經》，一；
《阿難同學經》，一〔一六一〕；《須達經》，一〔一六二〕。

小乘律卅五部〔一六三〕　**二百七十五卷**〔一六四〕

《四分律》，六十〔一六五〕；《僧祇律》〔一六六〕，卌〔一六七〕；
《十誦律》，六十一〔一六八〕；《沙彌塞律》〔一六九〕，卅〔一七〇〕；
《善現（見）律毗婆沙》〔一七一〕，十八〔一七二〕；《鼻奈邪》，十〔一七三〕；
《薩婆多毗尼摩德勒伽》，十〔一七四〕；《薩婆多毗尼毗婆沙》〔一七五〕，九〔一七六〕；
《毗尼母》，八〔一七七〕；《大愛道比丘尼經》，二；
《大比丘三千威儀》，二〔一七八〕；《曇無德羯磨法》〔一七九〕，二〔一八〇〕；

《大沙門百一羯磨法》，一；《十誦羯磨比丘要用法》〔一八一〕，一；
《四分比丘尼羯磨法》，一〔一八二〕；《四分比丘戒本經》〔一八三〕，一；
《十誦比丘戒本經》〔一八四〕，一；《僧祇比丘戒本》〔一八五〕，一；
《彌沙塞比丘戒本經》，一；《四分比丘尼戒本經》，一；
《十誦比丘尼戒本經》，一；《僧祇比丘尼戒本經》〔一八六〕，一；
《解脱戒本經》，一〔一八七〕；《優婆塞五戒威儀經》，一；
《優婆塞五戒相經》，一；《犯戒罪報輕重經》，一；
《沙彌尼戒經》，一；《真僞沙門經》，一；
《舍利弗問經》，一；《迦葉禁戒經》，一；
《優波離問佛經》，一；《戒消災經》，一；
《沙彌十戒法并威儀經》，一；《沙彌威儀經》〔一八八〕，一；
《沙彌尼離戒文經》，一〔一八九〕。

大乘論五十三部　三百一十六卷〔一九〇〕

·《大智度論》，一百〔一九一〕；　·《般若燈論》，十五〔一九二〕；
《大莊嚴論》，十五〔一九三〕；《十住毗婆沙論》，十四〔一九四〕；
《大乘莊嚴經論》〔一九五〕，十三〔一九六〕；《攝大乘論》，十五〔一九七〕；

斯二〇七九

《攝大乘論》，十二〔一九八〕；《攝大乘論》，十〔一九九〕；
《攝大乘釋論》，十〔二〇〇〕；《十地經論》，十二〔二〇一〕；
《地持論》〔二〇二〕，十〔二〇三〕；《菩薩善戒經》，九〔二〇四〕；
《菩提資糧論》〔二〇五〕，十六；《佛阿毗曇經》，二；
《入大乘論》，二〔二〇六〕；《彌勒菩薩所問經論》，五；
《三無性論》，二；·《佛性論》，四；
·《中論》，四；·《百論》，二〔二〇七〕；
《大乘寶積經論》，四；《勝思惟梵天所問經論》，四；
《文殊師利問菩提經〔論〕》〔二〇八〕，一；《究竟一乘寶性論》，四；
《中邊分別論》，二；《順中論》，二；
《大丈夫論》，二；《攝大乘本經論》〔二〇九〕，三；
《金剛般若經論》，三；《攝大乘本論》，二；
《金剛波（般）若論》〔二一〇〕，一；·《大乘起信論》，一；
《如實論》，一；《十八空論》，一；
《十二門論》，一；《三具足論》，一；
《方便心論》，一；《迴諍論》，一；

《法華論》，一；《唯識論》，一無竟（境）界〔二一一〕；
《唯識論》，一〔二一二〕；《發菩提心論》，二；
《涅槃經本有今無偈論》，一；《寶髻菩薩四法結（經）論》〔二一三〕，一；
《壹輪盧伽論》，一；《轉法輪經論》，一；
·《無量壽經論》，一；《業成就論》，一；
《無想（相）思塵論》〔二一四〕，一；《百字論》，一；
《涅槃論》，一；《解捲論》〔二一五〕，一；
《緣生論》，一；《十二因緣論》，一。

小乘論廿四部〔二一六〕　二百七十四卷

《阿毗曇毗婆沙論》，六十；《阿毗曇八揵（犍）度論》〔二一七〕，卅〔二一八〕；
《解脱道論》，十二；《舍利弗阿毗曇論》，廿二〔二一九〕；
《俱舍論》，廿二〔二二〇〕；《出曜論》，廿〔二二一〕；
《成實論》，廿〔二二二〕；《鞞婆沙阿毗曇論》，十四；
《衆事分阿毗曇〔論〕》〔二二三〕，十二；《雜阿毗曇心論》，十一；
《立世阿毗曇論》，十；《尊婆須蜜所集論》，十；
《法勝阿毗曇論》，六；《阿毗曇心論》，一；

《分別功德論》，四；《四諦論》，四；

《三彌底論》，三；《甘露味阿毗曇論》，二；

《辟支佛因緣論》，二；《三法度論》，二；

《隨相論》，一；《十八部論》，一；

《部異執論》，一；《明了論》，一。

賢聖集傳　卅六部〔二二四〕**一百八十二卷**

《佛本行集經》，六十；《撰集百緣經》，十；

《陀羅尼集》，十；《六度集》，八；

《佛本行經》，七；《付法藏因緣傳》，六；

《阿育王傳》，〔七〕〔二二五〕；《摩訶般若波羅蜜經鈔》，五；

《佛所行讚經傳》，五；《禪秘要經》，五；

《禪法要解》，二；《禪秘要法》，三；

《法句譬喻經》，四；《百喻經》，四；

《法句集》，二；《僧伽羅刹所集經》，三；

《舊雜譬喻經集》，二；《雜譬喻經》，二；

《菩薩本緣經》，三；《阿育王太子壞目因緣經》，一；

《無明羅刹集》，一；《治禪病秘要法》，一；
《孛經鈔集》，一；《四阿含暮鈔》，一；
《金七十論》，三；《撰集三藏及雜藏傳》，一；
《阿含口解十二因緣經》，一；《婆藪槃豆法師傳》，一；
《阿毗曇五法行經》，一；《馬鳴菩薩傳》，一；
《龍樹菩薩爲禪陀迦王説法要偈》，一；《請賓頭盧法》，一；
《思惟略法（要）要（法）》[二二六]，一；《提婆菩薩傳》，一；
《龍樹菩薩傳》，一；《分別業報略》，一；
《雜譬喻經》，一；《迦葉結經》，一；
《四十二章經》，一；《十二遊經》，一；
《佛醫經鈔》，一；《破外道四宗論》，一；
《破外道涅槃論》，一；《賓頭盧突羅闍爲優陀延王説法經》，一卷；
《提婆菩薩釋楞〔伽〕經小乘涅槃論》[二二七]，一；《衆經目録》，五卷。

新翻經目録

《大般若經》，六百；《大菩薩藏經》，廿[二二八]；
《新大集十輪經》，十卷；《大乘阿毗達摩（磨）雜集》[二二九]，十六；

·《成唯識論》，十；《本事經》，七卷；
《解深密經》，五；《無垢稱經》，六；
《新翻藥師經》，一；《新翻藥師經》，一；
《分別緣起初勝法門經》，二；《不空羂索經》，一；
《十一面神呪心經》，一；《稱讚大乘功德經》，一；
《如來示教勝軍王經》，〔一〕〔二三〇〕；《最無比經》，一；
《菩薩戒本經》，一；《佛地經》，一；
《稱讚淨土佛攝受經》，一；《菩薩戒羯磨文》，一；
《寂照神變三摩地經》，一；《緣起經》，一；
《受持七佛名號所生功德經》，一；《天請問經》，一；
《甚希有經》，一；《顯無邊佛土功德經》，一；
《拔濟苦難陀羅尼經》，一；《佛臨般涅槃記法住經》，一；
·《般若波羅蜜多心經》，一卷；《後出阿彌陀〔佛〕偈》〔二三一〕，一；
《俱舍論》，上、中、下，三袟（帙）〔二三二〕，卅卷〔二三三〕；《顯揚聖教論》，上、下，兩
袟（帙），廿卷〔二三四〕；
《方廣大莊嚴經》，一袟（帙），十二卷；

《寶星經》，十卷；《大乘密嚴經》，三；《證契大乘經》，兩卷；
《造像功德經》，兩卷；《顯識經》，一卷；
《大方廣師子吼經》，一；《大乘百福相經》，一；
《大乘離文字普光明藏經》，一；《花嚴經脩慈分》〔二三五〕，一；
《準提陀羅尼經》，一；《華嚴入法界品》，一；
《造塔功德經》，一；《大〔法〕炬陀羅尼經》〔二三六〕，〔廿〕〔二三七〕；
《睒摩經》，一；《法界無分別論》，一；
《佛頂尊勝陀羅尼經》，一；《諸佛集會陀羅尼經》，一；
《金剛般若論》，兩卷；·《占察善惡業報經》，二；
《入阿毗達磨論》，二卷；《觀所緣論》，一；
·《因明正理門論》，一；·《因明入正理論》，一；
《王法正理〔論〕》〔二三八〕，一；《十誦羯磨》，一；
《勝宗十句義論》，一；《慶友大阿羅漢所説經法住記》，一；
《長者女菴提遮師子吼了義經》，一；《阿吒那致（智）呪經》〔二三九〕，一；
《大乘五蘊論》，〔一〕〔二四〇〕；《師子莊嚴請問經》，一；
《如意陀羅尼呪》，一；《内典録》，十卷；《瑜伽論》，一百卷；

《新翻花嚴〔經〕》〔二四一〕，八十卷；《一切經音〔義〕》〔二四二〕，上、中、下，廿四卷〔二四三〕；

《金光明〔經〕》〔二四四〕，十卷；《華嚴經論》，九十七卷；

《根本説一切有部毗柰邪》并《雜〔事〕》等〔二四五〕，九十卷；《阿毗達摩（磨）大毗婆沙論》〔二四六〕，二百；

《阿毗達摩（磨）順正理論》〔二四七〕，八十卷；《大寶積經》，一百廿卷〔二四八〕；

《阿毗達磨品類足論》，上、下，十八卷；《阿毗達磨發智論》，卌卷〔二四九〕；

《阿毗達磨識身足論》，十六卷；《阿毗達磨集異門足論》，上、下，廿卷〔二五〇〕；

《顯宗論》，卌卷〔二五一〕；《苾芻尼毗柰邪》〔二五二〕，廿四卷〔二五三〕；

《根本説一切有部百一羯磨》，十卷；《金剛仙論》，十；

《律攝》，十四卷；《木（目）德（得）迦》〔二五四〕，十；

《優婆塞戒經》，十；《大乘掌珍論》，兩卷；

《辯中邊論》，三；《瑜伽師地論釋》，一卷；

《辯中邊頌》，一；《五事毗婆沙論》，兩卷；

《顯揚聖教〔論〕頌》〔二五五〕，一；《金剛三昧本性清淨不壞不滅經》，一；

《大乘百法明門論》，一；《如來在金棺囑類（累）清淨〔莊〕〔嚴〕敬福經》〔二五六〕，一；

《威施長者門（問）菩薩脩行經》〔二五七〕，一卷。

説明

此件首缺尾全，起『《法華三昧經》，一』，迄『《威施長者門（問）菩薩脩行經》，一卷』，存『大乘重譯經』、『小乘經單譯』、『小乘經重譯』、『小乘律』、『大乘論』、『小乘論』、『賢聖集傳』、『新翻經目録』等篇目，卷中『世』字缺筆，有些經名用朱筆點勘，無合帙記録。現知敦煌文獻中保存的相關寫本還有伯三八〇七，該件首尾均缺，起『《如來獨證自誓三昧經》，一卷』，迄『右三論同帙』，存『小乘經』、『小乘經重翻』、『小乘律』、『大乘論』等四個篇目，有合帙記録。方廣錩認爲這兩件文獻均是吐蕃管轄時期敦煌龍興寺的藏經目録，主要依據《大唐内典録》編撰，並根據敦煌的實際情況或實際需要有所損益。（參看《敦煌佛教經録輯校》（上），江蘇古籍出版社，一九九七年版，四四四至四四五頁）。

以上釋文以斯二〇七九爲底本，用伯三八〇七（稱其爲甲本）參校。甲本著録各經卷數時，除標明數目外，還在數目之下多寫『卷』字。爲避免繁瑣，不一一出校。

校記

〔一〕『法』，《敦煌佛教經録輯校》據歷代經録校補。
〔二〕『誓三昧經』，據甲本及殘筆劃補。
〔三〕『一』，據甲本及文例補。甲本始於此句。

〔四〕甲本此句後有「右十二經同袟（帙）」。

〔五〕「明」，底本此字作「朙」，「朙」爲「明」之古字。以下同，不另出校。

〔六〕「心」，據甲本補。

〔七〕「彌」，據甲本補；「鼓」，甲本脱。

〔八〕「滅」，甲本作「滅」。

〔九〕「菩」，據甲本補。

〔一〇〕「神呪」，甲本無。

〔一一〕「墓」，甲本作「慕」。

〔一二〕「一」，據甲本及文例補。

〔一三〕「楊」，當作「陽」，據甲本改，「楊」爲「陽」之借字。

〔一四〕「賢」，據甲本補。

〔一五〕甲本此句後有「右廿九經同袟（帙）」。

〔一六〕「颭」，甲本作「颱」，誤。

〔一七〕甲本此經抄寫在《菩薩受齋經》之前。

〔一八〕「經」，甲本作「文」。

〔一九〕「悔」，甲本作「過」。

〔二〇〕甲本此句後有「右九經同袟（帙）」。

〔二一〕甲本此句後有「右六經同袟（帙）」。

〔二二〕「戒」，據甲本補。

〔二三〕甲本此句後有「右二經同袟（帙）」。
〔二四〕「大乘重譯經」，甲本無。
〔二五〕「四百五十四卷」，甲本無。
〔二六〕「卅」，《敦煌佛教經録輯校》釋作「三十」。甲本此句後有「三袟（帙）」。
〔二七〕甲本此句後有「一袟（帙）」。
〔二八〕甲本此句後有「一袟（帙）」。
〔二九〕甲本此句後有「二袟（帙）」。
〔三〇〕「十」，甲本作「八」。甲本此句後有「一袟（帙）」。
〔三一〕甲本此句後有「一袟（帙）」。
〔三二〕「大方等大集」，甲本無。
〔三三〕甲本此句後有「一袟（帙）」。
〔三四〕「八」，甲本作「七」。甲本此句後有「一袟（帙）」。
〔三五〕「大」，據甲本補。
〔三六〕甲本此句後有「一袟（帙）」。甲本此句抄於「《悲華經》，十卷，一袟（帙）」之後。
〔三七〕甲本此句後有「一袟（帙）」。
〔三八〕甲本此句後有「一袟（帙）」。
〔三九〕甲本此句後有「六袟（帙）」。
〔四〇〕甲本此句後有「一袟（帙）」。
〔四一〕甲本此句後有「一袟（帙）」。

〔四二〕甲本此句後有「右二經同袟（帙）」。
〔四三〕「菩薩」，甲本無。
〔四四〕甲本此句後有「右三經同袟（帙）」。
〔四五〕「末」，甲本作「未」。
〔四六〕甲本此句後有「右二經同袟（帙）」。
〔四七〕甲本此句後有「右二經同袟（帙）」。
〔四八〕「所」，甲本無。
〔四九〕甲本此句後有「右三經同袟（帙）」。
〔五〇〕甲本此句後有「右三經同袟（帙）」。
〔五一〕甲本此句後有「右三經同袟（帙）」。
〔五二〕甲本此句後有「右二經同袟（帙）」。
〔五三〕「伅」，甲本作「屯」；「尼」，甲本無。
〔五四〕甲本此句後有「右三經同袟（帙）」。
〔五五〕甲本此句後有「右二經同袟（帙）」。
〔五六〕甲本此句後有「右三經同袟（帙）」。
〔五七〕甲本此句後有「右三經同袟（帙）」。
〔五八〕甲本此句後有「右三經同袟（帙）」。
〔五九〕甲本此句後有「右四經同袟（帙）」。
〔六〇〕甲本此句後有「右五經同袟（帙）」。

〔六一〕「輪」，甲本無。
〔六二〕甲本此句後有「右五〔經〕同袟（帙）」。
〔六三〕甲本此句後有「右五經同袟（帙）」。
〔六四〕甲本此句後有「右五經同袟（帙）」。
〔六五〕「剛」，甲本作「䎬」，「䎬」爲「剛」之或體。
〔六六〕「光」，當作「剛」，據甲本改，「光」爲「剛」之借字。
〔六七〕甲本此經抄寫在《金剛塲陀羅尼經》之前。
〔六八〕甲本此句後有「右十經同袟（帙）」。
〔六九〕「智」，甲本作「智光」。
〔七〇〕甲本此經抄寫在《度諸佛境界智光嚴經》之前。
〔七一〕「光」，當作「剛」，據甲本改，「光」爲「剛」之借字。
〔七二〕甲本此句後有「右十經同袟（帙）」。
〔七三〕甲本此句後有「右五經同袟（帙）」。
〔七四〕「藏」，當作「日」，據甲本及《大唐内典録》改。
〔七五〕「掖」，甲本同，當作「腋」，據《大唐内典録》改，《敦煌佛教經録輯校》逕釋作「腋」，「掖」爲「腋」之借字。
〔七六〕「越」，甲本脱。
〔七七〕「伽」，甲本作「迦」。
〔七八〕甲本此句後有「右十經同袟（帙）」。
〔七九〕「王」，甲本脱。

〔八〇〕甲本此句後有「右十經同袟（帙）」。
〔八一〕「衍」，據甲本補。
〔八二〕甲本此句後有「右十一經同袟（帙）」。
〔八三〕「陀」，據《大唐内典録》補。
〔八四〕「邪」，甲本同，《敦煌佛教經録輯校》釋作「耶」，「耶」爲「邪」之俗寫。
〔八五〕「芊」，甲本同，《敦煌佛教經録輯校》釋作「杆」，誤。
〔八六〕甲本此句後有「右十六經同袟（帙）」。
〔八七〕「受」，當作「壽」，據甲本改，「受」爲「壽」之借字。
〔八八〕「脩」，甲本同，《敦煌佛教經録輯校》釋作「修」，雖義可通而字誤。
〔八九〕「一」，據甲本及文例補。
〔九〇〕甲本此句後有「右廿一經同袟（帙）」。
〔九一〕「經」，據甲本補。
〔九二〕「一」，據甲本及文例補。
〔九三〕甲本此句後有「右廿三經同袟（帙）」。
〔九四〕「單譯」，甲本無。
〔九五〕「廿」，《敦煌佛教經録輯校》釋作「二十」。甲本無此句。
〔九六〕甲本此句後有「七袟（帙）」。
〔九七〕甲本此句後有「五袟（帙）」。
〔九八〕甲本此句後有「六袟（帙）」。

〔九九〕甲本此句後有「五袟（帙）」。
〔一〇〇〕「廿」，《敦煌佛教經録輯校》釋作「二十」。甲本此句後有「二袟（帙）」。
〔一〇一〕「廿」，《敦煌佛教經録輯校》釋作「二十」。甲本此句後有「二袟（帙）」。
〔一〇二〕甲本此句後有「一袟（帙）」。
〔一〇三〕甲本此句後有「一袟（帙）」。
〔一〇四〕甲本此句後有「一袟（帙）」。
〔一〇五〕甲本此句後有「一袟（帙）」。
〔一〇六〕「偹」，甲本同，《敦煌佛教經録輯校》釋作「修」，雖義可通而字誤。
〔一〇七〕甲本此句後有「一袟（帙）」。
〔一〇八〕「弟」，甲本作「第」，「第」爲「弟」之借字。
〔一〇九〕甲本此句後有「右六經同袟（帙）」。
〔一一〇〕甲本此句後有「右五經同袟（帙）」。
〔一一一〕甲本此句後有「右六經同袟（帙）」。
〔一一二〕「二」，據甲本及文例補。
〔一一三〕「剛」，甲本作「㓻」，「㓻」爲「剛」之或體。
〔一一四〕「提」，甲本作「楻」，誤。
〔一一五〕「提」，甲本作「楻」，誤。
〔一一六〕「新」，甲本作「雜」，誤。
〔一一七〕「犂」，甲本作「梨」。

〔一一八〕「二」，據甲本及文例補。甲本此句後有「同」。
〔一一九〕「訶」，甲本脱；「健」，甲本作「揵」，當作「犍」，據《大唐内典録》改，「健」爲「犍」之借字。
〔一二〇〕甲本此句後有「右廿經同袟（帙）」。
〔一二一〕「覆」，甲本作「復」，「復」爲「覆」之借字。
〔一二二〕「二」，據甲本及文例補。
〔一二三〕「二」，據甲本及文例補。
〔一二四〕「栴」，甲本同，《敦煌佛教經録輯校》釋作「旃」，雖義可通而字誤。
〔一二五〕甲本此經抄寫在《末羅王經》之後。
〔一二六〕「末」，《敦煌佛教經録輯校》釋作「未」，誤。
〔一二七〕甲本此經抄寫在《無上處經》之後。
〔一二八〕「越」，當作「越」，據甲本改。
〔一二九〕甲本此句後有「右廿九經同袟（帙）」。
〔一三〇〕「栴」，甲本同，《敦煌佛教經録輯校》釋作「旃」，雖義可通而字誤。
〔一三一〕「曷」，甲本作「偈」，誤。
〔一三二〕「栴」，甲本同，《敦煌佛教經録輯校》釋作「旃」，雖義可通而字誤。
〔一三三〕「那」，據甲本及《大唐内典録》補。
〔一三四〕「弟」，甲本作「第」，「第」爲「弟」之借字。
〔一三五〕「揵」，甲本同，《敦煌佛教經録輯校》釋作「犍」。
〔一三六〕「邪」，《敦煌佛教經録輯校》釋作「耶」，「耶」爲「邪」之俗寫；「衹」，甲本同，《敦煌佛教經録輯校》釋作

「祇」，誤。

〔一三七〕甲本此句後有「右卅經同袟（帙）」。

〔一三八〕「譯」，甲本作「翻」。

〔一三九〕「一百一十卷」，甲本無。

〔一四〇〕甲本此句後有「右二經同袟（帙）」。

〔一四一〕「本起瑞應」，甲本同，《敦煌佛教經録輯校》釋作「瑞應本起」。

〔一四二〕「俻」，甲本同，《敦煌佛教經録輯校》釋作「修」，雖義可通而字誤。

〔一四三〕甲本此句後有「右五經同袟（帙）」。

〔一四四〕「天文」，甲本無。

〔一四五〕甲本此句後有「右七經同袟（帙）」。

〔一四六〕「帝」，甲本同，當作「諦」，《敦煌佛教經録輯校》據歷代經録校改，「帝」爲「諦」之借字。

〔一四七〕「一」，據甲本及文例補。

〔一四八〕甲本此句後有「右十五經同袟（帙）」。

〔一四九〕「煞」，甲本作「殺」，均可通。

〔一五〇〕「䟄」，當作「越」，據甲本及《大唐内典録》改。

〔一五一〕甲本此經抄寫在《罪福報應經》之後。

〔一五二〕甲本此經抄寫在《釋摩男本經》之前。

〔一五三〕「姓」，甲本作「性」，誤。

〔一五四〕「一」，據甲本及文例補。

〔一五五〕『智』，甲本同，當作『致』，據《大唐内典録》改，『智』爲『致』之借字。
〔一五六〕甲本此句後有『右卌經同袟（帙）』。
〔一五七〕『坌』，《敦煌佛教經録輯校》釋作『岔』，誤。
〔一五八〕『梨』，甲本作『犁』。
〔一五九〕『邸』，甲本作『邙』，誤。
〔一六〇〕『卅』，甲本同，《敦煌佛教經録輯校》釋作『三十』。
〔一六一〕甲本此句後有『右卅經同袟（帙）』。
〔一六二〕甲本此經抄寫在《放牛經》之後。
〔一六三〕『卅』，甲本同，《敦煌佛教經録輯校》釋作『三十』。
〔一六四〕『五』，甲本作『四』。
〔一六五〕甲本此句後有『六袟（帙）』。
〔一六六〕『祗』，甲本同，《敦煌佛教經録輯校》釋作『祇』，誤。
〔一六七〕『卌』，甲本同，《敦煌佛教經録輯校》釋作『四十』。甲本此句後有『四袟（帙）』。
〔一六八〕甲本此句後有『六袟（帙）』。
〔一六九〕『沙彌』，甲本作『彌沙』。
〔一七〇〕『卅』，甲本同，《敦煌佛教經録輯校》釋作『三十』。甲本此句後有『三袟（帙）』。
〔一七一〕『現』，當作『見』，據甲本及《開元釋教録》改。
〔一七二〕甲本此句後有『二袟（帙）』。
〔一七三〕甲本此句後有『一袟（帙）』。

〔一七四〕甲本此句後有「一袟（帙）」。
〔一七五〕第二個「毗」，甲本無。
〔一七六〕甲本此句後有「一袟（帙）」。
〔一七七〕甲本此句後有「一袟（帙）」。
〔一七八〕「《大比丘三千威儀》，二」，甲本無。
〔一七九〕「法」，甲本無。
〔一八〇〕甲本此句後有「《羯磨》，二卷」。
〔一八一〕「法」，甲本作「經」。
〔一八二〕甲本此句後有「右六〔經〕同袟（帙）」。
〔一八三〕「經」，甲本無。
〔一八四〕「經」，甲本無。
〔一八五〕「祇」，甲本同，《敦煌佛教經録輯校》釋作「祇」，誤。
〔一八六〕「祇」，甲本同，《敦煌佛教經録輯校》釋作「祇」，誤。
〔一八七〕甲本此句後有「右八經同袟（帙）」。
〔一八八〕「儀」，甲本脱。
〔一八九〕甲本此句後有「右十二經同袟（帙）」。
〔一九〇〕「三百一十六卷」，甲本作「三百六卷，卅二袟（帙）」。
〔一九一〕甲本此句後有「十袟（帙）」。
〔一九二〕甲本此句後有「二袟（帙）」。

〔一九三〕甲本此句後有「一袟（帙）」。
〔一九四〕甲本此句後有「二袟（帙）」。
〔一九五〕「經」，甲本無。
〔一九六〕甲本此句後有「一袟（帙）」。
〔一九七〕甲本此句後有「二袟（帙）」。
〔一九八〕甲本此句後有「一袟（帙）」。
〔一九九〕甲本此句後有「一袟（帙）」。
〔二〇〇〕此句甲本無。
〔二〇一〕甲本此句後有「一袟（帙）」。
〔二〇二〕「地持論」，甲本作「菩薩地持論」。
〔二〇三〕甲本此句後有「一袟（帙）」。
〔二〇四〕甲本此句後有「一袟（帙）」。
〔二〇五〕「提」，甲本作「褆」，誤。
〔二〇六〕甲本此句後有「右三論同袟（帙）」。
〔二〇七〕甲本此句後有「右三論同帙」。甲本止於此句。
〔二〇八〕「論」，《敦煌佛教經録輯校》據《大唐内典録》校補。
〔二〇九〕「經」係衍文，據《大唐内典録》當删。
〔二一〇〕「波」，當作「般」，《敦煌佛教經録輯校》據歷代經録校改，「波」爲「般」之借字。
〔二一一〕「竟」，當作「境」，據《大唐内典録》改，《敦煌佛教經録輯校》逕釋作「境」，「竟」爲「境」之借字。

〔二一二〕《敦煌佛教經録輯校》據《大唐内典録》在此句後校補「修道不共它」。
〔二一三〕「結」，當作「經」，《敦煌佛教經録輯校》據《大唐内典録》校改。
〔二一四〕「想」，當作「相」，據《大唐内典録》改。
〔二一五〕「捲」，《敦煌佛教經録輯校》釋作「卷」。
〔二一六〕「廿」，《敦煌佛教經録輯校》釋作「二十」。
〔二一七〕「揵」，當作「犍」，據《大唐内典録》改，《敦煌佛教經録輯校》逕釋作「犍」，「揵」爲「犍」之借字。
〔二一八〕「卅」，《敦煌佛教經録輯校》釋作「三十」。
〔二一九〕「廿」，《敦煌佛教經録輯校》釋作「二十」。
〔二二〇〕「廿」，《敦煌佛教經録輯校》釋作「二十」。
〔二二一〕「廿」，《敦煌佛教經録輯校》釋作「二十」。
〔二二二〕「廿」，《敦煌佛教經録輯校》釋作「二十」。
〔二二三〕「論」，據《大唐内典録》及文義補。
〔二二四〕「卅」，《敦煌佛教經録輯校》釋作「三十」。
〔二二五〕「七」，《敦煌佛教經録輯校》據《大唐内典録》校補。
〔二二六〕「法要」，當作「要法」，《敦煌佛教經録輯校》據《大唐内典録》校改。
〔二二七〕「伽」，《敦煌佛教經録輯校》據《大唐内典録》校補。
〔二二八〕「廿」，《敦煌佛教經録輯校》釋作「二十」。
〔二二九〕「摩」，當作「磨」，《敦煌佛教經録輯校》據歷代經録校改，「摩」爲「磨」之借字。
〔二三〇〕「一」，據《開元釋教録》及文義補。

〔二三一〕「佛」，據《大唐内典録》補。

〔二三二〕「袟」，當作「帙」，據文義改，《敦煌佛教經録輯校》逕釋作「帙」，「袟」爲「帙」之借字。以下同，不另出校。

〔二三三〕「卅」，《敦煌佛教經録輯校》釋作「三十」。

〔二三四〕「廿」，《敦煌佛教經録輯校》釋作「二十」。

〔二三五〕「脩」，《敦煌佛教經録輯校》釋作「修」，雖義可通而字誤。

〔二三六〕「法」，《敦煌佛教經録輯校》據《大唐内典録》校補。

〔二三七〕「廿」，據《大唐内典録》及文義補。

〔二三八〕「論」，《敦煌佛教經録輯校》據歷代經録校補。

〔二三九〕「致」，當作「智」，據《開元釋教録》改，「致」爲「智」之借字。

〔二四〇〕「一」，據《大唐内典録》及文義補。

〔二四一〕「經」，《敦煌佛教經録輯校》據文義校補。

〔二四二〕「義」，據文義補。

〔二四三〕「廿」，《敦煌佛教經録輯校》釋作「二十」。

〔二四四〕「經」，《敦煌佛教經録輯校》據文義校補。

〔二四五〕「邪」，《敦煌佛教經録輯校》釋作「耶」，「耶」爲「邪」之俗寫；「事」，《敦煌佛教經録輯校》據《大唐内典録》校補。

〔二四六〕「摩」，當作「磨」，《敦煌佛教經録輯校》據歷代經録校改，「摩」爲「磨」之借字。

〔二四七〕「摩」，當作「磨」，《敦煌佛教經録輯校》據歷代經録校改，「摩」爲「磨」之借字。

〔二四八〕「廿」，《敦煌佛教經録輯校》釋作「二十」。
〔二四九〕「卅」，《敦煌佛教經録輯校》釋作「三十」。
〔二五〇〕「廿」，《敦煌佛教經録輯校》釋作「二十」。
〔二五一〕「卌」，《敦煌佛教經録輯校》釋作「四十」。
〔二五二〕「苾芻」，《敦煌佛教經録輯校》釋作「比丘」，雖義可通而字誤；「邪」，《敦煌佛教經録輯校》釋作「耶」，「耶」爲「邪」之俗寫。
〔二五三〕「廿」，《敦煌佛教經録輯校》釋作「二十」。
〔二五四〕「木」，當作「目」，據《開元釋教録》改，「木」爲「目」之借字；「德」，當作「得」，據《開元釋教録》改，「德」爲「得」之借字。
〔二五五〕「論」，據《大唐内典録》、《開元釋教録》補。
〔二五六〕「纇」，當作「累」，《敦煌佛教經録輯校》據文義校改，「纇」爲「累」之借字；「莊嚴」，據歷代經録補。
〔二五七〕「門」，當作「問」，《敦煌佛教經録輯校》據文義校改；「脩」，《敦煌佛教經録輯校》釋作「修」，雖義可通而字誤。

參考文獻

《敦煌寶藏》一六册，一九至二四頁（圖）；《英藏敦煌文獻》三卷，二八五至二八九頁（圖）；《八—十世紀佛教大藏經史》，一二〇頁、附録一至五〇頁（録）；《敦煌佛教經録輯校》，四四四至四八〇頁（録）；《中國寫本大藏經研究》，一四五至一九三頁（録）。

斯二〇八〇+斯四〇一二　五臺山曲子抄

釋文

（前缺）

遠遠來瞻禮[一]。□□□□□□□□唐川萬古千秋歲。　第一[二]

上東臺，過北斗，霧卷雲收[三]，化現千般有[四]。雨雹相和驚林藪[五]，霧卷雲收，化現千般有。吉祥鳴，師子吼，聞者㺜（狐）疑[六]，怕網（往）羅煙走[七]。纔念文殊三兩口，大聖慈悲，方便潛身救。　弟（第）二[八]

上北臺，登險道，石逕崚層，踠（緩）步行多少[九]。遍地莓苔異軟草，定水潛流，一日三迴到[一〇]。駱駞嶋（塢）[一一]，風裊裊，來往巡遊，須是身心好。羅漢臺頭觀漆河[一二]，不得久停，唯有龍神操。　弟（第）三

上中臺，盤道遠，萬刃（仞）迢迢[一三]，髣髴過天半[一四]。寶石巉巖光燦爛，異草名花，似錦堪遊翫。玉華池[一五]，金沙伴（畔）[一六]，冰窟千年，到者身心戰[一七]。禮拜虔誠重發

願，五色祥雲，一日三迴現。弟（第）四

上西臺，真聖境，阿薅（耨）池邊〔一八〕，好是金橋影。兩道圓光明似鏡，一朶香山，崪屼堪吟詠。師子蹤，深印定，八德池邊，甘露常清淨。菩薩行時龍衆請，居士譚揚〔一九〕，唯有天人聽。

第五

上南臺，林嶺別，淨景孤高〔二〇〕，巖下觀星月。遠眺霞（遐）芳（方）情思悦〔二一〕，或聽神鍾，感愧捻香藝（爇）〔二二〕。熟錦花〔二三〕，銀絲結，供養諸天，涵（菡）淡（萏）人間徹〔二四〕。往日塵勞今消滅，福壽延長，爲禮真菩薩〔二五〕。

説明

此件由斯二〇八〇和斯四〇一二綴合而成，綴合後的文本首缺尾全，所抄之内容可分爲兩部分。第一部分即此件，存『五臺山曲子』之『大聖堂』末句及東、北、中、西、南五臺全部，起『遠遠來瞻禮』，訖『爲禮真菩薩』。第二部分是北五臺及南臺寺名抄，其後有題記『天成四年（公元九二九年）正月五日午際孫（押）書』。

敦煌文獻中現存兩種類型『五臺山曲子』，此件與伯三三六〇屬同一類型，伯三三六〇首尾完整，首題『大唐五臺曲子五首』。本書第二卷以斯四六七爲底本進行了校録，對各件異文均已出校説明。

以上釋文以斯二〇八〇+斯四〇一二爲底本，用與此件屬同一類型的伯三三六〇（稱其爲甲本）參校。此件只校錯誤，對各件之異文不再出校，所有異文見本書第二卷斯四六七之校記。

校記

〔一〕『遠遠』，據甲本補；『瞻』，據殘筆劃及甲本補；『禮』，據甲本補。
〔二〕『第二』，據甲本補。
〔三〕『雲收』，據甲本補。
〔四〕『化』，據甲本補；『般』，據甲本補。
〔五〕『林』，甲本脱。
〔六〕『猢』，當作『狐』，據甲本改，『猢』爲『狐』之借字。
〔七〕『網』，甲本同，當作『往』，據斯四六七、斯二九八五背改，『網』爲『往』之借字。
〔八〕『弟』，當作『第』，據文義及甲本改，『弟』爲『第』之本字。以下同，不另出校。
〔九〕『蹺』，甲本同，當作『緩』，據文義及斯二九八五背改。
〔一〇〕『迴』，甲本作『過』。
〔一一〕『嶋』，當作『瑦』，據《漢語俗字研究》改。
〔一二〕『臺』，甲本作『巖』。
〔一三〕『刃』，當作『仞』，據甲本改，『刃』爲『仞』之借字。
〔一四〕『過』，甲本作『迴』。
〔一五〕『玉』，甲本作『王』，誤；『華』，甲本作『花』，均可通。
〔一六〕『伴』，甲本作『泮』，當作『畔』，據文義及斯四六七改，『泮』通『畔』，『伴』爲『畔』之借字。

〔一七〕「戰」，甲本作「顫」。

〔一八〕「薅」，當作「耨」，據甲本改。

〔一九〕「譚」，甲本作「談」，均可通。斯二〇八〇止於此句之「居士」，斯四〇一二起於此句之「譚揚」。

〔二〇〕「景」，甲本作「境」。

〔二一〕「霞芳」，當作「遐方」，據文義及甲本改，「霞芳」爲「遐方」之借字；「情思」，甲本作「思情」。

〔二二〕「藝」，當作「爇」，據文義及甲本改。

〔二三〕「熟」，甲本作「蜀」。

〔二四〕「涵」，當作「菡」，據文義及甲本改，「涵」爲「菡」之借字；「淡」，當作「萏」，據文義及甲本改，「淡」爲「萏」之借字。

〔二五〕「禮」，甲本脱。

參考文獻

《敦煌曲子詞集》上卷，二二至二四頁（録）；《敦煌曲》，八七至九一頁（録）；《敦煌曲校録》，一八一至一八四頁（録）；*Descriptive Catalogue of the Chinese Manuscripts from Tunhuang in the British Museum*, p. 194（録）；《敦煌寶藏》一六册，二五頁（圖）；《敦煌寶藏》三三册，一八四頁（圖）；《英藏敦煌文獻》三卷，二八九頁（圖）；《中國古代寫本識語集録》，四七一至四七二頁；《英藏敦煌文獻》五卷，二二九頁（圖）；《北涼譯經論》，二一至三一頁（録）；《敦煌佛經卷子巡禮》，八至九頁（録）；《英藏敦煌社會歷史文獻釋録》二卷，三五四至三五九頁（録）；《敦煌曲子詞地域文化研究》，二七至二九頁（録）；《敦煌歌辭總編》下，一七〇三至一七四九頁（録）；《第三届中國俗文化國際學術研討會暨項楚教授七十華誕學術討論會論文集》，一八九至二〇五頁（録）。

斯二〇八〇+斯四〇一二　北五臺及南臺寺名

釋文

北五臺寺名：華嚴寺、竹林寺、金閣寺。南臺：佛圖寺、零溪寺、法花寺、佛光寺、福聖寺、清凉寺、王子寺。

天成四年正月五日午際孫（押）書

説明

此件書於『五臺山曲子』後，存十所五臺寺名及題記『天成四年正月五日午際孫（押）書』，在『孫』、『書』之間有本人簽押，饒宗頤疑爲『冰』（參見《饒宗頤二十世紀學術文集》卷八，新文豐出版公司，二〇〇三年版，六九二至六九五頁）。

參考文獻

《敦煌寶藏》三三册，一八四頁（圖）；《中國古代寫本識語集録》，四七一至四七二頁（録）；《英藏敦煌文獻》五卷，二三九頁（圖）；《饒宗頤二十世紀學術文集》卷八，六九二至六九五頁。

斯二〇八一　太上靈寶老子化胡妙經

釋文

（前缺）

地爲大動，人民繞（擾）壤（攘）〔一〕，無復情計，[　]爾時天尊於虚空之中愍念群
□〔二〕，[　]此城中放大光明〔三〕，普照十方，城中國[王臣民]等百千萬衆〔四〕，皆大歡喜，
悉爲禮拜[　]爾時有一大國王，即從坐起，長跪叉[手]〔五〕，[上白天]尊〔六〕：我等今日有
緣，得見天尊，譬如更生。爾時天尊在坐中，語諸群生曰：我今愍汝[等]前身有福〔七〕，得
爲種民。我今安汝等，悉置布[五]方〔八〕。在東方者，號爲青帝；在南方者，號爲赤帝；在
西方者，號爲白帝；在北方者，號爲黑帝；置在中央者，號爲黄帝。五方各有日月星[辰]
列布〔九〕，五榖（穀）生於山中〔一〇〕，養於萬民。從此以來，百□國土〔一一〕，共相承習。爾
時群衆言曰：我等今日因緣得見天尊，分别解説，開悟群生，爲當何屬？□等能屬道

者〔一二〕，無上最真樂。佛者，亦是我身。有一長者問曰：天下唯言一生一（身）〔一三〕，大聖云何復有二尊？天尊答曰：我觀見天下邊國，胡夷越老，一切衆生，心意不同，不識真僞，不信罪福，各行惡逆，是故我今分身二乘，教化汝取（耳）〔一四〕。

天尊爾時在大城中，口説演出經教無數無量，宣付天下及道士、道人、沙門、羅漢，各自部典，隨所教化。若信佛者，當以教之，而爲説法；若信道者，當以教之，而爲説法。若善男子、善女人等，愛樂是經，尊奉恭敬，勤行功德，減割身口，月月常能建立齋戒，供養師尊，燒香禮拜，勤身苦行，六時行道，不問男子、女人、道俗，若能至心聽受此經者，不遭枉横，所在安隱；命過之者，不墮地獄，皆登天堂紫微之宫，衣食自然。若不信經教者，訾毁罵道，不崇念善，欺陵孤寡，劫奪人物，煞害衆生，如此之罪，命終之後，當墮地獄，刀山劍樹，爐炭鑊湯，隨罪輕重，考而治之，千劫無復人形。善者受福，惡者受殃。天尊言：東九夷、南八蠻、西六戎、北五狄、中殃（央）三秦〔一五〕，東西南北十方世界，恒河沙數，皆由天尊威恩降伏，賞善罰惡。若有魔王眷屬、諸神廟祀、天祇地祇、衆邪魍魎〔一六〕，世間前後死喪斗（陡）加〔一七〕，蜚尸惡注，疾病人民，又諸道士宣威救急，行道教化，降伏諸魔惡鬼，皆由天尊威振神耳。

天尊言：吾遊行萬國之地，以道教化，皆悉歸向，唯有胡國不伏。天尊變形，乃作凡夫〔一八〕，入其國土。胡人男夫女婦，皆共驚怪。天尊言：汝等有何驚怪？我來化汝也。胡人聞之，舉國大小無不驚笑。天尊言：汝莫笑我等二老公，今大飢渴，汝一國爲吾作食，乃可飽耳。胡人一國即爲作食，種種無數。二尊共食不飽。胡人大小皆大驚怪。天尊言：汝等一國飼我不飽，我今復爲汝設食。

天尊以金槌打地，五方飲食，種種無數，一時來下。胡國大小食此，百方不遺。一胡人心由兇強，乃以天尊囚縛，宣勑一國，聚柴積如丘山，以二尊著於柴上，持火從下燒之。煙火熾盛，七日七夜。柴消火滅，胡人往看，但見天尊顔色豐悦，光耀照天，誦經振動四方。胡人惶怖馳告，胡王聞之，皆大惶怪。便自出將，領千軍萬乘，以金銀輂轝䟴（將）取二老公〔一九〕，著於殿上。舉國大小，千重萬迊，叩頭禮拜，乞存生命。天尊言：汝等胡人，雖爾心由兇惡，爲汝等除落鬚髮、偏肩露膊。不令妻娶，斷其種族。使立塔寺，徒衆朝暮禮拜，奉事天尊丈六金䟴形像〔二〇〕，常如今日。起立華香幢幡，真珠瓔珞，供養形像，燃燈續明，轉誦經文。六時行道，如似原初〔二一〕。

天尊言：吾化伏胡國，安立形像、寺塔，正定天下萬國之主。天尊宫殿在於虚空之中，諸音伎樂自然有之。世間愚癡人輩，謂言天尊無像。天尊生出以來，經歷數劫，恒河沙等，不可窮盡。變形世間，或大或小，或老或少，天地大聖，以道爲尊。

天尊言：我在宫中觀萬民作善者少、興惡者多。大劫欲末，天尊遣八部監察，以甲申年正月十五日詣太山主簿，共筭世間名籍。有脩福建齋者，三陽地男女八百人得道；北方魏都地千三百人得道；秦川漢地三百五十人得道；長安晉地男女二百八十七人得道；自餘邊國人非人等，或人頭鳥身，一人兩頭，似人非（人）[二二]，恒河沙爲數，不知人事，不識眞僞，如此人輩，死墮六畜之中，從一劫乃至千劫，輪轉周而復始。有此得道男女，由其前身脩福，奉持經戒，常念三寶，今悉登天堂。宮殿樓閣，悉用七寶，流泉涌池，池中蓮華，皆如車輪，諸音伎樂，在於前後，世之難有。此皆福賴，巍巍如是。

天尊言：上有卅三天，周迴十方，無窮無極，恒河沙數。造立天地以來，有大須彌山，有大鐵圍山，大海，是名三千大千國土，人民滿中。天下亦有百億日月，一日月傍照四天下，輪轉周而復始。地下有大水，風在其上；地下有樹，枝葉四布八萬九千里。無邊無畔，不可窮盡，亦不可思議，莫能知者。

天尊言：天地開闢以來，三皇五帝。爾時吾經百劫，身滅更生，受命八萬七千歲。人民俱爾，共相率生，慈心相向，不賊不害，不偷不盜。四方亦無兵革，國土通同，人民歡樂，受命極長。滿一劫人民死，盡皆生天堂，無有受苦。從來至今，以（已）經九萬年[二三]，人民衆多，世亡沒墮，（不）復更生[二四]，人心轉惡。國王帝主，君弱臣強，共相攻罰（伐）[二五]。或父子自相魚肉，兵刀水火更相煞。人民多作惡，無一善者，貪財愛色，六親相賤，無尊無卑，無大無小。惑（或）父煞子[二六]，或子煞父，顛倒上下，無常根本，一切衆生，競爲作惡[二七]，不可教化。以是天遣百部使者，行九十種病，頭痛、寒熱、疫疾，及霍亂、轉筋、腹痛、赤下、癰腫、惡瘡，及官（司）刀兵〔二八〕、惡賊所煞、水火憒（殨）譊（嬈）溺水〔二九〕、死罪繫獄、自煞滅盡。哀哉痛哉。我念汝等崩山瓦解，唯善得度，不遭横死，與聖俱出耳。

天尊言：我今愍念群生，可宣吾經教，不問佛道魔俗，男子女人，若能尊奉明法，勤脩功德，建立福田，轉經行道，一日一夜烧香禮拜，步虚詠誦，懸繒幡蓋，監察直事，月月來下檢察，脩福表上，善者上昇天堂，衣食自然，快樂無極。世間愚癡人輩〔三〇〕，謂呼無是，笑人作善，不作福德，作罪得罪，不信人死神明更生。愚癡迷或〔三一〕，信邪到（倒）見〔三二〕，死入地獄，陸犁十八地獄、玄沙北獄、太山廿四獄，及在中都大獄。日月所不加，三掠之考，萬痛交行，求生不得，求死不得，考楚萬端。如此衆罪，百劫不復，所以者何？譬如王法牢獄，亦復如是。

天尊爾時在廣城中，與諸國王大臣、人民百千萬人，及諸道士共會説法。汝等從今以去廣宣吾教。大劫將終，示化人民，懃作功德，起立寺塔精舍，遼（料）理福業〔三三〕，廣救衆生，及一切蝗飛蠕動，有形之類，過度惡世，得見太平，與真君相值。末劫之後，山河石壁，無有高下，香水洗身，然後真君來下。及彌勒衆聖治化，更生日月星辰，列布在空中，普照十方，諸天善神皆共來下。人民長大，無痛苦（煩）惱〔三四〕，五穀（穀）豐熟〔三五〕，一種三收，米長五寸，食之香美。金銀寶藏，悉皆露形，亦無虎狼毒蟲，國土交通，人民歡樂，世之希有。男子女人，勤脩功德〔三六〕，普救貧窮孤老。師尊道士，愍念群生，得見太平。

爾時天尊在大城中教化，時坐中有國王從坐而起，馳到天尊前，長跪叉手，白言：我等今日遇蒙天尊説法教化，安置十方，開悟群生〔三七〕，不勝巍巍，布囑此經，何名之也？天尊言：此經凡有三名，一名元始大聖，二名老子，三名天尊。於是國王大臣，又諸人民，一時作禮奉行。

太上靈寶老子化胡妙經

説明

此件首缺尾全，尾題『太上靈寶老子化胡妙經』，卷中『世』字缺筆。《正統道藏》未收此經。王卡認爲此經應出於東晉末北魏初，早於十卷本《化胡經》，是研究《化胡經》的重要資料（參看《敦煌道教文獻研究：綜述·目録·索引》，中國社會科學出版社，二〇〇四年版，一八九頁）。《中華道藏》收録了此件釋文，由王卡整理點校（張繼禹主編《中華道藏》八册，華夏出版社，二〇〇四年版，二〇七至二一〇頁）。

校記

〔一〕「繞」，當作「擾」，《中華道藏》據文義校改，「繞」爲「擾」之借字；「壞」，當作「攘」，《中華道藏》據文義校改，「壞」爲「攘」之借字。

〔二〕「□」，《中華道藏》校補作「生」。

〔三〕「明」，底本此字作「明」，「明」爲「明」之古字。以下同，不另出校。

〔四〕「王臣民」，《中華道藏》據文義校補。

〔五〕「手」，據殘筆劃及文義補。

〔六〕「上白天」，《中華道藏》據文義校補。

〔七〕「等」，《中華道藏》據文義校補。

〔八〕「五」，《中華道藏》據文義校補。

〔九〕「辰」，據殘筆劃及文義補。

〔一〇〕「穀」，當作「穀」，據文義改，《中華道藏》逕釋作「穀」，「穀」爲「穀」之借字。

〔一一〕「□」，《中華道藏》釋作「億」。

〔一二〕「□」，《中華道藏》校補作「我」。

〔一三〕「生」，當作「身」，據文義改，「生」爲「身」之借字。

〔一四〕「取」，當作「耳」，《中華道藏》據文義校改。

〔一五〕「殃」，當作「央」，《中華道藏》據文義校改，「殃」爲「央」之借字。

〔一六〕「邪」，《中華道藏》釋作「耶」，校改作「邪」，按底本「耶」實爲「邪」之俗寫。

〔一七〕「斗」，當作「陡」，據文義改，「斗」爲「陡」之借字，《中華道藏》釋作「升」，誤。

〔一八〕「天尊變形，乃作凡夫」，《中華道藏》釋作「天尊乃變形作凡夫」，按《中華道藏》改變原文次序沒有依據，底本并無倒乙符號。

〔一九〕「⿰罝刂」，當作「將」，據文義改，「⿰罝刂」爲「將」之借字。

〔二〇〕「事」，《中華道藏》釋作「侍」，誤。

〔二一〕「初」，《中華道藏》釋作「物」。

〔二二〕「人」，《中華道藏》據文義校補。

〔二三〕「以」，當作「已」，據文義改，「以」爲「已」之借字。

〔二四〕「不」，《中華道藏》據文義校補。

〔二五〕「罰」，當作「伐」，《中華道藏》據文義校改，「罰」爲「伐」之借字。

〔二六〕「惑」，當作「或」，據文義改，《中華道藏》逕釋作「或」，「惑」爲「或」之借字。

〔二七〕「競」，《中華道藏》釋作「兢」，誤。

〔二八〕「司」，《中華道藏》據文義校補。

〔二九〕「憤」，當作「燌」，據文義改，《中華道藏》逕釋作「燌」，「憤」爲「燌」之借字；「憢」，當作「燒」，據文義改，《中華道藏》逕釋作「燒」，「憢」爲「燒」之借字。

〔三〇〕「人」，《中華道藏》漏録。

〔三一〕「或」，《中華道藏》校改作「惑」，按「或」實爲「惑」之本字。

〔三二〕「邪」，《中華道藏》釋作「耶」，校改作「邪」，按底本「耶」實爲「邪」之俗寫；「到」，當作「倒」，《中華道藏》據文義校改，「到」爲「倒」之借字。

〔三三〕「遼」，當作「料」，據文義改，「遼」爲「料」之借字。

〔三四〕「煩」，《中華道藏》據文義校補。

〔三五〕「穀」，當作「穀」，據文義改，《中華道藏》逕釋作「穀」，「穀」爲「穀」之借字。

〔三六〕「脩」，《中華道藏》釋作「脉」，誤。

〔三七〕「開」，《中華道藏》釋作「聞」，誤。

參考文獻

《敦煌寶藏》一六册，二五頁（圖）；《英藏敦煌文獻》三卷，二九〇至二九二頁（圖）；《中華道藏》八册，二〇七至二一〇頁（録）；《敦煌道教文獻研究：綜述·目録·索引》，一八八至一八九頁。

斯二〇八二　大般涅槃經卷第十八題記

釋文

保定元年九月十七日，佛弟子張瓮生〔一〕，爲家内大小、一切衆生，敬寫流通。

説明

此件《英藏敦煌文獻》未收，現予補録。「保定元年」即公元五六一年。

校記

〔一〕「佛弟子」，《敦煌遺書總目索引》漏録；「瓮」，*Descriptive Catalogue of the Chinese Manuscripts from Tunhuang in the British Museum* 釋作「砼」，《敦煌遺書總目索引》、《敦煌遺書總目索引新編》未能釋讀。

參考文獻

《鳴沙餘韻》九〇頁（圖）；《鳴沙餘韻解説》二七二頁；《墨美》97號，一六頁；*Descriptive Catalogue of the Chinese Manuscripts from Tunhuang in the British Museum*，p. 47（録）；《敦煌遺書總目索引》一五〇頁（録）；《敦煌寶藏》一六

册，四二頁（圖）；《莫高窟年表》一五四頁；《敦煌遺書漢文紀年卷編年》一五頁；《敦煌研究》一九九一年四期，四四頁；《中國古代寫本識語集録》一三〇頁（録）；《敦煌研究》一九九四年三期，一一九頁；《魏晉南北朝敦煌文獻編年》二五〇頁（録）；《敦煌遺書總目索引新編》六三頁（録）。

斯二〇八七　大乘無量壽經題記

釋文

田廣談。

説明

此件《英藏敦煌文獻》未收，現予補録。

參考文獻

Descriptive Catalogue of the Chinese Manuscripts from Tunhuang in the British Museum, p. 146（録）；《敦煌寶藏》一六册，八五頁（圖）；《中國古代寫本識語集録》三九二頁（録）；《敦煌遺書總目索引新編》六三頁（録）。

圖書在版編目(CIP)數據

英藏敦煌社會歷史文獻釋録．第10卷/郝春文等編著．
—北京：社會科學文獻出版社，2013.8
（敦煌社會歷史文獻釋録．第1編）
ISBN 978-7-5097-4851-0

Ⅰ.①英…　Ⅱ.①郝…　Ⅲ.①敦煌學-文獻-注釋
Ⅳ.①K870.6

中國版本圖書館 CIP 數據核字（2013）第154846號

敦煌社會歷史文獻釋録　第一編

英藏敦煌社會歷史文獻釋録　第十卷

編　　著／郝春文　周尚兵　陳于柱　聶志軍
　　　　　王曉燕　杜立暉

出 版 人／謝壽光
出 版 者／社會科學文獻出版社
地　　址／北京市西城區北三環中路甲29號院3號樓華龍大廈
郵政編碼／100029

責任部門／人文分社（010）59367215　　責任編輯／魏小薇
電子信箱／renwen@ssap.cn　　責任校對／陳曉永
項目統籌／宋月華　魏小薇　　責任印製／岳　陽
經　　銷／社會科學文獻出版社市場營銷中心（010）59367081　59367089
讀者服務／讀者服務中心（010）59367028

印　　裝／北京鵬潤偉業印刷有限公司
開　　本／889mm×1194mm　1/32　　印　　張／13.125
版　　次／2013年8月第1版　　字　　數／341千字
印　　次／2013年8月第1次印刷
書　　號／ISBN 978-7-5097-4851-0
定　　價／59.00圓

本書如有破損、缺頁、裝訂錯誤，請與本社讀者服務中心聯繫更换
版權所有　翻印必究